XIANDAI QINGNIAN GONGGONGGUANXI CHUANGYE CEHUA

现代青年公共关系创业策划

第二版

张斯忠　主编

中国科学技术大学出版社

内容简介

本书全面系统地阐述了创业策划的要素、谋略、思维、形象、竞争等内容，首次提出了成名策划的命题，叙述了成名的要素、途径和方法，成名的"保鲜"和名声的商业价值；具体分析了大学生、科技知识分子、"三校生"、下岗和失业者、打工者的创业策划。本书熔古典谋略和现代智慧于一炉，为读者提供了创业谋略和鲜活的案例。

本书可供各级各类学校作教材，还可供有志于创业的朋友，尤其是青年、学生、公关人员和公关爱好者阅读和参考。

您拥有了本书，便拥有了智慧库，便会走向成功！

图书在版编目（CIP）数据

现代青年公共关系创业策划/张斯忠主编. —2版. —合肥：中国科学技术大学出版社，2011.6

（中国现代青年公共关系丛书）

ISBN 978-7-312-02835-9

Ⅰ. 现… Ⅱ. 张… Ⅲ. ①公共关系学—青年读物 ②职业选择—青年读物 Ⅳ. ①C912.3-49 ②C913.2-49

中国版本图书馆 CIP 数据核字（2011）第 039822 号

中国科学技术大学出版社出版发行

安徽省合肥市金寨路 96 号，230026

http://press.ustc.edu.cn

合肥现代印务有限公司印刷

全国新华书店经销

开本：880mm×1230mm　1/32　印张：14.125　字数：461 千
2006 年 8 月第 1 版　2011 年 6 月第 2 版
2011 年 6 月第 2 次印刷
印数：3001—6000 册
定价：27.00 元

青年是祖国未来

夏征农 题

二〇〇六年元月

　　夏征农，1904年1月生于江西丰城县，1926年秋参加共产党，1927年参加"八一"南昌起义，1933年参加中国左翼作家联盟，曾任新四军政治部、统战部副部长，兼任民运部部长等职。解放后，曾任山东省委书记处书记、华东局宣传部长、复旦大学党委第一书记、上海市委书记，曾选为中共八大代表，十二大列席代表，十三大、十四大、十五大、十六大特邀代表，任《辞海》主编。2008年10月4日驾鹤西去。

中国现代青年公共关系丛书编委会

主　任　王仲伟

主　编　张斯忠

副主编（以姓氏笔画为序）

　　　　丁长有　陆沪根　张德芳　钱奇然

编　委（以姓氏笔画为序）

　　　　丁长有　王仲伟　刘　平　陆沪根

　　　　张德芳　张斯忠　邵　峰　钱奇然

《现代青年公共关系创业策划》
第二版编委会

主　编　张斯忠

副主编（以姓氏笔画为序）

　　　　李全喜　郑小兰　胡中柱　洪守义

　　　　道良德

编　委　李全喜　郑小兰　胡中柱　张敏健

　　　　张斯忠　洪守义　道良德

作　者　李全喜　张斯忠

总　序

现代公共关系学是现代市场经济的产物。

随着我国改革开放的深入，社会主义市场经济的孕育和发展，"公关"也成为我国社会生活中的一个日益频繁、日益复杂和相对独立的交往、沟通的领域。

研究和掌握现代公关理论和公关技巧，可以促进我国市场经济和各项事业的发展。

在公关领域中，活跃着一支数量庞大的年轻人的队伍，他们以其特有的青春朝气、风采和创造力，给这一领域带来了一派生机与活力。

青年与公关有着特殊的联系。公共关系，作为当今纷繁复杂的社会关系，固然不是为年轻人所独占的。但是，年轻人在事业上对成功和发展的强烈追求，年轻人对社交需求的强烈愿望，年轻人充沛的精力所焕发出的活动能量，年轻人敏捷的思维和交往活动所带来的社交节奏，年轻人丰富的情感所形成的独特魅力，年轻人健美的体魄所具有的风采，年轻人广泛的兴趣所带来的社交方式多样化，都使得他们成为公关舞台上的一支生力军。多数成功的公关范例是由年轻人创造的，许多公关明星诞生于青年之中，青年人使公关更充满青春活力，青年公关使青年人焕发出青春的光华。

然而，公共关系是一种特定的社会关系，处理这种关系又是一门专门的学问，一种特殊的艺术。我国青年要在公关活动中如鱼在水、泳跃自如，就得学习青年公共关系学，并在实践中不断总结经验，更好地指导青年的公关活动，从而丰富这门学科。

正是为适应我国青年公关理论和技巧的需要，一批青年公关理论工作者和青年工作者，联袂对现代青年公关问题作了初步的探讨，并将陆续编辑出版一套"中国现代青年公共关系丛书"。虽然这套丛书限于编写水平，还有诸多不足之处，但如果它能对青年的成长、成才、发展有所启迪，如果它能引发青年朋友对这一领域感兴趣，唤起进一步探索、研究的热情，那么，丛书也就发挥了抛砖引玉的作用。这也正是我们所希望的。

王仲伟

第二版前言

本书第一版出版以来,因其熔古典谋略与现代智慧于一炉,加上鲜活的案例,深得朋友们的青睐。他们通过各种方式来表达他们的感受。这种支持,促使我们推出更好的作品,以谢读者的厚爱。

2008年的金融海啸和2010年的上海世博会,提供了大量的公关实践、新鲜的案例和丰富的理论,使我们进一步感到公关要紧跟时代,反映青年的风采。

为此,我们决定出第二版。

二版与一版比较,有三点不同:

1. 取材、选材、用材愈益精细、准确,反复推敲、斟酌、核对。

2. 理论和实务更加鲜活。特别是金融海啸和上海世博会的公关实践,进一步丰富了创业策划理论和技巧。

3. 语言文字表达更加精炼,这从文字的数量变化上可窥其一斑。一版41万字,二版是46万字,浓缩15万字,增写20万字。

我们力图把精品奉献给读者朋友。

编者
2011年2月于上海

第一版序一

《现代青年公共关系创业策划》这本书紧扣时代青年的主题：创业。围绕创业展开一系列的开拓，如谋略策划，运用谋略的原则，策划思维的种类，形象策划、包装策划的要素、途径与方法，保持名声的原则、方法，重振名声的策略等。同时包括创业危机与创业误区的类型和防范。本书对青年群体进行细分，更具有针对性和可操作性，如目标公众分为：大学生、青年科技知识分子、"三校生"、"青工"、下岗与失业者、青年打工者，使不同类型的创业者都可以从中受益。市场是竞争的市场，要在市场中胜出，应策划竞争的谋略。所有的创业与竞争，都是在一定时间的范围内进行的。一般地讲，创业策划的成败在很大程度上是决定于时间的配置和运用得当与否。作者提出若要创业成功就要提高用时效率，降低用时成本，并要关掉时间"跑、冒、滴、漏"的开关，最大限度提高用时效率，最大限度降低用时成本，创业才能有成，青春才能闪闪发光。

现代青年需要公共关系。青年的成长、成才、发展和创业，以及构建一个和谐的环境，公共关系都是不可缺少的。这本书为青年们的创业提供了不可多得的谋略、方法和技巧。可以帮助青年实现自己的创业梦想。

该书的出版是青年生活中的一件大事，希望广大创业的青年朋友们很好地学习这本书，运用它推动创业的成功，在实现中华民族复兴的伟大事业中建功立业，谱写出壮丽的乐章，绘出历史的长卷。

毛经权

第一版序二

在我的案头，放着中国现代青年公共关系丛书三本：《现代青年公共关系学》、《现代青年公共关系案例精选》、《现代青年公共关系技巧》，同时还有《现代青年公共关系创业策划》的清样。作者请我——一个从战火中走出来的，又投身建设事业的老战士，为《现代青年公共关系创业策划》写个序。我欣然为之命笔。

作者从上世纪80年代末到团校工作后，就开始酝酿、构思这套丛书的框架。据了解，在酝酿、构思阶段，韩正和王仲伟两位同志就给予关心和指导。王仲伟同志还为这套丛书写了《总序》，热情地为之讴歌。根据仲伟同志意见，丛书的写作班子以上海团校为主，联袂部分省市的青年工作者和理论工作者组成，经历17个春秋，跨越两个世纪才完成，实属不易。没有对青年的挚爱之心，没有对青年事业的一片赤诚，这是难以想象的。

我们知道，公共关系是组织运用信息的传播与沟通，协调关系、改善环境、树立形象、实现目标的关系管理活动。在我经历的抗日战争和解放战争中所进行的军事斗争和政治斗争及在建国后的经济建设中，许多方面都运用了公共关系的原理和技巧，取得了良好的成效。只不过当时不知道有这门学科。现在，在改革开放的春风吹拂下，它迅速发展，遍地开花，正向纵深发展。它沿着普通公关——行业公关——层次公关的方向深入发展。青年公关是属于层次公关，在年龄这个层次上，研究青年进行公关活动的心理需要和操作技巧。它更贴近青年的实际，贴近生活，能更方便地运用到公关活动中去，从而取得绩效。

青年的成长、成才和发展的欲望十分强烈，有创造一番新的事业，为国家、为社会效力，实现个人目标的抱负。但是，由于多种原因，在创业活动中，会遇到障碍而受挫。为了使青年创业减少挫折，作者深入生活，调查研究，在公关实践中，总结出比较系统的理论、谋略和方法技巧。《创业策划》以独特的公关视角，进行创造性的多角度、多层次的概括和提炼，阅后使人有茅塞顿开、相见恨晚之感。

本书既从大处着眼，又在细小处入手，精雕细琢，娓娓道来。它提出了创业谋略、运用谋略的原则、创业的思维方法、怎样进行形象策划和在创业中如何避免危机和摆脱误区，针对青年的成名心理，研究了成名的动机、要素、途径、方法及不同时代的名声价值、名声的"保鲜"，如何延长名声的生命周期，建立名声的载体等，均有不同于他人的观点。该书从对象上来说不笼统，对青年这一目标公众群体细分，如大学生、青年科技知识分子、"三校生"和青年工人的创业，下岗和失业者再就业与创业策划，打工者的创业策划，为寻求进一步发展的跳槽策划。市场本质是竞争，为在竞争中胜出，需要竞争的谋略与技巧。最后，作者别具匠心地提出被人忽略的时间策划的命题，从理论上论证了"山中方七日，世上已千年"的神话的科学性。提出要成长、成才、发展快一点，创业成功的概率高一点，应提高用时效率，减低用时成本。不仅青年要关上时间的"跑、冒、滴、漏"的开关，即便是老同志也应如此，才能继续争取事业的发展与成功，为国家做出大的贡献。

本书枚举了古今中外许多名人惜时如金、善于用时、巧于借时，刻苦学习，努力钻研，持之以恒，运用谋略取得辉煌成就的经典例子，使枯燥、抽象的理论、原则、谋略、技巧变得有血有肉，丰满起来，鲜活起来，易看、易懂、易学、易做。同时，其中有一部分内容，对培养青年的第二代成长、成才和发展也有重要的启发和借鉴意义，是不可多得的一本好书。

我欣喜地看到丛书的作者也随书的出版，成长起来了。不少作者成长为党政领导干部，不少作者成长为学术领域的带头人和商海的弄潮儿。这真是既出成果又出人才的优秀团队。

丛书的出版，给青年的成长、成才、发展和创业提供多方面的帮助，会在建设和谐社会、中华民族伟大复兴的事业中做出新的贡献。

仅以上数言是为序，献给祖国的未来——青年朋友们！

方少梅

目 录

总序 …………………………………………………………（1）

第二版前言 …………………………………………………（3）

第一版序一 …………………………………………………（5）

第一版序二 …………………………………………………（7）

第一章 现代青年公关创业策划概述 ……………………（1）
  第一节 学习青年公关策划缘起 …………………………（3）
    一、市场压力 …………………………………………（3）
    二、社会压力 …………………………………………（4）
    三、自我压力 …………………………………………（5）
    四、预则立,不预则废 …………………………………（6）
  第二节 公关策划要素 ……………………………………（7）
    一、策划主体 …………………………………………（7）
    二、策划目标 …………………………………………（7）
    三、策划客体 …………………………………………（8）
    四、策划文案 …………………………………………（8）
  第三节 公关策划的含义、历史、意义及特点 ……………（10）
    一、公关策划的含义 …………………………………（10）
    二、策划的历史 ………………………………………（11）
    三、公关策划的意义 …………………………………（15）
    四、公关策划的特点 …………………………………（17）
  第四节 创业策划的准备 …………………………………（20）
    一、资金 ………………………………………………（20）
    二、场地 ………………………………………………（20）

三、设备 …………………………………………… (21)

第二章 现代青年公关创业策划谋略 ……………… (22)
第一节 公关创业谋略概述 ………………………… (22)
一、创业谋略的含义 ………………………………… (22)
二、公关创业谋略的作用 …………………………… (24)
三、公关创业策划谋略的特点 ……………………… (27)
第二节 青年公关创业谋略类型 …………………… (28)
一、攻守谋略 ………………………………………… (28)
二、正奇谋略 ………………………………………… (31)
三、刚柔谋略 ………………………………………… (32)
四、曲直谋略 ………………………………………… (33)
五、借势谋略 ………………………………………… (34)
六、磨合谋略 ………………………………………… (35)
七、恩威谋略 ………………………………………… (36)

第三章 现代青年公关创业策划谋略运用原则 …… (38)
第一节 知己知彼原则 ……………………………… (38)
一、知己知彼原则的含义 …………………………… (38)
二、知己知彼的意义 ………………………………… (39)
三、怎样做到知己知彼 ……………………………… (42)
第二节 审时度势原则 ……………………………… (45)
一、审时度势原则的含义 …………………………… (45)
二、怎样做到审时度势 ……………………………… (48)
三、审时度势原则的意义 …………………………… (51)
第三节 多谋善断原则 ……………………………… (53)
一、多谋善断含义分析 ……………………………… (53)
二、多谋善断的理由 ………………………………… (57)
第四节 弹性原则 …………………………………… (60)
一、弹性原则的含义 ………………………………… (61)
二、为什么要贯彻弹性原则 ………………………… (61)
三、怎样运用弹性原则 ……………………………… (64)

第四章　现代青年公关创业策划思维 (67)
第一节　纵向思维与逆向思维 (67)
一、纵向思维 (67)
二、逆向思维 (71)
三、纵向思维与逆向思维的关系 (76)
第二节　求同思维与求异思维 (77)
一、求同思维 (77)
二、求异思维 (81)
三、求同思维与求异思维的关系 (85)
第三节　发散思维与集中思维 (86)
一、发散思维 (86)
二、集中思维 (90)
三、发散思维与集中思维的关系 (93)
第四节　群体思维与个体思维 (96)
一、群体思维 (96)
二、个体思维 (97)
三、群体思维与个体思维的关系 (98)
第五节　原位思维与错位思维 (98)
一、原位思维 (99)
二、错位思维 (100)
三、原位思维与错位思维的比较 (102)
第六节　冷门思维 (103)
一、冷门思维的含义 (103)
二、冷门思维的特征 (103)
三、冷门思维的意义 (103)
第七节　顺势思维 (105)
一、顺势思维的含义 (105)
二、顺势思维的特征 (105)
三、顺势思维的作用 (105)
四、顺势思维的运用技巧 (106)
第八节　假说思维 (106)
一、假说思维的含义 (106)

二、假说思维的功能 …………………………………………(107)
三、假说思维的特点 …………………………………………(107)
第九节 移植思维 ………………………………………………(108)
一、移植思维的含义 …………………………………………(108)
二、移植思维的特征 …………………………………………(108)
三、移植思维的类型 …………………………………………(109)
四、移植思维的作用 …………………………………………(110)
第十节 碰撞思维 ………………………………………………(110)
一、碰撞思维概述 ……………………………………………(110)
二、碰撞思维的作用 …………………………………………(112)
三、怎样运用碰撞思维 ………………………………………(115)
四、运用碰撞思维的方法 ……………………………………(116)
第十一节 联想思维 ……………………………………………(118)
一、联想思维的含义 …………………………………………(118)
二、联想思维的类型 …………………………………………(118)
三、联想思维的作用和运用要求 ……………………………(120)
第十二节 创新思维 ……………………………………………(120)
一、创新思维概述 ……………………………………………(121)
二、创新思维的作用 …………………………………………(126)
三、创新思维的衡量 …………………………………………(127)
四、营造创新文化环境 ………………………………………(131)
五、创新思维的运用 …………………………………………(133)

第五章 现代青年公关形象策划 …………………………(137)
第一节 组织形象策划 …………………………………………(137)
一、组织形象策划概述 ………………………………………(137)
二、组织形象策划的作用 ……………………………………(139)
三、组织形象策划的步骤与内容 ……………………………(140)
第二节 青年形象策划 …………………………………………(144)
一、个人形象策划的意义 ……………………………………(145)
二、个人形象策划的内容 ……………………………………(146)
三、个人形象策划注意事项 …………………………………(148)

第三节　CIS 与 CS 战略系统策划 …………………………… (149)
　一、CIS 战略 ………………………………………………… (149)
　二、CIS 战略策划如何为个人提供服务 …………………… (152)
　三、CS 战略 ………………………………………………… (155)

第六章　现代青年公关成名策划 …………………………… (159)
第一节　成名策划概述 ………………………………………… (159)
　一、成名的动因 ……………………………………………… (159)
　二、成名的类型 ……………………………………………… (162)
　三、成名的特点 ……………………………………………… (169)
　四、成名的作用 ……………………………………………… (170)
第二节　成名的要素、途径与方法 …………………………… (172)
　一、成名的要素 ……………………………………………… (172)
　二、成名的途径 ……………………………………………… (182)
　三、成名的方法 ……………………………………………… (186)
第三节　名人的包装 …………………………………………… (190)
　一、名人包装是一项产业 …………………………………… (190)
　二、怎样保持名声 …………………………………………… (195)
　三、重振名声的策略 ………………………………………… (201)
　四、保持名声的策略 ………………………………………… (203)
第四节　名声的商业价值 ……………………………………… (206)
　一、英雄时代的名人 ………………………………………… (206)
　二、商品时代的名人 ………………………………………… (208)
　三、英雄时代与商品时代名人的比较 ……………………… (210)

第七章　现代青年公关创业策划的具体运作 ……………… (214)
第一节　新闻策划 ……………………………………………… (214)
　一、新闻传播策划的作用 …………………………………… (214)
　二、新闻策划的要点 ………………………………………… (216)
第二节　媒介策划 ……………………………………………… (219)
　一、研究可利用的资源 ……………………………………… (219)
　二、报纸媒介 ………………………………………………… (220)
　三、电视媒介 ………………………………………………… (221)

四、广播媒介 …………………………………………… (222)
　　五、杂志媒介 …………………………………………… (223)
　　六、Internet 媒介 ……………………………………… (224)
　第三节　广告、谈判、赞助等策划 ………………………… (227)
　　一、广告策划 …………………………………………… (227)
　　二、谈判策划 …………………………………………… (230)
　　三、赞助策划 …………………………………………… (235)
　　四、庆典策划 …………………………………………… (237)
　　五、自办媒介策划 ……………………………………… (239)
　第四节　人际传播策划 ……………………………………… (240)
　　一、人际传播的作用 …………………………………… (240)
　　二、人际传播的特点 …………………………………… (241)
　　三、人际传播的形式 …………………………………… (241)

第八章　现代青年创业危机和误区的摆脱策划 ……………… (246)
　第一节　创业危机 …………………………………………… (246)
　　一、为什么要进行摆脱创业危机策划 ………………… (246)
　　二、创业危机产生的原因 ……………………………… (247)
　　三、怎样摆脱创业危机 ………………………………… (251)
　第二节　创业误区 …………………………………………… (252)
　　一、走出创业误区策划的意义 ………………………… (253)
　　二、为什么会陷入创业误区 …………………………… (253)
　　三、怎样走出误区 ……………………………………… (255)
　第三节　青年公关危机与误区类型及防范 ………………… (256)
　　一、危机的类型 ………………………………………… (256)
　　二、危机的防范 ………………………………………… (260)
　　三、青年误区的类型 …………………………………… (262)
　　四、陷入误区的危害和防范 …………………………… (268)

第九章　现代青年公关创业策划的类型 ……………………… (276)
　第一节　大学生创业策划 …………………………………… (276)
　　一、创业策划的必要性 ………………………………… (276)
　　二、大学生创业策划的准备 …………………………… (277)

三、怎样创业策划 ………………………………………… (278)
　　四、创业策划注意事项 …………………………………… (280)
　　五、创业的有利条件及意义 ……………………………… (281)
　　六、大学生怎样创业 ……………………………………… (282)
　　七、大学生创业的意义 …………………………………… (286)
　第二节　科技知识分子的创业策划 ………………………… (287)
　　一、知识分子的创业策划概况 …………………………… (287)
　　二、科技知识分子创业的优势 …………………………… (288)
　　三、科技知识分子创业的注意事项 ……………………… (289)
　第三节　中专、职校、技校生创业策划 …………………… (290)
　　一、"三校生"正确认识自己 …………………………… (290)
　　二、"三校生"创业的前期准备 ………………………… (291)
　　三、"三校生"怎样进行创业 …………………………… (293)
　　四、"三校生"在创业中要避免的事项 ………………… (294)
　第四节　"青工"创业策划 ………………………………… (295)
　　一、"青工"的特点 ……………………………………… (296)
　　二、"青工"创业策划 …………………………………… (298)
　　三、"青工"创业注意的问题 …………………………… (301)
　第五节　跳槽策划 …………………………………………… (302)
　　一、跳槽的必然性 ………………………………………… (303)
　　二、跳槽者类型 …………………………………………… (305)
　　三、怎样策划跳槽 ………………………………………… (307)
　　四、跳槽应注意的事项 …………………………………… (309)

第十章　现代青年打工者公关创业策划 ……………………… (311)
　第一节　青年打工者创业策划概述 ………………………… (312)
　　一、青年打工者产生的背景 ……………………………… (313)
　　二、青年打工者创业策划的重要性 ……………………… (314)
　　三、青年打工者的特点 …………………………………… (314)
　　四、新生代打工者的特征 ………………………………… (317)
　　五、青年打工者创业策划的特点 ………………………… (318)
　第二节　青年打工者的公关策划 …………………………… (319)

・15・

一、收集信息…………………………………………(319)
　　二、制订计划…………………………………………(321)
　　三、实施计划…………………………………………(322)
　　四、计划的评估………………………………………(324)
　第三节　青年打工者的发展……………………………(325)
　　一、青年打工者的心态研究…………………………(325)
　　二、青年打工者发展策划的特点……………………(327)
　　三、青年打工者发展计划的制订……………………(332)
　　四、青年打工者发展计划的实施……………………(334)

第十一章　再就业公关策划………………………………(340)
　第一节　再就业的背景…………………………………(340)
　　一、国内市场经济的发展……………………………(341)
　　二、国际经济一体化的趋势…………………………(342)
　　三、失业、下岗的意义………………………………(343)
　第二节　失业者再就业的准备…………………………(345)
　　一、心理准备…………………………………………(345)
　　二、技术准备…………………………………………(348)
　　三、关系准备…………………………………………(349)
　　四、信息准备…………………………………………(351)
　第三节　再就业策划……………………………………(353)
　　一、正确认识自己……………………………………(353)
　　二、解决主要矛盾……………………………………(354)
　　三、怎样进行再就业策划……………………………(355)
　第四节　再就业策划中的几种现象……………………(358)
　　一、步入再就业的误区………………………………(358)
　　二、再就业和程序问题………………………………(360)
　　三、策划再就业中关系的协调………………………(361)
　第五节　勇于同命运抗争………………………………(362)
　　一、下岗是人生新的起点……………………………(362)
　　二、再就业是新的机遇………………………………(364)
　　三、再就业展示你非凡一面…………………………(366)

四、胜利属于不屈不挠的人 …………………………………… (368)

第十二章　现代青年公关策划竞争 ………………………… (371)
第一节　公关策划竞争概述 ………………………………… (371)
　　一、竞争的原因 ………………………………………………… (372)
　　二、公关策划竞争的意义 ……………………………………… (376)
　　三、竞争的作用 ………………………………………………… (377)
第二节　策划竞争的技巧 …………………………………… (379)
　　一、信息技巧 …………………………………………………… (379)
　　二、落差技巧 …………………………………………………… (380)
　　三、危机技巧 …………………………………………………… (382)
　　四、走出误区 …………………………………………………… (383)
第三节　策划竞争的谋略 …………………………………… (384)
　　一、寻觅人才的谋略 …………………………………………… (385)
　　二、展览谋略 …………………………………………………… (390)
　　三、市场谋略 …………………………………………………… (391)

第十三章　现代青年公关时间策划 ………………………… (396)
第一节　时间策划概述 ……………………………………… (397)
　　一、时间是什么 ………………………………………………… (397)
　　二、时间的特点 ………………………………………………… (399)
　　三、时间的职能 ………………………………………………… (401)
　　四、时间策划的价值 …………………………………………… (402)
　　五、什么是时间策划 …………………………………………… (402)
第二节　时间策划的方法 …………………………………… (403)
　　一、机不可失,时不再来 ……………………………………… (403)
　　二、顺境要谋,逆境亦谋 ……………………………………… (406)
　　三、驾驭理想,驶向辉煌 ……………………………………… (407)
　　四、培养习惯,善用规律 ……………………………………… (408)
　　五、巧妙运用,使之增值 ……………………………………… (410)
第三节　策划时间 …………………………………………… (411)
　　一、策划时间的注意事项 ……………………………………… (411)
　　二、成才的时间策划 …………………………………………… (415)

三、闲暇策划 …………………………………………………（418）

第一版后记 ……………………………………………………（422）

第二版后记 ……………………………………………………（425）

参考文献 ………………………………………………………（427）

第一章 现代青年公关创业策划概述

王永胜的凤凰涅槃
——"王千万"——穷光蛋——创业崛起

一、王千万——穷光蛋

2008年5月12日,北川县中药材公司总经理王永胜穿着新的羌族服装来到县礼堂,等待颁发"首届青年创业大赛"的冠军奖状。1点35分来到礼堂,几百人陆续就座。2点28分,主持拿起话筒,准备宣布大会开始……就在此刻,剧烈的晃动开始了,正低头看发言稿的王永胜,还以为外边有重型卡车开过。几秒后,天花板开始往下掉,他大叫:"地震了,赶快跑!"王永胜在门口摔倒,被踩伤了,十几分钟后爬出来。礼堂里的呼救声不绝于耳,王永胜和武警重回礼堂,救出许多人,并为30名伤员紧急包扎。

下午3点40分,人们向北川中学撤离,他看到他的公司大楼震为平地,损失900多万元,公司11名员工包括他妹妹在内遇难,伤心不已。13日晚上回绵阳老家,家人平安,他才放心。只剩几个鸡蛋的家当——182元。地震前,人们叫他"王千万",几秒钟,变成了"穷光蛋"。6月10日早晨,他向邻居借了300元,准备带高烧多日的小儿子去医院。此时,遇难员工家属来向他索赔,每人要27万元。他说:"我真的没钱啊!都被地震震光了。"这些人说:"你是老板,你没钱谁有钱?"还有人打了他几个耳光,家属离去时,拿走了那300元。

一大家子都指望着他,还有震前的债务,遇难员工的赔偿,好几次他被压得透不过气来,想一死了之!

二、苦难中奋斗

王永胜8岁放牛时被玉米茬绊倒,右脚被划破,因为没有及时治疗,伤口感染化脓得了败血症,家里无力为他治疗,父母叹:"没救了。"可是他活过来了,但诱发了骨髓炎导致他左腿残疾,从此不能自如奔跑。

初中毕业后,他考入绵阳医科学校。不久右腿骨髓炎复发,大夫建议他截肢。他宁死不从:"左腿已经残了,要是右腿也保不住,哪里还有活下去的勇气?"最痛苦时,他写下遗书。幸运的是,右腿保住了。3年,举债2 000多元付学费,每月针药费100多元。毕业时,他负债4 000多元。他借900元,在桂溪开了"永生堂"诊所,走上创业之路。

他认真仔细有效地为乡亲们治病,取得乡亲的信任,逐渐成为桂溪私人诊所中的名牌,平均每天80~90人就诊,一年赢利10来万,这在当时的北川是很高的收入。

为了赚到更多的钱,王永胜决定弃医从商。他单身闯成都,为一家公司做药品销售。第一个月,他拿到6 000元提成,加底薪,总收入近8 000元。3个月后,凭业绩,他荣升公司大区经理,2001年后,年薪达几十万元。

2005年7月,应家乡领导之邀,王永胜辞职接管了北川县中药材公司,进行第三次创业。公司连年亏损,是一个"烫手的烂山芋"。他发现金银花的市场潜在前景。2000年前,省内用于药用,需求量不大,随着金银花保健茶的开发,深加工产业链的延伸,市场需求量大幅上扬,与市场供给量达到3∶1,而且北川适宜种植。

2007年7月,他在北川药品采购招标中中标,拿到了全县各级医院和卫生站的购物指标。公司有希望很快走出困境,但"5·12"把他从"王千万"震成了"穷光蛋"。

三、金银花——第四次创业的希望

2009年5月7日,北川为"首届青年创业大赛"获奖者重新颁奖。"羌缘红"被确定为"北川青年创业示范基地"。王永胜说:"争取做地震后再创业冠军"。

公司名字"羌缘红"是他取的,想用这个品牌做金银花种植和土特产加工销售,把北川的腊肉、木耳、蕨菜、香菇、天麻、贝母做成产品,形成产业,送进大城市的超市,送进千家万户,把自己的头像印在包装盒上。他设想:用5年左右,在桂溪等几个乡(镇)建2万亩标准化金银花生产基地;在白坭等4个乡各建干花的初级加工厂,投资3 730万元,力争年产干花1 500吨,产值1亿元以上。按照"公司+农户+专业合作社"的模式,农户如做到规范种植,一亩地能产100~180千克干花,收益达15 000元上下。

目前,金银花的种植面积才2 000亩,土特产销售也未成气候,困难还很大,尤其是资金缺口,他在努力,在奋斗。

他说,创业者要有:感恩的心,奋进的心,博爱的心。

王永胜每天不管多忙,都要上网与网友交流,400多位各地、各业的网友鼓励他、支持他第四次创业。

创业需要策划,策划推动创业。

青年由于自身的特点,创业需要借助策划的一臂之力,推动创业之舟驶向成功的港口。

策划可以启迪创业策划人的智慧,提高他们的公关水平、能力,拓宽网络,帮助他们比较顺利地走上成功的大道。

第一节 学习青年公关策划缘起

创业,为什么要学习公关策划?有必要吗?

一、市场压力

1. 市场复杂多变

党的十一届三中全会后,国家全面建设市场经济。

市场是一只巨大的、无形的手,推动着物资、人才、信息、资金的配制和流向。逐步改变了以往计划经济体制下以行政命令为主要表现形式的配制模式。市场经济的大潮冲刷着一切不适应它要求的思想、观念、行为、习惯、法律和法规,为市场经济的发展廓清道路,提供良好的环境。

市场是一个动态的、多变的市场,它潮起潮落发出的巨大能量,给每一家企业,给每一个人无不带来重大的影响。2008年美国的次贷危机引发的金融海啸影响全世界的经济生活,不少世界知名企业破产。

市场受到政治、军事、文化、经济、人口、地理、气候等诸多因素的影响,其中任何一个因素发生变化,均可能引起一场"海啸"。特别是市场的主宰——人,人的受教育程度、悟性、市场意识、所获得的市场情报的多少与质量的高低,决定其在市场中的沉浮。

2. 市场竞争激烈

市场经济的本质特征之一是不稳定、不平衡的动态性、竞争性,而不是计划经济下的平稳性。计划经济下如果出现了不稳定、不平衡,国家就会运用权力杠杆来使它恢复平衡,而不是在发展中、竞争中求平衡。

竞争不仅存在于市场,也存在于人类社会和宇宙中。现在的宇宙图景是各种自然力在几十亿年甚至上百亿、上千亿年中相互竞争的结果。我们人类也是在地球上各种力的竞争作用下出现的,这已为考古和其他研究所证实。

自然界的竞争是在无意识下进行的,人类社会的竞争既是一种规律,又是人类自觉的行为。市场经济是人类社会发展的积极成果之一。人类社会的市场发展经历了多种形态,每种形态的特点都不一样。

现在是发达时代的市场经济,它使竞争更趋激烈,发展速度更快,利益更多元化,不论是个人还是群体或组织,只要疏忽或懈怠,就可能在竞争中失去优势。

市场经济条件下的竞争态势表现在多方面,就组织来说,表现在经济实力、人才、关系网络、产品的质量、品种、技术、社区环境、政治生态环境等方面。对于个人来说,学历、知识、素养、能力、关系等方面的竞争对于实现目标举足轻重。市场经济条件下,竞争已渗透到社会生活的各方面,想有所作为,就应精心策划、主动参与、提升能力、提高实力,才能稳操胜券。

3. 利益周期缩短

市场经济条件下竞争加剧,工作节奏、生活节奏、发展节奏、信息传递的节奏都空前加快。在此背景下,新产品不断涌现,产品的生命和利益周期日益缩短。比如手机的生命周期越来越短,最初出现的像砖头一样的手机(那时叫大哥大)曾风光了好几年才退出市场。而今,功能越来越健全的手机不断面世,一款新品手机上市不到几个月,又有一款更为先进的手机便闪亮登场。这反映厂家不断追求新的利润和利益,利益周期日益缩短。为此,我们要不断地瞭望市场,要紧绷竞争这根弦,要抢占制高点,为组织、为个人的发展与同行争快半拍以至数拍,才能立于不败之地。如不,便会被市场吞没,不见踪影。

朋友们,发扬"只争朝夕"的精神,参与竞争,创造辉煌。

二、社会压力

经常有青年说,生活在今天,压力太大了,有点让人透不过气来的感觉。确实如此,你看早上有多少人,一边啃着面包,一边挤上了公交车。下班了,又是行色匆匆,忙着去充电——读夜大,直到很晚才拖着疲惫的身子回到家,却不能松弛一下神经,而是喝了杯茶,又伏在写字台上或电脑前总结今日的工作,安排明日的任务,直到零点以后才能休息。您说这不累吗?

这种压力有:

1. 国际压力

一个国家或组织如不参与国际竞争,感受不到国际竞争的压力。中国在改革开放前,坐井观天,自认为泱泱大国,了不起。改革开放后,走出国门,才知道我们在经济、文化、科学技术等方面均远远落后国际先进水平,才知道国际上的激烈竞争。在这种压力下,举国上下,齐心协力参与竞争,短短的三十多年,缩短了与发达国家的差距。通过竞争,知道了落后就要挨打,在国际上就没有话语权,就受人欺负。例如中国与印度之间的小国锡金因为弱小,没有感受到国际竞争的压力,1975年被印度吞并的悲剧。

2. 同行的压力

作为一个组织,不论大小,它的实力是和同行业的组织相比,在竞争中体现自身的力量。没有竞争的压力,不参与行业竞争,就会被甩在后边,在市场上找不到你的产品、位置,被淘汰出局。

3. 人际关系的压力

每一个人都有自己的社交圈子。在这个圈子中,假如大多数人生龙活虎,才华横溢,创新不断,成就卓著,你在其中,一定会感到压力。这种压力会驱使你奋起直追,仿效他们去创造新的业绩,才能继续留在这个圈子里,与他们一道前进。"近朱者赤,近墨者黑",正是人际关系压力的形象表述。

三、自我压力

1. 生存的压力

作为一个人,首先要在社会上生存下去。创业策划的原始的动力便是生存,要生活得好一些,质量高一些,有滋有味,就要策划,以摆脱生存的压力,以图生活得好一点。

2. 发展的压力

青年志存高远,要一展宏图,为国效力,为社会作贡献。力图发展的心理是有为青年难能可贵的品格。目前我国处于一个最好的历史发展时期,在这个大潮中,随着社会的发展,青年自我发展的压力是十分巨大的。光有压力还不行,还要根据自己的实力进行策划,把压力变成可持续发展的有序性和科学性的动力。全面展现才能,发展自己。

3. 实现价值观的压力

在不同岗位上的青年具有不同的知识、地位、价值观。但是他们都有一个共同的目标：实现自己的价值观。这种源自内心的压力驱使青年进行精心的策划，挖掘潜能，采取科学的方法与途径去实现之。

四、预则立，不预则废

1. 预先策划，有助于成功

古语云："凡事预则立，不预则废。"就是说：做任何一件事，凡先行策划的，有可能取得成功；如果事先不策划，很难实现。面对复杂多变的市场和人际关系，要想取得创业的成功，就必须进行策划，在多数情况下，还要借"关系"帮助，争取成功。为什么这样说呢？

我们的世界、环境复杂多变，要实现目标，就必须事先对与实现目标相关的因素调研，对在实施过程中可能碰到的困难或障碍有透彻的了解，研究对策，使目标实现顺利一些，成果大一些。有一些年轻人，确立了目标，不调研，径直实施，不但成功的概率低，还会形成灾难。像在1958年号召的大办人民公社和大办食堂的行为。

2. 策划是一种超前意识，利于规划行动

之所以进行策划，是因为有了一个目标，要谋划实现目标的打算或蓝图，或叫计划、设想，总之，是要兑现某一目标的方法和步骤。策划是指在计划制订以前进行的一系列超前的动作，实施的多种谋略、对策、计策或计谋，规划行为，可达到预想的目的。

3. 不经策划的事，容易失败

历史和现实中大量事实，反复证明不经策划的行为容易失败。毛泽东一生功勋卓著，可是在晚年，贸然不经论证，发动"文化大革命"，使960万平方千米的国土成了战场而不可收拾，非正常死亡人口达3 000多万，国民经济到了崩毁的边缘。还有对人口的控制不当，造成我国很大的人口包袱。如果采纳马寅初的科学人口理论，对人口进行控制，到现在我国人口大概是7～8亿而不是近14亿，那该多好！庞大的人口基数对就业、住房造成了巨大的压力，创造的财富被14亿人消耗很多，可供再发展的不多，拖了经济发展和改善人民生活的后腿。

总之，我们要想创业成功，尤其是年轻朋友，初涉人世，经验不足，要想办成一件事，必须先策划再实施，少走弯路，减少成本，易于走向成功，取得

良好的回报。

第二节 公关策划要素

对策划要素的了解和把握,有助于策划,有助于创业的实施和成功。为此,对策划要素及各要素在策划中的地位,应有所了解。

一、策划主体

公共关系是现代市场经济条件下的一种组织行为,这是界定公共关系最根本的原则之一。公关和公关策划的主体是组织,而不是个人。

公关策划的决策一般是组织的决策层根据组织目标或公关目标进行的。

公关部是策划的执行部门,它可以动用多种资源、多种手段,围绕目标展开一系列行动,进行谋划,确保目标的实现。

个人可以借助公关理论、技巧、谋略为实现个人的目标服务。比如说,一个失业青年,为实现再就业,广泛征询意见,制订具体的方法、步骤,这也是一种策划。从这个层面上来说,个人也可成为公关策划的主体。

进行一项大型策划,公关部可寻找信誉良好,实力相当,业务素质良好的策划公司代为策划,这是一种水平比较高的、难度大的策划。这种策划的成本很高,少则几万,多则几十万、上百万、乃至上千万,没有雄厚的财力支持是不行的,像上海世博会的策划就是如此。个人的重大项目策划,也可请策划公司。这种策划成本比较高,但是更具有科学性和可操作性,目标容易实现。

二、策划目标

不同的组织有不同的目标,大体上来说,有以营利性目标为主的组织——如工业、农业、商业及服务业;有以社会文化福利性目标为主的组织——如学校、医院、慈善机构。我们说的只是主要目标,还要兼顾其他,不是单一的,而是多元的目标。像前面提到的营利性组织策划目标主要是获利,但还要兼顾公众利益、社区利益,这样的策划才是比较科学、全面的。个人策划的目标也是多种多样的,像失业者进行策划是为谋生,获得一定的经济来源,保证生存之必需。在校学生的策划是为了获得知识,通过何种途径与方法把知识学得深一点、多一点、透一点，打下一个扎实的基础，再小一点，为写一篇论文，也要进行策划。总之，策划的目标可大可小，看主体的需要。

三、策划客体

策划客体是指组织策划的目标如何去实现，依靠谁来实现。比如，在社区里开设一个中式的快餐店，这个目标经过多方论证是可行的。那么，策划的客体是谁？应该说是社区的方方面面的关系，比如工商、卫生、税务等部门，但是，最重要的是社区的公众，他们需要这样的经济、便捷的快餐服务。

客体的情况多姿多彩，如某市政府的策划，那它的客体是几十万、上百万、上千万的市民。而目标客体便是直接实现这项目标的有关单位和公众，及受此直接影响的市民。策划修建一条立体公路，实施的客体是建筑单位及其工程技术人员、施工人员和被动迁的居民等。

四、策划文案

组织的策划，需经过一系列程序，要撰写策划文案，即把决策内容和实施的方法、途径、时间程序及要求以文字形式清晰、明确地表达出来，作为实施及检查的文本，这就是策划文案。

1. 策划标题

策划文案的标题要求鲜明、醒目、准确，能概括策划的中心。

《关于2009年至2012年建设生态型城市的策划书》就鲜明、醒目，一眼便可看出是由某市政府策划的，中心是建设生态型城市。

《关于2010年世博会的策划书》是上海市政府的策划文案，其中心是如何举办一个精彩、难忘、成功的世博会。

《关于暑期活动的策划》则是大、中学生暑假活动的策划，中心鲜明。

个人进行策划，最好也写一个策划书，以书面形式作为实施与检查的依据。如《关于就业的策划》《关于跳槽的策划》《关于考研究生的策划》等。

2. 策划正文

（1）前言

简要说明项目策划的起因，组织的概况，组织的处境或面临的问题，策划的总体创意、主题和目标。使人在未读全文之前就对策划书有一个概括的了解。它是策划书最精彩、最传神之所在,是策划书的灵魂。如策划书篇幅长,在策划书的标题下,还要列出目录。

(2) 市场分析

①背景:组织的产品或服务的市场需求。②目前市场上同类产品或服务的情况,市场占有率情况,知名度、美誉度。③竞争对手的同类产品或服务情况,包括国内外市场。

(3) 产品分析

①商品:工艺、成分、用途、性能、生命周期等。②技术:科技含量、价值含量、领先(国内、国际)程度等。③服务:提供的服务质量如何,是否受到客户的欢迎,客户的投诉率。④人才:主要是教育和研究单位培养出的学生或科研人员,在同类学校或机构中有无竞争力,其整体素质如何,出了多少人才(行业级、地区级、国家级、国际级),有哪些成果面世,市场价值或学术价值如何等。

(4) 产品销售分析

①产品销售的地域、季节,公众的年龄、性别、文化、职业、民族等,网络与重点地区情况。②竞争对手的销售策略。③与同类产品比较,各自的优势和劣势、销售渠道、范围和效益。④服务的品牌,顾客的满意度。⑤人才情况,学生的升学率、就业率、成才率(金领、银领、蓝领、灰领、粉领)分析,科研人才的出线情况(成果、著作、论文、效益)。

(5) 组织(个人)目标分析

目标分为长期、中期、短期三种。作为组织来说,短期目标以 1~2 年为宜,主要是提高销售额或知名度;中期为 3~4 年,主要是拓展市场,开发新产品或培养出有比较扎实基础的研发人才、销售人才或优秀学生;长期目标为 5~6 年,系统地进行产品的升级换代,占领新的市场,扩大市场份额或培养基础扎实、质量上乘的学生或具有开拓创新能力的研发人员与销售人员,全面提升组织的能级或层次,抢占国内外科研或产品开发的前沿阵地。

(6) 存在的困难或障碍分析

这些困难或障碍大致有人力、物力、财力及环境方面,根据具体情况列出排除的方案。作为个人,创业中碰到的困难或障碍,也一一列出,请求"关系"的指点与帮助,加以克服,力求创业成功。

(7) 实施步骤

又叫实施程序。根据策划方案,排出实施的时间表及人、财、物逐步到位的顺序。

(8) 传播渠道分析

哪些媒介能传播组织的信息。将版面、频道、时间一一列出,遵此实施。

(9) 经费预算

分项列出细项费用,再予以合计。项目要清晰,一目了然;经费要留有余地。

(10) 效果预测

具体实施与目标比较、分析,结合传播与主题,预测效果。

(11) 策划单位、策划人签名、盖章及日期

(12) 参考资料、文献等

策划文案根据不同组织、不同目标来制订,有个性,易操作,才是一篇好的创业策划书。

第三节 公关策划的含义、历史、意义及特点

运用公关的理论与技巧来策划创业,可以取得事半功倍的效果。为此,我们要对公关策划的含义、历史、特点和作用进行了解,有助于策划活动的展开。

一、公关策划的含义

1. 策划的含义

策划是对目标的实践行为的目的、方向、内容、策略方针、方法、程序所进行的设计和谋划。

策划具有目的性、功能性、计划性、谋略性、超前性、创新性、系统性、可操作性等特性,不具有这几个主要特性的策划是不完全的、不严密的。

2. 策划的重点

重点是为实现组织目标服务,分析公关状态;通过信息的传播与沟通,影响公众的心理和行动,调整组织与公众的关系,互惠互利,建立良好关系;研究实现目标的方法、步骤。策划是先发的一种特殊智力服务活动,是

专门的人才或人才群体,运用一种或多种方法形成的。

3. 策划是一项事业的创立谋划

创业策划借用公关的原理、原则与技巧及其他相关学科的理论与方法为创立一项新的事业进行谋划,使创业易于走向成功,减少失误。

二、策划的历史

策划的历史源远流长,古代策划大家若满天繁星。

200万~250万年前,从安徽繁昌县马仁奇风景区人字洞古人起,中国人民的先祖们就为自己的生存和发展进行了策划。在这漫长悠远的历史画卷中,我们的民族以她辉煌的业绩,为人类的进步和发展作出了卓凡不群的贡献,创造了光辉灿烂、延续至今的历史。其中,虽有曲折磨难,也频招厄运,却一次又一次地转危为安,衰而复兴,巍然屹立于东方,是世界文明史上惟一一颗璀璨不灭、延续至今的明珠。纵观世界四大文明古国,中国的文明发展的连续性是十分突出的。中国作为一个政治实体,在其发展过程中未曾为外来因素所中断。中国文明在文化发展史上也无断裂现象,直到今天。而其他几个文明古国,他们作为政治实体的连续性为外力所中断时,文明的发展链条也中断了,有的历经几次中断,甚至连文字也消失了。人们现在只有通过考古,从历史上来了解它们了。有的虽然今天尚存,尽管接受了古埃及文明和两河流域文明的文化遗产,但只是作为某些因素(而非有机的系统)被继承下来的。为什么呢?其中一个重要原因就是他们缺乏策划或策划不周全。而中国与他们的命运不同,是由于中国各个时期的先哲们精心的策划,这充分体现了中华儿女艰苦卓绝的战斗精神、大一统思想和深邃的睿智。为了国家的统一、繁荣和强大,上演了无数的威武雄壮、可歌可泣的话剧,涌现了数以万计的叱咤风云、扭转乾坤、举世闻名英雄豪杰,在承续先祖业绩的事业中,在先人们博大精深的智慧土壤中,孕育和培养了一个非常特殊的人才群体——他们在自己所处的历史舞台上,面对波诡云谲、危机四伏而瞬息万变的复杂局势,转危局,战险恶,沉着应变,机敏而动。他们可能是创业的君王,治国安邦的良臣,智勇双全的战将,某一政治力量的"智囊团",一重要人物的谋士,纵横捭阖的外交家,农民起义的"智多星",断案的"清官",或是经营有方的工商界人士,名不见经传的"布衣"。但是,他们的业绩至今令人击节赞叹。他们业绩中折射出的智慧和能力,彪炳千古,至今耳熟能详,为后人所仿效。这个特殊的人才群体,我们称之为谋略家或策划家。

这些谋略家们热爱祖国,体恤百姓,志存高远,注重个人修养,他们聪敏好学,学贯古今,通达事理,学以致用。他们在复杂多变,险象环生的生活与斗争中培养、锻炼出卓尔不凡的智慧、筹谋和韬略,为万世所景仰和继承。

中国的现实是历史的发展,是历史长河中的一段,改革开放的策划是在历史上已有的文明基础上建立和发展起来的。在市场经济条件下,要了解和把握现实,抓住时代的契机,预见未来和开拓未来,争取事业的成功,就必须深入研究历史,总结、继承和借鉴历史上策划家的经验,认真开发中国智慧乃至世界智慧的宝库。这对于争取改革开放大业的胜利,对于青年的成长、成才和发展,实现自己的抱负有特殊的意义。

我们青年一代要用海纳百川的精神去学习中国和世界的策划理论与艺术,为祖国的发展、为组织目标的实现、为个人的目标实现提供指导。

市场经济潮起潮落、错综复杂、竞争激烈,青年人涉世不深,缺乏经验,有必要从中国古代谋略家身上和中国古典智慧的宝库中汲取营养,这对于发展智力,启迪思考,增强应变能力,提高竞争意识是有益的。它会使我们变得聪明,目光锐利,思维严密,才能使我们驰骋市场经济的海洋从容不迫,得心应手,稳操胜券。

中国历史上的策划大师灿若银河,现在用简短的文字,采撷几颗星星,推荐给年轻朋友。

1. 中国策划家的始祖——姜子牙

姜子牙姓吕,名尚,他生逢乱世,先祖曾为贵族,到他这一代,家道中落,为了谋生,年轻时以屠牛、羊为生,后又以卖酒和馒头为业。他虽身处乱世,但勤苦向学,有经天纬地之才。他对世事洞若观火,立志报国救民,奈生不逢时,报国无门,潦倒半生。西伯昌因食子糜,而被放归周国,此时他虽已八十,仍壮心不已。他知西伯昌胸怀大志,随之也逃出朝歌,到周的渭水之滨垂钓,静观世变,等待机会。

一天,西伯昌到兹泉行围打猎,吕尚为引起他的注意,把鱼钩提离水面三尺,直钩且无鱼饵。西伯昌见之奇怪地问:"别人垂钓均为弯钩,置以诱饵,系水中。君这样钓法,能使鱼上钩吗?"吕尚答:"休道钩闻奇,自有负命者。世人皆知纣王无道,可是西伯长子就甘愿上钩。纣王自认为智足以拒谏,言足以饰非,却放跑了有取而代之心的西伯昌。"

西伯昌闻言大惊：这老者居深山之中，何以能知天下大事，且把我心迹看得这么透？忙施礼道："愿闻贤士大名？"接着又说："先生所言，真真知灼见，字字珠玑。"说完道出本人就是西伯昌，请吕尚助他匡扶天下，以救万民。拉着吕尚的手，扶他上辇，一起回宫。

路上，吕尚提出"三常"之说，实质是重视发掘、使用人才。这在血亲关系为纽带的奴隶制社会里，敢于用圣贤代替亲戚，表明了他的远见卓识和政治胆略。

此后，依据吕尚的谋略，周巩固了四边，迁都丰京。在西伯昌死后，吕尚辅助次子姬发治理周国。在公元前1059年夏天，吕尚在黄河南岸孟津会800诸侯，协调了各诸侯的行动。经"牧野之战"，商纣王统治的王朝被推翻了，正式建立了周王朝。

吕尚被封在山东临淄（古营丘），称齐国。在吕尚的治理下，齐国在较长的时期内，政治、军事、经济突飞猛进，遥遥领先于其他诸侯国，成为周在东方的重要支柱。

后人评述："太公之圣，建国本；桓公之盛，修善政。"

司马迁对吕尚的谋略思想、历史地位，评价道："其事多兵权与奇计，故后世之言兵及周之阴权，皆宗太公为本谋。"司马迁清楚地指出，吕尚一生足智多谋，长于用兵，工于奇计，历史上的兵家、谋略家和策划家都推吕尚为鼻祖。

2. 范蠡治国用兵与齐家保身的策划

春秋战国时期是中国古代社会制度、经济、文化、思想激烈变动的时期，涌现出众多的策划家、谋略家。

范蠡于公元前496年入越国，辅助勾践20余年，设奇谋灭吴兴越，在他成功的业绩背后，包含着巨大的危险。他认为大名之下，难以久居，遂带西施乘一叶扁舟涉三江，入五湖，勤力耕作，产几十万。齐君闻其贤，使为相。范辞，定居于陶，经商积资巨万，称陶朱公。他既能策划治国用兵，又能策划齐家保身经商致富，是罕见的智士能臣，他的策划才能和业绩为我们留下了难以磨灭的印象，不愧为古代著名的策划家。

与范蠡有三顾之谊的文种，稍逊一筹，功成身不退，终为越王勾践赐死，不能不令后人扼腕叹息。

3. 管仲的"九合诸侯，一匡天下"的策划

管仲出身贫苦，始以从商为业，从小与鲍叔牙为知己，后经鲍叔牙推荐,齐桓公免了他一箭之罪,任齐相,辅佐齐桓公"九合诸侯,一匡天下"。他在奴隶制向封建制转变的历史机遇中,在政治、经济与军事方面的策划,特别是制定的"尊王攘夷"总战略,成为齐国几十年的政治军事行动的依据,使齐国迅速富强起来。在实施中,因势利导,灵活应用各种战术,保证了总战略的实现。他的一系列策划,顺应了历史规律,促进了齐国封建制的形成,进而对全中国封建制的形成起到了推动作用。此外,他以天下为己任的抱负,坚韧不拔的性格,权衡利弊、审时度势的风范,被后世奉为楷模,值得我们学习。

4. 孔明的《隆中对》,千古绝唱的策划

年仅17岁的诸葛亮和弟弟为避战乱而到南阳的隆中隐居,一面躬耕,一面苦读,他对史书独观其大略,领会其精神实质,而不追求枝节,储蓄知识,静观天下之变。时刘备落魄不堪,屡遭挫折,只剩下数千人的队伍,寄人篱下。公元207年,经司马徽和徐庶推荐,刘备三顾茅庐,请诸葛亮出山。在草堂上,诸葛亮的《隆中对》便是名传千古的战略策划。他精辟地分析了天下形势,策划了建国方略。委婉地指出刘备戎马20余年仍寄人篱下的原因,说明称霸天下"非惟天时,抑亦人谋"的道理。然后,他说:"曹操已拥百万之兵,挟天子以令诸侯,此诚不可与争锋,孙权据有江东,已历三世,国险而民附,贤能为之用,此可以为援而不可图也。"接着他扼要地说明了荆州和益州的重要战略地位。告诉刘备,欲成霸业,应该北让曹操占天时,南让孙权占地利,将军可占人和,先取荆州为家,后即取西川建基业,以成鼎足之势,然后可图中原。刘备茅塞顿开,逐步按此策划实施,才绝处逢生,立稳脚跟,日益发展,建立蜀汉政权。

诸葛亮在草堂上的一席宏论,涉猎广泛,有政治、军事、经济、地理、外交等建国施政方略,概括了汉末形势,预示出政局发展的前景,分析精辟,见解独特。后来的历史发展证实了《隆中对》策划的正确性。《隆中对》体现了诸葛亮的远见卓识和超凡卓绝的政治韬略和军事谋略,真是"草庐数言,皆如左卷。"在现代,还显现出生命力,海外不少谋略家奉为必读之经典。

此后,他在27年的政治生涯中,辅佐刘氏父子,策划兴汉室,成霸业。他立法施度,选贤任能,务农植谷,发展生产,联吴抗魏,南征和夷,直至病逝在五丈原前夕,还为"身后事"进行策划,安全撤入谷中。纵观孔明一生,他运筹帷幄的风采,宁静淡泊的气度,谦虚务实的作风,"鞠躬尽瘁,

死而后已"的献身精神,百折不挠的意志,体现了中华民族优秀的传统精神和品格。历代"皆推孔明是全人",是中华民族智慧的化身。他的策划谋略不仅在当时的历史舞台上充分地表演和结出了硕果,而且对中华民族的政治、军事、经济、外交、统一大业及个人修身等方面都产生了深远的影响。

5. 清朝初创时孝庄辅三朝四代的策划

清朝初创时期,如无孝庄文皇后的策划,清朝历史可能重写。她虽为女性,却擅长学习和策划,清朝初创时期极为错综复杂的政治形势使她的政治才能和修养得到磨炼,并脱颖而出。她历经三朝四代,辅佐丈夫皇太极用计降服明朝重臣洪承畴,使之在清朝创建中发挥了重大作用。辅佐年仅6岁的太子登位,破"后妃之选,例不得及汉人"的旧制,从汉人中为顺治选妃入宫。倾力调教幼孙,韬光养晦,刻苦攻读,学习"治国平天下"的韬略,当顺治早逝后,辅佐孙子玄烨除奸治国,策划平衡各派力量,使立"三子",四大臣摄政,避免了可能发生的内乱。

6. 邓小平改革开放的策划

建国之后,由于种种原因,我们的国家遭受了多次的磨难,国民吃了很多苦。其中有一个很重要原因是对重要的决策,缺少科学的策划,随意性太强。

改革开放以来,在邓小平的策划下,国家的面貌日新月异,人民的生活水平和科学文化迅速提高,综合国力大大增强,中央提出从21世纪初到2020年用20年时间把中国建成小康社会。这是经过了科学的策划,具有可操作性,如果没有大的干扰,这个宏伟的蓝图是一定能够实现的。

三、公关策划的意义

策划是一切公关活动的先导和核心,是最高层次的公关运作。公关策划研究的对象是:设定目标,制订计划,实施计划,把握时机,选择媒介,评估效果等。策划的意义有:

1. 使创业的路平坦一点

创业是首次开创新的局面,创造一个新的目标体系,争取实现新的利润,或学术目标,或工作目标。开创一个新的事业或进入一个新的工作领域,困难之大,艰险之多是难以想像的。为了避免风险,减少损失,使创业的道路平坦一些,就要进行精心的策划。

在创业之初的精心策划,会使创业的路平坦一点,目标实现的速度快一点。若不进行周密的策划,可能会碰到各种问题难以排除,而导致创业的夭折。

2. 使青年成才、成功的速度快一点

在市场经济条件下,为建设小康社会努力工作的各行各业的年轻人,成长的迫切性超过任何一个时代,他们期盼事业成功的速度能快一些,以赶上时代的步伐。

怎样才能使成才的速度快一点?成功顺利一点呢?要策划!对成才的目标方式和途径要进行精心的策划。

有一青年工人,他志存高远,在20世纪80年代中期,补习高中文化,结识了一位教师,谈了成才的设想,得到这位老师热心指点,与他谈了多次,策划了成才的方式和途径。拿到高中文凭后,复习一年,考与专业相近的大学机械专科,学习了3年毕业后,再考本科,本科3年毕业,又复习一年考取了硕士研究生,又是3年,拿到了磨床专业的硕士学位证书。整整10年,风雨无阻,顶酷暑,战严寒,每周3次踏自行车横穿市区几十公里,从东北角到西南角的学校去上课。凭借着坚韧不拔的毅力和高远的志向,在别人压马路,看电视,打扑克的时候,他在学习。10年的寒窗之苦结出了硕果,现在他已是该厂的总工程师、高级工程师,成为该厂第一位机床专业的硕士,也是该市第一个从工人读出来的硕士。他用10年时间,把自己磨炼成才。如不精心策划,学习的艰苦性、长期性难以克服。这10年中他有过彷徨、犹豫和动摇,在策划时就预见到这些情况可能出现,制订了相应的措施,在消极情绪出现的时候,那位教师就帮助他。他最终成为企业的杰出人才,也实现了自己的抱负。与他同一个班级的小李与他年龄相仿,在读本科时,二人都想继续深造,但是,小李仅凭冲动,缺少周密的策划。在本科阶段,谈恋爱又结婚。后女儿出生了,又要照顾,使他的学习劲头锐减,成绩不稳定,毕业后没有及时考上研究生,第三次才考上。这样小李的成才、成长晚了好几年,给他造成了不小的损失。

3. 使青年的心理更健康一点

青年人由于年轻,阅历少,经验缺乏,理想与现实有落差,给他们的健康成长带来影响,甚至造成重大心理挫折。为此,在创业与成才的路上,应进行必要的策划,对在成长与创业过程中可能遇到的"艰难险阻"预先谋划对策,力求顺利一些,挫折少一点,这样有助于青年的身心发展和进步。从

大量的个案中,不难发现,不少青年因为缺少策划,等到困难来了,束手无策,挫伤了自尊心和自信心,导致创业和成才受挫甚至夭折,这一点应引起广泛关注。

一家钢铁厂团委组织青年科技人员对一项技术进行攻关,分为两组,一组5个人进行了精心的策划,并广泛征询了专家意见,对策划书进行充实。结果,一路夺关斩将,顺利实现目标。5个人全部评上了工程师,该小组被人称之为工程师的摇篮。这5位趁势而上,又一举摘下了国际冶金前沿的两颗明珠。而另一个小组的6名年轻人,多数马大哈,不愿进行策划,草草地制订了一个计划就开始研究,随着研究的深入,困难和障碍接踵而至,他们慌了手脚,无法应对,最后只完成了一小部分的任务,被工人指责为不会捉耗子的猫,在厂里走路都很难抬起头,背上了沉重的包袱,过了好长一段时间才缓过气来。

这表明,进行创业,首先要进行策划。而策划成功与否,直接关系到创业者的心理健康和成才、成长的速度、方向等重大问题。愿青年朋友在创业中,重视策划,精心策划,争取事业和目标早日实现。

四、公关策划的特点

1. 目标鲜明

任何一个组织或个人进行的策划,目标都是十分鲜明的,是为实现目标服务。

先拿组织来说,策划的目标是组织所希望达到的结果,它是策划的出发点和归宿。策划是策划者对未来的预测和构思。孔明有感于刘备三顾茅庐,发表了《隆中对》。这一策划,目标鲜明,孔明也为之奋斗了27年。

作为个人的策划,也应目标鲜明,行动始终围绕着它开展。

一初中生,由于作文写得比较好,想在文学上有所建树,于是把这目标定下来,在学好其他功课的前提下,对语文下了比较深的功夫,阅读古今中外名著,深入思考,勤于观察人和事,做笔记。功夫不负有心人,在初三上学期,一篇1 000字的小说变成了铅字。后来被保送进市重点中学,再后来,又保送进了复旦大学中文系,开拓了更为广阔的天地,终于学有所成,佳作不断,实现了少年时代的梦想。

现在不少失业在家的青年朋友,进行创业策划,要目标鲜明。鲜明的目标能时时吸引、鞭策人们为之奋斗。若不鲜明,就失去了吸引力、鞭策力,目标难以实现。

2. 全局在胸

进行策划,必须对组织的情况,所处的环境全局在胸,才能策划成功。为什么要全局在胸呢?因为一个项目的启动,目标的实现,要涉及很多单位和部门。比如,一家企业要开拓外省市场,这就涉及产品的质量、价格、款式、销售对象等,还有销售人员的素质、能力,组织的人、财、物、信息、环境等诸多因素。此外,目标地区的社会环境,文化环境,消费市场、目标公众的消费心理、消费水平等都应掌握,这样才能策划成功,没有全局在胸,是难以策划成功的。

作为一个中专生来说,对自己毕业后的就业的策划,也应全局在胸,不应若明若暗。比如对自己在校四年(或三年)期间的学习成绩、社交能力、文字表达能力、动手能力、社会工作能力、专业知识等有一个了解。然后,对今年或明年的就业形势作出分析判断。进行目标市场的细分和科学定位,就有可能策划成功,找到一份比较满意的工作。

3. 刚性与弹性的统一

不论进行哪一项策划,我们要掌握刚性和弹性的一致性或统一性。毫无疑问,策划的目标是我们力求实现的,不能马虎,这是刚性。但是,尽管我们的策划是尽善尽美的,把一切可能疏忽之处都穷尽了。但是,策划是预测和规划事项的实现过程和手段,而事物是运动变化的,公众也是运动变化的,这种变化包含两方面:一,公众的人数在变化,在更新;二,公众对这一项目的态度在变化,有可能从顺意公众转化为独立公众,甚至转化为逆意公众。如果目标公众的多数转化为逆意公众或独立公众,那么,目标的实现就变得很困难了。所以,在确定策划的目标和实施的方法、手段时,应多准备几种方案,当第一方案遇到障碍时,启动第二、第三方案,对目标作一定的调整,不僵化。

4. 充满智慧

农 夫 山 泉

1999年6月农夫山泉在中央电视台播出广告:受过污染的水,虽然可以提纯净化,但水质已经发生了根本性变化,就像白衬衫弄脏后再怎么洗也难恢复原样一样,并配以未受过污染的水面,和一瓶未标明品牌的纯净水的镜头,矛头直指纯净水,水之硝烟骤然燃起。

2000年4月24日,农夫山泉隆重宣布"长期饮用纯净水有害健康"的实验报告,以及从此不再生产纯净水,只生产天然水的声明。同时,它还在中央电视台播出水仙花的对比实验广告。一石激起千层浪。4月27日起众多纯净水厂家共商"讨逆"大计,提出强烈抗议,并要诉诸法律云云。到6月,娃哈哈联合19个城市的69家纯净水厂组成联盟对它口诛笔伐。甚至还闹出了一些天方夜谭的故事:有人说喝农夫山泉时发现瓶中竟然有12条蛆,告上法院索赔3万元。还有人说,因喝农夫山泉后,患头疼、腹泻、急性肠炎不算,还得了"恐惧症",看见什么水,都觉得脏,也告上法庭索赔5万元。

长期以来,饮用纯净水一直是一个有争议的话题。在国内纯净水市场三巨头中,娃哈哈和乐百氏与法国达能合资,这样三足鼎立演成二对一,孤军奋战的农夫山泉不再生产纯净水,而堂而皇之地搬出此计。它借助自身的资源优势——面积580平方千米,水深近百米的千岛湖。农夫山泉不是默默无闻地退出,而选择了站在维护消费者权益的立场上,借助于一个有争议的营养学知识话题,进行了一场有轰动效应的新闻策划,达到了:①调动多家媒体为它的战略转移进行轮番轰炸和强大造势,为提升农夫山泉的品牌形象进行了有深度,有广度,有情感度的免费宣传。②敢于揭短,提升关心消费者利益的形象。③它别出心裁地把战略退却和战术进攻结合起来,重创对手,又为自己挺进天然水市场夺得了先声。

众多纯净水厂家激烈争辩,甚至诉诸法律,正是它求之不得的事情。它在任何场合中并未指明何种品牌纯净水,只是说纯净水,难以授人话柄。退一步说,即便是输了官司,农夫山泉始终是舆论关注的中心。在这场纷争中,农夫山泉被如此众多的媒介疯狂炒作后,更为公众所熟悉,有利于塑造农夫山泉的品牌形象,即使其他纯净水厂家去开发天然水,但农夫山泉早已站稳了脚跟,占领了很大的市场份额。

随着论战的不断升级,农夫山泉的策划终于使它度过了四面楚歌的境地,最终以奥运会惟一指定饮用水的结局,向人们昭示农夫山泉是惟一的赢家,其他纯净水厂家则为之做了嫁衣。

市场云谲波诡,商家为了各自的利益,展开了错综复杂的较量,进行了此起彼伏的斗智斗勇。他们时而互相吹捧,时而刀戎相见,又时而杯酒言欢,彼此存在多方面、多层次的错综复杂的关系和矛盾。在惊心动魄的市场上,任何不求进取、因循守旧、优柔寡断、模棱两可的人,都会坐失良机;任何心中无数、粗枝大叶、考虑欠周、仓促决断的人都会招致惨重损失。举手投足间,决定组织的成败荣辱,关系身家性命。因此,自人类诞生以来,随着社会的发展和进步,人们日益重视策划,而善于策划者,才能使事业向着既定的方向前进。

无数策划案例证明,古往今来,凡成大业者,均高瞻远瞩、博学多才、多谋善断、韬略满腹,善于对未来的发展趋势进行周密的策划,找出事物的因果关系,衡度未来可取之径,并作为决策的依据。

第四节 创业策划的准备

创业目标定下后,在创业策划之前,要进行一些必要的准备,这里是指物质层面的准备。

一、资金

进行创业,不论规模大小,都要有一定的资金,如无资金,创业将是水中月、镜中花而已。从国家层面来说是如此,从企业层面亦如此,至于个人层面更是如此,若无资金,创业便是一句空话。

理想状态是百分之百的创业资金存在银行。但这是一种理想状态。对于个人的创业,起码有一半的现金,其余部分可以向亲友、银行借贷。对于大型企业的创业资金,应根据工程进展情况,分批分期到位,这样可提高资金的使用效率,创造新的利润。而不能把上亿、几千万资金,一下子集中到户,那样会增加创业成本。

资金到位,还应加强对资金的监管,以避免贪污、挪用或浪费,给企业造成损失。对领导人来说,还会引起法律责任。保证资金的安全是创业者的重大责任,不可掉以轻心。

个人创业资金的类型:①自有资金;②向亲友借贷;③向银行借贷。组织的资金来源,大体有:①自有;②国家拨款;③向银行借贷。合作组织的资金来源:①成员的集资;②向亲友借贷;③向银行借贷。

二、场地

根据创业项目的规模大小来定。如是规模很大的工厂,则需要的土地数量很大,有的几十亩到几百亩土地,需要提前几年申请。有的办一个小型企业,一亩可能够了。不少大学生创业,建立个工作室什么的,只要几十个平方米的办公室就差不多了。

　　此外,根据企业性质选择场地的具体位置。如有的要靠山、有的要靠水、有的要靠交通线(港口、公路、铁路、航空港等),在策划之初,就应予以充分考虑。

　　有的科研企业对水、空气、噪声等环境指标还有特殊要求。有的小型艺术工作室,如雕塑、绘画、动漫等,虽然只要几间房则可,但对采光,通风条件有苛刻的要求。再如声乐方面工作室,有对噪声、隔音、吸音的特殊的要求。在选址时要以特殊的重视。

　　总之,根据组织创业的性质来选择恰当的场地与场馆,有助于创业的成功。

三、设备

　　资金分批分期到位了,场地选好、厂房造好或租赁好办公用房装潢好了。就要进入创造产品的阶段。根据不同创业目标,需要相关的设备。

　　设备大体上分:

　　工厂的机器、仪表、试验室、化验室、环保设备;

　　科研组织的研究仪器设备;

　　艺术工作室的笔墨纸张,工作台、刀子、槌子等。

　　资金、场地、设备准备好了,才能进行以后的工作。

第二章　现代青年公关创业策划谋略

翻开中国的历史,发现历代开国帝王创建新的王朝虽历尽艰难险阻,总是凭借超人的谋略战胜了对手,建立了新的政权。研究还发现,想在其他领域有所建树的人,也要运用策划谋略,才能成功。

策划谋略不仅在政治、军事领域要运用,在经济领域、文化领域也要运用,只有合理地运用策划谋略,才能减少阻力,减少损失,取得成功。

青年创业的积极性空前高涨,融入社会的积极性高,想干一番事业。为了创业的顺畅和成功,要学习和运用策划谋略,有助于成功。对现代青年创业而言,资金可以拆借,技术可以购买,而惟一必须自己拥有的,是一流的人品、非凡的智慧和谋略。智慧和谋略是世界上最值钱的东西。

第一节　公关创业谋略概述

一、创业谋略的含义

1. 谋略

世上最高深的学问是什么?有人给出的答案是:谋略。

自人类诞生以来,多少人围绕着它顶礼膜拜,有的穷其一生,孜孜以求它的真谛,希图事业有成。

谋略:计谋、策略。

2. 创业要讲究谋略

从古至今,创业者多数是白手起家的。一双空手怎么能创出一番事业?汉代的刘邦。他原为泗水亭长,为县送徒于骊山,徒多逃亡,使群纵所送徒,徒中有十多人,随他亡匿于芒、砀山泽岩石中静观时变。不久,陈胜、吴广揭竿而起,一呼而百应。刘邦用良将谋臣,运用谋略,遂取天下。进关之后,对居民和降将宽厚仁义,约法三章,得民心。他进咸阳皇宫,面对满目华美的服饰、珠宝、器具,成群的绝色粉黛,流连忘返。良臣劝谏,还军霸上。"鸿门宴"上,临惊不变,沉着应对。被封为汉中王之后,向巴蜀进发,三百六十里栈道,过一栈,烧一栈,假示无东归之意;诸侯也不能由栈道入蜀,使之养息练兵。之后,刘邦采用张良的"明修栈道,暗度陈仓"之计,挥师东进,收复关中。在荥阳使反间计,使项羽失去得力的谋士——范增,这成为楚汉之争的转折点,用金蝉脱壳计逃回汉中,重整旗鼓。楚汉战争历经五年较量,垓下一战,项羽覆灭,刘邦胜,建立了统一全国的汉王朝。项羽为什么败?刘邦为什么胜?他说:"夫运筹帷幄之中,决胜千里之外,吾不如子房。镇国家,抚百姓,给粮饷,不绝粮道,吾不如萧何。连百万之军,战必胜,攻必取,吾不如韩信。此三人者,皆人杰也,吾能用之,此吾所以取天下也。"刘邦善于用人、用计、纳谏、善退,所以能成就帝王之业。

中国共产党在创建新中国的征程中,更是集中运用了古今中外的谋略,此已广为人知,不再赘述。

个人在创业中,要讲谋略,用谋略,才能使创业少走弯路,走向成功。

对于有崇高境界的人来说,个人的创业是要造福他人。对于官员来说,创业要为百姓造福。官员,特别是肩负重任的主要领导,要想实现为人民谋利的目标,也要讲究与运用谋略。现任重庆市委书记薄熙来的成功,为官员们的创业提供了一个运用谋略的范本。

1966年"文化大革命"爆发,时年17岁的薄熙来便遭株连,在牢狱中度过了五年。当时有不少人发疯、绝食、自杀。他读书、思考、探索国家、民族与个人的前途与命运。"四人帮"被粉碎后,平反出狱。高考恢复,他进了北京大学,由于成绩优良,提前毕业考研。研究生毕业后,在中央书记处任调研员,到甘肃定西地区调研,后到辽宁大连金州县代职。1985年任县委书记,他提出发展金州的谋略——大力发展旅游业。为此,把满家滩的乱石滩改造成绿草满地、绿树成林的国家一级旅游度假区,改名为金石滩,带动和提升了当地的房产市场,价位从1 000元/平米提到10 000元/平米。

到大连任代市长的头天下午就机关工作人员提前30分钟用餐之事,召开了一次市长办公会议,提出从第二天起再发现有人提前30分钟用餐:①办公厅主任辞职;②该部门立即精简;③宣传部门摄像曝光。如果还是纠正不了,他辞职,但会先把相关部门的负责人撤职。细节决定成败!此次会议只用15分钟,却有立竿见影的效果,这是一种谋略。

任重庆市委书记几年里,他运用谋略揭开了重庆市许多黑幕,对贪官、黑社会组织及其保护伞,进行打击,绳之以法。为顺应民心,稳定社会,发展经济作出了贡献。

他运用谋略,为市民造福,走向成功。

作为个人,进行创业也应运用谋略。有五六名在校大学生,在三年级时,他们一方面下功夫学好各门功课,一方面瞄准一项具有先进水平的项目,联合研究,取得了突破。毕业后,他们组织了一个团队,进行中试,困难很多,要100万元。他们几个人东拼西凑,才40万元。于是通过老师与该市的创业投资公司接洽。他们把创业意向书呈上去,经审查符合投资要求,愿斥资30万元,但还缺30万元。由创业投资公司牵头,找了一家合作伙伴出资30万,组成了振春科技有限公司,不到半年,中试通过,并通过了该市科委组织的专家鉴定,投入商业生产。到年底,取得利润500万元。这是他们运用先出成果,再谋求立足生根、开花的谋略。

创业不讲谋略,东一榔头西一棒的效率不高,空耗资金和人力,挫伤积极性,于事无补。

二、公关创业谋略的作用

策划谋略在人类历史上起到了非常重要的作用。中华民族是一个崇尚策划谋略,讲究"用谋"的民族。

历代的思想家、谋略家、政治家、军事家对此作了许多精彩纷呈的论述。这些论述对于今天的创业者来说,同样具有重要的启迪意义。现摘录若干与朋友们赏析、运用。

正四海者,不可以兵独攻而取也,必先定谋虑,便地形,利权标。

夫强亡国,必先争谋。

——《管子·霸言》

临事而慎,好谋而成。

小不忍,则乱大谋。

临难用谋,足以却敌。

——孔子

夫未战,而应算胜者,得算多也;未战而应算不胜者,得算少也。多算胜,少算不胜,而况于无算乎!

——《孙子·谋攻篇》

总之,谋略的作用是:"一策而转危局,一语而退千军,一计而平骚乱,数言而定国基。"

谋略在创业中的作用:

1. 形成与增强创业的凝聚力

不论是政治上创业还是谋生创业,不论是统率千军万马,还是创建一个企业,运用谋略形成凝聚力是成功者的前提之一,陈胜、吴广借助鱼、狐兴兵的谋略已广为人知,不多叙述。

中国共产党在创建人民军队、创建根据地和共和国的征程中,运用多种谋略,来形成与增强凝聚力,壮大和发展党的队伍、军队的力量、根据地的规模,推翻旧政权,建立了人民共和国。如果不善用谋略,还可能摸索更长的时间。

青年人进行创业,也应运用谋略。有一青年成立了一家小公司,注册资金仅10万元,只有6人。这6人是来自四个单位的下岗工人,文化程度最高的1人为大专,1人高中,余者为初中和小学。大家公推大专生小王为总经理。小王深知公司生存和发展依赖相互之间的凝聚力。他在公司开张的前夕,举行简朴的茶话会,大家彼此交底,介绍自己的长处和短处。于是小王在公司的运营中,注意发挥同伴的长处,避免短处,开业一个月便获得了2万元的利润。小王运用激励谋略,对绩效突出的和一般的,在分配上适当拉开距离,而且给每人交了"四金"。这使5名同伴对公司产生了家的感觉,大家一致表示:努力工作,把这个"家"建设好。

2. 能使创业沿着正确的道路前进

创业都想麻烦少一点,顺利一点,道路平坦一点,速度快一点,收获大一点。要想做到这几个"一点",就应制定谋略。为什么正确的谋略能使这几个"一点"做到?

(1) 创业是为了利益,谋略能使利益得以实现

利益是创业的动机,能使人产生强烈的冲动,去追求利益的实现。没有利益,就没有创业的动机,就没有谋略。为了利,就得设谋。上海第一家肯德基店职工对炸鸡出锅后二小时卖不出去,一律倒掉的决定有异议,起初,中方人员建议降价处理或分给职工,美国老板不同意,原因是:出锅二小时内口味最好,如降价,有损名声;如分掉,助长不重视质量,甚至会为占小便宜而故意不卖出去,留下来分掉。扔掉,虽然眼前利益受损,但从长远看,是利益均衡、失小保大的谋略。三个月后,肯德基赢得了信誉,产品由

过剩转为供不应求。

（2）创业是在具体环境中进行的,而环境是变化的

谋略的设计,应充分考虑创业环境的变化,谋略应能预见环境的变化,并设计出随变化而采取的相应办法,使创业继续健康进行,直至实现目标,不使偏离。

（3）谋划创业目标是整体而不是部分

创业目标的实现是一个整体,只有整体实现了,这个目标才能说是实现了。不少朋友制定了一个创业目标,在实施中,只实现了一部分,而不是全部,这是谋划不当所至。策划谋略要求我们对创业目标进行谋篇布局。部分服从整体,以整体带动部分,为了整体,可以牺牲以至舍弃部分,这部分的放弃换来整体的利益。我们常看到一些厂商,一种商品打折,甚至亏本销售,但能吸引更多的顾客,得到更大的利润。在策划时,着眼于长远,着眼于未来,为了长远利益可以牺牲当前利益。在制订目标时,把目标分为不同层次,使之相互支撑,以利于总目标的实现。

（4）策划谋略的设计要周密

策划谋略的设计,就像一张大网,看起来很稀疏,但不能放过任何一个细小的环节。如果在设计中,不经意留下一个口子,网就失去了作用,目标就难以实现。在实现目标的过程中,把握每一个环节,每一个细小之处,掌握关节点。制订应对危急的预案,更要注意细节,确保万无一失。

（5）老子曰:"治大国,如烹小鲜"

对国家的治理,如同烧小鱼一样,不能常常翻动,否则,小鱼就碎了。这就是说,国家的战略和政策应保持相对稳定,否则会造成动乱和不安。个人创业策划,也应同治国的方略那样不能朝令夕改,草率从事,不能不细心,不能不慎重。创业谋略要力求科学、可行,力求有准备,有成功的把握,认真做好周密的调研,制订详细的计划,做好准备,不可鲁莽。项目的实现,不论是对组织,还是对个人都关系重大。

3. 能使创业具有可操作性

在创业中,进行谋略策划,就有可能把遇到的各种困难、障碍、挫折考虑得充分一点,措施设想得周到一点,在困难来时,根据预案展开,就可能把困难克服,或绕过障碍,避免挫折,走向成功。策划谋略是操作层面的,设计了具体的操作程序,容易实现。

三、公关创业策划谋略的特点

1. 前瞻性

创业是组织和个人做以前没有做过的事,是一项新事业。有了创业的冲动和需要还不行,还要导之以谋略。创业要谋略先行,成功概率才高。

建国是大业,需要提前策划。如周王朝的创立,就有明显的前瞻性策划。而个人创业,对于个人和家庭来说,也是大事,也应进行前瞻性策划,才能达到预期的效果。

不少技校生、中专生、高职生、大专生、本科生、硕士生、博士生的就业与创业的策划谋略从进校门便开始了。笔者在一所高职院校就此进行的一次调查中,79.5%的学生认为应进行前瞻性的谋略策划;10.1%的学生认为船到桥头自会直,不必劳心费神;10.2%的学生认为到毕业前一年也来得及;0.2%的学生认为无所谓。可见多数学生认为要进行前瞻性的谋略策划。

2. 艺术性

策划谋略是一种艺术,什么是艺术?艺术是人类以情感和想象为特性的、把握和反映世界的一种特殊方式。谋略策划的艺术性是从创业者的情感和目标出发,把握目标和实现目标的行为,它必须符合人类自身和现实环境的操作技巧。

烟台北极星钟表集团的造势策划谋略的艺术

3月2日,在全国政协开幕的前一天,烟台市政府向北京西客站捐赠价值160万元的塔钟。签字仪式在北京国际会议中心举行。时任北京市常务副市长张百发、全国轻工总会烟台市分会负责人出席了签字仪式。新华社向全国发电讯,向150余家晚报发了通讯。3日,北京地方媒体、中央媒体大量报道,形成了轰动效应。

正如《孙子兵法·势篇》云:"故善于战人之势,如转圆石于千仞之山者,势也。"即善于指挥打仗的人,要善于造成有利的态势,就像把圆的石头从千仞高的山上推下,使之飞滚而下,形成高速运动而引发出强大的冲击力,至谷底形成震天动地之巨响。

北极星是精心策划的谋略:①抓机遇。北京西客站,由中央投资43亿建设,是代表中国20世纪90年代的科技与建筑水平的跨世纪工程,展示了中华民族的现代风骚,而时钟建筑被誉为"城市的眼睛",能在此造钟塔,无疑是展示自身形象的良机。②借北京两会召开的时机,举行捐赠仪式,夺得"天时"、"地利"。③有极高的新闻由头,能获得新闻界的青睐。④造势成功,还要把"势"延伸。通过一系列活动,将钟塔造好,使组织形象长期矗立于西客站,更是矗立在千千万万旅客和北京市民心中。这是一次具有很高艺术性的策划谋略。

3. 可行性

制订策划谋略不是装饰品,而是指导创业者如何创业,如何一步一步实现创业的目标。所以,策划谋略是为了用之于实施目标,不是为了欣赏。

4. 功利性

策划谋略具有强烈的功利色彩,为实现目标服务。上海神仙酒厂为了提升产品的知名度与美誉度,在东方公关事务所的策划下,制订了向老寿星献礼活动:①时间:"三节"聚会的日子(国庆节、中秋节、重阳节)。②对象:中国百岁老寿星和70岁以上洋寿星。③地点:上海南京西路上具有很高知名度与美誉度的人民饭店。④媒介:上海各大媒介,主要中央媒介。⑤嘉宾:市老龄委负责人、市民政局负责人。

神仙酒厂的功利性首先是为了在市区提高知名度和美誉度,把产品打进高级宾馆与饭店,提升产品的档次。其次,使产品进入市民餐桌,扩大销售量,提高利润水平。

我们在为一个项目进行策划时,要考虑这些谋略的实施能否带来功利?若能,这项策划谋略是成功的,有成效的。反之,要重新审视、修改。

第二节 青年公关创业谋略类型

一、攻守谋略

1. 攻的谋略

创业本身是一种进攻的行为。创业之前,创业者可能是处于停滞或困难状态,要想改变状态,就得发起进攻。创业者利用自身的长处与优势,向市场的空隙或尚无人问津的地方前进,在某一个点上进行创业。

攻的谋略运用主要表现在:

(1) 攻市场之必需

时下虽然说市场是呈现"分割完"的态势,但是总有薄弱之处。通过调研,发现了,便可向它发起进攻。"分割完"是从总体上说的,并不是每一个行业、每一个地区、每一个社区都分割完了。在一个城市,可能在餐饮业总体已"分割完",但在某个社区、某个品种是否存在空缺,公众是否需要?有人通过调研,发现早点市场还是有的,于是在某一个小区的门口,设立早餐供应点(当然要与当地有关部门沟通,取得他们的批准),供应包子、馒头、大饼、油条、粢饭、豆浆、牛奶等,不要贪大求全、好高骛远,而要立足自身的力量,立足市场之必需,创业容易成功。

(2) 攻市场之缝隙

市场是一个整体,在各种势力、各个行业、各个厂商的争夺下,几乎分割完了,这是一种理论形态。实际上市场是不可能分割完的,总存在缝隙,总存在某些未被人们注意到的地方。创业者限于自己的力量,很难向已占领了市场很大份额的厂商叫板,但可以向不显眼的地方——缝隙,发起进攻,易于成功。比如北京中关村,被高科技分割完了,而据媒体报道,每9分钟就有一家小企业关门。一个青年创业者,只是旅游大专毕业,想在中关村立足创业,谈何容易。在星级宾馆、饭店林立的中关村,他填补了用餐者的情感与心理上的空隙,瞄准了餐饮市场的情感目标,开了一家知青与海龟(归)餐馆。环境分为二档:一档山野乡村氛围,四周挂着红辣子、棒子、红高粱,粗瓷大碗、方桌子、长条凳;一档为精致的现代设备。他从桌、椅、碗、筷等方面来满足不同人的情感与心理需要,生意红火。

(3) 攻市场之短缺

在市场条件下,人们往往盯着那些能在媒体上曝光,能挣大钱、体面的事业,而对不起眼的小事、小生意,往往不注意。有不少人在创业的起始阶段,通过调研,认准了市场上某些短缺的小事来创业,往往能获得成功。改革开放以来,人们忙于事业的多了,对家政、对孩子照顾的时间少了。一位女大专生,两年也没找到工作。她经过调研,发现了家政和家教这两块市场,于是注册了一家家政与家教的服务公司。先免费为从事家政的人员进行培训(心理、安全、业务、卫生等),经有关部门考试合格后,发上岗证,并由该公司为他们办人身保险,解决了雇工的后顾之忧。家教这一块依托社区一所大学学生会,挑选优秀学生来执教,成绩显著。不但当地媒体为之报道,甚至中央媒体也作了报道。绩效很好,外省市来取经的人络绎不绝。

(4) 攻市场之未现

市场呈现出各式各样的商品和状态,我们不仅仅要攻现在的市场份额,更要把握未来的市场动向,在分析市场份额上多下功夫,有前瞻性。在20世纪80年代,不少大学生瞄准了未来的软件市场动态,提前介入,进行研究、开发,到毕业时,开发出具有广泛商业价值的软件,于是带着开发的产品加盟一家软件园而一展身手,创下了不菲的利润。

2. 守的谋略

(1) 守财

创业要有一定的资金。要防止资金的浪费、流失,要按计划使用,不能大手大脚,更要注意资金的安全,防止被诈骗、挪用、贪污,确保为创业服务。有一创业团队,他们把上千万的资金交一聘用人员保管,缺少监督、核查机制,结果她携款而逃。尽管最后被抓捕归案,但资金已被她挥霍大半,给创业造成重大损失。

(2) 守密

创业中的秘密,要防止泄密。其中有商业秘密、技术秘密、制度秘密。如果不能保密,即使创业成功,也会使利润大幅下降。所以,在创业中要注意防止泄密,教育成员保守秘密,这是关系到创业成功和组织安危的大事,一点也不能马虎。

(3) 守人

人,特别是科技人才、经营人才,他们是组织创业成功的最基本的条件。在现实中,不少创业团队中的精英被他人挖走,而导致创业失败。我们怎样防止人才被挖走呢?有人总结了这几句话:事业留人,情感留人,政策留人,利益留人。

(4) 守势

创业中,当形势发生变化,不利于创业项目进行下去的时候,怎么办?是不顾客观形势的逆转,硬干,还是暂停,观察分析形势的走向,再作行动与否。

某地一房产商,从银行贷了巨款,开发了规模不小的一个小区,正当工程进展颇为顺利之时,风云突变,房地产进入低迷。这时他极度恐慌,三分之一的房屋虽已预售出去,但此后预售便降为零。他向房地产市场的专家和公关专家求教。二位专家对房地产市场作了精辟的分析后指出:房地产进入低迷状态,这是盲目开发造成的,为时不会太长。如果能挺下去,三年之后,市场不仅会复苏,而且价格会飙升。建议现在用预售房款的一部分付银行利息,一部分用作继续少量开工的费用。他再三斟酌之后,采纳了专家的意见。动用一切手段,维持小区的建设。3年后,房地产市场复苏了。这时他想加快工程进度,但想到了二位专家,便又去请教,专家建议,再等一段日子。2005年市场复苏,他把已建好的房子售出1/3,2006年售出1/3,这时,房价从5 000元/米^{2}的价格上升到8 000元/米^2,开发商的心狂跳,欲全盘抛出。专家劝告:慢!到2008年余下的部分全部售出。他不仅还清了贷款,而且获净利1.8亿元。专家建议,可按一般速度开工。这时,楼盘价以惊人的速度飙升,同一小区,竟达到了27 000元/米^{2}以上的高价。而且在售楼处,往往要排几天几夜的长队,才能领到一张预售券,到2009年中,50万平米的房子全部销完。该房产商获得了近10亿元的利润,成为该市一颗新星。该商人为了感谢二位专家,向每人赠送了128平米的房子一套。

从这个事例看出,创业过程中,与预期形势不一致的时候,要冷静、科学地分析形势,做局部的防守,积蓄力量,等待时机。而不能惊慌失措,乱了方寸。与那位同时遇到劣势的不少房产商,认为"崩盘"了,以低于成本价抛售,造成重大损失,甚至血本无归。

二、正奇谋略

什么是正奇谋略?《孙子兵法》中说:"凡成者,以正合,以奇胜。"又说:"正奇之变,不可胜穷。"对正奇谋略注释者蜂起,归结为一句话:常法为正,变法为奇。创业中,灵活运用正奇之术,变化正奇之法,是创业者要把握的谋略之一。

1. 出奇制胜

创业之谋略贵在用奇。"出奇制胜"不仅是兵家常用,也是成功人士常用的谋略。四川有一人,从国内装了几火车当时苏联短缺的日用百货,运往苏联,换回了一架大型客机,这是一般人难以想象的,然而他出奇制胜地做到了。所以,出奇就是打破常规,做他人还没有做过的事,甚至连想也没想过的方法,使创业获得成功。

奇在不意,用奇是攻其不备,出其不意,表现为突然性。意外不仅在军事谋略中广为应用,在创业中也广为应用,更是谋略中最精彩的一幕。上海肥皂厂生产的白丽香皂,同其他厂家一样,要做广告,他们出大众之意外,没有用什么华丽的词藻,而只用了几个极为普通的字:今年20,明年18!把产品的功能和客户的心理结合在一起,和盘托出,此广告语"青春不老"。

2. 奇由正出

那白丽香皂,若不以产品的质量为正,光以产品的款式、包装、广告语为奇也不行。若质量不佳,不论产品的款式、包装如何花哨,广告语如何具有诱惑力,也难赢得市场份额。创业情同此理,创业的前提要正确,有利于社会,有益于公众,在这个基础上出奇,才能成功。

3. 奇正互生

奇与正是相互依靠,相互转化的。正可变为奇,奇亦可转为正。传统为正,创新为奇;常规为正,破例为奇。奇不能脱正,盲目出奇,异想天开,难以成功。正奇结合,不绝变化。不敢出奇,难迈大步。

美国有一玩具厂商,他想开拓新产品,冥思苦想而不得,一次他在乡间散步,见几名村童趴在地上围看一只奇丑无比的小甲虫。他忽生灵感,设计了一系列丑陋的玩具,受到儿童的欢迎,这就是奇,奇是由正生发出来的。

近期媒体报道,国内不少初中生,喜欢玩骷髅玩具,这也是奇,但厂商未考虑到社会的反应,受到家长和教育界人士的谴责,其生命周期不会长。在创业中,出奇,易成功;出正,众人都知,成功的概率低。老的招式,众人已知,市场已熟,此时应在质量、品种、包装等方面创新、出奇,以老护新,以老促新。才能维持比较长的生命周期,创造比较好的效益,实现目标。奇与正是互为对应、互为转化、对立统一的,创业者若知其之妙,存乎一心,创业可成。

三、刚柔谋略

指在实现目标过程中采用既坚定又灵活运用的方法。

刚柔谋略,一般是并用的,分为二层意思。

1. 具体项目

创业是对具体项目而言,有刚的一面,也有柔的一面。对刚的一面,要用最大的精力和时间,务必力求兑现。对柔的一面,则投入少量的精力和时间去实现之。如难度太大,可先放一下,在刚的一面解决之后,再来解决它。

2. 驾驭团队

创业,一般地讲,是团队进行的。作为团队的领导,在创业中实施刚柔谋略,才能团结成员,使之向一个方向努力,创业成功。

第一,团队的领导要有良好的思想道德,率先垂范,关心团队成员,有较高威望。

第二,团队的领导要赏罚分明。赏与罚是刚柔谋略的重要内容,赏罚不明的人是无法带领人们创业的。

赏与罚要注意:①及时。赏要及时,让成员及时迅速看到做出成绩的好处;罚也要及时、迅速、就地处罚,让成员看到工作失误应受到的惩罚,才能起到鞭策和警示的作用。否则,时过境迁,失去了作用。②赏罚分明,罚不避权贵,注意罚大赏小。在团队里,只要犯了纪律,造成了损失,不论是谁,都一样要受罚,这样才能服众。罚,首先要罚团队领导及与团队领导亲近的成员。在罚的同时,还要帮助他们分析原因和纠正的方法、步骤,以利创业的进展。对创业成绩突出的成员,尤其是一般成员,要重点奖赏,以鼓舞士气,调动积极性。③赏罚适度。就是说,赏与罚要掌握一定的标准。无标准,随心所欲,是与它的目的背道而驰的。有一个单位,在建造一座13层大楼工程中,一名工程处负责人与该单位的头头关系不一般,在项目完工后,宣布给予重奖——10万元。另一个项目又重奖他10万元。基建处和全体员工都不服气,他的奖成为拉帮结派的手段,丧失了褒奖的作用,负面作用很大,最后导致该单位在市场竞争中败北。

四、曲直谋略

1. 曲直谋略的含义

指在实现目标过程中交替运用曲折或坦率、正直的谋划。

在创业中,创业者总是希望创业之路像北京长安街那样,不仅宽广而且笔直、平坦,没有沟沟坎坎,顺利到达终点,实现目标。这是一种理想状态,在创业的实践中,这种状况是罕见的。为了实现目标,我们要准备走弯弯曲曲的路,要运用曲直谋略。

2. 曲直谋略的运用

年轻人创业,希望走一条笔直的路,无可厚非。因为直路短,曲路长。在策划中,原先设计的路是直的、平坦的、短的。但进入操作程序后,由于时间、空间的变动,加上人际关系的原因,为创业所必需的人、财、物未能顺畅、及时、足额到位,而使创业发生波折,也是常见的事。所以,经验告诉我们,要准备走曲折的路,不要总想走直路。多设计几套方案,宁可备而不用。这样,创业就会比较顺利一点。

曲直谋略不仅在创业中常用,在军事、外交、政治、建设、学习、生活中也常用,所以,对这一谋略我们要认真领会、运用。

运用时,要注意:①目标要正确,要符合国家的法律、法规,追求社会效益、经济效益和环境效益的和谐与统一。②选择容易突破的一点作为迂回的路径来实现目标。为此,要做好预先的调研和讯息的采集,正确分析目标社区公众的心理变化,采取得力措施,使目标少受干扰。③根据目标公众的要求,选择曲或直的谋略,并非在任何场合,任何对象都要照搬一种模式。有时"单刀直入"、"一针见血",效果可能更好。

3. 曲直谋略的类型

(1) 时空的曲直

时间上,原先估计的要短一些,而现在情况变化了,要长一些了,要预做准备。由于时间延长,人力、物力、财力的投入势必要多,成本增加,引起一系列反应。

空间上,原先估计在一个地点的,由于不可控的因素增大,地区扩大,难度加大,影响效率。

(2) 人力的曲直

由于时空条件,物质条件的变化,人力的投入发生变化,或人力特别是关键人物的流失或增加,使创业的效率发生变化,也是常见的。

(3) 财力的曲直

在创业过程中,由于进度的加快或延迟,或环境逆转,致使本应如期到位的财力发生改变,从而影响进度,使创业出现曲直,所以在财力上要多准备几手。

(4) "关系"的曲直

创业,需要多方面"关系"的支持,但是在创业过程中,"关系"状态发生了变化,直接影响创业的成败。

在创业的起始阶段,要对曲直谋略的几个类型制订相应的对策,以保证创业的顺利进行。

五、借势谋略

1. 借势谋略含义

是指借用或依靠、假托他人的力量为目标服务的一种策略。

2. 借势策略的运用

年轻人,不是如来佛祖,也不是手握重权的官员,更不是财力雄厚的大款,创业是困难重重的。社会阅历、社会关系、财力、物力的缺乏,创业难免会有困难。这就需要运用借势谋略,为创业提供服务。20世纪80年代中期,有一20来岁的青年,创办了一家企业,一年下来,有一定的利润,但流动资金短缺,制约了企业的发展。他采纳一位专家的建议,举办周年庆典,以显示不凡的业绩,并请来了德高望重的离休老省长,由于他的到来,各大媒体的记者不请自来,作了很有深度的报道。此举使金融界、政界、新闻界对这位青年刮目相看,许多困难迎刃而解。

所以,要善于借势、用势,为我们服务。

3. 势的类型

根据目标的需要,势可以分为:

(1) 权势

即权力。在创业中,借助权势,可以帮助创业者解决不少困难,如不正之风、社会邪恶势力、贪官污吏的敲诈和勒索等,借助权势可以击退之。

(2) 财势

即财力。创业中,资金短少,借助一家大企业或银行的帮助,可以安度难关。

(3) 形势

借助有利的形势,使组织摆脱困境。如不少房产开发商借助2005年房地产市场变化的形势,走出困境,迎来了房产又一轮开发高潮。

六、磨合谋略

1. 磨合谋略的含义

指为实现目标,对来自各方的人员要有一个熟悉、磨合的谋划过程。

磨合:新的或刚经大修的机器、汽车,在运行初期对各磨擦零件接触面上的加工痕迹磨光和配合形状密合的过程。

在创业目标的实现过程中,不是光凭一个人的力量便可成功的,要有许多人齐心协力的合作。由于许多人来自不同地区、部门、单位,加上各人的经历、知识、爱好、脾气等不一样,要想合作共同完成一个目标,需要一个磨合期来消除或降低能量的无谓损耗,相互配合,共同完成目标。

2. 磨合的谋略

团队组建之初,成员互不熟悉,对开展工作十分不利,可采取以下谋略进行磨合。

(1) 情感磨合

人是情感动物。团队组建之初,通过茶话会、联谊会来促进成员交流讯息、交流感情,达到相互了解。

(2) 能力磨合

组织成员的能力有强有弱,通过适当的调配,发挥各自的特长,使各种能力相得益彰,共同完成创业目标。

(3) 知识磨合

成员所受的教育不同,学校风格不同,所学专业不同,学派不同,所得知识的深浅不同,通过一段时间的合作、共事,了解彼此的专业、特长,达到互补,共同为创业作出贡献。

(4) 兴趣磨合

成员的性别不同、年龄不同、经历不同、出身不同、家庭教养不同、文化程度不同、专业不同、气质不同,难以形成共同的兴趣与爱好。为了形成一个既有共同的兴趣与爱好,又有各自特点的团队,用一定的方法,如:朗诵、棋类、球类、书画、写作、音乐等方面的比赛,使团队形成基本的共同兴趣,形成凝聚力和向心力,为目标服务。

(5) 利的磨合

进行磨合是为了一定的利:学术、收入、荣誉、职称等,作为领导者要注意满足成员在这些方面的磨合,才能取得好的回报。

3. 怎样实现磨合谋略

实现磨合谋略,依赖二个方面:一是团队的组织者和领导者,利用有利时机,创造和引导成员之间的交流,促进彼此了解。比如:国庆、元旦等佳节组织旅游、参观、文艺表演、球类比赛等;二是团队成员要有主动磨合的意识,认识到磨合对实现目标和个人价值的意义,从而主动寻找机会进行磨合。

一个团队只有实现了磨合,才能高速运转,实现创业目标。

七、恩威谋略

1. 恩威谋略的含义

在实现目标过程中,作出贡献了,给他以好处,显示情义;当他违规的时候,示以威力,慑服他人,为目标服务。

2. 恩威谋略的运用

创业是一个团队的行为,作为组织者、领导者,为使创业成功,还要对其成员施以恩威谋略,才能调动成员的积极性,才能克服、消除成员的不良行为。

有一大学的研究所,由年轻人组成,所长29岁,系博士、教授。他对有突出贡献的小郑,奖励2万元,对私接项目的另一成员罚款1万元,并扣一个季度奖金,还要在全所大会上作检讨。由于谋略运用得当,褒扬先进,惩罚违规者,使全体成员有所学,有所戒,形成了良好的气候,在二年内,便攻占了国际科技前沿阵地,创造了杰出的成就。

3. 恩威谋略的类型

(1) 恩的类型

①金钱的恩泽:给予一定数量的金钱奖励;②物质的恩泽:给予一定数量的物质奖励。如奖励一套住房或一辆轿车;③时间的恩泽:给予休假的奖励;④荣誉的恩泽:给予立功或授予一定的荣誉称号,如劳动模范、先进工作者、新长征突击手、"五一"劳动奖章、"三八"红旗手、优秀学生、优秀学生干部、优秀党员、优秀团员等。

(2) 威的类型

①批评教育;②经济的制裁:扣奖金、扣工资、罚款等;③行政的制裁:警告、记过、留用观察、开除;④法律的制裁:根据违法程度之大小,由司法机关给予法律制裁。

团队在创业中,运用恩威谋略,有助于形成良好的组织氛围,实现目标。

创业的策划谋略很多,我们只介绍了几种,供朋友们举一反三之用。众所周知,在创业过程中,遇到的困难是各种各样的,不单纯是一种原因。在谋略的运用上,不是能简单地运用某一种谋略就能解决问题的,而是根据遇到困难的种类、程度、性质等来选择。有时用一种谋略,有时以一种谋略为主,兼用几种谋略,把困难克服,使创业顺畅。总之,根据困难的情况来选择一种或几种谋略来解决。

第三章 现代青年公关创业策划谋略运用原则

"创业"对青年来说充满魅力和诱惑。"创业"意味着创造、奋斗、拼搏，还有人人都渴望的成功的喜悦。当然任何创造、奋斗不能保证百分之百成功，会有失败，其中的艰辛、痛苦与巨大的风险也都是令人烦恼甚至让人退缩的。成功的因素很多，如勇气、智慧、毅力等，这一切都需要创业者努力把握，娴熟运用，此外还得放眼四周，在一个大环境中注重竞争对手的情况。市场经济离不开竞争，没有竞争就没有压力和活力，社会的进步就十分缓慢。从创业的战略角度出发，要非常了解、熟悉市场情况与竞争对手，遵循和运用创业策划的谋略原则，力求策划的成功。本章就一些主要谋略原则展开讨论。

第一节 知己知彼原则

《孙子兵法》上说："知己知彼者，百战不殆；不知彼而知己，一胜一负；不知彼，不知己，每战必殆。"意思是：了解敌人又了解自己，百战都不会失败；不了解敌人而只了解自己，胜败的可能各占一半；不了解敌人，又不了解自己，每战必败。无论政治、军事还是商场，要超越对手，要领先一步，必须了解自己，明白自己的实力和所处地位，保持清醒的头脑，还要了解对手，从而心中有底，有备而来，最大限度地发挥自己的优势，迎头赶上或胜出对手，稳操胜券。

一、知己知彼原则的含义

1. 什么是知己

俗话说：人贵有自知之明。"知己"即认识自己，这是设定目标的内在前提，要实事求是地认识自身，包括优势、劣势的充分认识与正确评价。

"认识你自己"这是古希腊德尔菲神庙金顶上的一句话。古希腊哲学家苏格拉底也告诉我们,世界上最难认识的就是你自己。"你自己"才是你要证明和追求的出发点和目的。只有自我设计,不断奋斗和追求,才能走上创业历程。

知己中的实力状态的构成包括:①物质要素:资金、实物。如果是实体组织,则包括固定资产规模、生产能力、产品、包装、销量、积累能力与利润率等。②非物质要素:领导管理水平、人员素质、专业构成、知名度和美誉度,及个体的文化水平、技术能力、动手能力、修养、风度、体质、关系网络状况等。通过对自己实力的了解、分析,进一步做出客观、正确的评估,来认识自己的优势、劣势,以便心中有数,扬长避短,发挥优势,争取主动。

2. 什么是知彼

"彼"既是竞争对手,也是合作伙伴。在经营中,做到"知己"并不难,但是要真正做到"知彼",并不容易。市场离不开竞争,但又离不开合作,昔日的竞争对手,有时又会成为亲密的合作伙伴,在现代经济纳入全球一体化形势下,谋求"双赢"不失为一种明智之举。"知彼"才能提高竞争能力,认识竞争对手,才能获胜。雅典奥运会上,中国选手张怡宁和朝鲜选手金香美对垒,张以4:0轻取金牌。这除了张怡宁本身较高的实力外,还有教练组对金香美的强点和漏洞进行的彻底研究,告诉她多打金香美的正手球就能赢!实际果真如此。所以在竞争中要掌握对手的真实情况,如"彼"的历史、现状、竞争能力、新产品开发、价格、服务、广告等,然后,谋求相应的竞争战略,包括竞争方向、目标、方针、政策和行动规划,做出长期的、总体的运筹。

德国巴伐利亚汽车公司了解到日本的丰田、日产、三菱、铃木等汽车公司有2万家汽车经销站,只销售本国汽车,不销售外国的。在进一步了解中发现,日本人怕上当,喜欢向熟人买。于是该公司便与非汽车行业挂钩,通过他们的营业网,向各关系客户出售自己的汽车。这样在近5年内创下了年销14万辆汽车的纪录,成功地打入日本市场,并站稳脚跟。

二、知己知彼的意义

1. 情况明,决心大

知己知彼,让创业者心知肚明,为决策扬长避短,提供智谋,也为决策的实施提供保证。"知己知彼"是明白自己和对手的实力、优势和缺陷、不足,对相关状况进行深入调查,全面了解,在此基础上,大胆决策,抓住稍纵即逝的机遇。

"康师傅"方便面当初打开中国大陆市场,正是这一原则在商战中的最好运用。正当大陆方便面市场饱和,大批厂家转产之际,来自台湾的顶新国际集团在深入了解大陆方便面市场状况后,毅然投巨资生产,第二年追加资金,这个决策在当时令人吃惊,现在看来确实是带来财源滚滚的决策,它是在广泛调查、征询意见的基础上,又正确地估计自己实力后,果断做出的。了解情况,心中有底,把握机遇,果断出击,为创业计划的实施打下扎实的基础。

小文是毕业才一年多的法律系大学生,按照常规应进律师事务所,但她在事务所实习半年后最终没有留下来。一是税前1 500元薪水离自己期望值距离太大,二是自己的性格也不适合;三是自己没有案源。幸亏大三的时候,小文就开始在网上做起"玩票"的小生意,她分析了形势,权衡以后,发现自己已拥有了一些朋友,有一定的关系基础,几年前,法律系的毕业生还能组成7k、8k俱乐部(一大群月薪七八千的人),而现在已很难,在这样的情形下完全可以利用自己的优势,另辟蹊径做自己适合、拿手的事,于是小文就做起了网上买卖,现在月收入起码在原来数字上加个0,小文现在的目标是做一个像"卓越"那样的网站。

小文的事例是个好教材,说明在策划中多了解情况,包括有利或不利,个体与社会,才能下定决心去干成自己想干的事。

2. 使创业策划行之有效

组织或个人的每一项投资经营、每一步的战略策划都希望顺当、有效,不希望对社会造成浪费。而任何组织和个人总是希望以最少的投入获取最大的产出。知己知彼能使策划从一开始就避免陷入盲目冒险的境地。

效益是活动所消耗的人力、财力、物力、时间等资源同活动效果之间的比率。高效益是组织所追求的最终目标,也是策划遵循的原则。效益也直接反映着组织经营水平的高低,是检验策划成效的标准。

前几年,名噪一时的"爱多"VCD,随着它的超常规成长,在考虑如何巩固已有的市场份额,寻找新的增长空间时,年轻的胡志标及手下同样年轻的经营者仍沿袭着当初猛吹猛杀打天下的思路,掺入从营销教材中抄袭下来的市场新概念,实施了"阳光行动B计划",这一份充斥着新名词和新概念的策划方案,从实践运作来看却是一份根本不可能实现的计划。因为完成这一工程需投资 2 亿元以上,其中又涉及音像制作、连锁经营等多个陌生领域,而"爱多"本身又没有寻求合作伙伴,虽是一个充满魅力的梦想,但由于缺乏可操作性和财力支持,最终沦为空想。

随着市场经济的发展,人们越来越注重效益。在金融海啸中及以后的一段日子如何创业、圆梦,许多人已经意识到了从实际出发的必要性并小有收获。从复旦大学毕业的小徐在搜房网工作了 1 年多之后,辞去了工作,自己组建了一支包括销售、美工和技术在内的十多人的团队,公司成立半年多来,凭借高质量低价格的服务,积累了一批忠实的客户。有记者问小徐为什么要辞职开公司,他认为自己已熟悉了原来工作的整个流程,想自己干,但想要一下子做大是不现实的,目前只能做这样的规模,只有先稳定公司的收入,做好主业,然后才考虑下一步的发展。因为有一定的工作经验,小徐的想法比起一般刚毕业的大学生要实际不少,先求稳定,暂时不考虑扩大规模、风险投资,这就是一种成熟的创业观。自己开家小店,做点自己喜欢和熟悉的生意,同样也是创业,创业需要梦想,更需要实际一点,给自己一个准确的定位,才能行之有效。

策划成功的关键在于谋略得当,因时因地根据实际情况,提出富有创意、高效可行的方案来,是适应市场激烈竞争所必须做的工作。

3. 少走弯路

青年成长的过程不是一帆风顺的,对他们来说,在人生发展道路上有挫折与困难并不是坏事,相反能磨炼意志,增强毅力,丰富阅历,这是一笔宝贵的财富,能激励青年在漫长的人生道路上勇敢向前。知己知彼是引领青年少走弯路,顺利到达成功彼岸的法宝。

青年最关心的是自身的发展,最感困惑的也是自身发展,希望成功,希望有看得到的发展通道,希望有良好的发展环境,希望组织帮助他们成长。上海团市委启动了"青年职业生涯导航"培训工程计划,围绕实际,全面了解青年需求,在与青年沟通的基础上为青年规划职业发展目标和成长途径,从方向、岗位、项目、导师等方面帮助青年找到人生发展中的准确定位,试点后取得了成效,不少人创业之舟在此扬帆。

在中国的保暖内衣大战中销声匿迹的"俞兆林"牌保暖内衣,至今让人在揣测、思考究竟是谁搞垮了"俞兆林"? 使得一个拥有 2 亿资产,2000 年还是上海名牌产品和上海市著名商标的企业在顷刻之间就轰然倒下。原因有很多种,其中有一条让我们倍感思索,那就是新的企业掌控者制订、实施了一个更为庞大的销售计划,先期投入800万元在苏州建设第二个生产基地,将年产量提高到400万套,并投放5 000万元巨额广告费用,以期强力拉动市场,创造出新的销售纪录,把他父亲的告诫即年生产规模不可突破300万套,年广告费用维持在2 000万元左右的忠告统统抛在脑后,而后来的事实证明了他的这两步棋都走错了。他对知己知彼原则一无所知。一个初出校门的大学生应该明白,自己缺乏商战决策与管理实践,需要虚心学习、积累,同时纵观保暖内衣市场如火如荼的竞争,稍有不慎便可酿成重大失误,给企业造成难以挽回的损失。他对此全然不知,甚至还想拿钱去投资房地产,这样的结局是可想而知的。

在创业中遵循知己知彼,可少走弯路,创造出自己的一片天地。反之则会造成重大失误。

三、怎样做到知己知彼

1. 不带偏见,正确地观察自己和公众

知己知彼的前提是掌握、获取大量的讯息,只有拥有丰富、充实的讯息方能知己知彼。而大量丰富的信息获取,最重要的方法是观察。观察是指借助人的感官(主要是视觉,据研究,人脑储存的信息85%以上来自视觉),全面、深入、细致地认识客观事物和现象的过程,是了解事物本质的途径之一,正确的观察有益于创业成功。

在现实中,由于每个人的经历、性格、脾气、价值观、世界观及审美观的不同,在观察人和事时难免带有偏见,此时,人性的弱点便会妨碍正确地观察自己、公众及环境。所谓偏见,是指偏于一方面的见解、成见,只注重某一方面,会造成对人对事的不公正。偏见在每个人的心中或多或少都有,关键就看我们怎样避免和克服它,正确地观察自己和公众。带有偏见的观察,往往使人做出错误的决策,丧失良机,乃至酿成重大失误。偏见让人无法超越常规思维,大胆想象,创新策划,开拓新局面和把握新时机。

前几年,空气加湿器刚从国外引进时,许多人正如习惯赤脚的岛国居民们对待鞋子的感觉一样,因为不知道它的用处和优点,就否定它。但有头脑、有眼光的人并不因为中国没有加湿器而断然否定消费者的需求,于是他们进行观察和策划,开辟出一片不小的市场,他们成功了。他们能从市场中发现缺口,并从别人的薄弱之处看到机会,这有赖于策划者不带偏

见的观察方法。

2. 用科学的方法观察人和事

观察首先要全神贯注，心无旁骛，这是观察的前提；相反，心不在焉、一心二用都是观察的大忌，特别是运动的对象，稍纵即逝，只有以非常投入的心态去观察才能捕捉到它们的特征。其次是耐心，有些对象的特征经常处在运动、变化中，难以轻易把握，如观察性格内向的人，观察科学家进行的科学实验的进展情况等，都必须持之以恒。第三要细心。无论是探索显微镜下的微观世界，还是电子望远镜中宏观的宇宙深处的奥秘，都要求观察者具备一种细心的观察态度和心理素质。对人类社会的观察也是如此，形形色色的人在不同环境和场合的言谈举止复杂微妙，存在多层次的人际关系，这都不是粗心大意者所能观察到的。

在策划过程中，纯粹的观察是没有的，人们往往是在观察中加入了理性思考，超越了直观，使策划者获得独特感受和正确认识。

2010年，中国汽车市场共推出了60多款新产品，但真正成功的还不到20%，仔细观察后发现，一些制造商和营销商的营销定位和服务网络没有让产品的竞争力得到充分体现。而上海通用汽车公司在引进别克时并没有依葫芦画瓢，而是实施创造性移植，充分利用国际国内的优势资源，针对中国市场目标用户群的价值取向，对别克品牌的内涵做了调整，为每一款车取了一个中文名字，把别克从一个北美品牌，变成针对中国市场、本地化的品牌，为消费者所接受。这给那些不对国情进行观察，认为引进国外名牌就能成功的企业提供了借鉴。

3. 详细占有和分析资料

凡是能用来为创业服务而收集和积累的材料，我们称之为资料，这些资料可以物质形式出现，也可以文字、声像等形式出现。创业不是纸上谈兵，而需要创业者拥有众多有用、有利的信息，并对之加工、分析、整理、综合。

组织的生存发展，在很大程度上受到组织所处环境的影响和制约。组织要详细地占有资料就必须对环境进行监测，来收集、分析信息。信息收集的范围：

（1）政府决策信息

党和国家的方针政策直接关系到组织的发展战略，因而必须注重收集和研究，并贯彻到各项工作中去。

(2) 新闻媒介信息

通过新闻媒介了解社会各界发生的事。收集、分析新闻媒介的信息为创业服务。

上海水产集团向海洋夺宝,两条信息带来 4 亿产值

20 世纪 90 年代中期,上海水产集团董事长在参加国际会议时,获悉加拿大纽芬兰附近的北大西洋海域内,名为竖琴的海豹已泛滥成灾,当地政府决定不予保护,他们当机立断与纽芬兰当地企业合资兴建开发海豹资源的企业,主要是利用海豹皮生产服饰产品。之后,他们从科学杂志上得知:海豹等海洋生物中富含的成分,对增强记忆、调节血脂功效显著,为此他们果断决策,综合利用丰富的海豹资源优势,开发新型海洋生物保健品,并与国家投资的农业公司合作,在浦东张江高科技园区兴建了上海最大的海洋生物保健品科研生产基地,年产值可达 4 亿元的高附加值金海豹丸。

(3) 竞争对手信息

了解、收集竞争对手的历史与现状、人员结构分布、主要技术力量和技术水平、设备状况、产品、销售、价格情况、市场占有率等信息,通过分析研究,做到知己知彼。在 2008 年北京奥运会上,我国代表团详尽地收集了有关对手的情况,制订了对策,取得了优异的成绩。

(4) 消费者信息

了解新产品消费者的人数、比例和他们对产品的信赖度,分析消费者的购买动机、模式、特点,以及淡季、旺季等其他影响消费的因素。

(5) 市场信息

了解创业活动是否适应市场需要和发展,了解或预测产品的市场占有率,掌握顾客在市场中的分布情况。

(6) 产品信息

了解企业产品质量,市场发展前景,包括对产品的规格、种类、质量的要求。只有了解用户对产品的评价,才能根据用户的意见加以改进,才能生产出为用户所欢迎的产品。麻省理工学院斯隆管理学院对美国六大公司 150 多个企业进行了系统的调查,发现成功的技术革新或新产品中的 60%～80% 是吸取了用户的建议和意见改进而成的,因此,了解用户对产品的评价对企业来说是至关重要的。

（7）流通渠道信息

了解有关销售地区、路线、网络等方面的信息，以便合理组织商品运输和储存。

详细占有资料后，根据信息的特点、性质、形态、作用及相互关系，进行筛选、分析、鉴别、整理，以便针对不同的情况，制订相应对策。分析信息过程是十分复杂的，既体现创业者头脑中的缜密思维，又包括执行上的灵活运用。

双汇集团是我国肉类加工企业中率先实现销售超百亿元的企业，这事实很能说明掌握各种信息对创业的作用。在掌握政府决策信息方面，20世纪90年代初双汇紧紧抓住河南省有关领导提出的"围绕农业上工业，上了工业促农业"的战略决策，把这个行业不断做精、做深、做透，始终不偏离主业。在谈到双汇今后的发展，其决策层还是围绕建设小康社会的战略目标，一定让老百姓吃上放心肉。纵观24年来，遍布全国的1 000多家肉联厂如今已所剩无几，生产出我国第一根火腿肠的企业也昙花一现。双汇为什么能成为常青树？原因之一就是在占有信息上的知己知彼，认为肉类加工行业既是传统行业，更是朝阳产业，在变动的世界中把握自身，充满信心，更能顶住压力，掌控形势。当股票市场诱人，企业纷纷跟进的时候，双汇没有动心；同行企业兼并联合横向扩张最火热的时候，他们始终坚持围绕相关产业上项目，通过整合中国肉类加工业，创造中国肉类第一品牌，把双汇做成国际性的企业。

掌握有价值的信息，无论是对于策划，还是对于组织的发展都有意义。我们应该好好领会和实践，为组织提供源源不断的信息动力。

第二节　审时度势原则

创业者必须用灵敏的头脑、锐利的眼光去捕捉时机，为己所用。形势的发展变化既会酝酿时机，也会埋没时机，因此，创业者也必须具备正确分析形势、评估形势的能力。面对多变的形势沉着冷静，做出理性、合乎时宜的选择。熟谙审时度势原则，便能给予策划者更多的帮助与指导。

一、审时度势原则的含义

审时度势，就是捕捉信息，观察时机，估计形势。现在是信息爆炸时代,国内形势日新月异,国际形势风云变幻,应该学会捕捉信息,观察、把握时机,运用科学的方法对形势进行分析,做出符合形势发展的创业定位策略。

1. 审时的含义

审时,要求创业者能审视、观察各种各样的时机。时机是不会轻易让人把握的,而且又稍纵即逝。时机也不会眷顾懒散迟钝的人,只有勤奋、思维敏捷、眼光犀利、分析判断力强的人才有机会观察、捕捉各种时机。一旦捕捉到便如蛰伏之蛟龙,腾跃而起。英国维珍集团董事长布朗森就建议向他咨询创业的年轻人,要留意自己的周围,看有什么方面还不令人满意,如果能发现日常生活中的缺陷,那你就有机会去开辟一个新的市场。而他本人就是在经营唱片业时,常乘飞机总觉得飞机上的服务不好而萌发了开航空公司的念头。的确,生活中每时每刻都有机会,就看你能不能及时捕捉,为创业所用。

美国马德尔集团制造的芭比娃娃是每个女孩子梦寐以求又爱不释手的玩具。每个美国小女孩平均有7个芭比娃娃,德国女学生至少拥有一个芭比娃娃的占78%,法国为86%,意大利为96%。芭比娃娃的催生者韩德尔夫人有一次看到女儿正在为纸制娃娃穿衣服,神态那么认真专注,联想到似乎每个女孩子都有同样的爱好,于是灵机一动想到,何不设计一个立体生动的迷你型娃娃呢?于是她便请当时的知名设计师雷恩设计了一个金发美女娃娃,以满足许多小女孩为娃娃穿衣服的好奇感。同时,孩子们喜欢什么,芭比就变成什么,摇滚明星、商场女强人、日光浴的女泳客、溜冰选手、西部牛仔等,真是风情万种,一年一个模样,从1959年诞生至今,芭比真是青春永驻。

有专家分析2010年创业形势时指出,目前民营经济的创业优势在于:①政策形势好,政府鼓励、扶持;②经济形势好,中央政府启动四万亿元拉动国内市场,取得了显著的成就。③金融海啸给中国带来重大商机,中国和国际的经济合作越来越广泛,创业空间随之扩大。④上海世博会更是带来无限商机。当前是民营经济发展的一个极好机会,创业者应抓住这个难得的契机,大展宏图。

2. 度势的含义

度势,即估量形势。度势对创业者来说,是引导、引入。机会的发现是创业成功的起点,但发现机会不等于创业的成功。因此,一旦有机会、机遇的出现,就应该正确估计形势,抓住不放。

形势的不确定性就是决策者对于环境信息感知的不确定性。这种不确定性表现在:缺乏关于影响本组织决策的环境因素的信息,无法确定环境因素在什么程度影响组织决策效果,缺乏关于一项错误政策或行动的代价的信息(即反馈信息)。感知形势的方式和能力无疑会影响到决策成功与否。

形势始终处于不断的变化之中,对于决策者来说,最重要的是掌握形势变化的速度和可预测性。

兰生公司在1987年以前,对苏联、东欧地区的年出口额约4 000万美元,1988年对该地区年出口额达5 680万美元,占公司出口额的四分之一,多为政府间协定贸易,批量大,操作简便,盈利较好。但随着国际形势的变化、发展,这些地区政治局势变得动荡不安,公司领导通过对形势的预测、分析、评估,意识到该地区政治、经济格局可能会出现重大变化,会影响到公司的贸易方式和出口总量。1987年他们在反复斟酌后,断然做出市场战略转移的决定,提出重点开拓欧、美、日、澳(澳大利亚)市场,为增强开拓力度,同时宣布对"苏东"地区出口不列为考核指标,促使各业务部门对欧、美、日、澳的出口以30%以上速度递增,在短时间内转移了市场。1989年到1991年,"苏东"局势剧变,公司对其出口几乎下降为零,但公司整体出口业务不仅未受影响,反而继续保持增长势头。公司的员工都说:"领导的眼光准确,正确估计了形势的变化,使我们赢得了两年时间,摆脱了危机。"

3. 审时度势的含义

审时度势,能切中事理,顺应人心。无论是在顺利的,抑或是艰难形势中,审时度势为你创业把关搭脉,发现热点,开拓市场。每到冬令进补季节,西洋参一直是人们进补的时令商品,但上海市商业信息中心对众多超市、连锁店进行调查时发现:西洋参销量有历年下降趋势,2003年1至7月份,市场销量同比下降50%以上,但是有个别产品因赋予了高科技含量,销量不降反升,比去年同期上升57%,这就是上海交大昂立生产的西洋参。当大多数品牌沉湎于价格战和广告战时,昂立审时度势,采用先进的超细粉末技术和特殊去湿工艺,使西洋参的微粒细度达到500目,是普通西洋参的5倍,达到了人体最佳的吸收状态。他们捕捉到了消费者新的消费心理。

审时度势能使创业者在逆境中不灰心丧气,看到希望的曙光,从而发奋努力,去开创属于自己的一片天地。不少举起民族工业大旗的企业,审时度势,在艰难之中,制订对策,加大研发力度,提高质量,发展民族工业,坚守民族工业阵地,做出了一系列围绕形势、依据形势、把握环境,保持发展国产品牌的举措。

二、怎样做到审时度势

审时度势能帮助创业策划者找准时机,把握方向,对形势做出合理、科学的推测与判断,为创业奠定一个良好的开端,但策划者必须注意对形势的具体、细致的把握。

1. 观看大趋势,适应大趋势

大趋势是指引一个国家、一个地区以及一个企业在较长时间内的走向。对策划者来说,只有把握、适应大趋势,才能给自己的策划找准立足点,缩小范围,集中时间、精力、物力去从事能成功的创业。看清大趋势,才能先人一步,趁势而上,率先发展。

回首今天的中国与发达国家的差距,就是近代以来错过了至少三次把握大趋势的结果。第一次是"康乾盛世"时期,西方国家进行着轰轰烈烈的工业革命,清王朝却闭关锁国,陶醉于"落日的辉煌",盲目自尊,发布禁海令,将国外的科技发明视为"奇技淫巧";第二次是19世纪末到20世纪中叶,欧美等国家进入电气时代,中国却处于清王朝覆灭的动荡和长年战争中;第三次是"文革"时期,世界发生了第三次科技革命,中国却在大搞政治运动。

改革开放以来中国经济的突飞猛进,正是源于对大趋势的清醒观察和努力把握,是以强烈的紧迫感,以时不我待的责任感埋头发展的结果。对创业者来说,目前,全球制造业向我国转移的趋势增强,我国全面向建设小康社会迈进,对内、对外开放和市场化程度越来越高,这些都是需要看清的大趋势,从中寻找发展机遇。抓住了,受益匪浅;错失了,又会贻误多年。许多青年朋友,抓住了改革开放的大趋势,乘势而上,取得了辉煌的成就。

由美国次贷危机引发的金融海啸,进而演变为全球经济危机,给世界经济生活带来重大影响。但是,经验表明,经济危机往往孕育着新的科技革命。科技上的重大的突破和创新,推动经济结构的重大调整,提供新的增长引擎,使经济重新恢复平衡并提升到更高的水平。谁能在科技创新方面占据优势,谁就能够掌握发展的主动权,率先复苏,并走向繁荣。温总理说:我觉得,战略决策、科技创新、领军人才和产业化这四个方面的储备决定着未来。

我们平时常说"机遇与风险同在",机遇从趋势中获得,抓住机遇、用好机遇,如虎添翼;用不好机遇,反而骑虎难下,成了负担。比如上海成功取得了2010年世博会的主办权,这是一次难得的机遇,如果对其挑战性、模糊性认识不够,就可能产生麻痹思想和忽视心理,好事会办砸,因为世博会规模大、会期长达184天,要求高,200多位国家元首和政府首脑莅会,264个国家和国际组织及企业赴会,2万参展方人员,16万工作人员,2万多场文化活动,7 300万游客,有别于以往举办的任何一次国际会议。

德国大众有句名言:"第一批车是销售人员卖出去的,以后的车是售后服务人员卖出去的。"了解我国汽车史的人都知道,上海大众自1985年成立起就同步着手售后服务培训,车子还没有产出,第一家特约维修站就成立了。这在当时许多人看来是件不可理解的事,以为上海大众"有病"——不是在往水里砸钱吗?现在看来,这是上海大众的决策者善于把握大趋势、适应大趋势的成功所在了。经过近20年的打拼,上海大众成为国内售后服务网络规模最大的汽车厂商,在全国建立了500余家特约维修站,员工1万多人,正因为有了这支庞大的维修队伍,才保证了上海大众230万辆轿车出厂后无后顾之忧,无愧为"国产轿车第一品牌"的称号。

上海复星高科技(集团)有限公司,1992年11月创立时是上海一家民营高科技企业集团,从成立之初注册资金只有10万元的小型科技咨询公司,到现在成为一家拥有70家跨行业、跨地区、跨所有制下属企业,资产规模近百亿的大型民营控股企业集团,寻找他们的成长发展轨迹,不得不佩服当时这一批刚从大学校园走出的年轻人对大趋势观察、把握的眼光与能力。邓小平南巡讲话,个人可以办企业,当许多人还在将信将疑、犹豫不决之时,他们经过短暂的筹备,成立了复星的前身——广德科技咨询公司。

2. 把握中趋势

如果说大趋势对策划者来说是观看、适应的话,那么中趋势对创业者来说则是应及时、勇敢地把握了。大趋势是时代发展的必然,识时务者须与时俱进,惟有适应它,才能免遭淘汰,才能在创业道路上找准基点。中趋势能让创业者比较清晰地认识到自己在这一个行业、工种、专业的地位与发展优势,在未来的一段时间内,依据大趋势作出合理、适时的抉择和决策。

经济全球化发展会使发展中国家的生产要素进入到全球化生产采购的网络中,尤其是对加入世贸组织的中国来说更是如此,这是一个能够使中国商品跻身国际主流市场的机会。上海的决策层紧紧抓住了这一趋势,吸引跨国公司采购中心入驻上海,应对全球化挑战,建设国际贸易中心的战略选择,为提升中国商品的品牌提供了极佳的契机。

对中趋势的掌控,为创业者把握小趋势扫清迷雾,更加清醒地认识到真正能实施的创业计划究竟是什么。可以说把握中趋势起着承上启下之功用,特别是 2004 年来,社会更进入一个创富时代,创业者的故事吸引了无数人的眼光,拨撩着无数人的心弦,创业人群更多,内容更丰富,范围更广。

3. 把握小趋势,找准创业定位

迈入 2008 年,为战胜金融海啸,国家拿出 4 万亿拉动消费,到 2009 年国民经济已稳定发展。2010 年创业的氛围更浓烈,在大趋势的有利条件下,创业者首先要做的事便是如何踏准创业这一步,如何明确择业意向,即创业的定位问题。结合创业者成功与失败的案例,定好方向,把握未来。因此,创业目标要适宜。过高的定位目标,有如"大跃进",对组织极为不利。在世界级大公司的高层人员看来,他们的首要责任是制订和策划战略性定位进程,并适度调控,以保持战略发展与趋势一致。其次创业定位的基本内容:组织或个人价值观、信仰、实力、竞争优势、市场优势、产品或提供的服务等,一项成功的创业策划要求具有一个综合的详细的计划、定位,这样才能确定好发展方向,明确能做什么不能做什么,再确定投资方向和投资规模。

燕京啤酒集团公司作为啤酒行业的后起之秀,在短短的 20 年中,在一片砖瓦窑的废墟上成长为全国最大的啤酒集团公司,并且继"青岛"啤酒之后在啤酒行业获得了驰名商标的认定,凝聚了燕京啤酒集团公司全体员工的辛劳汗水,更重要的是得益于正确的市场定位。当一些酒厂将高档次等同于高价位,只将眼光盯在高档宾馆酒楼时,它始终将产品定位在北京市(2010 年已有 200 万总人口,百度)这一最普遍也是最广大的消费者身上。正确的定位使"燕京"啤酒迅速占领了北京的市场。"燕啤"将普通老百姓奉为上帝,而正是这些忠诚的消费者成就了今日的"燕啤"驰名商标和辉煌。2010 年,"燕啤"品牌价值突破 245 亿元人民币。现在,为了使"燕啤"的知名度不断提高,已调整产品结构,不断提高档次,提高水平,以全新的口味推向全国高档市场,直接与外国品牌竞争。

时下只要一提起大学生创业,似乎总是与高科技、IT等行业挂钩,但从商学院毕业的大学生赵洋却另有主见。赵洋喜欢旅游,每到一地,就会注意当地的绿色食品,学外贸的他凭着商业敏感,觉得绿色食品具有广阔市场前景,而且还应该把目光瞄准一些贫困地区的土特产资源,寻求既为边远地区摆脱贫困、又为自己掘得"第一桶金"的双赢局面。于是他一毕业便创办上海碧连天绿色食品有限公司,为了构建完善的销售网络,他看上了一家拥有20万配送实力的公司,以诚恳赢得了对方信任,签订了合作协议,开始了创业的征程。

三、审时度势原则的意义

遵循审时度势原则,能帮助创业者看清形势,使创业活动能踏准时代的节拍,顺应时代发展变化的需求,取得事半功倍的效果。创业者都希望成功,审时度势能助其一臂之力,少走弯路,减少损失,以最小的投入求得尽可能大的产出。

1. 使创业与时代合拍

世界上万事万物都是在运动、发展和变化的,个人、群体、组织也都是在相互关联中运动,而不能独立存在,因此,任何人或组织都必须与社会建立必要的联系,策划更是如此。新世纪人类生存环境最突出的特征就是变化,不管人们从哪个角度或侧面解释现象,总离不开变化二字,这要求人们去主动地适应它。适应变化是绝对的,只有适应变化了的时代才能生存下去。

时代、市场是检验策划成败的标准。策划其最终目的是赢利,而要赢利就必须策划,开发出适应时代、市场的技术、产品、服务,满足时代和消费者的需求。

随着人们物质生活水平的提高,长假期间外出旅游的人数愈来愈多,其中以中老年人居多,由于旅游中易疲劳、水土不服,影响肠胃,所以习惯外出备一些抗疲劳、调节肠胃功能的保健品。而过去的"昂立一号"携带不那么方便,为了拓展假日市场,昂立专门开发了适合旅游携带,容量为300毫升,三四天可以服完的轻便装,受到了消费者的认可。所以一些经济学者指出,假日经济商机多,就看商家能否围着市场和消费者需求转,挖出一个又一个"金矿"。

2. 使创业易于成功

很多人喜欢看成功人物传记，从中吸取他们的成功经验。成功的光环的确荣耀，尤其是经过自己的努力打拼所获得的成功。许多年轻创业者都会问：创业需要什么？策划又能帮助什么？

审时度势能使你在策划初期，选择比较容易入门的行业，"摸、爬、滚、打"一番之后，冷静分析、思考，发现不适，调整方向，转变角色，为自己找到最佳的定位。此原则还能帮助你对未来做出合理的预期，使策划易于成功，策划本身就是为不满足于现状的人去实现自身价值而进行的，对他们来说，创业不单是创家业、创产品，更重要的是要创出一番事业。

望源企业年轻的董事长季宝红谈到策划时就深深感到，对未来的合理预测对他创业的帮助很大。他为自己总结了一个"碗底理论"，这包括正向碗底和反向碗底，只有找准了正向碗底，策划才能使事业成为真正的"聚宝盆"。1998 年 1 月，报纸上说上海积压了过多的空置房，房产市场普遍不被看好，然而季宝红却看到了令人欣喜的曙光，因为当时的空置房，要么是标准太低的动迁房，要么就是价格过高的外销房，都不属于"有效供给"的范畴，而有资料显示，从 1998 年开始国家对安居房的需求是 2.1 亿平米，但可供应量只有 0.7 亿平米，许多人对此数据无动于衷，只看到事物的消极面，却没有看到整个市场对房产的需求正悄然崛起，季宝红还看到了国家实行宏观调控，进行工地基础设施的改造，所有这些都是房产市场的利好消息。果然，2003 年下半年全国房地产行情飙升，他的预期应验了。所以说，成功、失败不是命内注定了的，要选择合适自己做的事，对未来有个合理的把握，清楚地知道自己能做什么，这是创业者走出一条脚踏实地的成功之路所必备的。

现在全国积压的商品达 3 万亿元，都是重复生产造成的。如果一年盘活 100 亿元，花 300 年也盘不完。如果有人慧眼识珠，来盘活 3 万亿元的积压商品，岂不是挖了多少座金山？

纵观许多组织和个人创业的成功，审时度势的运用是重要的一环。

3. 使创业者减少损失

没有风险的创业几乎没有。"无风险"、"背靠大树好乘凉"，这是一种美好的愿望，事实上任何创业投资都是风险与利益并存，只不过人们总是希望尽量规避风险，但这不等于没有风险。无论是在创业之初，还是之后，应该依照审时度势原则指导策划和实施，才能取得良好的效益。

2008年汶川大地震让这一地区的旅游业、餐饮业深受其害,如何尽量减少损失则成为无奈之下最当务之急的思考,于是一家成立不到一年的旅行社经理根据形势变化,趁淡季培训导游,迎接震后的旅游高峰的到来,因为导游素质的高低是影响旅游质量的重要因素之一。一般宾馆酒店往年的修缮维护总在淡季,而现在有的宾馆提前进行,因为他们知道,震后,旅游、餐饮业将可能出现"井喷"现象,消费者积压已久的消费欲望会得到猛烈的释放,趁此机会勤练内功,既减少损失,又为下一轮的挑战做好准备。

创业难保不遇到损失,聪明的策划者就在于知道如何使损失降到最低限度,以期逃过一劫或重整河山。那位年轻的旅行社经理审时度势,在淡季提高导游队伍素质的举措,为旅游震后旺季的到来做好了准备,可望有较好的赢利。

第三节 多谋善断原则

人类社会发展就是在不断思考、分析、判断与取舍中进行的,机会与机遇乃至各种诱惑随时随地存在,创业者想有所成就,必须勤思索,会谋划,善判断。多谋是善断的前提与基础,有效的谋划为随后而来的善断奠定了基础,而善断则是对多谋的结果进行理性的分析、筛选,做出正确选择的过程。多谋善断是创业者在创业过程中应该具备的智慧和必不可少的能力。

一、多谋善断含义分析

所谓多谋善断,即指勤于思考,乐于思考,并善于做出判断。从本质上来说,多谋善断是一种运用脑力的理性行为,人类进行思考、考虑,找出事物的因果联系、来龙去脉,衡量未来可采取途径,并果断作出决策,从而取得事业的成功。

在计划经济体制下,企业经营管理者(还谈不上是创业者)照上级的指令完成任务即可。即使遇到一些困难,也只需"眉头一皱,计上心来",凭经验或上级指示去解决。现在市场大潮下环境复杂,瞬息万变,靠创业者在商海中搏击,这就需要预先有全盘周密的考虑,制订完善、全面的应付多种情况的预案,并制订近期、中期、远期的目标。为了达到这些目标,应当对先做什么后做什么作出安排,这是一个复杂的思维过程。制订了翔实的对策,创业者就能胸有成竹,临危不乱,镇定自若地判断选择。

1. 多谋的含义

多谋,指在一项工作实施之前,人们商量咨询,以取得一个好的实施方案。

足智多谋,善于料事和谋划,这是对多谋最基本的理解,大千世界无奇不有,人亦有千差万别,即使同等境遇也会有不同的结果,为什么同样的条件有人成功,有人却失败,在成功或失败的所有因素中,智慧是极其重要的因素。动物世界弱肉强食,然而既无强健魁梧体魄,又无凶残之习性,更无上天入地之本领的狐狸,却能在险恶环境中生存,一个狐假虎威的成语或许能给我们以启示。狐狸有何能耐?答曰:惟有智慧。楚汉战争经过五年的较量,最后以刘邦胜,项羽败而告结束。"力拔山兮"的项羽为什么最终会失败?刘邦处于劣势,为什么会最后胜利?可以说外在条件都不如项羽的刘邦就是凭借"老谋深算",善于用人取胜的,如萧何、张良、韩信等,由弱变强,转败为胜,逼得项羽乌江自刎,最终成就了帝王大业。

我们处在强手如林,竞争异常激烈的世界里。若有智慧,多谋,便能化险为夷,扬长避短。对创业者来说,多谋首先是要勤思考,勤思考能使你的思维一直处于活跃状态,不断接受新生事物,吐故纳新,从而新观念、新点子层出不穷,面对纷繁复杂的世界,始终保持充沛的热情,强烈的兴趣,以积极应变的姿态投入应战,不囿于一孔之见,多借鉴,多整合,在思考中求答案。其次,多谋的基础是以策划者丰富的阅历、知识作支撑,否则思源枯竭,搜尽枯肠,殚精竭虑,也难以形成多谋的格局。因此,策划者平时必须努力学习,获得与本行业、本专业有关的知识、技术和技能。比如,学点社会学、心理学、管理学、新闻学、传播学、行为科学、写作学及车、钳、刨、电工、机械及其修理等技术与知识,这对创业策划大有裨益。再次,多谋还要注意思维方式的锻炼与选择。策划者需要有逻辑思维的能力,正确的思辨方式,对各种现象能作深入观察,进行客观、仔细分析与综合,然后加以筛选,产生出一系列的智慧火花。在中国历史上,不乏被人称为智多星的多谋之士,如《三国演义》中的诸葛亮,一生多谋,创造了许多至今为人津津乐道的故事。现在冒出的许多"金点子"其实就是多谋的体现,是智慧的结晶,有很高的含金量。过去受极"左"思潮影响,在生产和生活中的"点子"价值很少有人认真计算,如今人们很重视由智慧转为价值的事情了,于是"金点子"也变成了炙手可热的商品,不少企业还不惜花重金采购"金点子"呢!

提到浙江生意人，人们无不翘起大拇指称赞。浙江老板们深谙多谋对其事业发展的用处，从生产基础、营销网络、研发中心的地域配置无不考虑。浙江横逸集团的邱建林来到上海，眼睛一亮，上海不仅本地人才丰富，外地的厂长、高工甚至外国人才都能被网罗到麾下，集中了这样高智商人才，真正称得上多谋，邱总便把研发中心北移到上海，还请来东华大学的副校长担任横逸研究院院长，随后又把出口部搬来上海，以便"截住"国际客户，借外脑多谋，达到自己的目的。

2. 善断的含义

善断，指擅长对事物决断而无疑。

多谋不善断，对创业来说无济于事，多谋能善断，才能在众多的点子、方案、策略中因时因地选择出富有创意、高效可行的方案来，使创业与策划趋向成功。

善断的底气来自经验的积累甚至是失败的教训。这些都为善断提供了丰富且宝贵的支撑力量和辨别能力。知道黄楚清的人也许不多，但对于"天天渔港"，可以说沪上人人皆知。1987年他从香港来到上海时，发现饭店有正宗的广东菜原料，却没有请广东厨师掌勺，于是他开了一家"人人餐馆"。随着形势发展，上海的变化日新月异，尤其是餐饮行业，黄先生判断并认定了上海发展的大势，于90年代初毅然在还比较冷清的肇嘉浜路开了"天天渔港"大酒店，第二年成为徐汇区外来企业的第一纳税大户。由于市政改造而形成的停车等问题迫使"天天渔港"迁到了打浦桥，此时已不是粤菜独霸天下了，四川火锅的火热，沪上本帮菜的重新崛起，更有杭帮菜的大肆冲击，许多粤菜馆纷纷偃旗息鼓或易帜，但他仍然坚持朝着精致高档粤菜方向发展，在吸引了一大批固定老客户的同时，也带动了鱼翅、鲍鱼饮食风气。他也投资拍过电影，赔进去100多万，也在上海郊县开过川菜馆，没有成功。但这些挫折都没有压垮他，反而成了资源，为他重新创业提供了丰富的经验与教训。

善断还得依托策划者的胆识。胆识是个人素质的高度体现，必要时还得甘冒决策风险，不轻易错过任何机会。金光集团APP纸业公司董事长兼总裁黄志源1992年决定在中国投资，当时很多人怀疑中国是否有这么大的市场和资本吸收能力，如今证明他的决策是正确的。国际上用木浆造纸的比例为90%以上，但中国没有充足的森林，不产原木纸浆，小造纸厂靠苇浆和草浆生产，污染严重，APP毅然决定在中国种树，从1995年开始到现在,已在广东、广西、海南等地种植200多万亩树林。把APP总部设在上海,显示了APP的善断。与香港、深圳等城市的角逐比较中,APP的投资重点在江浙地区,总部设在上海便于沟通。此外,与香港、深圳甚至新加坡相比,上海与世界各重要城市等距离,到美国、欧洲、澳洲都只需10多小时的飞行。再次,上海行政效率高,与世界接轨快,是改革开放最活跃的城市,经营环境自由,融资投资环境良好,基础设施跟世界先进国家比毫不逊色,APP快速做出了正确的决断。没有在风起云涌、波谲云诡的商海中练就敏捷的思维和快速有效的决断能力,是无法成为世界纸业十强之一的。

3. 多谋善断的意义

多谋善断是告诉人们对一项工作实施之前要进行咨询,取得一个良好的方案,而决断是很关键的。具备了多谋善断的才能,无论在政治、经济、军事、还是在文化、体育等诸领域都能得心应手,成就一番事业。曾有专家给进入新世纪的创业者几条忠告,其中第一条就是明确开业意向,不做蚀本生意,要确定好经营方向,即确定做哪种生意,再确定投资方向,然后考虑确定投资规模。在这之中"确定"一词出现频率颇高,蕴含了多谋善断的意义。

多谋善断使思维高速运转,交汇、碰撞出智慧火花,触类旁通,引起联想,推导出相关的结论。用开放型思维抓住机会,不放过那些奇妙的点子,打下基础。培养决断果敢的性格,稍一犹豫,机会便从指缝中溜走。优柔寡断不是现代策划人员所应有的品格,如果反应迟钝,迟迟不敢做出选择,可能使策划败北。

多谋善断能迅速看清问题,抓住事物的本质,以最快速度寻找匹配的方案、对策。有的人以为自己很谨慎,反复比较孰优孰劣,选择一个最完美的方案,在这反复犹豫权衡中,时间和机会悄悄溜走了,最后酿成像伯努里小毛驴那样在两垛鲜嫩的青草之间长期徘徊、干渴饥饿而死的悲剧(见《现代青年公共关系技巧》第二版"伯努里效应")。所以关键时刻,无法速断速决,商场之中就会贻误商机。

多谋善断最能在市场发生变化时考验策划人的素质,优柔寡断只能导致失败,在关键时刻要有勇气定夺,稳定人心。当然在做出决定之前,需要有丰富的信息做基础,千万不可妄自尊大,但一旦做出决定,就要不折不扣地执行下去。

大二的学生小文已经开始创业了。高中阶段,其他同学还在追星时,他已在一家网站里协助做高中市场的工作了,大一时开始独立负责活动策划。小文周围有许多同龄人,有的有好多点子、想法,但畏首畏尾,不敢越雷池半步;有的有了创意想法就迫不及待地要去实施,小文认为这些都是不成熟的表现。在他看来,创业是个测试自己智慧、勇气、胆量的行为,每个人实施之前要做充分的准备,注重可行性,而一旦决定,就应该全力以赴,他本人就是一个很好的例子。因为有了前期的积累,掌握了操作流程,学到了许多宝贵的经验,也有了一定的客户群,小文与人合伙开了媒体公关公司。

二、多谋善断的理由

1. 客观事物、环境的复杂多变

系统论将个体与组织置于一定的客观环境中加以研究,创业策划离不开对客观事物的认识、把握和对环境的依赖与利用。客观事物的复杂多变其实也源于环境的复杂多变,是不以人的意志为转移的。

宏观环境包括政治、经济、文化、科技、生态、法律环境和国际环境等。在这宏观环境中,包括国家制定的路线、方针、法令、法规,行业相关的政策、规定、规划,需要策划人领会、遵循,国家与地区的经济发展水平、管理体制及未来几年内经济发展的趋势等因素对策划也有影响,此外还有风尚、风俗习惯、宗教信仰、道德观念、文化教育、消费心理等都会影响到创业策划的成败。

微观环境是指策划人所处的具体环境,如交通状况、资源、设施、设备、资金等,以及将要面临的消费者、上级主管部门、银行、新闻界、竞争对手、经销商等。

无论是宏观环境还是微观环境,它们有时在某种程度上是影响创业成败的直接原因。如环境、事物的不确定性。这种不确定性表现为有时候缺乏关于影响策划人决策的环境因素的信息。比如各级政府已启动"透明政府"计划,努力塑造"亲民政府"的良好形象,然而有些政府部门至今"门难进,脸难看,事难办"。

创业的失败,有时候与缺乏有效的反馈信息有关。对于策划人来说,获得虚假有误的信息,或者被表面现象迷惑,不能及时地获得和分析所处环境的真实信息,那么他的策划很可能要出问题。组织生存的外界环境变化,既可能带来机遇,也可能带来风险。组织对此反应迟钝,将会丧失机遇，或面临危机。事物、环境是有个性的，是在变化的，创业者需掌握事物、环境变化的规律、速度和可预测度，并运用到创业中。

中国市场是一个差异性很大，国民特征很明显的市场，东西纵横上万里，南北温差五十度，近14亿消费者，世界上很难寻找第二个如此丰富和辽阔的市场。因此策划者要考虑到目标市场和环境中的大多数因素，甚至是所有因素的特殊性，以便能多谋善断。

2. 事物真相常被掩盖

因为客观事物是复杂的，所以人们对客观事物的认识有个过程。人们不容易马上认识事物的真相，有时甚至被一些表面虚假的现象所迷惑，得出截然相反的结论。人们还没有探索出事物的本来面目和深刻意义，就下决断。如人们一谈起现在的房价，总是摇头感叹价格太离谱，至2009年10月上海房价均价2万/米^2，高的12万/米^2，所以有的人就认为应该转向投资二手房市场，殊不知这或许也只是一种表面现象。有关专家认为，由于环境、配套设施等非地段因素的可复制性比较强，部分次新房短期内房价也会过快上涨，极易产生质价不符现象，应当注意。

大文豪苏东坡描写庐山的诗："横看成岭侧成峰，远近高低各不同。不识庐山真面目，只缘身在此山中。"反映了事物真相被掩盖是常见现象，同时告诉我们事物真相被掩盖是由于观察者的角度不同造成的。这就给我们一个启发，面对复杂多变的客观世界，对事物多角度、多层面地观察和把握是创业成功的重要措施之一，即使对待同一事物，由于不同的人有不同的世界观、立场和方法，反映出来的结果也会不同；甚至立场一致，对事物性质的认识和意义的认识程度上也存在着差别。对待同一事物，有人认识深一些、多一些，有人浅一些、少一些，认识上的差异性表现出事物真相或多或少地被掩盖了。

我们要用一双慧眼去发现那些富于时代特征，能代表历史发展趋势，虽然还很微弱渺小，暂时处于萌芽状态，但却具有强大生命力的事物，努力把握它，积极探索，这也是青年创业者必不可少的素质、能力。

在一般人眼里，一谈起创业、做生意，头脑中闪出的都是一些引人注目，盈利颇厚的投资渠道，极少有人注意那些微不起眼的小物品，总以为是小儿科之类而不屑一顾，如"纽扣"这一小商品。据测算，平均月销售50万粒，而每粒纽扣获利仅以毫计，但在浙江永嘉县桥头镇人看来，却是商机无限！它们硬是把一个小镇做成了东南亚最大的纽扣基地。同样，眼镜、皮鞋和打火机这些小商品成了温州经济的"三大花旦"。数据足以见证温州商人在创业过程中认清市场的独特眼光。温州每小时生产皮鞋12万双;每天有100万副太阳镜销往世界各地;每年1亿只打火机流下装配线,其中70%专供出口……由此看来,在温州老板眼里,产品的"小"并不意味着市场小,并不意味着利润薄,透过表面现象看到的是市场"缝隙"背后的巨大商机。谁的眼光敏锐,谁就能先人一步地找到"缝隙",勇敢地"钻"进去,占据市场缝隙,扩大缝隙,也就是扩大市场占有率,蝇头小利完全可以转化为巨利。钻"市场缝隙"现象的背后,显现出的是浙江民营企业家蕴藏着的独特经济眼光和发现力,他们善于发现"小儿科"背后的巨额利润。

3. 多谋才能善断,找出创业的契机

多谋是善断的前提与基础,但并不是说多谋必能善断。计谋即使多,但哪一个最合适、最有效,恐怕还得进行谋划。计谋不是天生就有的,要掌握计谋,就要善于动脑,设计出解决难题的最佳方案。

契机是事物转化的关键。创业者在经历了艰苦创业起始阶段后总希望从此进入平稳的发展期,但市场竞争的法则不允许我们停留在功劳簿上蹒跚不前。有危机感的创业者总是随时留意周围形势的发展,用心揣摩对策,这就要掌握事物发生转化的关键。号称"天下第一商城"的义乌小商品市场,这几年名气愈来愈响,而商业利润却愈来愈薄,其实义乌的商业利润"摊薄"现象恰恰是浙江面临挑战的缩影。近几年,石家庄等地崛起的一些商品市场已开始分流浙江市场的份额,浙江一些门槛不高的产业也已开始向外地转移,浙江又比其他地方更早地面对国际市场技术壁垒,以及跨国巨头对国内市场的蚕食和分割。多年高速发展之后,产业层次低,升级能力不足等问题逐渐困扰着浙江。这一切让浙江反思,面对先发优势的逐步丧失,浙江各地正急切寻找和建立新的发展方向,因为一个地区或城市,每一阶段的发展都会有不同的经济增长点。为了提升技术优势,浙江各地取抓住这一契机,纷纷推出了一系列举措。如绍兴建立试验区域研发中心;温州设立虚拟技术中心;为了改善金融环境,浙江八个城市试行地方商业银行的改革,温州尝试利率市场化;风行全省的民企海外上市;为了消除区域经济的战略弱点,杭州用发展新城来提升自己的中心地位;宁波则建设跨海大桥……每个城市在发展中都竭力尝试抓住这富有转折意义的机会,积蓄力量以再造新优势。

创业的契机,有点像文学创作的灵感,不是说来就来,关键还在于平时的勤奋努力,对形势的把握,对发展趋势的预测。用敏锐的眼光选择市场及项目,找准切入点,找准开拓事物发展最关键、最有利之处,大胆施展身手。

新立医疗器械有限公司是一个刚起步的企业,已在医疗器械领域踢腾出了一番天地;"血糖测试仪"填补了国内空白,并稳稳占据国内产品市场的头把交椅;参与国家十五攻关项目、863 计划的研究……"成绩单"的背后,是一个关于成长的故事。

几年前,时任上海市工业微生物研究所副所长的胡军是一个有英国和德国留学经历的高级工程师,由于挂靠公司人事调整,他和研究所 30 多位同事一起被下岗分流了,高级知识分子也失业了,不仅令胡军他们自己不能接受,周围的人更是一片愕然。

下一步该怎么办?"筹钱办企业!"大家不约而同地想到了一起,30 多个人把买断工龄的 3 万元全部拿出来,凑成了 100 万,公司成立了,紧接着就要有新产品上马,可他们手里有的、能够算得上专利的,只有"血糖测试仪"。然而当时国内的血糖仪市场几乎百分之百被外国品牌占领,且已投放市场 10 多年,技术工艺已相当成熟。怎样才能打开市场呢?新立人清醒地意识到只有立足市场才能造出产品,这就是市场契机。经过分析,他们肯定了自己的选择,我国目前已有的 4 000 万糖尿病患者这个基数,以及每年 1.5% 的增长速度,说明市场潜力巨大,虽然有国外产品导入在先,但在国内还没有同类产品的生产厂家,这就是创业的契机,产品推出后先选择了北方地区,那里的血糖仪市场受洋品牌影响小,人们又对"上海"产品信任,结果以低价位策略,从低端市场突破打开了北方血糖仪市场。

众多事例证明,找准创业的契机是保障创业成功的重要条件之一,把握契机能有事半功倍的效果。在市场大潮中,面对在创业中的无数个机遇,策划者善于把握,学会多谋,就可以发现众多的机会,为自己提供多种选择方案;学会善断,帮助你理清思绪、节省时间、提高效率,以最快速度选择最佳方案并付诸实施,获得最大的回报。多谋方能善断,善断才能正确选择,正确选择有助于成功。

第四节　弹　性　原　则

思维缜密、成熟的策划者在策划中绝不会只凭一腔热情,盲目自负,只看到自己的优势、长处而满打满算,他们知道形势是在不断发展变化的。组织的条件、状况也会发生变化,这一切决定了全盘统筹、灵活机动、留有余地的重要性。它让策划过程变得更为实际、理性,也让策划者在遇到情况突变或危机事件时能迅速应变,掌握主动权。

一、弹性原则的含义

弹性原则,是指策划人在策划时必须使计划保持一定的伸缩性,以适应自身条件和外部环境的变化,有效地实现策划方案。

弹性原则是策划活动过程中的客观要求。创业活动的特点:①活动的多层次性。创业活动涉及的因素广泛、复杂,其中不可预见的因素很多,难以百分之百掌控,因此必须留有余地。②机动调节性。创业活动是各种因素的合力在起作用,需要综合平衡和调节,创业活动难以达到最佳状态,完全实现方案中各项指标,这就需要留有可供调节的机动性。③条件的制约性。创业是一个过程,各种因素都在变化,具有不确定性,创业受多种条件的制约。④认识水平的动态性。策划活动本身是创业者的认识不断深化、水平不断提高的学习过程,策划方案要适应人的动态性,不能定死。

弹性原则反映了策划过程中的灵活机动性,及时并准确地了解、把握和反馈信息,据此进行调控。"时移则势异,势异则情变,情变则法不同",讲的就是这个道理。弹性原则是完善创业策划的重要保障,也是创业策划得以顺利实施,取得成功的重要保证。

《孙子兵法》中有很精辟的论述:"兵以诈立,以利动,以分合为变者也",意思是军队作战能因灵活甚至是制造假象而成功,因有利于自己而善于改变,能分能合、分分合合就是变化。能因敌而变化取胜者,是一个真正的将领。弹性原则要求我们在策划中有动态意识和应变观念,策划如果不站在高度灵活、机动的起点上,策划难以成功,即使已经成功,也难以持久。

二、为什么要贯彻弹性原则

1. 留有发展空间,激发士气

俗话说:满口饭好吃,满口话难讲。任何话说过了头,任何事做过了头,则无回旋余地,显得被动。策划也是如此。在市场竞争中,什么都想经营,或什么赚钱就干什么,甚至不惜血本,孤注一掷,勇往直前而丝毫不留回旋余地,到头来必然面临破产、退市之结局。有时候,成败正是存于进与退的一念之间。

熟悉中国证券市场的人都知道,深金田与深万科同是20世纪90年代深圳最早上市的股票,都曾是绩优股,都属于房地产板块,两家在初期都选择了多元化经营之路,后来深万科主动收缩战线,专门做房地产,时至今日,深万科成为中国房地产业的龙头企业,而深金田在多元化路上没有一个度的约束,越走越远,到如今已被深交所"PT",面临退市的危机,此中反差令人深思。从经营学角度来讲,多元化经营是化解风险的重要手段,可以不断获得新优势,但搞多元化经营是有条件的,深金田的主要业务是房地产,此外,还涉及纺织业、能源业、电脑磁盘、酒店业、超市和长途运输等,这么多业务如何能忙得过来,一个在政府大力支持下上市的企业,本应利用这一难得的时机把精力花在主营的房地产业务上,不断强化核心业务,切切实实地在房地产市场站稳脚跟,再求深一层次的发展,但盲目铺开、搞大等行为湮没了一切,使企业没有了后续发展的空间,弓弯过了头,失去了弹性,已没有收缩恢复的可能了。同样,前几年的巨人集团也犯了同样的错误,有限的资金被深深套死,毫无回旋掉转之力,这些教训足以让后来者引以为戒。

在谈判过程中,弹性原则同样起着很重要作用。双方出现僵局,很难达成一致,如果再各持己见,毫不妥协让步,那么谈判便告破裂。此时,双方应采取弹性原则,设法打破僵局,最好的办法之一是采取以退为进的策略,双方各做利益上的调整。因为退让并不意味着懦弱和失败,退的目的是为了进,此时退是为了彼时进,暂时的退是为了长久的进,在任何场合下,运用灵活机动、富于弹性的原则总能帮助你左右逢源、化险为夷,从而取得成功。

遵循弹性原则可以激发员工的士气。组织或个人的奋斗目标、方向,只要不脱离实际,通过努力都是可以实现的。但是"天有不测风云,人有旦夕祸福",在计划制订中应考虑"天灾"与"人祸",为此,计划要留有弹性,特别是在重要的关系环节中更应保持足够的余地。计划实现了,就能激发员工的士气和积极性,一步步朝着目标前进。

2. 事物是运动的

世界上的事物是在不断运动的,运动是永恒的,静止是暂时的,惟有事物的运动,才使我们这个世界在不断地向前发展变化。在创业过程中,创业者需以敏锐的眼光,善于发现和捕捉、追逐变化的趋势和特点,以睿智的头脑加敏锐的眼光从容应付变化,掌握主动。

几年前,大千美食林急流勇退撤出徐家汇,这是黄海伯先生的策略,他以极富前瞻性的眼光使大千美食林从一个单纯的餐饮企业转向以餐饮为主,多元化开拓的综合型企业集团。黄先生说:经过在上海的10年经营,已经发现了上海的政策、环境、市场都在不断地变,所以大千美食林也必须变。黄先生独创了自己的模式,即"生态链"、"美食林"。在上海青浦朱家角,一个生态型的都市休闲农家庄园已建成,土地、养殖场、饲料场、食品加工厂、连锁销售店形成了一个生态链、循环链的一条龙企业,节省了成本,也增加了竞争优势。

创业应该适应社会发展、周围形势和环境的变化,组织和个人也都在变,不变的是运动。策划者只有对外界变化的事物迅速作出反应,才能在激烈的市场竞争中立于不败之地,使创业获得成功。

3. 人们不能很快掌握事物的规律

人没有先知先觉的能力,对自然、社会的某些规律的了解与掌握需要有一定的时间过程和实践摸索。有时短暂的一次、两次实践是不够的,需要多次反复才能逐渐认识和掌握某些规律。弹性原则的运用,可以帮助策划者在制订计划的各项指标的起始阶段留有一定的余地,应付由于对规律未掌握、策划不周而突然出现的各种情况,避免受挫。

明君因为激情和对书的痴迷,创办了上海明君图书连锁有限公司,当开到第11家连锁店时,对连锁店管理规律没掌握,制度跟不上,导致当月连工资都发不出。某些店内的营业员过多,批发部聘用的经理又携款而逃,这一系列突发而尴尬的事,对创业者来说,犹如当头一棒。这一事件表明,事物的真相与规律并不是裸露在外,让人一目了然的,同时体现了把握事物规律的难度。

在探讨导致草创型企业被"集体淘汰"的原因时,其中一条就是普遍缺乏对规律和秩序的尊重。用理想化或书卷气的固执来坚持对规律的认同与掌握,这显然是不科学的,创业者应吸取20世纪80年代众多草创型企业失败的教训,深刻反思,引以为戒,尊重规律,不贸然行事,争取成功。

4. 创业者的条件在变化

创业进入实施阶段,既要依据方案一一实施,又要根据条件变化有序地采取相关措施,弥补原方案暴露出来的缺陷、不足,而不能死扣原方案,这样有助于目标的实现。有时策划方案的实施取得了意料之外的效果,此时，为了扩大利益，经过充分论证，可以逐步推进与扩大组织的规模，而不可死守方案，这样可以在比较大的范围内取得丰厚的回报。

二十几年前从包飞机商运起家的已故浙江企业家王均瑶，在 1995 年组建了均瑶集团，经过近十年的发展，已在全国各地及香港地区拥有多家独立法人公司和分公司，总资产十多亿，1998 年跻身全国民营企业百强之列。面对中国加入 WTO 后的新形势，集团全面实施战略调整，利用已经取得的成就在浦东康桥基地打造集团的营运中心、人才中心、科研中心，又大力发展电子商务，加快网络建设。2002 年 10 月出巨资在上海徐家汇商圈建造五幢 A 级写字楼，为集团迈向国际化经营搭建了更高的平台。随着自身实力的不断增强，均瑶还将继续规模化经营，形成包括航空旅游业、乳业、房地产业在内的产业多元化和投资多元化格局。弹性原则可以使组织或个人在更广更深的空间树立良好的形象，从而取得创业的成功。

三、怎样运用弹性原则

1. 策划时留有余地

弹性原则即在策划中要留有余地，包括在人力、物力、财力和时间等方面。一方面在策划中，每个活动环节都要保持弹性，特别是在重要的关系环节中更要保持足够的余地；另一方面，就策划的整体弹性而言，整个系统都要力求具备可塑性和适应能力，以便客观地审视自身和环境。如对过热的房地产市场，明智的企业就会重视国家有关部门的预报指标体系，考查指标数据的采集渠道，数据采集的时效和准确性，以便在做决策时客观、冷静。

1997 年 9 月 18 日，日本零售业的巨头，八佰伴日本公司向公司所在地的日本静冈县地方法院提出了公司更生法的申请。这等于向社会宣布了破产，这是日本百货业界最大的一次破产事件，震撼了日本和亚洲。现在回想起来，众多破产原因中的一条仍是与弹性原则的运用有关：摊子铺得太大，八佰伴的经营者总认为投资计划是绝对没有错误的，但其在海外并没有详细、周密的投资计划，为了快速扩展国际事业，趁着日本泡沫经济的时机，在债券市场大量发行可转换债券，失去了有效的财务监督，失去了弹性，陷入了债务膨胀的危机，导致公司破产。

近来，公安部、交通部、工商管理总局等单位联合在全国各公路检查站发起专项治理"超载"的活动。卡车超载使机械失去弹性,易造成重大交通事故,危及生命和财产的安全。此项整治,就是要保持卡车钢板的弹性,以保障公路安全畅通。进行创业与策划,与此理相似,使计划失去弹性是很危险的,在策划时应认清这一点。

真正领会弹性原则精髓的人不会误解所谓留有余地是消极应变的表现。消极的弹性就如社会上所统称的"留一手",那是保守,过分胆小、谨慎的表现,哪怕有潜能、潜力可挖,仍囿于某种原因而不能充分发挥潜能,墨守成规维持现状,这不是策划者所为。留有余地并不是保守的同义词,无论现实世界多么精彩、诱人和刺激,但策划者仍不应失去冷静、理智,经过思考分析,能拥有一份真正意义上的"保守",使创业与策划易于成功。

2. 策划与实施是有区别的

策划目标的制定是策划活动实施和运转的前提,也是创业者为之奋斗的航标,目标要靠实施才能衡量出效果。策划再完美,不实施,始终是停留在纸上的东西,只有变为现实才是成功的策划。

创业的目标不是孤立的元素,必须为社会大系统中的其他结构要素所容纳、协调,只有建立在符合社会发展利益、满足公共需求以及环保的基础上,才能保证其具有存在的必要性和合理性,在实施中才能得到方方面面的支持。目标必须考虑到成员的条件和需求,创业目标与成员目标相吻合,才能激发成员的使命感、积极性,目标的实施才有动力。总之,目标反映出了大至社会需求、发展趋势、环境状况,小至创业者理想、素质能力等,只有这样,目标的策划与实施才相辅相成。

创业者对待策划目标应有自己的见解。比如目标确定的具体化,这样才便于在实施中随时检查工作是否已经达到了预定的目标,或者离目标还有多远。创业活动可能会达到多元目标,但无法否认总目标与分目标之间可能会存在矛盾,如增加某产品的功能并希望扩大该产品的销售量和市场份额,但是功能的增加可能会使成本上升,在这里,增加功能、扩大销售的目标和降低成本的目标之间就发生了冲突,因此,创业者在确定目标时,策划应该是关键性的。

策划与实施这二者谁也离不开谁,它们之间的关系需要认真对待,加以重视,好的策划应该是能让实施过程顺利有序,而顺利有序的实施反过来可证明策划的正确有效。2010年的市场环境和20世纪90年代相比已经发生了很大的变化，大多数创业者应建立起一套科学规范的管理制度，发挥聪明才智，让策划与实施共同发挥作用，为创业服务。

在这点上，一些企业的策划已经给我们颇多启示，TCL集团总裁曾经坦承TCL在成长过程中的失误，比如在想要实现多元化目标时考虑不周，准备不足，资源分散，战线过长，没有考虑到市场环境的变化，竞争对手实力增强，企业形成行业优势难度增加等，所以有的项目失败了。TCL现在的战略目标很明确，经过一个相当长历史时期的努力，成长为具有国际竞争力的世界级企业。总结经验教训时，看到了离这个目标实现的距离还比较远，但为了实现这个目标，TCL决策层已经有了清醒的认识，即收缩战线，对已经形成规模的产业将通过变革创新做大做强，对那些没有形成规模的多元化企业和产品，坚决收缩重组。

3. 评估中留有余地

方案完成后的评估要留有余地。这是因为方案尽管完成了，但它的实际效果要通过实施才能得到检验。人的认识是随着时间、事物发展而不断加深的，评估容易造成片面或以偏概全，所以在评估中留有余地是必要和明智的，不把话说绝，以免授人以柄，也给后人留下进一步总结的空间，使今后策划更完善、充实。

弹性原则在社会生活中的作用是明显的。在创业、策划、学习和工作、与人的交往中都能体现出来。作为青年人，学习和运用弹性原则，有助于创业和策划的成功。

第四章　现代青年公关创业策划思维

创业策划思维属于人类的创新思维,学会创新思维,开发我们的"大脑金矿"是创造美好人生的重要任务。从创业过程来看,策划者总是希望有"原创"的内容,新颖、独特,富有意义,因此创新如同阳光和水一样,渗透在人们生活的方方面面,成为现代生活中不可缺少的养分,由此可见创业策划思维的重要性。创业策划需要激情、想象,只有与创新思维相伴,才能进行思维的多级开发和灵感的超级链接,驾驭创新思维,走上策划成功之路。

思路决定出路,思考是人生最大的财富。学会思考,就能找到人生新的起点;学会思考,成功就会向你走来。所以,用较多的篇幅,介绍思维方面的知识。

第一节　纵向思维与逆向思维

头脑中的思维活动是一种特殊性质的"活动",与人们的其他"活动"有着明显的区别,它超越具体的时空,在头脑中构想具体空间之外的事物和情景。突破传统思维定势的束缚,勇敢地转换思维视角,常常能使人们创造出耳目一新的新思路。纵向思维和逆向思维作为一组相对的思维方式,在策划中起着重要的作用。

一、纵向思维

1. 纵向思维的含义

思维与感觉、知觉一样,是人脑对客观现实的反映,不过,感觉和知觉是对客观世界的直接的反映,而思维是人对客观事物本质特征和内在规律性联系间接的、概括的反映。它所反映出的是客观事物共同的、本质的特征和内在联系。以人们对三角形的认识为例,感觉、知觉只能停留在反映各种三角形的形状和大小上,而且有时是一闪而过,不会形成清晰的、全面的理解记忆。而思维则能舍弃三角形大小的具体形状这些非本质的特征，而能把形成三角形必需的三条边和三个角这一共同的、本质的特征概括出来。由此可见，人的思维属于认识的理性阶段，是更复杂、更高级的认识过程。

所谓纵向思维，就是从单一的概念出发，头脑沿着一条思路前进，中途不转换路线，直接找出最佳或最合适的答案和对策。纵向思维与思维的深度关系密切，是沿着一条因果链条推论到底，符合人们认识事物的一般顺序。因此，一般前提下，人们思考问题，判断事物多直接采用这一思维形式。运用此思维，关键是学会利用事物之间的连锁关系进行思考，引出另一种思路。如自行车是最普及的代步工具，对自行车的需求必然会引申出许多新的需求，从而派生出许多新产品，雨披、前后篮筐、打气筒等，策划者只要沿着这条"链"去摸索、探索，就会有收获。

经济信息无处不在，如果将某些有价值的信息当作需求链的起点，然后运用纵向思维方式思考，就能抢占商机，独获厚利。蓬勃发展的汽车工业，围绕着整车，可以相应开发和生产出一系列轻巧、方便的小饰品，如腰托、枕托、饮料架、手机盒、眼镜架、遮阳膜、电子锁、导航、电子狗及其美容等，配以可爱的卡通图案，非常受欢迎，所以汽车饰品现已成为热门的投资行业，还有代驾这一延伸服务，这正反映出纵向思维在创业中的运用。

2. 纵向思维的特征

（1）快速性

纵向思维没有非常完整的传统逻辑过程，它对问题的答案迅速做出猜测、反应、设想。这也是人类思维面对问题所能做出的最自然的反应。例如，一百多年前，达尔文观察到植物幼苗的顶端向太阳照射的方向弯曲，就马上直觉地猜想是幼苗的顶端会有某种物质在光照下跑向背光一侧的缘故。虽然当时他还没有具体方法去证明发现这是一种什么物质，但纵向思维的快速性由此可见，后来经过许多科学家的反复实践与研究，终于在1933年找到了这种称之为"植物生长素"的物质。所以纵向思维有时并不神秘，它多由自由联想或利用思维活动在有关某个问题的意识边缘活动，经由大脑快速运转，脑功能处于最佳状态时，原来的经验突然联络新的联系而沟通形成的。

策划要讲究效率，在不少情况下，策划者必须在限定的时间内想出对策和计划，超出了限定的时间，就可能遭受某种损失，还有的时候，某种绝妙的点子,只有在一定的时间内施行才能取得良好的效果,超出时间范围,好点子也有可能变得毫无价值,战场上、救灾现场与危急关头更是如此。

福州市商业银行在本市部分中小学校内推出了针对学生家长的"亲子卡",它具备了兑现、消费、转账等功能,还多了母卡对子卡的授权功能,此举在福州引起了不小的震动。在今天这个科技迅猛发展的年代,各大银行均已实现一卡多能,但都没有专门针对未成年人的业务,而福州商业银行则找准了市场,抢先走出了这一特色棋,虽然其他银行也正积极准备推出类似的服务,但福州商业银行在公众心目中已留下了第一印象,抢先一步占据了一定的市场份额。

(2) 深度性

由于纵向思维是头脑沿着一条思路前进,中途不转换路线,所以纵向思维与思维的深度关系密切。因为思维者有自己独到的思维视角,一步紧扣一步,步步深入,层层跟进,有时甚至一气呵成,无旁枝赘叶,所以深度性与快速性之间有密切的联系。

牛顿著名的"苹果落地与万有引力"的发现,虽然是摆脱了思维陈规束缚,但牛顿发现问题后,在解决问题上,纵向思维的深度性显然也起了很大的作用。首先他的视角与众不同,即他问自己"苹果为什么不落向空中"?其次,他的反应便是"肯定有一种力量使苹果落向地面",那么究竟是什么力量使苹果落向地面呢?由此纵向思维的深度展开了,思维深度又使牛顿的思考上升到了一个新的高度,围绕揭开苹果落地之谜这一目标,牛顿运用所学相关学科知识来论证。最终,他发现了万有引力。

纵向思维的深度性有时又能带来思维的精确性,这里讲的"精确性"主要指精确的思考、精确的记忆,使大脑在思考、联想时有充分的余地。当人们对某种事物已感兴趣,深入追究时,会全身心地投入,一步一步地把自己周围的一切与头脑中的课题联系起来,直到寻找到解决方案。

皮蛋是我国著名特产,已有数百年的历史,并一直大量出口,深受消费者欢迎。但随着保健意识的加强,市场对皮蛋含铅量的限制日益严格,而我国用传统工艺生产的糖心铅皮蛋,极易使含铅量超标,出口贸易受挫,声誉下降。不少食品研究人员都想攻克这个难题,在众多的研究人员中,韩永奠是其中一个,他也失败过多次,但没有被吓倒,通过不断地观察、思索、实验、比较,他终于发现了以锡代铅皮蛋与传统皮蛋的细微差别,一个崭新的创意——"硫化斑堵塞网眼"的皮蛋形成原理在他脑海里形成了,不久他又把目光瞄准了对人体健康有益无害的铜,并在制作上也取得了突破。对生产无铅皮蛋的执着研究思考,使他能全身心地投入,把设想与周围的各种有关事物联系起来,直到最终寻找到问题的解决方案。

(3) 狭窄性

人类的思维如果就一味地单纯纵向思考,那人类任何的联想创造发明便无从谈起。因为纵向思维虽然具有快速性和深度性,但由于头脑是沿着一条思路前进,是从单一的概念出发,一直推进,所以从思路的开阔性来说相对欠缺。单一的思考路线,有时不免因思路的狭窄性而导致走入死胡同。

德比诺是一位世界知名的思维训练专家,他认为对纵向思维来说,万一作为起点的概念选错了,以致找不到最佳方案的话,问题就麻烦了。这正像开挖一口水井,费了很大的力气,挖了很深,但仍不见出水,怎么办呢?对于大部分人来说,放弃太可惜了,于是只有继续把这口井挖得更深更大,可是如果更深更大之后仍不见水,人们由于已经投入了巨大的物力、时间和精力而更加不愿意放弃,并且还会用"快了快了,马上就会出水,现在放弃岂不可惜,坚持下去就是胜利"的话来鼓舞自己,所以纵向思维的狭窄性会使人们随着开挖工程的延续,一方面感到越来越失望,另一方面也感到希望越来越大,失望与希望交织着,让人欲罢不能,欲弃不忍。在策划中应努力避免这种情况的出现,因为无论是从时间上、精力上,还是从财力上来说,都不允许作如此尝试和冒险。

3. 纵向思维的运用

纵向思维的运用,应紧紧抓住其对人们解决问题最有利的特点,比如它的快速性和深度性。提高思维的速度是一件很有意义的事情,而提高思维的深度则对问题的解决起着至关重要的作用。思维敏捷的人,经常能表现出良好的"临场应急"的本领,这种本领在一些社交场合是非常有用的,因为它可以让我们摆脱尴尬的境地,或者反击某些人的故意刁难和攻击。

青岛双星鞋业集团的总经理汪海先生被海内外同行尊称为"鞋王"。他曾为"双星"品牌的推广在纽约举行新闻发布会,没想到《美洲时报》有位记者看到他穿一双高档皮鞋,就突然发问:"你现在脚上穿的皮鞋是否是'双星'的?"没想到汪海当即脱下自己漂亮的皮鞋,高高举起,亮出了鞋底上的双星商标,"诸位看到了吧,这是地道的双星!"第二天,纽约十多家报纸刊登了"双星"的消息和照片,紧接着,美国8家客户争做"双星"在美国的总代理。汪海先生此时解决问题的方法就是运用了纵向思维法，因为谁也没有料到记者会问这个问题，而他召开新闻发布会的用意就是为了扩大"双星"的影响，开拓它的销路，虽然当众脱鞋高高举起，有人认为有伤大雅，但此时的场合已不容他既让大家知道这的确是"双星"，又想出其他替代办法，所以现场状况使得他以最直接的方式来证明，他一步接着一步，最终提高了品牌的知名度。

二、逆向思维

1. 逆向思维的含义

逆向思维是同习惯思维或传统思维方向相反的思维。日常我们所见到的90％以上属习惯思维，因为人们的思维总是跟熟悉的事物相联系，常常是不知不觉、无意识地按照自己的传统和习惯去思考问题、分析问题。逆向思维包括对立的两个方面，它们又相互依存于一个统一体中。人们在认识事物的过程中，实质上是同时与其正反两方面打交道，只不过人们在长期的生活与行为过程中已养成一种习惯性思维方式，只看重其中一面，结果习惯按常规思考的人越来越多，设想也越来越雷同。如果有意识地从反面去思考问题，就有可能得出出人意料的观点，或找到前所未有、别出心裁的新办法，取得意想不到的效果或成功。

几年前，一友人在跨国公司从事高超导电子研究。有一段时间，关键集成电路晶片的合格率不到5％。老总心急如焚，命令该部门限期解决。此人是耶鲁大学特殊学博士，在超导界很有名气，决定运用"西格马法"。这是一种工业产品质量检控方法，利用电脑收集生产过程中大量数据进行统计分析，从中找出毛病加以解决，为工业界广泛采用。

老总坐镇，有关人员全力以赴，又请来公司惟一的"黑带"（精通西格马法之最高等级专家）亲自主持，调动几十台电脑运算，以西格马法进行分析，每周两次例会，进行汇总。

友人想，西格马法是一种适用于大规模生产的统计方法，不一定能解决科研中小批量试验品的问题。后来，他应邀去听了两次分析会，果然如此。两个多月，电脑分析30多个因素，没有发现一个和目标有因果关系。

友人对"黑带"悄悄说："你懂的概率统计，看来希望不大！"他回答："舍此别无他法。"

友人请来一线两位工程师，对全过程进行仔细分析，终于找到症结所在。想出了一个解决方法,利用现成设备试验,一举成功,合格率达98%以上,并把原先废品修复,还申请了一项美国专利。他们三人并无过人之处,只是逆向思考的结果。

逆向思维作为创造性思维中的一种,其实还是深深根植于现实生活的土壤之中,并不是有些人认为的只要异想天开就算是逆向思维了。在自然界和人类社会中,事物间的对立统一关系随处可见。事物的对立面本身就常常蕴涵着事物的本质属性,或者是对事物本质属性的重要补充。策划者本身应认识、认清这种对立统一关系,才有可能对策划作逆向思考,这也是构建逆向思维能力的基础。

2. 逆向思维的特征

(1) 反常规性

由于逆向思维强调的是与习惯思维和传统思维不同方向的思维,因此反常规性便成了它最显著的特点。初始状态下,人们或许一下子还不能理解接受,因为习惯并已接受了太多的正向思维,总认为它才是合情合理的思维方式,甚至认为逆向思维有悖情理、离经叛道。其实人们只要承认逆向思维的反常规特征,便能以平常心对待它,进而深入思考,就有可能得到意想不到的结果,获得出人意料的收益。

在如今这个崇尚"你不理财,财不理你"观念的社会,越来越多的人在学着如何增加投资渠道,提高理财水平。投资者如能巧用逆向思维理财,那也会取得非同一般的收益。流传最广的故事中的主人公是一个文化程度不高的老太太。某证券公司的散户股民几乎人人赔钱,只有门口看自行车的老太太赚了个盆满钵满,于是大家纷纷向她讨教炒股秘方。她说:门口的自行车就是我炒股的"指数",自行车少,股票萧条的时候我就建仓,自行车多,人人都抢着买股票的时候,我就清仓。

这个故事讲的就是一个"随大流不赚钱,反其道而行之才能发财"的道理。老太太虽然没有学过逆向思维的理论和股票理论,但现实生活中她却不知不觉地运用了逆向思维,尽管这是她凭借多年人生经验所得,但恰恰是逆向思维的反常规性帮助她轻而易举地获利,实在是有点"朴素之中见真理"的味道。

(2) 奇效性

谁也无法否认反常规、反传统的行为会带来意想不到的效果。当然这里的意想不到对策划来说是出乎自己意料,又是愿意看到的效果。策划贵在创新,评判创新的标准之一就是能否出奇效,所以策划者应该想方设法拓宽思维空间,打破思维定势,利用反衬、对比等手法,突出自己,这样往往能达到出奇制胜的效果。2009年底在哥本哈根召开全球气候大会,讨论气候变暖——向大气排放二氧化碳问题。科学家提出把烟囱倒过来向地球深部——1 000米以下排去,可以降低大气中二氧化碳浓度,特别是排在千米深的油田,可使之增产,这是科学家利用逆向思维的成果。据报道利用"碳捕获与封存技术"对全球减排的贡献率有望达20%。我国的碳封存潜力高达1 000亿~3 000亿吨,相当于我国年排放量(2008年排放约60亿吨)的20~50倍。

(3) 风险性

并不是所有的逆向思维都能保证百分之百成功、出奇效。反习惯、反常规、反传统,应该是能"反"得有理,反到道上,不是一反到底便是胜利。这里面就隐含着极大的风险。人人都承认风险是和收益相伴而生的,恰当的逆向思维带来的奇效性,有时也无可避免伴有风险性。这里的恰当,便是策划者在运用逆向思维时,首先要明确求解问题的传统思路是什么,并以此为参照系,尝试着用上面的思路对事物的性能或结构要素进行反向思维,来寻找、发现与常规、常理相悖但又是切实可行的方案,这样比较周全,因为世界上不是任何事情都能拿来作冒险尝试的,其中不仅有经济问题,更有政治、法律和道德等方面。山东灵谷,德清二县互争《金瓶梅》中的主人公西门庆的"故里"来吸引游客。这种逆向思维便触及了道德底线,广受人们的谴责。

(4) 反传统性

在社会生活中,有许多传统是不科学的,落后的。如几十年的前实行的农村集体所有制,束缚了农民积极性,吃不饱、穿不暖。安徽凤阳小岗村十八户农民悄悄地分田到户,承包经营,第一年就吃饱肚子,还有剩余。在科学研究中也一样,如数学的运算传统是从右向左。青年史丰收研究改为从左向右的运算方法极大地提高了运算速度。

逆向思维运用的表现:人弃我取,人进我退,人动我静,人刚我柔等。

3. 逆向思维的应用

逆向思维在现实生活和策划中的应用很广,也用在发明创造、开发新产品、开拓新市场、逆向营销和创业中。

如保障国土生态安全是关系到国计民生、可持续发展的重大问题。传统方法是按照区域的基本状况(主要是人口数量和资源情况)及国民经济发展规划来定位国土空间规划以及该区域未来国土整治方向。"逆规划"法则更加科学。"逆规划"法：我们还无法知道国土空间要做什么的时候，知道不能做什么，对不能做的空间进行划定。这样就在国土规划尺度上保持了一定的弹性，以应对由于主客观因素对区域未来发展状况预测不准确而出现的规划偏差。如对国土规划进行层次划分，划分出不可开发区、可开发区。其中不可开发区又可分为自然不可开发区(自然灾害易发区)、人文不可开发区(人文资源区和耕地保护区)；可开发区可以分为景观生态开发区和人类生存开发区等。可以在一定程度上降低生态规划对区域发展变化趋势预测不准而对国土的区域安排不当的风险，也就是从区域的生态环境及长远的利益考虑，划出"不为"的区域，同时给"为"的区域预留了空间。

传统观念和习惯思维常常阻碍人的创造性思维的展开，逆向思维要冲破条框，从现有的思路返回到相反的方向寻找解决难题的办法。

常用的方法：从事物的结果倒过来思考；从事物的某个条件倒过来思考；从事物所处位子倒过来思考；从事物起作用的过程或方式倒过来思考。

诺贝尔奖来自"不可能"

2010年度诺贝尔物理学奖揭晓，来自英国曼彻斯特大学的安德烈·海姆和康斯坦丁·诺沃肖洛夫分享了1000万瑞典克朗的奖金。6年前，他们在世界上首次分离出全世界最薄的材料——厚度只有一个碳原子直径的石墨烯，从而开创出一个崭新的研究领域。他们制备石墨烯的方法，正是用透明胶带和铅笔芯的主要成分——石墨。

一层石墨烯厚度只有0.3纳米，也就是说，如果能用石墨烯取代纸张来印书，那么一本《新华字典》那样厚的书，就会有100亿页！

它的强度却异常惊人。假使做出一层像保鲜膜那样厚的石墨烯薄膜，覆盖在茶杯口，想用一支铅笔去刺穿它，那么铅笔的另一头必须站一头大象。

许多科学家不相信世界上真的存在一种只拥有一层原子结构的材料。此前，根据物理学原理，科学家们认为，只有一层原子的材料非常不稳定，但海姆和诺沃肖洛夫却对"不可能"发起了挑战。

将石墨粉粘在两层透明胶带间，然后将胶带扯开。由碳构成的石墨，其微观结构是层状,就像一本因为受潮而使页面互相粘连的书。扯开胶带,石墨粉也会被同时剥开,分别粘在两块胶带上。将这个过程重复多次,那本"受潮的书"最终被分离出了一页。这一页,就是石墨烯。

在显微镜下,一片石墨烯像是一片"铁丝网",每个孔都是六边形,每个六边形的顶点是一颗碳原子;碳原子间以稳定的化学链相连,使得这片"铁丝网"非常强韧。由于多孔,石墨烯是透明的。它有很好的导热和导电性能,其导热性是目前已知材料中最高的,导电性能超过了铜。

由于石墨烯是目前发现的仅由一层原子构成的材料,因此它是研究基本粒子特性的绝佳"试验床"。在石墨烯的诸多特性中,有一个是它的电子以接近光速的速度移动,这个特性,使得科学家们能更加容易地研究相对论。

在微电子领域,单层石墨烯进行化学和物理处理后,可以制成最小的集成电路;目前以硅为基础的半导体材料,其尺寸已经逐渐走到了极限,要再进一步,开发出更快、更低功耗的超级计算机,石墨烯是很有希望的。

在光电领域,科学界正尝试用它来制作新型显示设备。华东师范大学已在实验室开发出了一种4英寸的石墨烯显示器,厚度只有4毫米,功耗很低,响应速度很快。

此外,将石墨烯掺在塑料、陶瓷等材料中,可以制出高强度、又能导电的新材料,可用于制作新一代太阳能电池、超级电容等新能源装备。自从2004年海姆和诺沃肖洛夫分离出石墨烯以来,他们的论文被全球科学家广泛引用。这些成就的取得使诺贝尔奖罕见地颁给了"年仅6岁"的成果。

运用逆向思维中"不可能"思维方式来研发新产品,石墨烯的研究成功是最好的例子。

逆向思维在企业拓展营销方面也大有可为。企业在推销产品时既卖优点,又卖缺点,这就是逆向思维方式的运用,更可以得到顾客的信任,就像人与人之间的相处,欣赏优点,也包容缺点,相处才能长久。

中国有句成语,叫做"反弹琵琶",套用到企业营销活动上来,就是要求商品经营者破旧立新,根据产品特点和企业实际情况,采用逆向思维方式,或许市场销售会出人意料地"火起来"。

反转逆向思维:从已知事物相反方向进行思考,产生发明创造的构思途径。"事物相反方向"是从事物的功能结构、因果关系作反向思考。如市场上的无油烟锅是从锅的热源反转思考的,热源从锅底移到锅的四周。

转换逆向思维：在研究问题的方法受阻时，转换思考角度，使问题顺利解决。司马光砸缸救落水儿童是用此法。

缺点逆用思维：利用事物的缺点，将缺点变为可利用的东西，化被动为主动，化不利为有利的方法。如用金属腐蚀原理，进行金属粉末生产，是缺点逆用的思维。

成功需要努力，刻苦才能获得。要想在策划中成功，就必须开拓思路。运用逆向思维可能走通华山天险一条路而到达光辉的顶点。

三、纵向思维与逆向思维的关系

纵向思维与逆向思维，并不是水火不相容，或孰优孰劣。因为这都是人们思考问题、分析问题所不可缺少的方法，不能扬此抑彼，正确的方式是应该辨证地对待，了解掌握两者之间的关系并充分应用，共同为策划服务。

1. 相互补充

如上所述，我们不能说传统的纵向思维很差，因为不少人还在按照传统的思维方法去思考分析问题，往往也能够得出正确的结论，是许多人经验的结晶，有其合理性。一般说来，只有当面临的问题比较复杂，特别是处于转折、剧变时期，且创新是可能和必要的，而原来的事物与活动方式的种种情况、细节，大家都按传统和习惯思考过了，难以突破。要想有所突破，则反其道而行之未尝不可。还有原来的习惯、传统思维可能蕴含着某些不合理、不科学的成分，可能会形成一种思想枷锁，要想获得突破、解放，运用"逆向思维"可取得"柳暗花明又一村"的效果。

在习惯思维中，房地产开发当然以住宅为主，其他为次，学校更次，学校之类工程仅仅只是作为一种配套而已。但有人进行策划时，反其道而行之，以学校为主，由学校启动，进而带动住宅开发，结果在房地产市场很冷清的情况下大获成功，这就是逆向思维的成就。某房地产商在几所大学与市重点中学的包围圈中开发，起始阶段，购房者寥寥，因为该地段处于该市东北角一隅，属"下只角"。于是开发商向一公关专家咨询，该专家建议利用这里学校多的资源，施行以文兴房，以文托房的战略，通过广告媒体发布"置家高等学府，接受文化熏陶，培养子女成才"，大肆宣传《孟母三迁》的故事。销售形势很快好起来了。该房产商走出了纵向思维，进行逆向思维的策划，取得了良好的效果。

2. 相互制约

纵向思维运用得好,可以激发出有价值的策划,但如果一味沉于此种思维,那在独辟蹊径方面显然大为逊色,甚至对活跃思维会产生习惯性阻力。采用逆向思维进行创业,有时会因含有风险而却步。我们提倡策划中的敢于创新,敢于冒风险,不缩手缩脚,不前怕狼后怕虎,但同时也要增强风险的防范意识,如何分散风险,把风险减低到最低程度也是必要的。而且也不是每个人、每个组织都敢、都愿意采用逆向思维。有些规则化了的东西,人们觉得遵从规则要比向规则挑战更安全、愉快、实惠,那么不妨就运用纵向思维,因此纵向思维与逆向思维之间存在着相互制约的关系。

相互制约的关系强调恰当地运用逆向思维,逆向思维的最终目的是要把需要解决的问题导向对自己有利的方面,如果不是这样,运用失当,反而给自己的策划增加阻力,适得其反。茅台酒在巴拿马博览会上一摔成名。我们承认这种因包装简陋、还无知名度的产品,急于想让人了解而急中生智想出的推销方式,固然有逆向思维的创新因素,但并不是家家酒商都可简单拿来模仿的,所以某酒厂为推销自产的酒,雇人在主要马路上摔了两卡车的酒,以期吸引路人的喜爱却遭到了公众和媒体的一致批评,也就不足为奇了。

第二节　求同思维与求异思维

求同思维与求异思维作为一组相对的思维形式,主要告诉人们在策划过程中如何去认识客观事物,如何把握思考问题、分析问题的方法。它一方面涉及对事物的共同点的认识,并继而明确不同事物组合后整个事物已经具有了新的性质和功能;另一方面就是要求策划者多注重独特视角,解决争执性的问题。单独强调或采用某一种思维方式都会产生片面性,只有互相结合使用,才能获得比较满意的效果。

一、求同思维

1. 求同思维的含义

求同思维是指把问题所提供的各种信息聚合起来,得出一个正确的或最好的答案的思维。关于青年创业问题,从政府法律政策提供的信息,从创业者成功和失败的信息中,从市场资料的信息配置中找出一个最佳方案,弃异求同也是求同思维。

世界上没有两片相同的树叶。也没有两片完全不同的树叶,由此延伸到人类认识客观事物和现实世界。事物与事物、观念与观念之间,都存在或多或少的相同点、相似点,那么抓住了这些相同点、相似点,我们便能够把千差万别的事物联系起来思考、认识,从中或许能发现一些创意和创新的发明、发现。所以求同思维在人类的发明创造、政治经济文化生活中扮演着重要角色。

20世纪70年代初,美国总统尼克松访华寻找恢复两国关系的途径和方法,《人民日报》等大报都同时刊登了尼克松与中国记者见面的新闻照片,中国读者通过报纸看到了这个蓝眼睛、高鼻子的外国人竟然在吃北京烤鸭和饮茅台酒,而且还学会了拿筷子,他的第一印象就让国人接纳了这位来自资本主义国家的元首,创造了良好的氛围。

这是运用了求同思维。当时中美关系还处于冷战时期,尼克松从美国的战略考虑,主动与中国修好。他来中国访问期间,特意选择了一个与中国记者见面的机会,通过这一系列举动,让国人感觉到他虽然来自一个陌生的国度,一个与中国的政治体制、经济背景、文化环境、意识形态完全不同的国家,但是在品尝北京烤鸭、茅台酒方面仍然有着共同的爱好,尤其是在用筷子方面虽然不拿手,但他竭力在靠拢中国人的生活习俗。求同思维帮助尼克松运用类同感推进自己的外交公关,他那入乡随俗的举止,一下子让中国民众产生了亲切感,拉近了距离。这是国际公关活动中运用求同思维产生的效果,虽然是平常的生活小事,却是白宫的公关专家精心策划的成果之一。

2. 求同思维的特点

(1) 同一性

求同思维的目的就是要找出两种事物或两种观念之间的相同点,即使有时这两种事物之间的联系不多,但出于某种需要,人们千方百计找寻相同点,哪怕是相似点也好。因此,求同思维的特点之一便是同一性,强调主观观念、意念的一元化,从而来引导、影响人们的各种认识活动。

如四种物品:一本平装书、一瓶百事可乐、一根纯金项链和一台彩色电视机,当你一见到它们时,你丝毫不会马上去寻找它们之间的共同点,因为这四样东西的共同点实在是太不显眼了,你的思路决不可能一下子往这方面靠。但当这是在电视节目录制现场,回答"智力思考题",主持人非要你从四种物品中找出两种有共同点的物品。我们经常能见到这样的场面、这样的题目,回答者只能满足于提供的"惟一的"标准答案。

市场上啤酒业竞争相当激烈,各品牌啤酒在宣传营销方面都使出了浑身解数,其中广告是最能吸引消费者的一种宣传方式。"虎牌"啤酒的一则广告摈弃了一般啤酒广告离不开产品本身卖点宣传的习俗,而是另辟蹊径,抓住了啤酒瓶盖周围一圈凹凸的形状与虎牙相似的特点,经过电脑特技处理,最后出现在公众面前的是伴随着"老虎在哪里?"的讯问声和由此出现的老虎、虎牙、啤酒瓶盖和最后的"虎牌"啤酒。这则广告推出后给公众留下了深刻的印象,市场反响很好。这显然是求同思维的同一性起了作用,经过联想、想象,使人们看到了两者之间的联系。

(2) 功能效应的叠加性

求同思维的目的是找到两个事物之间的共同点,共同点能够把不同的事物组合起来。组合后的事物发生了很大变化,甚至发生了质的变化,这也是人们希望看到的结果,人类社会的进步有时也离不开它。

活版印刷机的发明便与求同思维有关联。在中世纪的欧洲,古登堡对硬币打印机做了研究,发现它虽能在金币上打压出印痕,但是印的面积不大,没法用来印书。偶然的机会,他看到葡萄的压榨机,那是两块上下相对的很大的平板,成串的葡萄放在两块板之间便能压出汁水,古登堡很感兴趣,他的思维中跳出了这两种物品,仔细比较后,从求同视角出发,把两者的长处结合起来,经过多次试验,终于发明了欧洲第一台活版印刷机,活版印刷机的功能可不是硬币打印机和葡萄压榨机功能简单相加所能替代的。

3. 求同思维的作用

求同思维在政治外交场合可以帮助两个观点完全不同的国家求同存异,在互不侵犯领土主权的前提下建立和发展平等互助的友好关系,以求双赢。组织或人们是由于观点不同、利益分配不均而举行谈判,公关谈判和外交谈判也是如此,都需要我们运用求同思维从不同中找出相同点或相似点重新进行利益的分配,以求达成共识,完成谈判的使命。我国老一辈领导人、外交家在这方面为我们留下了许多丰富、翔实的资料和脍炙人口的故事。

求同思维还可以帮助科学家发明人类共同需要的物品,为提高生产力和提升生活质量作出贡献。2004年1月4日和1月24日,美国的"勇气"

号与"机遇"号火星探测器分别成功着陆。这是上万名科学工作者求同思维的佳品。光现场指挥"机遇"号的科学家就达300多名。在美国宇航局工作的有300多名华人科学家,这是一起罕见的公关策划,中国台湾籍科学家李炜钧,时任着陆系统总工程师,是其中一例,他们在众多目标中共同思考火星探测器,正是共同的追求使他们走到一起。

求同思维能够让人学会交际,寻找双方的共同点来培养、放大,这样才能选择合适的共同话题,引起对方的兴趣,消除隔阂,从而达到目的,为实现目标做出努力。诸葛亮之所以能够说服孙权决心抗曹,是由于孙权心底有抗曹的想法,只是一时还犹豫不决,拿不定主意,下不了决心。诸葛亮向他宣传"共治曹操"的形势,舌战群儒,又利用"二乔"之说,激起周瑜对曹操的气愤,促使周瑜也下定抗曹的决心,求同思维帮助他们实现了目标。

4. 求同思维的运用

人们运用求同思维,并不会完全陷于它的一统性而使思维受到束缚,相反人们运用求同思维,着眼点是抓住相同点,借此把千差万别的事物联系起来思考,在思考中诞生新的创意,新创意运用得好,照样为人击节赞叹。

国外有一家烟草公司,试制了一种新型号卷烟——"环球牌",正准备大张旗鼓地宣传时,却逢该国民众正组织举行全国性的反对吸烟运动,这下怎么办呢?"推广宣传活动"与"反对吸烟运动"是截然相反的,二者之间似乎毫无共同点。经过一番周密的思考策划,为了既打响自己的环球品牌,又不与戒烟浪潮冲突,他们打出这样一条广告"禁止吸烟,连环球牌烟也不例外!"这样,香烟的品牌被巧妙地联系进了禁止吸的类型的烟,丝毫没有牵强附会之感,相反让人们觉得理应如此,而在这赞同声中,人们也记住了"环球牌"。

人类社会不断地有新事物出现,新事物能满足人们日益增长的需求,能丰富完善我们的生活。运用求同思维可以组合不同的事物,组合后的事物便具有了新的性质、功能,既为社会服务,又为人们带来利益。

有一失业青年应聘来到一家文教用品商店当销售员,因地理位置欠佳,生意比较清淡。2010年春节后,他发现到店里购买文具的学生,总是一次要买三四种,而他们的书包内也总是散乱地摆放着钢笔、铅笔、小刀和橡皮等用品。于是他想到:为什么不把各种文具组合起来一起出售呢?他把这项创意告诉了经理,经理接受了他的意见,然后他精心设计了一只铅笔盒子，把五六种常用的文具放进去，结果大受欢迎，不但中小学生喜欢，连白领和工程技术人员也纷纷前来购买。一套组合文具的价格比原先单件文具价格总和高出一倍以上，但依然十分畅销，在一年内就卖出了10万多套，赢利丰厚。这个事例证明运用求同思维可使事物组合，赋予事物新的生命，激活事物隐藏着的潜在功能和价值。

我们只要做个有心人，处处关心留意自己身边的事物，运用求同思维，在看似风马牛不相及的两个或多个事物中寻找它们的相同点或相似点或某种联系，为目标服务。祖籍福建永安县的胡文虎，早年继承父业，经营永安药堂，他把中药"玉树神散"与西药阿司匹林组合在一起，便发明了一种适用范围很广的新药——万金油，至今仍有很广阔的市场。

二、求异思维

1. 求异思维的含义

求异思维是指人们在认识过程中，按照事物的差异点，以求得出与众不同、异于常规的理念、观点或工作的方法、技巧。

每一种具体事物具有多种属性，因而任何事物之间都不可能完全相同，或多或少存在差异点。其中，某些事物的差异对于我们有意义，我们注意到了，并且牢牢地记住，因为这是生活、生存、工作的需要。如人的指纹差别，已、己、巳三个字的差别等。而另一些事物的差异对于我们的生活工作学习来说意义不大或毫无意义，会被我们忽略。现代社会激烈的竞争，使众多组织和个人已不甘于偏安一隅，总希望有新奇、新异的内容吸引目标公众，为实现新的目标服务。这新奇、新异的内容其实就蕴含着求异思维的作用，某种特异性是别人没有的，人无我有，人有我新，就使你拥有了制胜法宝。

求异思维的内核其实是源于"敏于生疑，敢于存疑，勇于质疑"的观点，它告诉我们，在现实生活中不仅要多疑、善疑，而且还要敢于大胆质疑，并由此生发出新异、多彩、多元的发展性、创造性和突破性。求异思维总是生发于疑，见思于疑，突破于疑，最后形成异彩纷呈的新思路、新见地，获得意想不到的收获，取得人生创业道路上的成功。

有一本名为《人人都能成功》的书里有这样一句话：人的心里所能够设想和相信的东西，就能用积极的心态去得到它。这和一位名人说过的话："没有做不到的事，只有想不到的事"有异曲同工之妙，这些都体现了"新异"思维的重要性。"异想天开"如果内部包含有一定的科学依据,就是一种"新异思维",一种富有价值的、潜能的思维,决不能把它混同于一些具有贬义的事物而嘲笑。没有人的异想天开,也就不会有人类登月等以前被认为是完全不可能的事。2003年6月10日和7月7日发射的美国"勇气"号与"机遇"号火星探测器分别于2004年1月4日和1月24日成功着陆火星,以前是神话,而今天却变成了现实。

2. 求异思维的特点

(1) 新颖性

求异思维遵循的是新颖奇特、与众不同,其思维最终的结果应显现出新颖性特点。事物的奇异现象总是某种效应的外显,事物潜在的、未被发现的本质和发展趋势总是要通过其外在现象凸现出来的。如果说形态奇异仅是事物的外在特征的话,那么,效应奇异的现象便涉及事物内部作用机制了。

求异思维要求思维者启动捕捉问题的敏锐头脑,用一双捕捉疑点的慧眼去观察事物的奇异之处,进而去分析它与常规效应不同的奇异效应,剖析出鲜为人知的内涵,悟出启动创新的思路。

随着国家对房地产的宏观调控政策,想到眼下的投资渠道,很多思维敏锐、眼光独到的投资者转向投资林场。有几名下岗工人,用买断工龄的一部分资金——2万元,买了5亩杨树林,七年后便可稳稳当当尽享9%的最低年回报率,并且这一切还不要操心。这一切源于2003年6月国务院颁布的《关于加快林业发展的决定》,意味着明确承认了"活立木"交易的合法性,此举也意味着个人有可能拥有林业部颁发的林权证,林业经营运作投资公司应运而生,且新西兰、澳大利亚等国已有成熟经验,这些都为投资者提供了清晰的思路并根据未来10年的趋势发展做出与众不同的决策,这在策划中可称得上大胆新颖。他们还用剩下的钱办了蘑菇、木耳种植场,取得了良好的经济效益,随后又在林间放养了几百只农家鸡,3个月后进入了大宾馆、饭店,有了固定的客户,收入不菲。

(2) 质疑性

创新始于质疑,创新的思想源泉是求异思维。质疑就是对现有事物持科学的怀疑态度,以促使自己进行更深入的思考、分析、研究、改进和创新。大脑的思维始终处于旺盛的活动状态,疑处有奇迹,疑处有突破。年轻的伽利略敢于向亚里士多德"统治"了两千多年的权威论断质疑,登上比萨斜塔,以实验证实自己的推理,成为自由落体定律的发现者。

没有质疑,就不存在求异思维,无数发明创造告诉人们,质疑是开端,疑问被突破以后,往往带来创新成果。无数创业成功的例子也告诉我们,善于对社会生活中常见的、习以为常的事例和思路大胆突破、反省,往往能寻找到市场。一下岗职工到批发市场跟在别人后面做生意,别人卖啥,他也卖啥,生意清冷。后来他苦苦思索,看到同行中许多人中午带冷饭无处热,于是他灵机一动,买了几个微波炉,干起了代人热饭的营生,每次五角,这小生意帮他走出了困境。一家只有20多人的小企业瞄准市场空隙,走别人不曾走的路,生产一些大企业不屑做的"扭断瓶盖",受到了用户的青睐,一年销售4 000万元。所以说我们要敢于怀疑、质疑平时司空见惯的现象,大胆求索,所谓市场机会、潜在需求等都可以通过质疑去寻找来获得。

(3) 发展性

因为事物具有无穷多的属性,时代、社会的发展总在不断地变迁,加上反映事物的主体的差异性、多样性,使得求异思维的结果具有持续的发展性。求异思维原本就是要形成精彩纷呈的新思路、新天地,而新思路是无止境的,社会与时代的发展支撑着求异思维。

倡导求异思维并不是让人们不着边际地胡思乱想,真正的求异思维属于科学思维,在原有的基础上不断地产生新颖的、前所未有的思维成果,不断地给人们带来新的,具有社会价值的产物,这是一个无限发展的过程。

3. 求异思维的作用

求异思维在科学创造发明中鼓励科学家敢于质疑,善于质疑,打破一味遵守前人判定的或约定俗成的规则。运用质疑来思考已有的理论、传统观点和结论是否有值得怀疑之处,书本上的定理、公式是放之四海而皆准的吗?能否突破前人论文中所限制的条件吗?他人研究的失败是否是山穷水尽了呢?用勇气和智慧去探索,才能有所发现、有所发明。

创新的出发点,就是首先对一切客观事物持科学的怀疑态度,然后才可能取得更先进的创新突破。

求异思维还可以用来解决一些争执性问题。许多人认为在发生争议、争执之时,要调和就必须采用求同策略。殊不知有时当争执的双方针锋相对、唇枪舌剑、互不相让之时,可以经过深层次的比较分析,找出双方所关注的不同焦点,互相承认相异之处后再进行深入分析,寻找新的突破点或再作调解让步,以求问题得到解决。

历时一年多的国产打火机保卫战的告捷充分说明了这点,这也是中国加入世贸组织后企业打赢的欧盟反倾销第一案。两位美国教授又兼"欧盟反倾销委员会咨询委员"身份的人来到温州大虎打火机有限公司参观后亮出名片,指责温州打火机以低价倾销。该公司副总经理以雄辩的事实、精辟的分析、有条有理的阐述给两位教授上了一课,其间不乏双方激烈的争论。就是通过争论,让他们了解、懂得了没有丝毫产权关系,但配合默契的分工合作机制,使得温州的打火机企业能依靠价格战略和市场的力量参与竞争,最终说服了这两位教授。他们反过来回去告诉他们的政要和学者,美国也要与时俱进,并使欧盟最终接受了他们的意见而放弃了起诉。

求异思维能帮助企业在激烈的市场竞争和强手如林的商战中脱颖而出,吸引公众的注意力。这除了产品本身有特色之外,还必须配合有个性的宣传报道。"好酒不怕巷子深"的观念已经不适应现代了。广告宣传的作用已经没人敢漠视,它对宣传产品、争取顾客、提高产品以及企业的知名度有巨大作用,这已成为人们的共识,而独特性、差异性便是制胜的法宝。

4. 求异思维的运用

求异思维在策划中的作用是不可小看的。要想出人头地、一鸣惊人,就必须在某一方面独具特色。对生产型小企业来说,产品有特色,才能吸引公众的购买力。日本东京有一家"手工装饰品协会",专门制作形状各异的胸针,全是手工制品,无任何一件重复式样,因而对爱个性的女性很有吸引力。一般而言,玩具市场都是做小孩子的生意,特别是在中国,成人玩具市场基本空白。然而调查显示,33%的成人认为自己喜欢并愿意购买适合自己的玩具,还有我国1.49亿的60岁及以上老年人口(2010年底),这个庞大的"银发消费群"有经济实力和决定权,且加入WTO后与各缔约国相互降低玩具进出口关税,将有利于中国玩具开拓国际市场,所有这一切为有远见的企业的及时进入带来了机遇。求异思维,谁运用得好,谁就抢先掘得了这一桶金。

产品的广告宣传必须抓住特点才能收到良好的效果。上海通用汽车有限公司这几年在汽车领域取得的成就是有目共睹的,它推出的品牌广告成为人们谈论的亮点。普通人心目中的汽车广告画面中怎么能不出现汽车本身呢?但通用以一个"逗号"做主角的广告开创了中国汽车广告宣传的新样式:成功到达终点后的奔跑画面、经过十月怀胎分娩后的初生婴儿、少时好友长大后成为事业有成的中年人,还有那顽强的攀登者终于登上陡峭的雪峰，不同的画面最终都以"逗号"形式出现，显示着"逗号"是暂停，是未完，将永远继续。这些风马牛不相及的形象结合在一起，意味深长地昭示了通用别克的理念：不断进取，永无止境。

三、求同思维与求异思维的关系

1. 区别

它们是从不同的方面，运用两种方法和视角来观察事物的思维。求同思维要求人们信于一统，在复杂事物和客观现实面前，强调、强求由主观观念、意念统摄下的一元性，从而进一步影响或引导人们自觉不自觉地在各种认识活动、判别活动中去寻找事物的共同点。长此以往，求同思维将会限制求异思维的存在与发展，容易使思想方法、操作技巧趋于简单化，大脑思维陷入迟钝、缓慢，对实现目标不利，对创业、策划也不利。

求异思维从疑出发，寻找不同的、有独特个性之处，对求同思维的缺陷是一个很好的弥补，求异思维可以源源不断生发出新异、多姿多彩的思想观点。从表面上看，二者是相互对立、限制的，事实并非如此。

这几年来，家电行业的竞争有目共睹，特别是彩电、冰箱和空调等大件家电，各家企业都在想方设法保持市场份额，除了产品创新，提高科技含量外，各种竞争、营销手段方式层出不穷，价格战、文化营销等，都未能突破5%～10%的利润，许多企业苦苦维持支撑着，不想放弃已苦心搭建的框架。但有的企业却掉转船头，大家电不行，就朝着相反方向动脑筋生产小家电。通过调查，品种众多、功能各异的小家电早已成为生活中得力的小助手，把人们从繁琐的家务琐事中解脱出来，而且小家电的拥有量已成为衡量家庭生活水平的标志。因此，科龙、格兰仕、TCL等都建立了小家电事业部，进军小家电，看好小家电行业蕴藏着的3 500多亿元的市场容量。由此可见，求异思维的确能弥补求同思维的不足，上述企业如一味专注大家电也未尝不可，但此时运用求异思维去生产开发小家电不啻是一种灵活、明智的行为。

2. 联系

它们是一组相对立的思维模式，两者互为联系、补充，不能各自强调一面。两者结合起来互为补充地观察事物，解决问题，避免产生片面性，往往能获得比较满意的效果，有人称之为"求合思维"。据报道，在我国市场上被卫生部批准为全国惟一保健白酒的产品是天津市某厂开发的绞股蓝白酒。初看,绞股蓝与白酒是两样不相干的东西,但是将它们组合在一起,便出了奇、出了新,其实这就是创业者将白酒多伤身与健康长寿组合在一种商品上并达成对立的统一,成了深受消费者欢迎的畅销产品。这两者之间的关系帮助策划者学会"搅拌"生财。

3. 在创业策划中的运用

伦敦郊外有一家洗车场,生意特别好。人们都想知道店家到底是采用了什么绝活招徕客户,实地考察后才知道:在洗车场外并排停放两辆同一型号的汽车,只不过让其中一辆尘土覆盖,给人以蓬头垢面之感,在车前的牌子上写着"洗车之前",另一辆让它油光锃亮,车前的牌子上写着"洗车之后"。这招显然就是采用了"求同""求异"两种思维的出击,两辆同一型号的车并排放着,是求同,洗车前后面貌迥异便是求异,两者巧妙结合,给人以鲜明的对比,难怪洗车场的生意那么好。

被称为"火锅大王"的重庆普通妇女何永智,据说是"鸳鸯火锅"的发明者,她把重庆火锅从古到今的威猛麻辣口味,用一块隔板分成了红汤和清汤两种,就是这一简单的"红清"组合,引出了一场火锅业的革命,使这口味单一、地域狭小的地方小吃,摇身一变成为令世人共享的佳肴。"鸳鸯火锅"的诞生,其实也就是何永智把求同、求异两种对立思维达成统一的结果,这看似简单随意的统一组合,却是一个极具市场潜力的创意,值得借鉴。

第三节 发散思维与集中思维

发散思维与集中思维是一组相对的思维方式,在策划中同样起着重要的作用,特别是在强调创意的今天,面对快速的生活节奏和需要作出迅速又合适选择的时代,这一组思维方式的特点和所发挥的作用能给予策划者有效、直接的帮助,使得他们能在最短的时间内生成最多的想法和点子,而又不纠缠于这些点子中拔不出来,能快速经过判别、权衡,从中挑选出最有效的对策,争夺时机,抢占市场。

一、发散思维

1. 发散思维的含义

发散思维,又称辐射思维或扩散思维,它指从同一材料来源出发产生为数众多且方向各异的输出信息。从定义上看,发散思维所追求的目标是针对同一问题、事物能获得尽可能多、新颖的设想、方法和方案来。

从创业策划角度来分析,海阔天空任翱翔,思维的发散也预示着思维的广度。从人类的实践活动和客观事物本身来说,都为思维的发散提供了充分的条件。当我们确定了一个创业项目时,很自然地要围绕着这个项目来思考,这个项目能和哪些别的因素发生联系,项目会不会孤零零地存在着?既然如此,要求策划者在策划过程中,敢于破除各种早已形成的思维定势,增加各种可以被采纳的方案扩展视角,把策划的项目放在一个更广阔、更深远的背景里加以考察,由此有可能发现项目的更多属性。

2. 发散思维的特点

(1) 流畅性

它是从同一策划项目出发,引出数量众多、方向各异的输出信息的思维方式,最基本要求是尽量能够在一定的时间内产生出尽可能多的输出信息,思维在有限时间内处于高速运转并保持顺畅的状态,不能有阻塞淤滞现象发生,所以流畅性是主要特点。

流畅性主要指表达时的敏捷、迅速,在一定的时间,谁给出的信息量越多,谁的思维的流畅性就越强。发散思维的结果使思维在数量上不断增加,数量上的"多"又能够引出质量上的"好"。谁都了解,数量基数大,则可供选择的余地也就大,产生好点子的机遇也就相应增大。

曾经有人发问,一根回形针有多少种用途,一般人挖空心思只能讲出10种出头的用途,一位日本的创造学家能够讲出400多种用途,而一位中国的创造学家,则能够讲出4 000多种用途。而在创造学里,理论上讲一根回形针实际上具有无穷多种用途,永远也讲不完,如果真要演示的话,那发散思维的流畅性能被淋漓尽致地表现出来。

(2) 灵活性

思维的灵活性,又称变通性,指人们在进行发散思维时能随机应变,在不同层面、方向上提出不同类别信息的思维状态。

在发散思维过程中,信息量和信息的种类是两个不同的概念,成功的发散思维既求信息量多,又求信息种类多。在信息量相同的情况下,信息种类越多,则揭示了发散思维更具灵活变通性,角度更多,视角更宽,然后从多种观点、着眼点、切入点中选择出最合适的。随着时间、形势、环境的变化,可以根据实际情况不断采取灵活的措施。

曾几何时,时髦的女孩们看腻了祖辈传下来的金银首饰,香港名店的创业者迎合了姑娘们的心理,开了许多饰品店,手工串起的各式项链、手链、脚链,价格、款式、佩带方式皆任自己选择。如同砖的用途,除了能说出用作建筑材料外,还可列举出更多的在非建筑行业上的用途。从某一侧面来说,发散思维的灵活性更能刺激人们的联想能力,从而产生更具创造力的创意效果,灵活性要比流畅性更进一步,代表了发散思维能力的较高层次。

(3) 独特性

独特性指能提出与众不同的的信息,这种特征还能使发散出的信息一个比一个独特,因为发散思维说穿了本身就是离不开想象、联想的成分,从一点发散出去进行多方面、多角度、多层次的思考,想象、联想越丰富,思维结果可能越奇特、独特。

3. 发散思维的作用

可以锻炼提高人的自由联想与迅速反应的能力。发散思维的流畅性也就是采用急骤的或暴风雨式的联想。在20世纪60年代的美国大学里,心理学家就经常用这种方式训练大学生的思维,要求大学生在进行急骤式联想训练时,像夏天来临的暴风雨一样,迅速地抛出一连串观点,不要犹豫,不要迟疑,起始阶段时也不要顾忌质量的好坏,至于评价结果的好坏,也在结束后进行,越快就表示思维越流畅,表达的自信心就越强。经过一个阶段的训练,心理学家发现对于学生思维的信息输出来说,无论是数量还是质量都有很大的帮助。

发散思维有助于提高应付危机的能力。学习专业理论知识,是为了运用其解决工作、学习过程中遇到的问题,而问题的解决,按照效率原则来说,当然是越快越好,特别是在当今。问题、事件、危机发生后,组织迅速的对策就显得相当重要,尤其是2008年年初冰冻雪灾、2008年5月12日汶川大地震、2008年金融海啸、2010年11月15日上海特大火灾和2011年3月云南盈江地震后,对危机预警防范机制、决策的研究被提到了前所未有的高度,从中央到地方的各级政府和其他组织都制订了危机预警系列方案,有效地防范了危机的发生并及时处理。在防范、应对过程中,发散思维的快速性保证了解决问题的效率。

改革开放以来,中国的经济在以惊人的速度发展着,许多曾经辉煌灿烂过的企业在遭遇危机后纷纷落马,其中,有很多因素,但与危机发生后运营者缺乏可供选择的应急方案和对策不无关系。

发散思维能最大限度地打破束缚人头脑的条条框框。现实生活中,人们在思考问题的起始阶段,大多数人都喜欢按秩序,凭自己以往的经验,或前人、旁人的经验来思考。不是不承认应该按秩序,但应该明白,这种"秩序偏好"论应适可而止,如果每次思考不论大事小事,都一味追求秩序,那将会埋没、扼杀许多有用的创意,陷入因循守旧或作茧自缚的泥沼。

民营的季风书园已经成为读书人的知心朋友。喜欢它的理由不尽相同,有说书店格局舒朗、分类合理的,有说书店很讲品位的,有说在那里买书很惬意的……其实,了解的人都知道它的总经理说过的一句话,也就是书园的定位——比流行高半格,因此它的经营思路就与其他书店不一样。它是像办刊物一样地在办书店,所以选好书就像选好稿子一样重要,还有注重书的每天的流动率,这样就引来了人气。选出了"好稿",还要会编排好的"版面",季风的图书分类和布局是有口皆碑的,不像那些大书店,虽然图书品种也很多和不错,但一进店堂就会给人以"晕头"的感觉。有了合理的布局,还善于突出"卖点"和"要点",季风做得很细,海明威有一部晚年回忆录,在台湾、大陆都非常有名,但大陆的读者就是买不到,其实这本书早在 2000 年就出版了,只不过书名不一样,季风就把它从整套的海明威文集中抽出来单独标明,书一下子"流动起来"。有人说季风书店绝大多数的书,其他书店也有,但读者就是喜欢到季风去,仔细想想也不难发现这就是书店经营者运用发散思维的结果,它突破了传统观念中办书店的条条框框,闯出了一片新天地,在竞争日益激烈的图书经营市场中取得了成功。

4. 发散思维的运用

人们在运用发散思维时,常将某事物作为一个出发点,然后向各个方面发散,各种用途,各种点子、对策、方法都是从这个点发散的。北戴河孟姜女庙前檐柱上有一副对联,内容如下:

海水朝朝朝朝朝朝朝落
浮云长长长长长长长消

请问这副对联有多少种恰当的读法呢?如果不采用发散思维,要么不懂,连一种读法都读不出,要么就一种。而通过发散思维想象可以得出不同的读法。根据"朝"有两个读音,"长"也有两个读音,第一种读法:

海水潮,朝朝潮,朝潮朝落;

浮云涨,长长涨,长涨长消。

第二种读法:

海水朝潮,朝朝潮,朝朝落;
浮云长涨,长长涨,长长消。

第三种读法:

海水朝朝潮,朝潮,朝朝落;
浮云长长涨,长涨,长长消。

三种读法都是成立的,发散性思维的作用效果可见一斑。另外在运用发散思维时,也常常想象把一件抽象的事物变为形象的事物,这是比较讨巧、直接的方法,因为抽象的东西一经想象就易变成生动、亲切可感的事物,发散思维才有用武之地。

在 2003 年,春兰 CEO 陶建幸成了家电企业进军汽车的"样板"与"挡箭牌";在中国的商学院里,陶被奉为"最有远见的企业家"。对面临战略拐点的中国大企业来说,"做什么"与"不做什么",几乎是"生存"还是"死亡"的抉择。这种时刻,决策者必须具备和运用发散思维才能在市场风浪搏击中应付自如,不至于束手无策。这种思维帮助陶建幸避免了中国企业在产业选择上最容易产生的一窝蜂现象。民企、国企一窝蜂上电厂,有 4 家大企业找上他,对此陶建幸活跃的思维帮助他理清思路:上电厂项目赢利点在哪?上电厂有电差的存在,但电差到底是多少,能差多久,哪些电厂合适?一连串的问题都想到了,但都还没仔细调查研究过,怎么能贸然上呢?所以稍有发散思维的人都知道,面对需要作出抉择的一系列对策,哪条主要,哪条次要,哪条更有效?这都离不开发散思维,发散思维是最基本的,没有它,选择无从谈起。

二、集中思维

1. 集中思维的含义

指思考过程中,信息朝一个方向聚敛前进,从而形成单一的、确定的答案的过程,其主要功能是求同。而这个生死抉择的做出需要决策者经过一个艰难的过程。

从集中思维的阐释中,可以发现将思维分为集中思维与发散思维是根据思维过程中的不同的指向性而形成的。发散思维更多的功能是求异与创新,而集中思维更多地偏向于有明确的逻辑形式,遵循一定的逻辑规律来抽象、概括、判断和推理。两者通过抽象、概括等方式,抽出同类事物的本质特征加以综合,做出判断或以此类推来更本质地反映事物,更圆满地解决问题。

2. 集中思维的特点

(1) 集中性

集中性是它的最大特点。要形成单一的、确定的答案,首先做的便是将信息集中于一个方向来接受大脑处理。面对周围无穷多的信息,集中目的便是让我们的头脑对它们进行筛选、辨别、分析、比较,准确地选取与所要解决问题最有关联、最有效的信息。

集中的过程是一个系统化的过程。众多的信息既可能反映事物的外部联系,也可能涉及内在联系,为了透过现象得出本质,从而找出更合乎实际、更有利于解决问题的结论。集中性使无穷多的事物信息属性抽象综合为数量合适、质量保证的属性。

同样,陶建幸的产业转移原则:"油榨干前就走",就是他透过现象分析实质得出的。做空调时,他一年最高赚18~20亿,但在1993~1994年他转向做摩托车,1997年又决定做卡车,这都是在某个产业做到最高峰时放手的,听到人们对此议论纷纷时,陶建幸一针见血地指出:当这么多人都进入做某个产业的时候,就要警惕了。众多的信息集中在他的头脑中经过必要的加工过程,最后得出准确、合适的定论。

(2) 有效性

任何成功的集中思维,其最终被选取的信息结果应该是有效的,否则的话,发散思维和集中思维会成为一种徒劳无益的活动。有效的信息是被筛选、辨别、分析、综合过的,其间无法绕开去粗取精、由此及彼、由表及里的加工,能在系统、全面分析的基础上,考虑各种信息,这些都是保证信息有效性的前提。

达到有效性比较便捷的方法是,抓住思维对象的各种信息中的本质和主流,合并一些无足轻重的对象,而合并的对象属性不妨碍我们对整个问题的解决。可能有人会说经过发散思维过程后的各种信息都是平起平坐的,无所谓"本质"和"主流","非本质"和"支流",殊不知当它们进入人的大脑之后,参与思维过程,就要围绕着思维主体的实践目的、参与方式、受思维主体的操纵,这样就能列出轻重、主次顺序,有效性就能体现出来。

国际上的大公司在决定成长阶梯时选择的理想格局大多是传统产业、现代产业、未来产业。陶建幸领导的春兰集团从 GE、三星、松下和 LG 等众多企业发展史中看到了这点,再加上自己考虑的一些要素:自身能力与对方的比较衡量,这个领域的发展前途和趋势等。1997 年在春兰想上卡车项目时,很多人反对,有的人说为什么不上飞机、轮船?既然上卡车,为什么不上热门的轿车或发动机?对此,春兰的决策者们在比较选择中综合考虑,觉得自己的选择是有道理的。因为轿车行业像疯了一样,许多是一家公司和多家公司(跨国公司)合资。而卡车领域的对手貌似强大,但他们在轿车上投入精力太多,还有多少能力搞卡车?集中思维的结果是选择上卡车。这些事例对策划多有启发和参考作用。

3. 集中思维的作用

集中思维的作用表现在,人们在思维过程如何概括出同类事物的本质特征,并对这些本质特征加以综合,推广到其他同类事物中去,把思想引向更深、更正确、更完全的路上来。

不管哪一种思维都为人类的生存、发展作出了贡献,并将持续下去,所以我们在学习、工作中不应单纯地从字面上明白或记住科学的结论,而应有意识地对提供进行创业的典型材料进行分析、综合、抽象、概括以形成概念,并能运用原理进行推理解决创业策划中遇到的问题,学一些思维的规则与方法,推进策划。

4. 集中思维的运用

人们都非常熟悉古希腊哲学家赫拉克利斯说过的话:"世界上没有两片完全相同的树叶。"但你可知道,他也讲过"世界上没有两片完全不同的树叶。"道理很简单,我们只需知道每片树叶各自都有无穷多的属性,那么只需在两个无穷系列中抽象出一对相同的属性就可以了。所以我们的头脑能够抽象出事物共同的属性,这些都能运用到创新思维中去,在现实生活中使人类智慧呈现聚集式发挥,知识与知识、智慧与智慧相互启发、聚集、补充,形成新的成果。

想到钻石和石墨,普通人根本不会把它们朝同一物质去思考,但是科学家却能利用其基本成分都是碳元素这一特性,把石墨加热到 2 000 ℃,然后加以高压,在催化剂作用下,成功地制造出了人造钻石。钻石与石墨化学元素相同,但性质、功能确有天壤之别,经过科学家头脑中的抽象、分析、组合,把本来没有直接联系的事物的诸多特性根据需要将其优点集中到一个新事物上,从而开辟了一片新天地。

集中思维可以帮助策划者在创业过程中吸取经验教训,跟上社会步伐,不被时代淘汰。浙江人民出版社的《大败局》一书中描写的十个败局,虽然决策者、经营者和打工者的创业经历均不同,但通过对众多的失败案例剖析、判断、归纳,可以得出一条最为致命的原因:那就是中国许多企业家、领导干部的肌体内潜伏和滋生着一种共同的"失败基因",他们听不进不同的声音,过分地相信个人的智慧,过分自信,大搞一言堂。正是这些至今还不被人察觉的"失败基因",使得几年前在商界风云一时的名字现都已销声匿迹,曾经为人津津乐道、大书特书的事迹、经历也已成为课堂上的案例教材。前"巨人"集团的决策机制中也设立董事会,但那是空的,老总一个人的股份就占90%以上,因此在决策时其他几位老总都很少坚持自己的观点,无法干预决策,这种决策机制使集体智慧没有被集中和运用,妨碍了企业正常的运行。集中思维让我们看到了这些问题的症结,希望创业者能引以为戒,让企业家们真正走向成熟。这也是笔者写本书的动机之一。

总之,集中思维是策划者必不可少的一种思维方式,不管思维方式开放到什么程度,也不能离开你的目标,最后都得有个集中点。只有找到思维的集中点,才能有助于信息的归属和明确目标,才能进行成功的创业策划,实现目标。

三、发散思维与集中思维的关系

1. 区别

它们是一个创造性活动过程中的两个方面。发散思维运作时,信息运动方向是放射状,不拘泥于一个途径;集中思维运作是聚拢状,为形成单一确定答案提供适宜模式。发散思维的运作结果是信息数量无穷多;集中思维的运作结果是信息数量单一、确定。

如前所述,小家电越来越受到人们的欢迎,企业要投产上马,在事先市场调研的基础上,产品设计开发部门集思广益,大胆想象,产生了许多新颖、实用的品种:智能面包机、高压蒸汽咖啡机、微电脑煮蛋器、电动染发梳、化妆品保鲜箱以及脂肪测定器和珠宝清洁器等。但这么多的产品,全部上马并要获得市场份额,不是那么容易的事,因此,企业应该结合自己的条件、实力,挑选出合适的来开发,而这个挑选、选择的过程应是快速有效的,否则贻误时机,失去市场。

2. 联系

一次创造性活动完成的全过程,要经过从发散思维到集中思维,再从集中思维到发散思维的多次循环才能完成,两者都属于创造性思维,双方缺一不可,共同发生作用完成一次创造性活动。

发散思维生发出的众多信息,的确可以为解决问题提供极大方便,但是如此众多的信息,不可能照单全收,且不说有许多还未成熟的即瞬间的思想火花,执行起来要耗费大量的成本,使其成为不可能。所以,无限多的东西很难应对,何况创业的决策也讲究效率,经不起时间的消耗。面对所要解决问题,一下子有那么多点子、方法固然不错,但如果不能在此中做出理想的抉择,算不得成功。这决定了在思维过程中,两者应结合起来运用。

从整个创造性活动构成部分或从两者所处地位来看,发散思维是集中思维的基础和前提,没有发散思维,无从谈集中思维。而创造性活动中的问题没有现成的固定答案,解决问题、寻求答案要求人们投入全部体力和智力,人的许多心理活动是在最高的水平上进行着的,发散思维信息运作模式和解决问题的目的性,使问题像磁铁般地吸引着人去专心研究,所求答案、对策越丰富、越新异越好,就为集中思维提供了扎实、丰厚的材料。

没有集中思维,发散思维的成果难以体现出来,也难以组成一次创造性活动的全过程。世上事物再多,没有经过抽象、概括、推理等形式,人们根本无法认知世界;为解决问题提供的答案再多,没有集中思维去找出最佳的对策、方案,仍无济于事。在认识世界的过程中,仅从字面上明白或记住结论远远不够,更应该有意识地对提供的典型材料进行分析、综合、抽象和概括,以形成概念,并用来分析情况。集中思维运用原理进行推理,帮助人们学到思维的规则与方法。

一家油漆制造公司,一群工程师为油漆老化的问题所困扰。用油漆涂刷墙壁,既光洁又漂亮,可是过不了几年,油漆就会老化、开裂、剥落、黯淡无光。彻底清除墙上的旧油漆是一件十分麻烦的事,怎样解决这个问题,大家议论纷纷,设想出了多种方法。有一位工程师的想法是在油漆里掺些炸药,当油漆老化后,只需引爆炸药,就能一点不剩地把旧油漆炸离墙壁。起初这个想法引起众人反对,认为好笑又没有可行性,但却给了大家很大启发,工程师们参考、吸收了其他的方法后,决定使用另一种方法,即利用化学性质比较稳定的化学添加剂来代替炸药,保证在需要时把全部油漆从墙上清除得干干净净,这样一种新型油漆便诞生了。

3. 在创业策划中的运用

知识经济时代的到来,使世界的财富发生大的转移,即从物质资源拥有者手中转移到知识智能资源拥有者手中,尤其是新知识和高智能的拥有者手中,这就预示着策划者首先必须是智者。特别是对于个体创业者来说,在创业过程中只有不断地开动脑筋,解放思想,善于捕捉创意,勇于开拓创新,方能获得广阔的创业空间。生活中处处有创造性思维火花闪现,发散思维、集中思维时时会帮助你搜索目标,选择目标,捕捉创造性的智慧火花用于创业。

有一位大学生因单位效益不好而下岗,为了生存,决定摆地摊。由于不谙此道,一上来卖过菜,卖过水果,也卖过日用百货,但收益都不理想。在摆地摊的过程中,从形形色色的地摊经营中,他发现卖旧书的生意不错,特别是在一些高校附近,一些虽然旧但却有学习价值和阅读价值的教学参考书、文学书籍以及言情小说之类卖得都很好,这比卖菜、卖小百货好多了,于是他改行卖起了旧书,收益果然比以前强多了。经过一段时间,他发现形形色色的旧书价值差别很大,那些教科书和言情小说类卖不了多少钱,而一些线装书和早期的图书以及"文革"时期的图书报刊都能卖很高的价钱,一本几百甚至上千元也有人要,买这些书的人有的是自己收藏,有的是转手卖到北京、上海等大城市,发现了这一点后,他在收购旧书时就对这类书非常注意,买到手仔细研究分类,到一定量时,试探着坐火车到北京的旧书市场上出售,效益果然很好。为了能拥有充足的货源,他在本地开了一间专门收购废纸的收购站,从废纸堆中细心挑选有价值的旧书和报纸、旧信封、旧邮票、粮票、老烟标等有价值的东西。

由此可见,创业并不是简单地开个店或摆个摊,而是要在生活中多用脑、善用脑,比较分析,总结概括,以独到的嗅觉、敏锐的目光为自己的创业人生定位。

"钱"需要拼命挣才能获得,有人说"钱"能"想"出来,有点像天方夜谭,但仔细想想,要想在竞争激烈的市场上创业成功,要善于开发新思维,多多培养、开发发散思维、集中思维,多想、巧想才能开创一条条新财路。

第四节　群体思维与个体思维

群体思维与个体思维是相辅相成、相互启发、相互补充的一对思维模式。研究他们的特点和运用，有助于创业策划。

一、群体思维

1. 群体思维含义

思维是人脑对知识、信息进行加工和处理的活动。比如我们看到鱼儿上浮、蚂蚁搬家和墙基湿润这些信息，进行加工，知道天将要下雨了。

群体思维是指策划中，借用他人的智力来扩大和弥补自己的智慧缺陷，提高个人的智慧，找到和发现问题，解决问题的思维形式。

我们发现不少年轻人，广交朋友（官员、平民、百姓、教授、中小学文化甚至文盲，亿万富翁和赤贫之人，中国人、外国人）。因为每个人都有对社会、对某一个领域、对某一个问题的独到见解，把他们的长处拿过来，成为自己的东西，使自己变得聪明起来，有利于策划的成功。

2. 群体思维的特点

（1）引发联想

许多人在一起就某问题讨论，有人提出新问题、新见解时，会引发他人的联想，进行补充、发展或提出又一新问题、新见解，为实现目标提供了更多的可能。

（2）情绪互染

在讨论中，不受任何束缚，发表看法，激发与会者的热情，互相感染，突破束缚，发挥创造性的想象。

（3）引起竞争

群体讨论中，人人争先恐后，抢着发表看法，展开竞争、力求有独到见解，据心理学研究，在竞争中，人的心理活动效率提高 50% 以上。对策划的益处是很大的。

（4）不可干预

在讨论中，对别人的发言不可批评、控制和反对，而应加以鼓励，使每个人畅所欲言，才能使创新意识如泉涌。

3. 群体思维的运用

（1）在组织内

平时要培养知无不言、言无不尽、言者无错、言者无罪的传统，任何人尤其是领导者不独断专行，对他人的意见认真、虚心听取，排除派别和门户之见，提倡争论。

（2）举办沙龙

随意、轻松就某一专题进行讨论，为成员的积极、平等交流提供方便。

（3）重大项目的策划

请有成功经验的人参加，吸取他们成功的方法和思维模式、信息，作为咨询的对象。

4. 怎样做好群体思维

设法引起联想，联想可刺激想象的广阔空间，调动思维的积极性。

借题发挥、旁敲侧击、直奔主题。

寻找关节点，从此点扩散。

把讨论结果公布，寻找最优方案。

二、个体思维

1. 个体思维含义

作为个体的大脑对创业的知识、信息和要求进行加工、研究和处理的思维活动。如老鼠、蛇出洞，鱼儿在池塘中乱跳，狗上房狂吠，对动物的反常现象，作出判断：要发生地震了。是凭借个人的智慧来进行的有局限性的推理。

2. 个体思维的特点

快，对有关问题的判断不受干扰。

判断的正误受个人的智慧的影响，受个人教育年限、程度、阅历影响。

3. 个体思维的运用

平时要善于学习、积累知识、丰富大脑、提高智能级别。

平时要善于记录新的思想、案例，可对策划提供参考。

对创业、策划，要运用多种知识进行综合，择优而用。

4. 怎样运用个体思维

在策划中，多侧面多角度进行思考。

运用多种知识分析方案利弊，好中选优。

在不急的情况下,先冷处理或策划完成后先放一放,看看有无遗漏或疏忽之处。

三、群体思维与个体思维的关系

1. 群体思维的优势与劣势

(1) 优势

相互补充、启发,能形成比较完整的策划;

智慧能级比较高;

分析、判断比较准确。

(2) 劣势

对紧急情况下的策划可能在短时间内难以形成较好的方案;

成本比较高;

对主持人要求有比较高的水平。

2. 个体思维的优势与劣势

(1) 优势

能根据情况,可当机立断,减少损失;

运营成本比较低;

付诸行动比较快。

(2) 劣势

个人学识、阅历等影响思维的准确性和科学性,存在疏漏之处;

个人修养影响思维的质量;

个体思维对重大策划往往带来重大失误。

3. 群体思维与个体思维的优势互补

组织或个人的策划,在一般情况下,应善于借助他人的智慧,补充自己在某些方面的缺陷与不足,力求使策划做得好一点,周全一点,便于操作。

在紧急情况下,要当机立断,容不得同他人商量,要发挥个体思维的长处进行决策,有助于应对危机,规避风险。

第五节　原位思维与错位思维

加拿大的"一枝黄花"为好事者作为观赏植物带进我国,后来脱离了人工控制,散落自然界,衍生为恶性杂草,大有侵夺本土植物之势。不少地方组织人力进行围剿,也难改它的长势。有一教授,围绕一枝黄花进行了深入的研究,发现它的营养价值高于苜蓿,用于喂兔,一只可节约25元。还可制一枝黄花粉,用来喂羊。这样既不用大规模除草,又可增加效益,还可干预它的蔓延,取得了一石三鸟的效果。这是一种"原位思维"。

一、原位思维

1. 原位思维含义

从某一原有的事物为出发点,围绕它寻找发生的原因和解决方法的一种思维形式。

由于人们长期的生活习惯,形成的思维习惯,在分析解决问题时,会自觉不自觉地把该事物排除在思考范围之外,去考虑其他事物的原因,导致问题不能解决。

2. 原位思维特征

(1) 针对性强

医学上的"以毒攻毒"便是一例,当大夫针对病人不明原因的腹痛难忍,给予注射"杜冷丁",可立马止痛。美国的消防专家针对森林频发火灾,提出以"以火防火"的策略,取得了森林防火专家们的一致好评。

(2) 收效快

"以火防火"选择一定的时间(五年一次),适宜的气象条件:风小、气温低、湿度大。在林中"放火",烧去小树、灌木、枯枝败叶,消除了火灾隐患。

(3) 效益好

一枝黄花原先认为是害,每年动员大量的人力、物力来除它,还达不到理想的效果。现在用它来饲养兔子和羊,取得社会效益和经济效益的双丰收。

3. 原位思维的作用

(1) 启

人们在进行创业策划时,运用原位思维,可以启迪人们的智慧。如内蒙古兴安盟满族乡的满族同胞在一片苍茫无际的大草原上,要发展经济,改善和提高满族同胞的生活水平。他们从本地情况出发,发展牧区特色旅游。在满族乡办了蒙古包,原汁原味的满族草原佳肴,吸引了方圆几百公里的居民前来观光、旅游,在此消费,推动了经济发展。

(2) 识

原位思维可以使人认识自己的知识和能力,进行策划,可以事半功倍。改革开放以来,浙江北部山区的农民,守着宝地看不到宝贝。后在专家的启发下,认识了这块宝地的潜在价值,造了城仙居,举办农家旅馆,吸引远至上海、南京等地的市民来此度假、休闲。这块宝地的宝:纯净的空气、无污染的水、绿色的食品,正适合喧嚣的城市市民来此度假、修养身心、放松心情。

不少青年从自身条件出发,进行策划,取得了很好的业绩。在一定基础上,人的大脑具有无穷的潜力可供开发。有的人一生碌碌无为,有的人一生光辉无比。差别之处就在他们是否从自身出发,挖掘潜在的优势,加以发扬。

(3) 省

运用原位思维的方式,可以做到省时、省力、省钱的效果。因为一切是从自身的力量或可以借用的智慧为出发点,只要策划得当,便可达到"三省",实现策划之目标。

4. 原位思维的技巧

正确地评估自己的力量,不过高也不过低。从自己可运用的力量出发,策划创业,成功的概率高。

正确评估可借用的智慧(如点子、方法、路径等)是否适用自己的创业,不能想当然和一厢情愿。

二、错位思维

有一俚语:歪打正着。说的就是错位思维。它在策划中的作用是不小的。

1. 错位思维的含义

在确定策划时,把思考对象移动到另外一个位置,使之自然地接受原本不可能实现目标的一种思维方法。

如某地一所监狱组织了"新岸艺术团"。成员都是在押犯人。犯人在监服刑,应该接受狱警对之进行的教育,但监狱当局错位思维,通过艺术形式来对犯人进行教育,取得了良好的效果。

2. 错位思维的特征

(1) 歪打正着

在策划中,针对策划的目标,进行运作,有可能难以实现,而站在对方立场上，似乎偏了，却实现了目标。像某地监狱当局组织的"新岸艺术团"，团员由服刑犯人组成，由犯人运用艺术形式来对犯人进行教育，起到了纯理论教育所起不到的作用。这就是让犯人错位到教育者的位置收到的效果。

(2) 换位思考

在策划中，为了比较好地实现目标，不妨从策划目标实现的对象角度来思考，有助于融洽关系，实现目标。如师生、上下级、消费者和生产者、经营者之间的错位思考，有助于双方目标的实现。

(3) 关系和谐

根据目标，进入运营，需要得到目标公众的支持和关爱。策划中，充分考虑公众的利益，在目标运营中，就能得到他们的支持和帮助，使关系和谐，目标实现。

3. 错位思维的作用

(1) 有助于策划目标的实现

在策划中，进行错位思维，充分注意和考虑到目标公众的利益，在运营中，就能得到他们的支持和帮助，有助于目标的实现。

(2) 有助于开辟新的市场

可口可乐开辟中国市场的成功是运用错位思维的典型案例之一。在广告宣传下，中国消费者不知不觉地站到了美国消费者的位置上。它宣传的观念被中国消费者接受，开辟了中国市场。

(3) 有助于走出困境

在实现目标的过程中，有时会陷入困境，如果启动错位思维。往往能调动起目标公众和团队成员的积极性走出困境、实现目标。

4. 怎样运用错位思维

(1) 与角色错位

"望子成龙"是当代父母的普遍心态，但是"成龙"与"成凤"的并不多。为什么？众多父母以长辈自居，从期望的目标来训导、诱导，事与愿违的很多。有些父母与子女通过玩乐、游戏来启发、诱导，培养了兴趣，取得了显赫的成就。有一农村的父母运用此法，寓教于乐，在游戏中培养了他们的兴趣，使三个孩子成为博士。

(2) 与目标错位

策划的目标是赢利。赢利的手段多种多样，利有大有小。策划了一个大目标暂时不能实现,便去先实现小目标,小目标利的积聚,为实现大目标、大的利润服务。

(3) 与抱负错位

青年,特别是有为青年,志向远大,要做一番惊天动地之大业。但是,难一步到位。就应错位思考,先从能做的小事做起,把身边每一件小事做好,积累知识,积累经验,积累阅历,积累关系。有一青年就运用错位思维,用了不到20年的时间,一步一步登上了"封疆大吏"的宝座,时年不过40出头一点。

三、原位思维与错位思维的比较

1. 原位思维的优势与劣势

(1) 优势

易行。原位思维是从事物本身出发,半径小,简单易行,容易操作。

成本低。在改革开放之初,房地产开发资金不足,可采用滚动式开发,第二轮开发成本低,给开发商带来不菲的利润。

适应性广。原位思维的运用范围广,各行各业创业均可运用。

(2) 劣势

由于思维的惯性作用,在策划中,经常发生不自觉地把策划的相关目标排除在目标之外,而去考虑其他原因,而陷入"灯下黑"。

2. 错位思维的优势与劣势

(1) 优势

运用面广。不论是政界、科技界、学术界,还是一般行业和日常生活学习中,均可运用。

成功概率高。错位思考的成功率高,特别是在培养孩子、教育子女的事情上,成功的概率高。家长、教师站在孩子、学生的立场上思考处理问题,容易引起孩子和学生的赞同和按要求行动,进步大,持续时间长而巩固,成效大。

破僵化的单一的思维模式,有助于人们在创业中的增添新的思维工具,增加成功概率。

(2) 劣势

由于我国的封建制延续了2000多年,封建意识比较强。加上计划经济的30年,使人们习惯于传统的思维模式,加上封建意识的惯性还在起作用,在策划中,还不敢大胆地运用它为目标服务,运用范围偏小。

错位思维要把握一定的度,越度于事不利。

总之,在策划中,使它们优势互补。

第六节　冷门思维

一、冷门思维的含义

专门在冷僻的少有人关注的,被市场或某个方面冷落、遗忘的人或事物中寻找成功机会的思维方法。

冷门思维是创业成功者常用的方法之一,不少人运用此方法而获成功。

二、冷门思维的特征

1. 竞争不激烈,进入者少

市场火热时,人们会蜂拥而至,竞争非常激烈,而呈白热化。而市场冷清时,无人问津,竞争自然小。

2. 运作成本低

市场冷清时,商品的价格低,此时只要投入少量成本,便可获得比较好的回报。

3. 有充裕的时间让人去思考、选择

一般市场冷清下来不会很快转暖,因此,策划可从容不迫进行,这样风险小,成功的机会就大。

2008年由金融海啸引发的全球经济危机,给创业者提供了不可多得的机会。

2011年3月11日,日本东北9.0级地震和引发的大海啸,也可能为创业者带来不少良机。

三、冷门思维的意义

1. 造就了创业策划者的丰功伟业

策划者要干一番事业,把事业做大做强做好,应有与众不同的思路。冷门思维是策划者首选的思路之一,在许多成功人士中得到了印证。如香港的霍英东、包兆龙。

2. 为缺少资金和技术的人开启了改变命运之门

不少创业成功人士，在刚起步时，什么都短缺。但他们运用冷门思维，发现了机会，找到了致富之路。

某地一农民，发现了草丛中一窝野鸡蛋 12 枚，他没有煮熟下酒，而是孵化，结果 8 只雏鸡破壳而出，其中 6 只母鸡下蛋繁殖，两年野鸡达 300 多只。一名港商看中，出价 2 万元，他不卖，认为野鸡有市场。于是他又收购活野鸡，进行杂交和繁殖。饲养规模迅速扩大，野鸡运销香港、广东、上海、北京、武汉等地，获利 100 多万元。

12 枚野鸡蛋滚出了 100 多万元的财富，这个奇迹是这位农民兄弟的冷门思维创造的。不少地区，谁都可以拥有 12 枚野鸡蛋，但他们未发现商机。

3. 为股民带来了滚滚财富

在股市中，冷门思维可产生点石成金的效果。股市为冷门思维者带来多而大的机会！国内外股市证明，能赚大钱的人多数是善于利用冷门思维的人。像上海股市近 20 年中，给有冷门思维的股民至少提供了近 20 次的发财机会，只要抓住一次，就可能改变命运。

股民只要树立了正确的冷门思维，在每次股市处于萧条冷落之时，多数人绝望之时，大胆买进，赚钱的几率是很大的，几倍甚至是十几倍地赚，都是可能的。

冷门思维的运用范围很广，不仅仅是股市，在创业、债市、汇市、房市、期市、选专业、考大学、择业以及应聘、科学技术的发明创造、专题选择、研究等方面都广有用武之地。

4. 为莘莘学子考大学、择业提供了技能

每年考大学，总有不少考生分数线到了却没被录取。其中原因之一，不会运用冷门思维，一窝蜂地挤热门学校和专业，竞争过于激烈而被淘汰出局，殊为可惜。每年总有不少毕业生，各方面条件都不错，竟然没能找到工作，而那些同班各方面条件平平者，却觅到了一份不错的工作。究其因，该生善于运用冷门思维，进行"避峰填谷"的结果。

第七节　顺势思维

一、顺势思维的含义

向着同一个方向思考某一问题的思维模式。

在金融海啸的作用下，2009年我国大学生的就业有着重重困难。国家和地方各级政府采取种种优惠政策，鼓励大学生自主创业。这是一种趋势，一种大势。大学生们顺着这个方向来思考出路，不少人解决了就业。

二、顺势思维的特征

1. 成功的概率高

大学生自主创业，是国家提倡鼓励的，能得到国家和社会各方面的扶持，又符合大学生的心理要求，加上定位准确，顺应多方面的形势，所以成功的概率是很高的。

2. 阻力小

用顺势思维来思考目前大学生创业，由于是政府提倡、鼓励，提供多种优惠条件，社会各界关心、支持，阻力小，便于操作。

3. 环境好

顺应社会发展的大趋势，策划创业，普遍得到舆论的关注和支持，给创业者以极大的鼓励和鞭策。对创业者爱护有加，政府倍加鼓励。领导人去视察、指导，殷殷之情，溢于言表。

三、顺势思维的作用

1. 效益好

大学生创业，顺应了时代发展的趋势，国家提供多种支持（资金、税收等），使企业支出大为减少，既为国家减轻了就业压力，又为社会创造了财富，还锻炼、造就了人才，取得好的效益。

2. 心态好

运用顺势思维策划，与政府提倡的要求一致，得到政府和社会多方面的关心和支持，成功的概率大，形成良好的心态，有助于他们的健康成长和发展。

四、顺势思维的运用技巧

1. 顺社会发展趋势而思考

这个趋势应该是推动社会进步和发展的,而不是阻碍的。像"十年浩劫"中,很多人运用顺势思维,做了很多不应该做的事,更有甚者,成了"四人帮"的殉葬品。现在,发展经济、发展科学文化是大趋势,顺应这个趋势策划,前景是十分广阔和远大的。

为此,首先要收集材料:一全,二细;接着,分析材料,沙里淘金,深刻认识事物的昨天和今天,才能科学地预见明天,对事物的过去认识得越深刻、越全面,对未来的思考,才能把握得越准,预见才能越正确,创业才越能成功。

2. 顺势思维策划应适度

运用顺势思维策划应掌握一个"度",不能过度,过度于事无补。不论做什么,均应如此。如股市中,一拨行情来了,在它上升的初期和中期可用,到它股民中的情绪日趋一致,就不能用,再用就会被套牢!有一老先生,运用顺势思维炒股,在它到顶峰前夕,还进去50万,想不到次日一路狂泻,损失惨重。他没有把好一个度。

四位大学生创业,需40万资金创办一个公司。但他们只有20万元,加上政府提供20万贷款够了。如果想办100万元的公司,就过度了,难以办成。

第八节 假 说 思 维

一、假说思维的含义

假说是用来说明某种现象但未经实践证实的论题。提出假说必须从事实材料出发,根据已被证实的科学理论,进行逻辑论证。假说提出后还须得到实践的证实,才能成为科学原理。假说思维是科学技术发明创造的思维形式。

大量的实例证明了发明创造是先有假说后有成果。人类不少发明创造来源于科学的假说、假设、假想,不少科学家、发明家把它们作为发明创造的第一个逻辑起点。

二、假说思维的功能

1. 使创业活动具有能动性

青年人的创业,实质上是一种探索性活动。我们不可能等创业有关的事物暴露之后,再去创业和策划,也不可能没有目标和方向地进行探索。我们根据已知创业的若干情况,进行假设和预测,根据这些假设和预测进行策划。在行动中不断充实和提高假说,接近创业的目标。

2. 为创造发明,为建立和发展科学理论提供舟楫之便

在创业和从事科学研究、发明创造中,人的思维总是存在缺陷和不足,而假说可使人们从已知的科学理论和事实去探知未来和规律,不断积累知识和经验,使假说中的科学成分和创新中的合理因素增加,减少非科学性和不合理性,逐步建立起正确的理论和方法,有利于策划成功。

3. 使创业者相互探讨提高成功率

假说是在已有的知识、经验和材料的基础上进行,创业者可依自己的知识结构、思维能力来提出自己的看法。在交流中,修正假说,逐渐使假说趋于一致,形成共识,有助于策划的成功。

4. 假说、假设、假想是认识未来的桥梁,是攀登科学高峰的阶梯

受到条件的限制,人们不能总是正确的回答科学中的问题,而是借助假说的方法,运用已知的知识和经验事实去探索规律。科研的任务是揭示事物的本质和规律,推动科学的发展。如1859年法国天文学家勒维烈提出的水星近日点摄动现象假设,是相对论假说提出的重要契机。魏格纳的大陆漂移假设,圆满解释了许多现象。如3.5亿年到2.5亿年前之间,今天的北极地区曾经一度是很热的沙漠,今天的赤道地区曾经为冰川覆盖。这些事实不仅作为大陆漂移假说的证据被提出,而且成为"大陆漂移"假说体系中的重要内容。可见假设的展开与假说内容体系的充实、扩展与调整相关。所以,假说、假设、假想是认识未来的桥梁,是攀登科学高峰的阶梯。

三、假说思维的特点

1. 是创造发明的起点

许多创造发明家、创业者在起始阶段,都把假说、假想、假设作为起点。起始阶段的目标是模糊的。恩格斯说:"只要自然科学在思维着,它的发展形式是假说。"牛顿说:"没有大胆的猜测,就做不出伟大的发现。"赫胥黎说:"一切科学都始于假说。"量子力学的奠基人之一,法国著名理论物理学家德布罗意提出"物质波"假说,1929年,37岁的他获得了诺贝尔物理学奖。大陆漂移说、板块结构说、海底扩张说、哥德巴赫猜想等起始阶段都是假说。

2. 是立足于现实,又有科学依据的

假说不同于幻想、神话、梦呓,它是立足于现实,有科学根据并为科学研究所证实的,像大陆漂移说、板块结构说和海底扩张说,首先从地图上非洲和美洲板块的形状建立起来的,随后通过多门学科的综合研究确立。

3. 有一定的猜测性

假说有一定的科学依据,它还不是科学真理,依据的事实材料是有限的,它的基本思路和主要部分是推想出来的,是未经过实践检验的,是否科学,是否真实有待实践的检验。

4. 有一定的易变性

对同一对象,由于人们占有的资料不同,研究的角度和方法背景不同,可以有许多假说。同一假说也会随实践的发展,争论的深化而修正。

5. 有一定的科学性

假说是建立在一定的实验材料和经验事实的基础上,以一定的科学理论为依据,经过科学论证才提出的。

在科学研究、发明创造和创业策划中,我们如能善于运用假说思维的方法,有助于实现目标。

第九节 移 植 思 维

一、移植思维的含义

把某一领域或某一方面的科学技术成果或方法运用到其他领域或方面的一种创造性思维方法。

二、移植思维的特征

1. 相容

从一领域到另一领域的移植要有相容性,不能排斥。这多表现在动物

(人)上的器官移植,也有自然科学上的研究方法和原理的移植。如物理、化学之间的原理和实验方法的移植。

这里指的相容性,第一指生理上的相容性。第二指抽象的相容性如原理、方法的移植,产生新的分支学科、新的研究方法、出新的研究成果。第三是自然科学的某些原理和方法移植到社会科学领域。第四是社会科学领域内的相互移植。第五,组织之间的移植。第六,个人之间的长处、优点的移植。第七,市场的相容性。有一人发现大街上有四块炸猪排的宣传牌子:中国最好的;本市最好的;徐家汇最好的;本条街最好的。您去哪一家?

2. 相通性

科学与科学,事物与事物之间通过某种关系,使两者能够沟通,融洽为一个新的整体。比如,金刚石与石墨,初看起来,两者风马牛不相及。但通过化学分析,发现它们均为碳原子构成,就具有相通性。

3. 优化性

进行移植思维是为了创造一个新的事物,或优化原来的结构,提高效率。如把两个相近的植物进行嫁接,可优化该品种。

三、移植思维的类型

1. 观念移植

观念移植指破除旧的、传统的、过时的、不合时宜的观念,移植进新的观念来取代旧的。在20世纪80年代,关于计划经济和市场经济的争论,认为水火不相容,是两种社会制度的分水岭。但我国移植了市场经济的概念,激发了经济活力,促进了国民经济蓬勃发展,人们的生活水平迅速提高的好局面。

2. 原理移植

旗袍原是清朝满族女性的服装。辛亥革命后,汉族妇女加以改进,成为普遍的女性服装,到了二十世纪三四十年代,由于诸多电影明星的穿着,又吸收了西洋女裙的诸多元素,形成独具一格的现代中国女性的代表服装。旗袍很好地把满族女性的审美原理、西方女性的审美原理、汉族女性特别是现代汉族女性的审美原理移植在一起,充分展示了女性魅力,把女性优美的身体曲线突现了出来,取得很好的视觉冲击力,创造了一个经典而时尚的服装款式。

3. 方法移植

胸主动脉夹层瘤是一种可怕的大动脉血管疾病,患者平时没有症状,一旦破裂,死亡率达 80%～90%。医生通常使用安装支架的方法,防止动脉血管破裂。安装位置仅凭医生的经验,因为破口是看不见的。寻找到血管壁破口的准确位置才能有效治疗。如果能可视化诊疗,支架安装的位置就准确了。困扰医学界多年的难题,被同济大学数学与应用数学系大三女生向亚菲,运用数学建模的方法解决了。在 2009 年,由教育部主办的第二届大学生创新论坛上,她的团队完成的《胸主动脉血流动力学的有限元模拟》项目获一等奖。跨医学、数学、工程学来破解医学难题,运用可视软件实现血管重建。

四、移植思维的作用

移植思维是科研中简单、方便、有效的方法,应用最广最多的方法。运用此方法,有助于发明创造。

火车初期由于制动器的力量太小,常发生事故。美国青年乔治目睹了车祸,萌发了研制一种力量更大的制动器的愿望。一次,报纸上报导了压缩空气的巨大压力开凿隧道。他想压缩空气可以钻破岩石,也可用来刹车。他反复实验,发明了世界上第一台气压制动器。

海豚的游泳速度很快,是在于它的皮肤有一双层管状结构。于是科学家把双层管状结构移植到潜艇上来,提高了潜艇的速度。

第十节 碰 撞 思 维

"天生我材必有用",这是说每一个人都有自己的长处和优势,都在社会上发挥着作用。这是一笔宝贵的财富资源,碰撞思维的特点最能使这笔资源得到整合和利用。集体智慧的闪现像星星之火,给参与者以思维互补的广阔空间,使思维进入一个良性循环的境地,由此引发出高质量、高水平的创意成果。

一、碰撞思维概述

1. 碰撞思维的含义

创新的天赋,人人都有。俗话说:三个臭皮匠,赛过诸葛亮,其中的含义不言自明。创造性思维中的碰撞思维恰恰能验证它的正确性。

所谓碰撞思维,是指利用集体智慧,围绕一个目标,使各人的思想相互激荡、碰撞,爆发出新的思想火花,引出连锁反应,产生更有新意的思维,为目标服务。

碰撞思维从本质上来说是利用群体意识来解决问题。众所周知,随着社会化大生产的发展,社会分工越来越细,但与此同时也要求相互之间的团结协作。策划活动是一项系统工程,所面临的任务很多,所要处理的问题也很复杂,因此个体的能力、水平、智慧往往是不足的。

碰撞思维能弥补这种缺憾,在策划中集众人智慧,来保证科学的、规范的创业决策。科学的、规范的决策是指它集中了尽可能多的人才,汇集了尽可能多的手段或工具,针对具体的问题进行详细的研究、讨论和争论,选择一个最佳方案和实施手段。这要求参与者具有跨学科、跨部门的现代意识,相互磨合、融入,发挥出最大创造性。无数事实证明,碰撞思维在策划中更具有科学性、合理性和可行性,实施也往往能取得较满意的效果。

2. 碰撞思维的特点

(1) 信息量大

碰撞思维的显著特点就是信息量大。它通过各种方式让众人的思维在特定的场合碰撞交融,从而使大脑共振,产生"风暴",此时思维也加速,信息量因而增多、增大。

碰撞思维是让众人一起参与,借此多生信息,它鼓励、提倡的便是参与者尽可能地解放思想,无拘无束地思考问题,发表看法,不必顾虑自己的想法是否离经叛道或荒唐可笑。如果因有"不合时宜""异想天开"之嫌而束缚、限制参与者,那碰撞的目的也就失去了。碰撞思维就是希望你大胆抛出思想与方法,然后在与别人的思想、观点的碰撞中综合、丰富、完善创业方案。

(2) 信息面广

每个人都是与众不同的,参与者是来自各方的专家或行家,或有突出见解的人,每位就某一问题都能发表各自领域的见解,就会生出无数的信息,为信息面的广泛提供了充分的条件、基础。现代科学技术的发展,使得学科之间的概念、方法、理论等可相互渗透、相互转移,为碰撞、移植思维提供了沃土、阳光和雨露。

(3) 信息质量高

碰撞思维实质上就是"激智思维",它是创造学家 A·F·奥斯本首创的,这种思维的前两个特点为信息的高质量提供了扎实的基础,特别是碰撞思维允许的自由思考、自由发言,但不得评判他人发言内容,融合改善的原则从根本上保证了碰撞思维的信息质量。

延缓评判原则规定了在碰撞思维产生结论时,不宜过早地进行评判,因为过早地评判,在某种程度上会压抑不同想法,有时甚至扼杀了表面看来没有什么但却可能极具创意的方案、方法,过早地折断奇思妙想的翅膀。科学家在实验的基础上发现,推迟判断并加强集体思考问题会多产生70%的新设想,在个人思考问题时可多产生90%的新设想。延缓评判原则产生了大量的信息、设想,在这之后再融合信息,鼓励参与者进行信息知识互补、信息的增值的工作,要知道,在碰撞思维中,任何一个提出的新的设想都构成对他人的信息刺激、互补、激励,直至形成高质量的策划方案。

二、碰撞思维的作用

1. 产生新的思维火花

南北朝时期著名教育学家颜之推认为,"闭门读书,师心自是",意思是,关起门来读书的结果容易固执己见,自以为是。《学记》中说"独学而无友,则孤陋而寡闻",同样也是这个道理。古人就提倡师友之间要相互切磋,与我们现代教育提倡争辩讨论不谋而合,其实最根本的道理是相通的。

天下人没有生而知之的,即使是圣人、伟人也必须通过感官接触外界事物,才能获得知识,人与人之间必须交流切磋,才能不断充实完善。碰撞思维能激起参加者的情绪和兴趣,使每一个人全身心地投入到创业的设想中,在设想中产生新的思想火花,推动创业和策划的成功。

有一单位举办一次合理化建议和技术革新工作研讨班,主办者希望通过与会者的努力探讨,思考一下未来的电风扇会是怎样的。有36人在半小时内提出了173条新设想,事后归纳了一下,公布其中典型的设想有:带负离子发生器的电扇、智能式电扇、理疗电扇、驱蚊虫电扇、激光幻影电扇、催眠电扇、变形金刚式电扇、老寿星电扇、解忧愁录音电扇、恋爱气氛电扇、解酒醒脑电扇、美容电扇、洗尘电扇、笔记本式袖珍电扇、太阳能电扇等,看了、听了真让人有眼花缭乱、目不暇接之感,但大家并不会因其中某些设想的新异觉得遥远虚幻而断然否定,有了这种氛围,思想火花将永不熄灭。

碰撞思维为新思维产生铺就了一条顺畅便捷的道路,无数经典的广告创意,不正是有一群敬业的广告人你一言,我一语,相互补充、完善激发出来的吗？许多广告公司推行品牌小组(brand team)制度,一个任务从策略、简报、创意检讨、提案方式等,都是大家一起参与讨论。上海广告装潢有限公司在上海磁悬浮列车的形象识别系统工作中,项目组成员对色彩识别这一项关键要素进行了反复的推敲、讨论,最终确定将安全、环保作为设计的核心理念,最后选择了原色,并在此基础上进行一系列复杂的分色处理而结出耀眼的硕果。

2. 改变思维惯性

思维惯性在每个人身上都存在着,在长期的思维实践中,每个人都形成了自己所惯用的、格式化的思考模式,当面临外界事物或客观现实问题的时候,会不加思考地把他们纳入特定的思维框架,并且沿着特定的思维路径对它们进行思考和处理,这种现象我们称之为思维惯性或思维定势。

现实生活证明思维惯性一旦形成与定型后就很难改变,因为支撑着思维定势的是思维主体因实践目的、价值取向和知识储备而固定的许多内在因素,它在人的头脑中已经像一台装有程序的电脑那样,可以面对问题快速自动应答,表现形式就是在筛选信息、分析问题、做出决策的时候,总是自觉不自觉地沿着以往熟悉的方向和路径进行思考、决策,不喜欢另辟蹊径,这种思维模式决定了思维主体在加工处理来自外界的信息时,不可避免地要使用思维惯性。

思维惯性具有的形式化结构和强大惯性,最大的不足是会妨碍思维主体的创新性,强大惯性会支配人的思维过程与实践行为。虽然思维惯性的存在有它的道理,即用它来处理常事和一般性问题时能驾轻就熟、得心应手,但当我们在面临新情况、新问题时,有时就会变成"思维枷锁",阻碍新点子、新概念的形成,因此,在必要的时候要弱化思维惯性,碰撞思维就是弱化它的方法之一。

碰撞思维的特点,使其具备打破思维惯性的条件。碰撞思维的信息量大与惯常思维信息量小形成鲜明对照,快速映现出思维惯性得出信息的平常性、普通性;信息面广更能弥补思维惯性对新知识吸收的不足,正如法国生物学家贝尔纳所说的:妨碍人们学习的最大障碍,并不是未知的东西,而是已知的东西。已知的东西影响、束缚着头脑,使得思维范围变得狭窄。碰撞思维信息面广为思维开拓了新天地,丰富了内容,增长了见识;信息质量高有可能避免因思维惯性所形成的单一、格式化结论把人引入歧路的危险,从而节约了时间和精力,有助于策划的成功。

在欧洲,自从西红柿采摘机发明之后,不少机械学家们一直在忙于改进它,然而,那些经过改进的各式各样采摘机,仍然无法避免在采摘过程中把皮弄破。后来,有人注意到为何老是在采摘机上耗费时间,采摘机按原理应该够可以了,难道不是因为西红柿皮实在太薄造成的吗?如一味地纠缠于采摘机看来无法解决,只有请植物学家培育出一种新品种,使西红柿长出能像苹果那样厚的皮,不就行了吗?

3. 激活思维状态

知识是创新思维的基础,是一切创新与创造之源,但由于人脑对知识信息加工、整合、编码的生理、心理机制能力上的不足,使得人们在思考问题时,思维不那么活跃,处于一种停滞或半停滞状态,尽管很想获得进展,很想得到解决问题的对策,但收效甚微。

运用碰撞思维,让共振后的思维去刺激、激活处于半休眠状态的思维,使思维主体信息转移、跳跃、有序化,不在原地踏步,让思维主体带着问题重新整理、调整、排列思维状态。碰撞思维能营造出一种良好氛围,让思维转换、调剂,得到休整,为思维主体创造最佳的心智状态。

碰撞思维造就一个思路开阔、思维敏捷的环境,这样的环境使思维过程充满活力,充分发挥碰撞思维在渗透、移植、扩展等方面的优势,大大激活思维状态。人类社会发展应该是后人超越前人,接力创新。碰撞思维为接力创新提供了博采众长的平台,互相学习、探讨,用灵活的接力方法和充满活力的创新思维在策划过程中不断拓展、创新。

当今世界经济中,企业兼并已成为普遍的事,但企业兼并后不同理念和文化的碰撞是困扰企业经营者的大问题。解决内部文化差异或者冲突的方式有:一是"支配式",即一种文化占据完全的支配地位;二是"妥协式",它用于相似文化的场合,双方求同存异,协调发展;三是"合成式",两种文化相互补充、相互交流,创造一种全新的文化。适当的整合方式是妥协式和合成式,这已为一些大企业接受。显然后两种方式具备了碰撞思维所有的重新审视、整理和序化新问题的特点,让双方互相学习、探讨,以求兼并后的企业超越前者。美国的克莱斯勒公司和德国的戴姆勒——奔驰公司完成合并后,双方都力求淡化人们对企业文化冲突的担心,极力寻找双方新的共同点,努力形成新的共同价值理念,只有碰撞后新的充满活力的思维才能引领企业向前发展。

三、怎样运用碰撞思维

1．同一问题，不同观点的碰撞

对一个问题的不同回答，反映了不同人对客观事物的认识，反映了主体对客观的感受，以观念表现出来。由于主体的立场态度、认识深度、思想感情的不同，因而会影响到主体对这一问题得出的结论，这种现象在任何领域里都存在。用碰撞思维对待同一问题有不同观念的交锋、争论，可以把问题看得更深更透，使得解决问题的方案、谈判更加完善、缜密。惟有碰撞、交锋，才能多角度多层面地分析问题，使问题的前因后果、方方面面尽量解决得完善，不留遗憾。

在创业策划过程中，同样有不同观点在同一问题上的思维碰撞，通过碰撞发现最佳方案。闹得沸沸扬扬的"酒后驾车保险"事件，引起了不同的争论。专家的第一反应是荒唐至极，有人说也许吃这个螃蟹在世界上还是个"首创"，保监会表态说：可实行。最终的结局我们不得而知，但同一个问题有多种观点存在，至少会让我们通过不同观点的展示、较量对问题本身会有一个更全面清醒而透彻的了解。不同观点的碰撞，这其中的是非、曲折，会让决策部门权衡利弊，最终作出一个比较成熟、完满的答案、对策来。

争论是难免的，关键是通过争论，引起有关部门的重视，不断完善和调整决策体系，以符合时代发展的需要，也符合人民的根本利益，这样的争论、碰撞才是有效的。

2．不同问题的不同观点碰撞

不同问题的观点可以碰撞交锋。世界上万事万物之间都有一定的关联，彼此之间互相制约、影响、支撑，从他事物中可以借鉴某些为我所用之力，间接起到帮助解决问题的作用。不少青年朋友在创业策划中遇到难题，可以请友人、专家、同事就这一难题从不同角度展开思维的碰撞，促进思维转换，出现转机。有些问题局限于传统思维，有时的确会穷途末路，但是，我们并不能因为是难题而抛弃，而应转换思维，换换角度和视野，走出传统经验的条条框框，重新寻求一个更宽广的天地。

"卡拉OK"音乐版权遭索赔事件引起的对其他一些问题的讨论，虽然对不同的问题会有不同的观点，但在这场已持续一段时间的连锁反应中，我们欣喜地发现多种问题的、多种观点的碰撞交锋使得人们对该问题的认识已提升到了新的层面,大家都考虑透过它去思考现今"我们还缺了什么",由此上升到要认真思考怎样尽快完善和健全有关法律、法规,使整个文化市场在有法可依的环境中健康发展,这是经碰撞后这场风波给我们提出的重要课题。

纵观现今社会上一些令人关注的话题,总有不同观点在展开辩论,如中国妇女第九次全国代表大会上,对男女同龄退休问题的讨论;对已经在十届全国人大常委会第四次会议审议通过的并成为热门话题的《行政许可法》,也有不同的理解;与百姓有切肤之痛的医患关系,如病人、患者该不该当医院的实习教具问题,也争论激烈,观点各异。且不论这些问题涉及的方方面面,单就这些不同问题之间的观点碰撞足以让我们的思维进入到更深更远之境界。站在一个高度思考一下,近年来,在我国市场经济体制形成和社会转型过程中凸现出来的种种重要问题、观点碰撞出的结果并不是让大家仅仅停留在知晓的层面上,而是要深刻思索问题内涵。

四、运用碰撞思维的方法

1. 通信法

通信法就是通过信件等方式探讨有关问题。通信法不受时间、地点等因素影响,采用通信法可以避免因时间、地点的限制带来的不便、不利,跨越了时间、空间,对问题、事物的观点表述有可能更深刻、更透彻。

通信法最受人欢迎的另一主要原因是可以避免尴尬场面的发生。碰撞思维在现场进行,由于观点各异,争论无法避免,不排除因争论之激烈而影响参与者情绪控制的可能,一旦场面失控,势必影响碰撞思维的质量和效果。虽然现代信息技术不断发展,通信法也可能有不便之处,但在某种程度上仍不失为比较成熟的一种好方式。

2. 会议法

会议法应该说是碰撞思维中运用最多、最广泛的一种方法。有时也称之为"脑力激荡法"。它规定一定数量的人员参加,不评论他人观点的优劣,只发表自己的见解,能体现出碰撞思维特点,还能当场相互启发,把一粒火星烧成熊熊大火,形成比较成熟的构想,还能把零星想法加以整理、归纳。这是一种集思广益的好方法,力求创造出一种良好的环境和气氛,使人的思考不受各种框框的限制,彼此互为补充,以迸发出更大的思想火花。

美国北方,冬季气候严寒,常下大雪,造成大跨度的电线被积雪压断,影响供电。许多人都试图尝试解决这一问题,但找不到可行的办法,后来电力公司采用会议法来讨论。在会上,经理发动大家畅所欲言,结果各种设想都被提了出来。有建议设计一种专用的电线清雪机,有用电热来化解冰雪,有用振荡技术来清除积雪,有用直升飞机去扫积雪……对于有人提出"坐飞机扫雪"的设想,大家尽管都觉得有点不可思议,但当时无人提出批评,相反,有一工程师在百思不得其解之时,猛然从中得到启发,觉得大雪过后,完全可出动直升飞机沿积雪严重的电线飞行,依靠螺旋桨高速旋转的气流把积雪迅速扇落,这一设想被提出后,大家讨论开来,不到一小时,与会的10名技术人员围绕有关用飞机扫雪的主意一下子提出了90多条,后经专家组论证和现场试验,发现直升飞机扇雪真能奏效,是一种既简单又快捷的方法。2008年我国南方冰雪灾害,如果用直升飞机扇雪,损失就不会那样大了。

3. 文章法

文章法颇有学术探讨的意味,与现代社会发展紧密相关。对涌现出来的新事物、新问题,前人没有经历、经验和定论,思考者可以运用书面形式,对此提出想法,阐述观点,发表于刊物上,在相当长一段时期内,对此关注的人士互相探讨、争鸣、商榷,使人们对此问题的研究随着文章发表的数量、质量的提高而有越来越明确深刻的认识。

文章法活跃了学术研究的气氛,在他人的启发下及时修正自己还不成熟的意见或观点,或将自己的想法与他人的想法加以综合,提出更完善的观点,在碰撞思维中提出的任何一个观点、设想都构成对其他人的信息刺激,文章法具有互补、诱发和激励的作用。

4. 杂交法

杂交法就是把以上几种方法兼而用之。通信法、会议法、文章法作为碰撞思维运用的方法,每种方法都有自己的特点,都有优势,但也不排除存在的缺陷。例如通信法由于参与者都不在现场,那么任何一位提出的观点、设想对他人所形成的信息刺激就不那么及时、有效,因为时间延迟的因素,它的快速性相对来说欠缺些。而会议法有这方面的优势,但思维碰撞后信息结果的精确性、成熟性因为会议法的快速激烈而受影响。

鉴于每种方法的有利有弊,杂交法吸取每种方法的优势所在,综合起来解决问题。

第十一节 联想思维

一、联想思维的含义

它指人们在头脑中将一事物的形象或作用联系起来思考,建立联系,产生联想,进行创造思维活动的方式。

联想能很快地从记忆里检索出需要的信息,构成一条链,通过事物的接近、对比、同化等条件,把许多事物联系起来思考,能开阔思路,加深对事物之间联系的认识。如1982年2月底至3月初,墨西哥爱尔·基琼火山爆发,亿万吨火山灰直冲云霄。美国科学家建议美国政府对此马上调整国内粮食生产政策,鼓励农民多生产粮食。因为浮在空气中的火山灰会把宇宙射向地球的太阳能反射回去,从而形成大面积多雨天气,造成世界范围的粮食减产。第二年,各国粮食产量大幅度下降。美国成了惟一的粮食出口国,由此在国际事务中占了上风。

这就是运用了联想思维。如果善于运用联想思维,就会由此及彼扩张开去,举一反三,闻一知十,触类旁通,突破思维定势,获得创新的构思。

响尾蛇导弹是怎么发明的?

响尾蛇的视力很差,几十厘米近的东西都看不清,但在夜间却能准确地捕捉到十几米远的田鼠。原来在它眼睛和鼻子之间有一个生物红外感受器——颊窝。它能感受到远处活动的生物热量发出的微量红外线,实现"热定位"。美国导弹专家由此联想,制造出"电子红外感受器",接受飞机发动机运转辐射的红外线,对目标自动跟踪。响尾蛇导弹就这样发明了。

二、联想思维的类型

1. 自由联想

这是自由奔放毫无顾忌的联想,进行探索。心理学家研究发现,自由联想丰富的人,进行创新的可能性极大。

清晨,当薄雾散去,纤细的蜘蛛网上常挂有露珠。只有头发1/100细的蛛丝为何能抓住光滑的水滴?多年来没人能说清。中科院院士江雷的小组深入研究,不仅破译了蛛网抓水的"结构开关",还造出了人造蛛丝,为干旱地区找到了一种高效集水的办法。这是自由联想的成果。

2. 强迫联想

拿一本产品目录,随意翻阅,联想翻看的两种产品能否构成一个新事物。

一家银行总裁认为他的成功得益于他在美国留学的"每天一项发明"。不管多忙,每天都要给自己5分钟,强迫自己想一项发明。从字典随便找三个名词,想办法把三个名词组成一个新东西。一年中有250多项"发明",为他以后的创业奠定了基础。最重要的是"可以发声的多国语言翻译机",以1亿日元卖给夏普公司,为他后来的创业打下了基础。

3. 相似联想

根据事物之间的性质、形状、结构等相似处联想,受到启发进行创新。

法伊尔橡胶厂老板把面包发酵与橡胶工业联系起来,在橡胶中加入发泡剂,制造出松软的海绵橡胶。英国工程师乔治从狩猎时身上沾满的野草种子的启发,发明了尼龙拉链。

4. 相关联想

在思考问题时,根据事物之间在时空方面的接近,进行联想。由于事物都有一定的联系,运用相关思维,能打开思路并创新。

澳大利亚一农民在收获甘蔗时发现有块田的产量要比其他田产量高出50%。这是怎么回事呢?他想起来,栽种前,有一些水泥洒落在这块田里。经科学家研究,发现水泥中的硅酸钙能使酸性土地改良。随之,便发明了改良酸性土地的"水泥肥料"。

5. 对比联想

在想问题时,对形状、结构、成分等方面的差异的事物进行联想。由于事物存在着相对或相反的关系。运用对比联想能引起新的创造或创新。如从实数想到虚数、从欧氏几何想到非欧几何……

物理学家开尔文认为细菌在高温下会死亡。那么在低温下是否会停止活动?经过研究,发明了冰箱。

6. 接近联想

在空间和时间上联想到相近的事物,创造或发现新事物的思维方式。

意大利物理学家费米在二战中流亡美国,运用德国化学家哈思和奥地利物理学家特纳的重大发现——中子在粒子加速器中轰击铀产生的现象进行联想。1942年12月2日在芝加哥大学的石墨块反应堆,使反应堆里的中子引起裂变,产生核能。

三、联想思维的作用和运用要求

1. 联想思维的作用

联想思维是打开沉睡在头脑深处记忆的最简便和最适宜的钥匙,扩大大脑的思维,收获更多的创新设想,扩大创新思路,进行创新。

我们要运用联想思维进行创新、创造、发明,也要运用它来训练自己和他人。在创新活动中,提高联想思维能力。

2. 运用联想思维的要求

(1) 灵活

运用者要灵活,不呆板,能做到举一反三,触类旁通,才能运用,实现目标。

(2) 有广泛的知识

运用者要有广泛的知识,才能产生联想。

大家知道,火箭升空,喷嘴的温度极高。如不能使它降温,喷嘴会融化,火箭升空便会失败。科学家从人体出汗带走一部分热量和泡沫塑料中受到启发,研制成功泡沫金属。选择钨作为泡沫金属的骨架,向钨骨架中的孔洞注满易融化的铜或银。用它制成的喷嘴,随着温度的上升,小孔中的铜银熔化成液体沸腾、蒸发,并在"出汗"过程中带走大量热量,降低喷嘴温度,保证火箭的正常运行。

第十二节 创新思维

创新,作为全球性的共同话题和信息时代的竞争主题,对其探索与研究是一项继往开来且充满艰辛的工作。我们已进入信息网络时代,没有创新的思维,就难以适应时代的发展,只有与创新相伴,才能与成功幸福同行。创新思维的伟大在于它的创见,打破常规,提高大脑的创新活力,化坎坷为成功的台阶,让事物变得越来越美好,社会越来越进步。学会创新思维,通过创新实践来认识自我、研究世界,揭示自然、宇宙之奥秘,探索人类社会之本质,不断努力,可拥有卓越的创新能力。

当今,创新(创意)已从一理念转化为巨大的市场价值,成为一个产业,它每天为全世界创造出220亿美元的价值,并以5%的速度递增。

胡锦涛指出:"一个国家只有拥有强大的自主创新能力,才能在激烈国际竞争中把握先机、赢得主动。"

一、创新思维概述

1. 创新思维的含义

创新中的"创"字,原来就是破坏、摧毁的意思,而"新"是对旧的反叛、挑战、扬弃,合起来就是革故鼎新,弃旧求新,不断创新。创新思维是指有创见的思维,即思维不仅能揭示客观事物的本质及内在联系,而且能指引人们去获得新知识或以前未曾有过的对问题的新解释,并在此基础上产生新颖的、前所未有的思维成果,给人们带来新的、具有社会价值的产物,它是智力水平高度发展的表现。

一谈起创新思维,创业者、策划者的思绪不免会兴奋、惊奇,几千年来人类的文明史,创新与人类文明、民族的兴衰、国家的存亡、组织的发展、创造和衰退息息相关。人类一部文明史,都是一部创新史。因为创新思维开掘了人脑无限丰富的宝藏,人类美好的生活离不开创新思维。"创新"已融进了人们生活的方方面面,成为社会向前发展必不可少的养分。

迈入新世纪,我国改革开放进入了一个新阶段,人才竞争和创新竞争将在更高层次和更宽广领域内展开,竞争归根结底是人才的竞争,从未来人才需求状况看,高素质人才的缺乏始终是大问题。人才关系到国家和民族的兴衰存亡,也关系到组织的繁荣昌盛。有一个青年科研机构,50多人平均年龄31岁,由于汇聚了国内不少精英和专家,使得它在短短的两三年内就占据了国际国内学术前沿阵地,创造了巨大的经济效益和社会效益,而这一切离不开所长的策划天才。中共中央多次专门召开人才工作会议,2010年5月下旬,中共中央、国务院召开全国人才工作会议,确定到2020年人才发展总体目标:培养造就规模宏大、结构优化、布局合理,素质优良的人才队伍,确立国家人才竞争比较优势,进入世界人才强国行列,为在本世纪中叶基本实际社会主义现代化奠定人才基础。我们要围绕这个总体目标,坚定不移走人才强国之路,科学规划,深化改革,重点突破,整体推进,努力实现人才资源总量稳步增长、队伍规模不断壮大,人才素质大幅度提高、结构进一步优化,人才竞争比较优势明显增强、竞争力不断提升,人才使用效能明显提高、人才发展体制机制创新取得突破性进展,逐步实现由人力资源大国向人才强国转变。把人才问题提高到卫国兴邦的战略高度来认识,呼吁全党全国高度重视。胡锦涛强调,青年是祖国的未来,事业的希望。要把培养造就青年人才作为人才队伍建设的一项重要战略任务,加大工作力度,完善工作制度,采取及早选苗、重点扶持、跟踪培养等特殊措施,使大批青年人才持续不断涌现出来。要不拘一格、广纳群贤,破除论资排辈、求全责备观念,在实践中发现人才、培育人才、锻炼人才、使用人才、成就人才。温家宝指出,当今世界,国际竞争日趋激烈,突出表现为科技、教育和人才竞争。科技是关键,教育是基础,人才是根本。温家宝强调,要为人才成长创造良好条件和环境,不拘一格选拔人才。要善于发现人才,用人所长,不能求全责备,让各类人才和全体劳动者、建设者才尽其用、各得其所。要在实践中锻炼和培养人才,让他们在经济社会发展的实践中增长才干、建功立业。要创新人才发展体制,坚决破除一切不利于人才成长、人才流动、人才使用的思想观念。

温家宝指出,人才资源是国家的战略资源,各级党委和政府要把人才工作摆在突出位置,为人才的成长服好务。一要大胆使用和吸引人才。加强对拔尖创新人才、急需紧缺人才、战略性后备人才培养的支持力度。大胆引进和使用海外高水平拔尖人才,鼓励海外留学人员回国工作、创业或以多种方式为国家发展服务。充分发挥国内人才的作用,调动他们的积极性。二要加大人才发展资金投入。建立健全政府、用人单位、个人和社会多元化的人才发展投入机制,较大幅度增加人力资本投资比重。

2010年10月18日中共17届五中全会关于制定国民经济和社会发展第12个五年规划的建议中,强调"深入实施科教兴国战略和人才强国战略,加快建设创新型国家。""大力提高科技创新能力。""增强共性、核心技术突破能力,促进科技成果向现实生产力转化。""深入实施知识创新和技术创新工程。""增强原始创新、集成创新和引进消化吸收再创新能力。""完善科技创新体制机制。"为了实现上述目标,必须坚持"建设人才强国""人才优先、以用为本、创新机制、高端引领、整体开发"的指导方针。

现在人们已认识到人才和素质教育的重要性,而素质教育的核心恰恰就是创新教育,可以毫不夸张地说,创新竞争是社会发展、发达进程中的永恒主题,更是创业与策划永不枯竭的动力源泉。创造力人皆有之,关键是如何激发、挖掘、释放它的能量,人的潜能是无穷的,释放开发出来的能量会令自己也大吃一惊,使工作、学习、生活变得充实、富有。特别是对策划者来说,在创业过程中,努力开拓头脑中蕴藏着的无限创新潜能,融入到火热的生产和工作中,使业绩更加突出,生活变得更加美好。

中华民族自古就富有创新能力,为何几十年来没培养出科技大师和创新帅才？特别是杰出的世界驰名的大师和帅才。温家宝说:我们没有培养出人才而深感遗憾和不安。钱学森反复说:人才不足是现行教育体制的严重弊端,也是制约科技发展的瓶颈。要注重具有创新能力的人才培养,中国现在没有发展起来,一个重要原因是没有按照培养科技发明人才的方式办学,没有自己独特创新的东西,培养不出杰出人才。一个有科学创新能力的人不但要有科学知识,还要有文化艺术修养。

只有培养一批又一批、一代又一代各类人才,特别是创新型人才,中国才有希望。

2. 创新思维的特点

（1）创新思维的特点概述

创新思维的主要特点是:没有现成答案,没有现成的思路让你遵循。解决问题需要精细的、有毅力的、勤奋的劳动。平时的习惯性思维,固定的办事方法都无济于事,因此创新思维要求人的全部精力、智慧都必须达到高度的紧张和集中。

创新离不开进取的精神,这种精神需要巨大的创新激情支撑,创新的激情是推动创新实践的动力源泉,无论是科学家揭示宇宙奥秘,发现科学真理,抑或是实践者掌握新规律,艺术家感受、创造美好生活,创新激情永远都是激励和鼓舞人们开拓进取、探索的不竭动力。可以说创新是一种能力的体现,无数事实证明,一个人是否能创新,和他的品质有极大的关系。当然人类优秀的品质有很多,但对培养和发挥创新能力有着重大影响的品质主要还是坚韧不拔的毅力、信心等。曾获第38届尤里卡世界发明博览会惟一"世界个人发明最高研究奖"的来自吉林省的王振国,他发明的抗癌新药"天仙丸",从收集资料、实验到最后成功,历经千辛万苦,花费17年时间,多么不容易,其间就是因为充满了信心、激情。

（2）对事物的迷恋和有目的的指向性是构成创新思维的重要成分

进行创新思维的人都有体会,所要解决的创新问题会像磁铁般地吸引着你,使你着迷,忘掉周围的一切,而对于一个着了迷的人来说,创造、创新本身就是生活的目的,对事物迷恋和有一种"打破沙锅问到底"的精神。或许有人讨厌这种人,但是谁又能否认恰恰是这些喜欢刨根问底的人,常常有可能成为社会上出类拔萃的人物,因为迷恋才会刨根问底,因为刨根问底才是创新思维的基因和驱动器。

曾荣获南斯拉夫国际博览会金奖,被港澳同胞誉为"神灯"的"特种电磁波 TDP 治疗仪",它的发明过程有力地说明其发明者苟文彬的那种对事物的迷恋、不断思考的探索精神。苟文彬查阅资料时偶然发现某厂酸洗车间工人 25 年无一人得癌症,而其他车间和周围工厂都是癌症的高发区和多发区,这仅仅是偶然现象吗?凭着对这一问题的执着,他多次到现场观察和进行科学实验,最后发现是一定量的电磁波使得这一车间工人身体强健的根本原因,找到原因后还不甘心,仍专心致志地探究电磁波强身健体的机理,在此基础上,他发明出具有消炎、止痛、改善微循环,促进新陈代谢,增强免疫机制和自我调节机能等多种功效的"特种电磁波 TDP 治疗仪"。

对事物的迷恋和目的的指向性,促使思维者要去搞清事物或事件发生的原因,为创新提供基础。历史上许多发明家都是从小就喜欢问"为什么","这"为什么"需要以强烈的好奇心去观察和思考人世间和自然界的纷繁复杂、纵横交错种种事物,由于事物不易直接认识,需要在"创"和"究"字上下功夫,包括现场观察、科学实验、反复论证。

(3) 灵感状态是创新思维的典型特点

①灵感又称顿悟,它是人们无法控制,创造力高度发挥的突发性心理状态。它是一种高度复杂的思维活动,是人们在实际活动中由于思想高度集中,情绪高涨,思虑成熟而突发出来的创造能力。在创新思维酝酿构思阶段,由于某种事物或观察的启发,促使人茅塞顿开,一下子突破了思维上的障碍,使思维跃进到豁然开朗的境地。这种突变式的思维形式就称为灵感思维,灵感思维是创造性思维的一种,在一切创造性劳动中起着非常重要的作用。

从鲁班发明锯子,达尔文和华莱士悟出自然界生存竞争的规律和机制,灵感的出现都离不开对事物的迷恋和受事物的启发,偶尔得之,但与平时长期的知识积累密切相关。

灵感是人的最佳心理状态。它常给人一种豁然开朗、妙思突发的体验,使长久不得破解的问题顿释。对很多科学家的调查表明,他们在创造发明的过程中,大多数出现过灵感。灵感具有突发性、瞬时性,来也匆匆,去也匆匆,使人对它有一种欲盼而不可求,欲望而不可及的神秘感。

② 灵感的出现是有规律的。首先,出现的条件:个体必须对所研究的

问题有长时间的思考,直至思维饱和。由于穷思竭虑,已谙熟了问题的方方面面,处于"一触即发"的状态,为灵感产生提供了必要的前提。其次,灵感出现的契机:或是在原型的启发下出现;或是个体在紧张思维后处于精神放松、悠闲舒适的时候,不知不觉地敞开了思维的大门,等待灵感的光临。因为人在经历紧张后的轻松时,脑子灵活,感受能力强,易产生联想、触发新意,从而出现"柳暗花明又一村"的新天地,这在科学史上不乏事例,在创业策划中也屡见不鲜。

日本一公务员,生来就喜欢动脑筋。有一天,他拿着锯子去修走廊的地板,在走廊的拐弯处,与跑来的女孩相撞,锯子划破她的手臂。他从此心里不安,想应该制造一种不会伤人的锯子。他时时刻刻都在想这个问题,有一天,当他削好铅笔把刀片折起来的一刹那,脑海里闪出了一个想法,锯子也可以像折叠刀一样多好。他马上回家做了一个折叠式的锯子,效果不错,体积小、安全、携带方便,很受欢迎,他干脆辞职,办了一个工厂,生意很好。

这位公务员解决问题的方法就源于灵感。他发明折叠式锯子的过程最能反映出灵感思维状态的特点。灵感思维作为一种创造性的思维活动,是人类重要的思维方式。中国思维科学倡导者钱学森指出,凡是有创造经验的人都知道光靠形象思维和抽象思维还不足以进行创造、取得突破,创新思维中不能缺少灵感。

灵感是科学创造和发现的导火线,也是开启科学难题的金钥匙,许多科学家借助灵感做出了重大发明和发现。

心理学家朱光潜:"灵感就是在潜意识中酝酿而成的情思猛然涌现于意识。"钱学森:"灵感实际上是潜思维,它无非是潜思维在意识中的表现。"俄国画家列宾:"灵感出现在大脑高度激发状态,高潮多为很短、瞬息即逝。"

当然灵感的产生过程是一种突发的思维活动,什么时间会来临,任何人无法预测,但它只光顾勤奋者,同懒汉无缘,需要用汗水来浇灌。"众里寻她千百度,蓦然回首,那人却在灯火阑珊处。"俄国音乐家柴科夫斯基:"灵感是不喜欢访问懒汉的客人。"俄国画家列宾说:"灵感是对艰苦劳动的奖赏。"灵感的形成虽然是在一刹那之间,但是,它与人的知识、经验以及分析、判断等能力密切相关。因此,灵感的出现离不开个人的长期积累。灵感形成之后,还要进行验证、充实和完善。经过大脑反复思考,又有一种水到渠成的必然性。最可贵的是灵感的独创性,从灵感思维的结果看,灵感打破了人们的常规思维,把人的认识带到了一个新的高度和领域。每个人都会产生灵感,关键是能将灵感转化为创新成果,进行创造实践,要有意追求新颖独特的东西,立足解决前所未有的问题。

对青年人来说:一要树立崇高的学习目的。追求的目标越远大,就越有学习的韧性和毅力。二要有勤奋学习精神。勤奋是产生灵感的必要条件。俗话说:"踏破铁鞋无觅处,得来全不费功夫。"看似"不费功夫"的"灵感",正是"踏破铁鞋"换来的。所以,"下力多者收功远",树立"莫嫌海角天涯远,但肯摇鞭有到时"的信心,丰富思路,使灵感不期而至,为实现目标服务。

灵感对我们很有诱惑力。灵感出现要善于捕捉利用,使它给我们创造出惊人的奇迹。

(4) 创新思维需要创造性想象的参与

创造性想象参与后,能够结合过去的经验,在想象中形成创造性的新形象,提出新的假设,这是创造活动能够得以顺利开展的关键。想象能创造出推陈出新的作品来,因为作为人类特有的一种创新能力,人在头脑中塑造过去未曾感触过的事物的形象,或者将来才有可能实现的事物形象,这个过程是已经对表象进行了加工、排列、组合而建立新的表象的心理过程。

一切创新活动几乎都离不开想象的参与,但并非所有的想象都有创新意义和实际价值,想象的内容必须以事实为依据,符合客观规律、社会需求,能以较少的代价转化为物质成果,给社会带来利益,那就是一个很有价值的想象。策划的项目就有价值,而且容易实现。

二、创新思维的作用

数千年来,创造、创新与人类的文明、民族的强大、国家的存亡息息相关,人类的文化史就是一部创新史,创新对社会发展、创业、策划的作用是不可低估的。

别出心裁的创新思维也是搏击商海的企业家、创业者创造商机的利器。电冰箱是一个高度成熟的家用电器,面对着各种品牌的激烈竞争,它的销量难以增长,利润也薄,众多厂家对此束手无策,然而日本商人却别出心裁,向市场推出了一种前所未有的微型冰箱。在经理级以上主管的办公室很适用,称为"办公室冰箱",老板们足不出户便可得到冷饮。一些喜欢驾车旅游的家庭也将它装在车上,给野营和旅途带来新的享受。使一度疲软的冰箱市场又重现生机。所以有人说市场是不会疲软的,疲软的只是你的商品和头脑,只要发挥创新,你便会充满活力与希望,就会积极主动地去开拓市场,挖掘商机,取得成功。

创新思维能让你质疑权威,挑战规则。现实生活中,人们总会碰到这样那样的问题,有的人能想出解决的办法,也有人不知所措,这与创新思维的强弱有关。挑战规则既是一种创新精神,也是一种创新方法,走前人没有走过的路,做别人没有或不敢做的事,都需要创新思维。在经营管理史上不乏挑战规则的事例。如"丑陋娃娃"的创意发明,把原来存在于我们头脑中的反常规思维基因激发出来,获得了成功。

三、创新思维的衡量

任何事物的优劣应该有一套衡量的指标,创新思维的衡量指标:

1. 新颖

新颖就是别出心裁,出乎常人意料,打破常规、异于常规。新颖奇特、与众不同是创新思维最吸引人、最能体现价值之所在。人的心里所能够设想和相信的东西,就能用积极的心态去实现它。俗话说的"异想天开",如果其内涵有一定的科学依据,应该说它就是一种"新颖"思维,一种有价值的、区别于胡思乱想的思维。试想,倘若没有异想天开,那么火箭升天、太空行走、月球探险和"勇气"号与"机遇"号的火星着陆等,以前被认为是完全不可能的事情又怎么会被人类——实现呢?

创业过程中的标新立异也是创新思维新颖性的体现。

上海世博园区中心广场,平整、美观的地坪和两侧的人行道,给人以舒展、宽阔的感觉。笔者获悉,世博园区内60%以上的路面所用的混凝土和砖由宝钢钢渣制成。这种美观、环保的混凝土产品具有良好的透水、透气、耐磨性,一经使用就受到世博园区建设指挥部的好评。

钢渣是钢铁生产中的副产品,以往只能作废弃物处理。如何化害为利,变废为宝,持续有效地开展产品化利用,是钢铁业界的一项研究课题。多年来,宝钢一直致力于钢渣的综合开发利用。早期,通过返还生产利用、回填及制成微粉替代水泥等途径,实现了钢渣的再利用,此后,在宝钢股份炼钢厂及相关部门的支持下,中冶和宝钢技术人员积极探索钢渣在特种混凝土方面的应用,针对钢渣比重大、耐磨和抗折等特性,成功研制出包括碾压型整铺透水、透气混凝土和机压型混凝土透水砖制品在内的生态环保型钢渣透水混凝土产品。该类产品可广泛应用于公园道路、人行道、各种新型体育场地、河道、高速公路、山体护坡、海岸护堤的铺设,具有较强的市场竞争力,并已率先在宝钢厂区道路上成功使用。

2009年,上海世博园区建设指挥部在比对日本同类钢渣制品后认为,宝钢钢渣透水混凝土产品具有抗折强度高、耐磨性好、透水和透气功能强、长期使用无掉粒现象等综合优势。替代水泥,既可节约资源消耗,又可减少二氧化碳排出,有利于抵制"热岛效应"。同时,其产品价格低于同等级混凝土造价。因此,有关部门决定在世博园区中心广场、A13广场、世博公园等重大地面工程上应用。经检验,工程技术质量达到绿色建筑最高版本美国LEED标准要求。目前,除世博园区外,该产品还在松江区特奥会训练中心、延安绿地景观道路、宝山顾村公园、水木年华社区等路面推广应用。

2. 先进

人是创新思维的主角,开发和培育创新思维是一项艰苦的事业,不可能一帆风顺,创新和创业之路不可能一马平川,正确的人生态度是卓越的心理素质,一种非凡的创新思维,能把创新思维运用到解决问题、设想对策和带来良好效应的事物中,对社会发展有利,可以引导人们健康、有序地生活、工作。

先进性反映了思维者的开放程度,能够接受事物的发展、变化,努力把握机遇,引导并善于鼓励创业者开拓前进。新颖有时不一定先进,而先进的创新思维则在多数场合下富有新颖性。

上海明园房地产集团别出心裁,经批准出资,在复兴中路地段用3 000平方米的高档房办起了明园文化艺术中心,专门展出名家的绘画、雕塑及陶瓷作品。这在房地产业中的确不多见,以强烈的社会责任感关注和资助社会文化公益事业,发扬了良好的社会风气,显示了崭新的精神风貌,这种做法其实最终是帮助明园提升了在消费者心目中的地位。

3. 价值

衡量一个创新思维是否有价值,就看它是否符合实际,是否违反规律,是否为社会带来效益。

创新思维应符合社会需求,要受一定的价值观和科学发展水平的制约,它应以促进社会和科学发展为目标,特别是一个创新思维能以较少的成本转化为物质成果,能给社会带来利益,那它就是一个很有价值的创新思维,反之,就价值不大,甚至没有价值。

汽车"食谱"将流行"废物利用",国家科技部倡导将化工厂外流的"废气"变为汽车的"盘中餐",即将化工厂废气变废为宝,在经汽车完全燃烧后达到超低排放,相当于欧Ⅲ标准。为紧跟时代发展对环保的要求,上海汽车集团和华谊集团联手开发以此为"食"的公交车,望早日面世。从这个意义上说,清洁汽车的制造和推广不仅是一次绿色革命,而且还是循环经济的一个组成部分,这种创新思维是有价值的。

4. 时效

创新思维的过程、内容、效果都会随时间、地点的变化而变化,创新思维的价值也将随着时间的转换而变化,时效性要求创业者把握时机,在时间的关节点上行动,方能取得预期效果,提前或推迟则可能达不到预期的效果,甚至无功而返。所以,在创新和策划中要抓住时机。

在信息高速膨胀,竞争日益激烈的今天,各种情况变化频繁、复杂,稍一疏忽,很多时机便稍纵即逝,而时机与效果又紧密联系,失去时机必然会影响到效果,影响成效。因此要做到时效的最优化,策划者要增加时机观念,抓住有利时机,培养自觉的机遇识别能力,专心观察和捕捉机遇为我所用。

上海光明牌冷饮和光明牌牛奶本是同胞姐妹,都为振兴民族工业作出过贡献。1956 年在产业调整中分离。随着市场经济发展,为适应日趋激烈的市场竞争,她们再续亲缘,组建光明食品有限公司,形成中国最大的冰淇淋生产厂,重整旗鼓,重回"品牌第一"的目标,艰巨而又伟大的任务容不得他们再犹豫。若不抓住这历史机遇,就可能淹没在商海中无人知晓。

5. 独创

市场经济条件下的任何创新思维的结果应该是独创性的,这样才能适应竞争的需要,才能取得效益。历史经验告诉我们,凡有竞争的地方,历来是强者胜,弱者败,而往往称得上强者的都是有胆有识、敢想敢做、勇于创新者。

事实上,市场环境下的策划本身就是"一项创新工程"。因为创新,所以需要大胆地试,大胆地闯,不因为自己不了解就缩手缩脚,想别人不敢想的事,敢干前人未干过的事,开拓前进。创新思维的这一独创性集中表现在思维空间的开阔、思维观念的更新、思维方法与艺术的灵活上,以及在以文化知识、社会背景、行为方式等为基础的智能水平搭建的平台上表演的质量。

这几年大量的求职者涌向上海,许多人的求职过程要持续一段时间,而且以即将毕业的高校毕业生为多,住宾馆酒店对这些缺乏经济来源的学生来说是很困难的,所以求职过程中的住宿问题成了困扰他们的难题。在这种形势下,一位有眼光的年轻人从中看到了商机,租用了一批空置房,经过适当的整理后,开出了每天只收12元的"求职驿站"。一经推出,立刻受到了求职者的热烈欢迎,大家亲切地称它为"我们的家",因为在这里既经济又实惠,到了晚上又成为他们交流求职经验的好场所,真是一举两得。电台、电视台、报纸都专门做了报道,这个创业形式的确是具有独创性的。

6. 灵活

要获得创新思维成果,必须冲破习惯思维的束缚,摆脱常规思维模式和程序的限制,使思维活动具有充分的灵活性。甚至完全不受逻辑规则的制约,从一种思路跃到另一种思路,从一种意境转移到另一种意境,从多方面探索解题方案。这样才能使思维成果有新奇性。

7. 多样

创新思维不遵循程序,不受逻辑规则所制约,因而创新思维往往因人、因事、因时、因地而异,千差万别,千变万化。

8. 变通

思路开阔,触类旁通,能由此及彼。根据时空、条件、人物的变化,迅速作出反映。从一种意境进入另一种意境,多角度多层次去寻求解题方案。

9. 敏锐

以敏锐的洞察力去观察和接触事物,把事物与已知知识联系起来思考,把事物之间的特性进行比较,获得真实可靠的论据。要留心意外现象来探索新线索,寻求答题的新途径。许多事物的奥秘隐藏在现象中,能否发现的关键是敏锐的洞察力,才能在平庸之中发现惊人之处。

10. 反常

运用有违常规、常理的方法来获取成功。

"家丑不可外扬"。有一家钟表店独辟蹊径,用"家丑外扬"获利。店主贴出海报:本店有一批手表,走时很不精确——24小时慢1.5秒钟,望顾客看准选购。不久,积压的表就被抢购一空。

11. 流畅

又叫非单一性,以思维的量来衡量,思维活动要像长江大河那样川流不息、畅通无阻,灵敏迅速,能在短时间内表达较多的概念,有些情况下,必须在极短的时间内想出对策,超时了,再好的方案成为废纸一张。

市场在创新中延伸和发展,独创更是一把开启市场之门的"金钥匙",依靠它不仅可以实现产品的更新换代,满足消费者的需求,而且可以"无中生有",新造"蛋糕",创造新的需求来引导消费,从而打开潜在的市场之门。因此,创业者要想生存与发展,取得良好的经济效益,就必须借助并用好这把"金钥匙"。

四、营造创新文化环境

创新需要超凡脱俗的气质,离经叛道的勇气,标新立异的思维,锲而不舍的执着。这需要营造创新文化环境。原科技部副部长尚勇指出:我们营造创新文化环境,就是要配合制度创新,革除这些弊端。大力弘扬"尊重个性、张扬特长、激励探索、提倡冒尖、鼓励合作、宽容失败"的创新文化。

1. 几十年来未能培养出杰出科学家原因何在

富有创造精神与能力的中华民族,为何近几十年来未能培养出驰名世界的科学大师和文学大师?为何一些人在国内学习或工作平平,到国外去学习几年,就成为出类拔萃的创新人才?我国创新文化氛围稀薄,一些观念、体制、做法客观上抑制和约束创新。表现在:

(1) "乖孩子现象"

在培养和教育人才中,从家庭—幼儿园—小学—中学—大学,家长和老师都希望他们听话,做规规矩矩的乖孩子,往往使个性、特长、创造、创新精神遭到扼制。

(2) 选才的"木桶效应"

很多单位和部门在选人才时自觉不自觉地错用"木桶效应"来选拔人才。人才,尤其是杰出人才在某一方面突出,而在其他方面也有短处,就像高山必有深谷。他们不是择其长而用、而录取,却是求全责备,要求面面都优,结果,很多杰出的创新人才被拒之门外。

(3) 磨棱角

用人才的时候出现很多把棱角磨圆的现象。各种清规戒律、用人导向,把人才的个性和创新精神都磨细、磨光了。

(4) 枪打出头鸟

对待人才的"出头椽子先烂"现象经常发生。一旦取得了成就,甚至刚刚露头,或枪打出头鸟、或冷嘲热讽、或左右刁难、或以各种荣誉和社会职务"捧杀""累杀""忙杀",从此没有多少时间来从事研究和创新,把精力消耗殆尽。

(5) 体制或机制上的缺陷

体制或机制上存在缺陷,条条框框多。从事研究和创新的人既当采购员又当研究员,遇到资金、时间、材料等方面的难处,报告交上去,迟迟不下来。

2. 对策

(1) 态度

大力弘扬尊重个性,张扬特长,激励探索,提倡冒尖,鼓励合作,宽容失败。

(2) 完善体制、改善机制

对不合理的体制、机制要根据先进国家的经验、我国的创新实例,进行修订。

钱学森反复提到,创新型人才不足是现行教育体制的严重弊端,也是制约科技发展的瓶颈。要注重发现有创新能力的人才。中国现在没有发展起来,一个重要原因是没有按照培养科技发明创造人才的方式办学,没有自己独特的东西,培养不出杰出人才。一些高校的校风、校训、传统,缺少个性,不像国外一些名校,几十年、上百年甚至建校以来都没变。学校沿着它,培养出一代又一代的大师,一个又一个诺贝尔奖获得者。而我国一些做法值得思考。前几年,我国不少高校在合并中丧失了传统,以长官意志为第一,强行拉郎配,把好端端的实验室拆掉,学术氛围遭破坏。更有甚者,改名之风盛行,忘却了历史,割断了历史。而国外的一些大学,创办以来,很少有改名的。美国加州理工学院建立以来,有31人获得32个诺贝尔奖,其中莱纳斯·波林在1954年获诺贝尔化学奖,1962年又获诺贝尔和平奖。

(3) 对个人

温家宝说:"科学技术是老老实实的学问,来不得半点虚假,需要充满艰辛、敢担风险的探索,需要'面壁十年'、甘坐冷板凳的精神。要脚踏实地、潜心钻研,切忌浮躁。我希望中国能够诞生更多世界级的科学家和科技领军人才,我们也一定能够出现这样的人才。""我们全部科技政策的着眼点,就是要让创新火花迸发,创新思想不断涌流、创新成果有效转化。""只有培养一批又一批、一代又一代各类人才,特别是创新型人才,中国才有希望。"青年是国家的未来、民族的希望,我们要努力奋斗,决不辜负国家的希望,努力成长为创新型人才,为中华民族的伟大复兴作出贡献!

(4) 对组织

要更加关心和爱护人才。努力营造尊重知识、尊重人才、尊重劳动、尊重创造的氛围。鼓励创新、探索和超越,提倡"百花齐放、百家争鸣",倡导独立思考、追求真理,宽容失败,关心和改善人才的生活条件和工作条件,解决好他们在住房、医疗、就业、子女教育、社保等方面的问题。

五、创新思维的运用

随着改革开放的深入,特别是知识经济时代的到来,策划者必须站在时代的前沿,以科学创新精神来保证创业策划的顺利实施。开拓创新既是人们一种复杂的精神活动过程,又是一种社会实践过程,所以每一个策划者都要运用科学的思维规律、方式、方法进行策划,获得创新成果,其中涉及创新思维在实践过程中的运用。

1. 艰苦思索

创新思维是创新能力的前提,人头脑中的创新思考是人的一切创新活动的源泉,没有思维中的创新,就没有实践中的创新。

谚语说:戏法人人会变,巧妙各有不同。人的思考活动也如此,有的人想问题,半天也理不出个头绪;有的人却能快刀斩乱麻,很快就抓住问题的脉络和关键。有的碰到复杂的新问题便束手无策,一筹莫展;有的人则能驾轻就熟,应付自如。如此差异说明了什么?它反映了人的思维能力,特别是创新思维能力的差异。而这是取决于人的主观因素,思考者的主观能动性、态度、毅力甚至思考方法都会影响创新思维的效率,因此,创业者一定要经过艰苦思索,才有希望获得创新的成功。

艰苦思索建立在对问题的执着好奇上,尤其是在遇到较难的问题时,更应该坚持,不轻言放弃,大胆质疑,沿着"疑"思考下去,深入到事物内部,获得新的启迪,得到新的思想。心理学研究表明,怀疑最能引起定向探索反射,有了这种反射和深入,创新思维就能应运而生。怀疑是创新的种子,养成批判性的思维习惯,打破旧的思维框框,寻找新的路径,达到思维成果的确立。艰苦思索也体现出创新思维者敢于冒险的精神,创新思维过程中的方法、策略在付诸实践时,难免有风险和失误,要探索、有所作为就必须有冒险精神和进一步艰苦思索的准备。

鄂尔多斯集团凭借得天独厚的资源优势,成了世界上最大的羊绒生产企业,然而出乎许多人的意外,把鄂尔多斯带上世界之巅的公司董事长王林祥却开始试图投资100多亿人民币建设一个世界最大的硅铁冶炼企业,从羊绒之轻走向钢铁之重,许多人都觉得不可思议。孰不知,王林祥走出这一步,是经过了艰苦思索的过程。

羊绒行业的进入门槛很低,导致羊绒企业鱼龙混杂,竞争激烈,常常演变成价格战。品牌上的劣势又使得它长期以帮国外品牌贴牌生产为主,利润低。对此,王林祥一直在思索和探寻企业发展之路。他搞过制药、建材、电子元器件,但都不理想。最后终于悟出了"要想发展经济就必须要以自己的资源为依托,发展自己的优势和特色产业"的道理,而煤电和高载能恰恰是内蒙古的优势,如果建立起当地采煤、洞口发电、直接冶炼的经济循环体,就能最大限度地发挥鄂尔多斯的优势。

2. 大胆想象

想象是人类特有的一种创新动力。所谓想象,就是人在头脑中塑造过去未曾接触过的事物的形象,或者将来才有可能实现的事物的形象的思维方式。从心理学的角度看,想象其实也是对头脑中的已有表象进行加工、排列、组合而建立新的表象的心理过程。

一切创新活动,几乎都离不开想象的参与,因为想象能帮助人们创造性地提出问题,创新从提出问题开始,而想象又可以克服因时空因素而受限制的思考。通过想象,可以缩短或延长时间,也可把空间放大或缩小。想象又可以孕育新思想、新概念。可见,想象是一个藏有无穷智慧、谋略的宝库。从事创业、策划只要充分展开想象的翅膀,就能在广阔的天空中翱翔。

想象力是创业者的特殊"设计师",存在于人类的一切创造与创新领域,它能帮助你开拓市场和未来,能扩大创业者的视野,借助想象探索未知,一切新奇的思想就会慢慢完善。所以有人说,培育创新思维比拥有知识更重要。

人人都有想象能力,但有的成功,有的失败,更多的却让这想象能力束之高阁不起作用。事实证明，创业者更加需要想象力，有志向，有理想，也要敢于幻想。当然，想象毕竟要以现实为依据，形式是超现实的，而内容必须以现实为依据。想象还应和我们的时代、社会需求结合起来，始终以促进公众利益和科学发展为宗旨，给社会以活力，促进其健康发展，创造新事物，不断满足社会的需求。

某市一美容中心为推销一种沐浴露，竟然想出一招，在商厦门口置一大浴缸，雇一妙龄女郎当场表演"真人沐浴"，一度使交通堵塞。自以为大胆的创意想象却遭到过路群众摇头，更多的人认为，这样招徕顾客是商家的堕落，只能说明商家已经"黔驴技穷"了。此例说明大胆想象是没错，但对策划来说还应考虑现实性、可行性，这是价值考虑所在。

3. 培养好奇心、兴趣

创新思维是在一般思维的基础上发展而来的，它是后天培养与训练的结果。需要不断地培养和提高，当然也离不开各种适当的条件。可以说应该在每个人的心中都有一个适合创新思维发生、发挥的温床，如能精心培育，为潜在的创新思维做好准备工作，一旦时机成熟，创新思维就会茁壮成长。而一个人的兴趣、好奇心就是创新思维产生的先导，一个人要具备创造能力，首先就要有强烈的好奇心。全国申请专利最多的个体发明家葛晓峰这样描述自己："我从小好奇心就特别强，对世界上的什么东西都感兴趣……许多别人司空见惯的事都能引起我的好奇……"的确，一个人的好奇心会促使他不停地探究和钻研，不达目的决不罢休，这样就有可能敲开创造之门，即使有些好奇心会造成一定程度的"破坏"，但仍不应该加以限制、嘲笑，而应加以引导。

2010年度诺贝尔奖物理学得主之一安德烈·海姆成为有趣的"双料诺奖"得主。10年前他因为让青蛙在磁场中飞行获"搞笑诺贝尔奖"。海姆是一个充满奇趣想法的"科学怪杰"。这个有趣的实验演示了电磁学的一个经典原理，如今已被收入国外的大学物理课本。

不仅是让青蛙飞起来，海姆还曾模仿壁虎爪子的结构研究出一种特殊的材料，装备上这种材料做成的手套和外衣，人可以吸附在光滑表面，从而成为飞檐走壁的"蜘蛛侠"。

复旦大学物理系教授、中科院院士王迅说：事实上，飞行青蛙和石墨烯的研究属于不同领域，其间惟一的关联就是好奇心和探索的乐趣。拥有这般性格和科学精神的学者能获诺奖，本身就值得深思。

创业过程中,创造兴趣也就是创造消费。我们如果观察商店里的商品,就会发现有许多新产品并不是自己非需求不可的,有些甚至是想都没有想过的东西,但是当它能吸引你,价格又能接受时,购买兴趣就会油然而生。有一个中学生从小对各种灯具很感兴趣,在家里也会拆拆弄弄,拼装一些灯具。当他看到报纸上说,市场上买不到外观优美的过夜灯后。他凭着浓厚的兴趣,在家长的帮助下进行一番市场调查,经过一番努力,设计出了好几款新颖别致、讨人喜爱的过夜灯。潜在的市场需求,需要创新,只要对潜在需求分析透彻,并培养在这方面的兴趣,就会在创业、创新的进程中顺利而行。该生把此专利卖给了厂方,获得了30多万元,解决了部分上大学的费用。

好奇心就像探照灯的光束,永远把探索的光芒投向创新的天空,好奇心愈强烈,探索的光芒就愈亮,一切奥秘乃至奇迹都会被摄入好奇心的巨大视野里。我国著名的地质学家李四光,小时候就对石头非常好奇,小伙伴对李四光的兴趣难以理解,认为一块石头绝对不会有什么奇迹的。长大后的李四光仍对石头情有独钟,有一次,他从大同盆地采回一块石头,并发现太行山麓也有这种冰川条痕的砾石,好奇心驱使着他解开这个谜。经过仔细观察与研究,李四光断言这是冰川的漂砾,结果首次发现了中国曾经发生过第四纪冰川,而在这之前,外国的专家都断言中国不可能有这种过程。

好奇心、兴趣又往往与怀疑精神有着密切关系,一般来说,当人们寻求真理的好奇心受到传统习俗或传统学说压制时,好奇心马上转化为怀疑精神,而怀疑、质疑是对好奇心的进一步推动,当然,这是建立在仔细观察和深刻思考基础上的怀疑。虽然有好奇心并提出怀疑并不意味着一定会创造出成绩,但不管怎样,创新思维总是属于那些充满好奇心,敢于怀疑、质疑的人们。

总之,在策划中,创新思维十分重要。它是一个民族进步的灵魂,是国家兴旺发达的不竭动力。它是发展经济的基础,还是发明创造的不可缺少的条件。创新是国家、地区、组织、个人提高竞争力的核心。

要进行一个好的创业策划,要综合运用多种思维方法。因此,要学好、用好思维方法,首先要将本书介绍的十几个重要思维方法学好,这样,才能融会贯通;其次,用好创新思维,进行策划,才有可能达到预期目的。

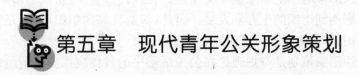

第五章 现代青年公关形象策划

"形象"无处不在,且形象的作用越来越被人们重视,各地方、组织、个人都想方设法通过树立良好的形象来吸引公众的注意力,以获得公众的好感,并以此作为实现目的的手段之一。形象的树立是一个复杂的系统工程,不能一蹴而就,需要通过有计划、有步骤、有组织的策划和实施,才有可能完成。良好形象树立以后,还需要进行维护和创新才能保持。塑造良好的形象是创业者的一个重要目标,内容包括组织形象和自身形象等。

第一节 组织形象策划

青年人要创业,首先得要建立一个组织,尽管创业初期,组织可能很小,没几个人,可它还是一个组织,同样需要注重形象的塑造。组织中的每个人都是组织形象的代言人,都代表着组织的形象。

一、组织形象策划概述

1. 组织形象策划的含义

组织形象是指在一定时期和一定环境中,公众对组织及其行为所产生的各种感知、印象、感情和认识的总和与评价。它的含义:

① 公众是组织形象的评价者和感受者,评价有标准。总体上是客观公正的,但个别的评价可能有出入。

② 组织形象不是形象主体的自然流露,而是策划和追求的结果。但这种结果不一定是客观的形象,可能是期望形象。

③ 公众对组织形象的认知是整体的、综合的,而不是局部的、个别的,是经过理性选择和思考的,即不是理论形态的,而是行为表现出来给公众的各种感知、印象、感情和认识的总体评价。

④ 组织形象是动态的,组织根据不同的任务,通过公关活动来建立和

调整,使其日趋完美。形象的塑造服从和服务于组织的根本任务。

组织形象对于组织来说至关重要。在现代社会中,组织的形象如何,会直接影响到组织的生存和发展。因此,塑造良好的组织形象,是组织至关重要的任务,也是公关工作的重要目标。

组织形象策划是策划理论在公关活动中的具体应用。所谓组织形象策划,就是策划人员根据组织形象的现状和目标,分析现有的条件,谋划、设计公关战略、专题活动等的行动方案,塑造良好形象的过程。

2. 组织形象策划的特点

(1) 整体的统一性和综合性

组织形象是由组织各种要素组成的综合整体形象,因此组织形象的策划不仅仅是表现组织的某一方面、某一阶段、单独的形象,而是各方面、全过程的综合、整体形象,体现出整体统一性与综合性。

(2) 社会历史性

组织生存于一定社会的时空中,是具体的、历史的组织,它的形象也必然具有所处时代的特征。在组织形象的策划中,要结合组织形象赖以生存和发展的社会、自然和文化条件,可适度超越,但要与所处时代大体合拍。

(3) 相对稳定性

组织形象策划一旦付诸实施,形象便表现出相对的稳定。所以要注意它的稳定性,因为形象一经在公众心中形成心理定势,不宜轻易改变。若经常改变,会造成混乱,对实现目标不利。

3. 组织形象策划的要点

(1) 确定目标

在确定目标的时候,要注意目标必须是具体的,可计量的,而且是在规定的时间里应该能够达到的,既不是远不可及的,也不应是遥遥无期的。

(2) 提炼主题

提炼活动的主题,是形象策划过程中一个极为重要的环节,它如同一部交响乐曲中的主旋律。提炼主题,需要创意。能否提炼出鲜明突出的主题,主题能否吸引公众、抓住人心,可以说是决定形象策划成败的重要因素。

(3) 公众认定

组织形象是由公众来评定的,所以在策划的时候,要关注该活动针对的是哪些公众,他们有什么特点和要求等。

(4) 时空选择

自古以来，就有"机不可失，时不再来"的说法。就形象策划来看，需要刻意去捕捉"天时""地利"，充分选择运用时间和空间。抓住一个良好的时机，可以达到事半功倍的效果。

(5) 媒体的选择与整合

形象策划要达到良好的传播效果，策划者要知晓各种媒体的优缺点，并要善于通过各种巧妙的组合，造成优势互补的整合传播效果。

(6) 人、财、物的预算

再好的策划，最终还是需要靠人去完成，因此，在策划时，要对人员做一个全盘的考虑和安排。策划中要精打细算，既可使实施者心中有数，也可使决策者认可。经费不够，难以为继；耗资过大，得不偿失，策划时要注意。策划所耗费的人力、财力、物力应在组织所能承受的限度内。

二、组织形象策划的作用

1. 促使形象靓丽、鲜明

组织形象策划可以创造和形成组织统一的、个性鲜明的整体形象，从理念识别到行为识别再到视觉识别，形成一整套从里到外、从动态到静态的整体形象，使公众对组织有更为具体的认识，提高形象的传播效率，促使形象更为靓丽和鲜明，使其在纷繁复杂的市场中，能脱颖而出，独树一帜。

2. 增强凝聚力

组织内不同的人从事不同的工作，人的性格、爱好、追求不一样，如果没有一种精神力量把他们"粘合"起来，组织就会成为一盘散沙。组织形象确立的共同价值观和信念，就像一种高强度的理性粘合剂，将全体员工紧紧地凝聚在一起，形成"命运共同体"，产生"集体安全感"，使内部上下左右各方面"心往一处想，劲往一处使"，成为一个协调和谐、配合默契的高效率团队，进而在团队精神的驱使下，为实现目标各献其力。

3. 增强竞争力

通过策划，塑造一个良好的形象，可以激发内部的活力，优化内部的资源配置，同时也可以创造一个良好的外部环境，为组织创造一个天时、地利、人和的氛围，从而增强竞争力。

28岁的朱莉姬和29岁的克莱格是美国 Willowbee & Kent 旅行公司

的创始人。公司为旅游者提供全套服务的"旅游超市",创立于1997年12月,1998年销售额是100万美元,1999年已达350万美元。他们是一对夫妇,他俩在介绍这个"旅游超市"时说:"当时,没有一家公司能提供这么广泛的服务,绝对是物超所值。"目前,该旅行公司能在一个房间里为游客提供全方位服务,包括订票、购买旅游指南和探险服务,以及与旅游相关的其他事宜。

他俩大学毕业后,花了3年时间研究旅游市场。他们频繁地参加旅游主题的会展以获取经验。"我们的目标是办一个独一无二的、有强烈视觉冲击力的旅游公司。"他们把自己的创意告诉了Retall设计公司,请他们为自己的公司做形象策划。这家著名的设计公司极少为一家小店做设计,但他们被克莱格夫妇的创意打动了,觉得公司定位新鲜而独特,一定能吸引许多旅游爱好者,挣大钱,于是为他们设计了一间极富个性的店。在这家旅游超市里,顾客一进门就感受到了旅游的浪漫。他们可以浏览数以百计的旅游手册,并可在交互式的电视前完成到世界各地的虚拟旅行。门口处是个两层楼高的多媒体中心,环形屏幕上的秀色美景令人怦然心动。顾客可以一边看着酒店和游艇的录像,一边向旅游顾问咨询,勾画自己的梦之旅。这样温馨的情调,很快在旅游者当中广为传播,这种旅行社立即在美国风靡起来,并向欧洲蔓延……

三、组织形象策划的步骤与内容

1. 策划的步骤

形象策划是一门应用性很强的科学,其理论研究必然涉及程序:

(1) 调查

没有调查就没有策划权,调查研究是对组织形象及相关问题的审视和把握。调研是整个形象策划的基础和起点。做得好坏关系到策划、实施、评估乃至整个形象塑造活动的收效大小甚至成败。

形象策划的调查,首先要确定问题。调查是围绕组织形象目前存在的问题来展开的,调查要有侧重。确定问题就是明确本次调查要解决的问题。其次选择公众,特别是目标公众。第三设计内容。为了取得预期的收获,必须认真设计调查内容。第四要选择方法。调查的方法很多,要根据不同的问题、对象和内容选择适合的方法。第五要分析处理结果,写出调查报告。

调查的内容：一是组织情况,包括组织的历史、目标、宗旨,组织的特色、实力、现状与发展规划,社会地位与公众评价等。二是公众情况,包括组织内外部公众情况。公众的一般情况,如年龄、性别、籍贯、文化程度、职业、经济收入、家庭情况等,还有对组织的知晓程度、基本态度、各种要求,最关心的问题和反映最强烈的问题等。三是策划条件和态度。主观条件指策划人员自身的素质、能力和人力配备；客观条件包括组织对形象策划工作的支持程度、资金和设备保证,以及组织的实力、形象状况,外界的政治、经济、法律、文化、舆论、自然环境等。在调查中,要注意全面掌握,客观估计,重视对时机的研究和把握。

形象策划调查的方法：

文献调查法是通过对已公布或发表的文字图像信息的收集、保存、检索、分析进行调查的方法。其目的是整理、积累资料并从资料中分析出事实和观点。

访谈法是通过与对象面对面的交谈,来收集公众看法和意见的方法。它具有灵活性、适应性、直接性、即可判断性、可靠性等优点,但有费用大,时间长,范围有限,主观性强等不足之处。

抽样调查有普查和抽查两种,在组织形象调查工作中,基本、常用的是抽样调查法。一般可采用问卷形式,分随机抽样和非随机抽样。问卷的设计要简明扼要,通俗易懂,回答的确定性和选择性强,问题回答不易过长。

观察法是调查人员亲临现场,通过直接的感受、观察和咨询,来了解有关情况的方法。其优点是观察对象的行为都在自然环境中产生,调查结果接近客观,但最终形成的资料是文字而不是数据。

最后,调查人员经过调查以及对调查结果的分析研究,确定形象中存在的问题,其成果以书面形式反映出来。调查报告包括正文和附件,正文要叙述调查的过程、方法及对问题的分析。在分析中应该阐述：①问题的性质及内容；②问题产生的背景；③造成问题的主要原因；④问题产生的时间范围；⑤被卷入问题的公众；⑥公众被卷入的方式和程度；⑦问题对组织已产生和可能产生的影响。在调查报告的最后,还要提出调查人员的建议,由负责人签名,报决策层审批。

（2）制订方案

形象策划最终要形成文字报告,并将其作为实施方案和评估标准的关键部分。内容：

第一，制定目标系统。即首先明确要干什么、先干什么、后干什么，是要提高知名度还是美誉度，或是整体的导入CIS？这是整个策划的关键一环。在制订目标的过程中，应实行民主决策，决策层、管理层、执行层都要发表意见，对一些不确切的问题或疑难问题应召集专家及有关人员"会诊"，使目标能够符合组织形象的各项要求，最后加以认可并写入报告或合同，作为日后评估的依据。

第二，确定公众。即确定对谁去做工作。任何一个组织都有其特定的公众。公关活动是以不同的方式针对不同的公众展开的。确定组织的目标公众是策划的基本任务。确定公众分为两步：首先是鉴别公众对象的权利要求，公关在本质上是一种互利关系，成功的策划必须要互利。要做到这一点，就必须明确公众的权利要求，将其作为策划的依据之一。其次是对公众的各种权利要求进行概括和分析，先找出各类公众权利要求的共同点，把满足各类公众的共同权利要求作为设计组织总体形象的基础。然后再分析各类公众的特殊要求，这是策划组织特殊形象的基础。

第三，确定主题。任何成功的公关活动，不论是战略性的还是战术性的，都由一系列项目组成，是以一定的原则为指导，在一定的时间范围内完成的总体活动。公关主题＝公关目标＋公众心理＋信息个性＋审美情趣。在这里，主题要简明扼要，词句要高度概括，一语中的；同时还要贴切朴素，一个理想的主题并不是豪言壮语，而是一个脚踏实地的行动计划。

第四，确定时间。即确定何时干，干多长。完成各项任务可能有许多过程，而每一个过程又需要不同的时间。应对此作出估计，然后将它们加在一起就是所需总时间。需要注意的是：策划计划是一个动态的过程，随着情况的变动，计划在执行中有可能要变动，制订计划时还应对时间留有余地，一般要留10％～25％的余地。最后，还应匠心独运地选择项目推出的最佳时机，争取做到一鸣惊人、事半功倍，产生轰动效应。

第五，确定空间。即每次活动地点的确定、安排。根据目标公众的活动空间、不同项目内容以及组织的经济条件等来确定用什么样的场地和在多大的空间内展开。

第六，经费预算。每项策划都要花费一定的人力、物力、财力，因此经费预算对于策划的开展十分重要。费用一般包括行政开支、项目开支。预算的方法有固定比率法、投资报酬法、竞争对垒法、量入为出法、目标先导法等。

(3) 方案的论证和实施

方案的论证就是对方案进行可行性论证,一般由有关领导、专家和实际工作者对方案的可行性提出问题,由策划人答辩。方案论证包括:①对目标进行分析,分析其明确与否以及实现程度如何;②对限制性因素分析,即分析方案在哪些条件下可以实行,在哪些条件下实行会有困难甚至不能实行;③对潜在问题分析,即预测执行方案时可能发生的潜在问题和障碍,提出防止和补救的可能性;④对预期结果进行综合效益评估,衡量该计划能否付诸实施。

方案的实施是以形象策划的方案为依据,运用各种传播手段,把预期的信息发送给公众,联络公众感情,改善公众对组织的态度和行为,从而创造有利的舆论环境,建立良好的形象。在方案的实施过程中,首先要选择正确的模式,即以什么样的方式入手。活动模式是由一定的目标和任务以及由此所决定的多种方法和技巧组成的有机体系。

根据不同的模式选择不同的传播媒介:个体传媒即个人对个人所进行的传播,这种方式的公众明确,能深入、细致地解决一些特殊问题,但传播面窄,适用于针对个别特殊的公众。组织传媒是以组织为主体的传媒,如企业宣传册、报告会、闭路电视、局域网、黑板报等。大众传媒具有影响力大、辐射面广、传播迅速等优点,是组织常用的。互联网的作用力更是惊人,一个消息,瞬间传遍世界每一个角落!

(4) 评估

评估是在方案实施完后,对活动结果进行总结。评估要回答:干得怎么样?是工作程序的最后一道。对于策划活动来说,它意味着工作的结束。但对于形象塑造来说,它又是新的形象策划活动的开始。因此,它的作用不仅是总结过去,更是开拓未来,促进下一步策划的开始。

过程:①重温组织形象策划计划。这是评估效果的尺度,通过对照方案,看哪些做到了,哪些没做到,为什么没做到,分析目标达到了没有或实现到何种程度。②收集评估资料。评估的依据主要是客观结果,因此要收集能反映活动效果的各种资料,资料要全面、客观、有效。③分析评估资料。对收集的资料进行分析和处理,通过科学的方法找出能反映本质和主流的资料。然后对照活动前的情况,比较后得出实施效果的结论。④分析结果。活动的效果评估是带有总结性的文字材料,要求有过程性、条理性、经验性、理论性、借鉴性和启示性。

2. 组织形象策划的内容

（1）有形形象

指组织形象中的视觉识别系统，即 VIS，包括产品的质量、包装、组织建筑特色、人才的结构等。

（2）无形形象

从感觉、行为、意识、观念等角度来体现组织的价值观、行为模式和环境气氛，包括组织精神、方针政策、管理水平、效率、信誉、成员的精神状态等。

组织的形象是一种综合形象，要塑造一个良好的组织形象，必须是"软硬兼施"，把每一个要素调节到最佳状态，形象才会鲜明突出。否则一个小的疏漏，都会导致功亏一篑。这些内容将在本章的第三节有详细的说明。

第二节 青年形象策划

良好的形象不仅来自天生的好条件，更主要来自后天的自我塑造与培养。大多数人都不是天生丽质，甚至有或多或少的缺陷，他们的迷人之处，在于积极的人生观与自我意识，而非身材与容貌。

好形象是三分外在，七分来自内心。外在的吸引力包括相貌、身材、发式、衣饰及化妆等。而另一种吸引力来自言谈、举止、礼仪、文化等形体语言和口头语言。

青年代表一种新生的力量，拥有无限的可能，寄托着人们的希望。

为此，创业者，尤其是青年创业者自身良好的形象，可以展现出他们良好的精神风貌、素质和涵养，给公众留下良好的第一印象，为创业打下良好的基础。因为谁都愿意和有涵养、素质高且赏心悦目的人打交道。因此要注重自身形象的策划。

从公关的功能来看，公关的一个核心功能是塑造良好的形象，包括组织形象和成员形象。然而形象的塑造，首先是个体形象的塑造，是人格、人品、气质的塑造。在我们面临严峻考验的今天，挑战与机遇同在，挫折与成功并存，个人形象在其中起着重要的作用。

一、个人形象策划的意义

1. 展示青年独特精神风貌

青年人有青年的特色,他们崇尚自我、追求个性、追求自我价值、自我奋斗、自我实现;他们不迷信权威,不随波逐流;他们喜欢与众不同。因此,他们可以将包括自己的喜好、个性特点等整个精神风貌通过自身的形象设计,大胆地展示出来。

2. 与时代发展吻合

随着社会的发展,人们的生活水平逐步提高,个人对生活的要求也得到进一步的提升。以往的那种沉闷、闭塞、缺乏生机与活力、枯燥、单一的生活方式已一去不复返了。今天的人们大胆地追求美、崇尚美,而作为引领时代潮流的青年来说,他们热情奔放,大胆创新,追求鲜明的个人形象,享受丰富多彩、浪漫怡人的生活,这些正吻合了时代的要求。

3. 易于实现个人目标

根据马斯洛的需求层次理论,在人们得到了低层次的需求后,会要求更高的需求层次。对现代青年来讲,在解决了生理、安全等低层次的需求后,他们强烈要求自我价值的实现,他们渴望成功。据中国青年企业家协会、共青团中央青工部和中国企业家协会的联合调查显示,当代青年企业经营者主要的个人追求是:实现自我价值的占 95.4%,良好的工作环境和条件的占 46.7%,要社会荣誉的占 38.8%,考虑经济收入的占 34.5%,良好的人际关系的占 27.2%……从中可以看到,随着市场经济的发展,青年人的价值观念已经向多元化和更高层次发展。而个人目标的实现,是其中重要的一方面。在追求成功的过程中,个人形象是不可或缺的一个因素,良好的个人形象无疑可以加速成功的进程。有些年轻人,不善于根据环境的变化来设计自己的形象,往往造成不应有的损失。

4. 利于广交朋友

人们都愿意和一个有良好的修养、外表优雅的人交往,能从他们身上学到许多所需要的东西。因此,有着良好个人形象和修养的青年,就像一块吸铁石,能把周围的人凝聚在一起,为他的事业成功奠定了良好的人际关系基础,能取得多方面的支持。

5. 利于朋友的支持

在创业中,形象好的人在遇到困难时,能够得到朋友的关心、支持与帮助,渡过难关,重振雄风。而形象欠佳的人是难以得到友人的帮助,他们避之不及,不会来扶你一把的。

二、个人形象策划的内容

一个善于策划自己的人,他会非常在意其个人形象。个人形象的策划包括:

1. 内在形象

(1) 以知识为基础

一个人的气质、修养无不与知识存在着必然的关系。培根说过:"知识就是力量。"我们也可以说,知识就是美。一个青年要成功,没有知识是难以想像的。且不说那些科学家、发明家、文学家的成功是以渊博的知识为基础,就是一个常人的成功,同样凝结了知识的含量。

在进入知识经济时代的今天,知识对每一个人的重要性突显起来。随着体力劳动越来越多地向脑力劳动转换,知识与专业技能成为人们就业竞争的焦点,失业下岗者多数是文化水平较低者。以往那种"痞子发财"的现象正逐渐弱化,而知识先富阶层正在崛起;干部队伍知识化的要求也越来越高。这种趋势在20世纪末已经出现,今天更日益明显。

所以内在形象的塑造首先要用知识来武装自己,这不仅是个人形象策划的需要,也是时代的需要,创业的需要。

(2) 以德为基础

策划内在形象,光有知识还不行,还需要有优良的品德作根基。成功人士的经历证明:自古至今,"德"在成功的道路上始终具有举足轻重的地位。我国古代关于修身立德的著述可谓汗牛充栋,其中有大量的准则、要求值得我们学习和发扬光大。

德之修养,我国古代伟大的思想家,被称为亚圣的孟子的观点可为我们提供不少启发。孟子十分重视为政者的修身,强调修身要崇实,要志于道,重于本,不能矫性,不能名不符实。修身要做到"富贵不能淫,贫贱不能移,威武不能屈"。只有修身方能齐家、治国、平天下。他还非常强调修身要持之以恒,专心致志,不能见异思迁。"有为者辟若掘井,掘井九轫而不及泉,犹弃井也。"另外他认为,修身必须要经过艰苦的锻炼,其曰:"故天将降大任于斯人也,必先苦其心志,劳其筋骨,饿其体肤,空乏其身,行拂乱其所为,所以动心忍性,增益其所不能。人恒无过,然后能改;困于心,衡于虑,而后作;征于色,发于声,而后喻。"

(3) 注重心理素质的提高

烦恼人人有之,穷人为温饱而烦恼;富人为财富而烦恼;名人为名声而烦恼。试图要彻底消除烦恼是不现实的,但是只要用健康、积极的心态,烦恼是可以消除的。青年人的烦恼大多来自于工作中的矛盾、报酬、难题,人际关系的磨擦也会形成烦恼。但是工作也充满着欢乐,若能发现积极的一面,那么可以从中享受到极大的快乐,从而用"快乐地享受工作"的心态去面对工作。

健康的心理,对人的成长至关重要。没有良好的心理素质,必定是一个脆弱的人,不能适应社会的需要,不能更好地发展。所以,青年人在充实、完善自己的时候,要加强心理素质的培养。心理健康的人能经受各种风浪,克服各种困难,使进取精神大大地生发出来。

2. 外在形象

人的长相美丑,个子高矮不能由自己选择,是父母给的,一般难以从根本上改变。但每个人都具有不同于他人的独特美,只要我们善于发现,大胆展示、追求,悉心培养,外在美是可以创造的,可以通过锻炼和衣饰来弥补缺憾,美化自己。

第一,外在形象要有一个健康的身体。一个百病缠身、弱不禁风的人,不会是一个健全的人,也很难是一个成功的人。即使在其他各方面很优秀,身体的欠佳也会阻碍他事业的发展。林黛玉是一个很典型的例子,她才貌双全,只是因为她的多病,使得红颜早逝,令人扼腕叹息。健康的身体首先需要有乐观的情绪,可以使人精神饱满,精力旺盛;其次要劳逸结合,体脑结合;再次是生活要有规律。浙江一民营企业家,他艰苦创业几十年,建立了 37 亿元的帝国。不幸的是,他劳累过度,得了肝癌,年仅 30 多岁就走了。在患病期间,他说谁治好了他的病,愿送 20 亿元来报答,但目前医学回天乏术。

第二,外在形象需要有一个清爽适合的衣着。俗话说:"人靠衣装马靠鞍",就是这个道理。人都有以貌取人的心理,"貌"包括了服装打扮。在别人还不了解你的时候,常常会依据你的服饰来判断你的身份、地位。例如:你穿着西装革履,即使问路,别人都会对你客客气气;而你如果衣着邋遢,别人就会对你爱理不理。恰当的衣着打扮正是让人尊重的一种方法。衣着还会影响人的心理。在交往中,衣着打扮占优势的人,心理上也往往会有优越感,会充满自信。适度的、大方得体的修饰,会显示出你的朝气与活力。这不仅是美学问题,还是心理学研究的一个重要方面,因为在一定程度上会改变他人对你的看法。

年轻人的衣着应根据时间、地点、目的与交往对象的不同而做不同的选择,这样会有助于交往的成功。居家着便装;工作着工作服;运动着运动装;应酬,穿着深色西装或礼服;睡觉,穿睡衣……总之,青年人着装可以分上班、社交、休闲等几种类型。上班型通常比较传统,社交型通常追求新颖,休闲型是图个舒适,三者各成一体,不可混淆。

此外,衣着穿戴还要符合个人的特点,如体形、脸型、肤色、职业、性格、文化素养、经济条件等。

外在形象除了衣服,还包括行走、坐姿、站姿等。行走要自然,要昂首挺胸,两手的摆动要跟步伐的大小、节奏协调。如果与人同行,要尽量保持一致。坐姿以平稳为第一,上身要直,在正式场合与人交谈时,身子要稍稍前倾,认真注意倾听对方说话。两腿垂直或相互交错,两脚稍前伸,但不宜伸得太长。站立的时候,不要把身体靠在墙上,也不要来回晃动。(参见《现代青年公共关系技巧》第二版"语言篇:头部、面部、笑的、腰的、腿的语言"等)

三、个人形象策划注意事项

1. 不猎奇

青年人由于年轻,充满着朝气,平时也喜欢一些前卫时尚的形象设计,认为这就是所谓的"酷"。但时尚并非另类,也不是奇装异服,在个人形象策划时要注意这点。因为,在社会上,人们对着装打扮有一定的限制。在整体的形象设计上,要以能给人留下良好的印象为宜,不能太"飒"、太"前卫"、太"露"。

2. 突出个性

在个人品质中,有一种十分重要的因素影响着一个人的魅力,那就是个性。在个人形象策划时,通过突出自己的个性来营造一种迷人的人格魅力。对一个组织来讲,CIS(组织识别系统)策略,就是突出组织的个性的一种方法。这种方法对个人也不例外。

3. 文化内涵

要策划有魅力的个人形象,那就要以文化作基础,用知识武装自己。

外表的形象容易建立,而通过文化内涵体现出来的素质,由内而外的气质和魅力,不是那么容易的事。因此要时时学习,学习是获取知识的惟一途径。不管你是谁,都需要学习。这是时代的要求,是自我发展与生存的需求,也是建立具有魅力的个人形象的需要。为树立良好的形象,必须树立终生学习的观念。

4. 与特定场合融洽

在进行个人形象策划时,还要注意场合,在不同的场合展现自己不同的形象。不同的场合对个人形象有不同的要求。

第三节 CIS 与 CS 战略系统策划

公共关系的重要内涵之一是塑造良好的形象来对关系进行管理,必须借助于 CIS 和 CS 为塑造组织形象服务。

一、CIS 战略

1. CIS 的含义

CIS 是英文"Corporate Identity System"的缩写,直译为"企业识别系统"。它包括企业理念识别(Mind Identity System,缩写 MIS)、企业行为识别(Behavior Identity System,缩写 BIS)、企业视觉识别(Visual Identity System,缩写 VIS)。

CIS 是一种发送企业形象、有效提升企业形象的经营技法系统,是现代企业适应社会竞争而采用的一种新概念、新领域的企业形象战略系统。它崛起于商品经济高度发达的美国。

根据我们的研究成果,笔者认为比较全面与科学的定义为:

CIS 是综合现代设计观念与企业管理理论的整体性动作,以刻画企业个性,突出企业精神,使公众产生深刻的认同感,从而产生良好的经营环境、作业条件和实际效应的系统工程。

2. CIS 的特点

CIS 设计的基本目的是价值观念同一化、行为一致化、视觉一体化、环境识别特征化。成功的 CIS 具有以下特点:

差别性。表现在本企业与其他组织的不同。这不仅体现在企业的视觉标识上,也表现在企业的经营理念与行为规范上。

标准性。在企业整体上得到贯彻,并施行标准化的管理。在导入时应得到员工的认同,逐步接受和实施CIS的规定。在导入完成后,也要持续、长久地坚持CIS的标准。

系统性。它由理念、行为、视觉三个子系统组成。子系统下又有许多分系统。任何一个方面出现偏差都会影响到系统整体功能的发挥。

传播性。传播性是指CIS必须借助各种媒体和渠道进行传播,得到社会的认同,达到实施CIS的目的。

3. CIS的作用

内可以聚。指统一意志,向心归属,是CIS的对内作用。

外可以昭。"昭"即明显之意,指CIS的策划与推行,有利于已形成的企业形象对外传达。

总之,CIS有利于企业的生存与发展。

4. CIS战略策划

(1) 导入阶段

① 导入动机。一般来说,导入的动机有两个方面:

首先是迎接市场竞争的挑战。市场竞争使企业的产品在质量、性能、服务、信誉等方面日益接近,难分高下,信息趋于雷同。因此,公众很难从近乎同一的产品信息中领略到企业独特的魅力。企业间的竞争是在理念和价值取向,传统与未来发展,决策与经营哲学,规模与设备投入,人才与技术储备,产品与市场拓展,服务与质量保证,公益与社会责任等各个层次上展开的整体实力竞争。企业受多重压力,多重挑战,如成本与价格、传媒、消费心理、技术、资金和人才等的挑战。

其次是企业内部自身的整合需要。通过导入CIS战略整合内部,苦练内功,凝聚和吸引人才,优化环境,吸引资金,提高广告效果,统帅关系企业,提升形象。最终赢得顾客,占领市场,扩大销售,提高经济效益。

② 导入目标。确认一个远近适中、高低适度的导入目标,过高过大、过低过小都不能说是成功的。

③ 把握导入时机。新公司成立之际;企业兼并、联营、组成集团之际;新产品投放市场之际;企业创业纪念日之际;旧有企业形象落伍或遭到挫折之际;企业的股价超跌之际等是导入CIS的最佳时机。

(2) 组建导入机构

由企业的最高领导人直接领导,公关、营销、广告、财务等负责人组成

CIS战略管理委员会,如有必要,还应请 CIS 专家和公关公司的专家参加。

(3) 调研

调研,是 CIS 战略策划施行后的第一步。CIS 调研是一项艰辛而复杂的工作,也是一项科学而细致的工作,有严格的体系。

调研的内容:①企业营运状况,包括财务状况,管理水平,营销状况等。②企业现在的形象识别状况,包括企业内、外部形象的构造和效力等。③竞争企业状况,包括企业运营状况、发展计划和形象识别系统的特征与效力。

调研的方法:①按对象分,有全面、典型和抽样调查。②按性质分,有定量和定性调查。③按资料收集的方法,有观察法、实验法、谈话法和问卷法。

把调研所得,形成 CIS 调研报告,报告书的撰写规范如下:

标题。要求具体、明确、简练、醒目。在表达方式上可以用单标题,也可以用双标题。

导语。言简意赅,高度概括,条理清晰,起导读作用。简述一般情况,如调研动机、目的、时间、地点,调研单位、内容范围,方法、步骤等,同时概述现状、主要问题、解决问题的设想及核心观点、结论。

正文。事例要求具体典型,数据确凿,分析合理,判断明确。内容包括企业营运和形象识别系统调研成果综述。

结束语。结束语的作用是总结全文,深化主旨,画龙点睛。要求采取开放的形式,提出富有启发性的问题,引发思考,加强效果。

(4) 开发设计方案

以调研结果为依据,进行未来形象定位设计,构筑理念系统,进而设计成系统的活动和视觉传达形式,以全面塑造新形象。经过综合设定 CIS,重新定位组织形象,通过实施把统一、独特的组织信息传递给公众,从而提升组织的整体形象。

(5) 编制实施方案

确立对公众有吸引力的主题,明确实施范围,拟定具体实施方法,编制导入的顺序,指派执行的合适人员,编制预算等。

(6) CIS 战略设计主要指 MIS、BIS、VIS 的设计

① MIS 战略设计

MIS 的基本要素:经营理念、企业精神、企业文化、组织结构、发展目

标、经营策略等。

制作应用要素：信念、口号、标语、守则、警语、座右铭、组织领导人的习惯。

② BIS 战略设计

BIS 的基本要素：组织的文化传统、精神指标、语言符号、声音象征、节日庆贺惯例、气氛表现、行为规范和特征等。

BIS 的应用要素：组织对内、对外行为模式和工作氛围。

③ VIS 战略设计

VIS 的基本要素：组织的标识、标准字、标准色、精神标语与口号、造型与象征图案等。

VIS 的应用要素：办公用品、制服、旗帜、招牌、建筑外观、室内装饰设计、产品包装设计、交通运输工具、赠品、纪念品、广告规范、CIS 规范手册等。

上述 MIS、BIS、VIS 的基本要素和应用要素都应在组织内外广泛征求意见后定稿。

(7) 实施评估

实施效果的评估，是 CIS 工程保持流变常新和循环状态的前提。

评估的内容是组织的预期目标是否得以实现，从定性和定量两方面加以评估。如果这一战略分长期、中期、短期，还应进行阶段性评估。就是用实际效果与预期目标对照，看实现的程度如何。

评估的方法有内部、外部、专家和综合评估法。方式可以采用问卷法、访谈法、座谈法等。

评估结束后，应写出总结报告，提交领导讨论，据此修订方案，再提交组织主管审批，然后进行新一轮对内对外的调查——计划——实施——评估。

CIS 是无止境的过程，在第一次 CIS 的基础上，获得反馈信息，投入到第二次 CIS 的策划中，如此循环往复，螺旋式上升，使组织形象不断提升。

二、CIS 战略策划如何为个人提供服务

1. MIS

一个人立志后，必须付诸行动。理想离开了追求和拼搏，就成为空

想、纸上谈兵。为了实现目标,制订出相应的计划,设计出完成计划需要的要素,以便沿着通往目标的阶梯攀登。在设计中,要把大目标分解为若干小目标,设定符合实际能力的阶梯,一步一步攀登,直至达到目标,实现理想。

MIS 就是一个人的理想。理想是一种渴望在社会、集体、群体中实现自我价值的崇高动机。理想确立后成了支配人思想的主宰,成为人的生活支柱,成为激发人不断奋斗的精神力量。

在策划个人的 MIS 时,首先考虑的是确立一个适合的理想:一是适合发挥自己的兴趣和特长;二是选择不易实现而对自己非常重要的;三是有良好的发展前景又对社会有益;四是理想的难易程度和个人的能力、水平能相匹配,不要相差太远。

当所确定的目标与实际情况矛盾时,有必要对理想重新策划:

第一,冷处理。不少的青年往往以憧憬的理想世界具有的辉煌性、崇高性、光荣性、浪漫性、自由性为出发点去确立理想,其实对它的艰苦性、严酷性了解不多。因此,要学会对理想进行冷处理,尤其要对实现理想的艰巨性进行客观分析,把热情引进"冷库",冷静头脑。

第二,修正目标。要依据自身的情况调整目标,放弃原有的目标,确定新目标,还要对实现目标的方法和途径进行改进。

第三,克服理想道路上的障碍。在冷处理后,还要执着地追求,分析存在哪些障碍,如何克服,从而走向成功的彼岸。

2. BIS

在策划个人理想的 BIS 时,要从小事做起,坚持不懈,急于求成会欲速而不达。只有把一件件小事做好了,大事才有可能成功。达·芬奇从画蛋开始习画,齐白石把一担础石化为泥,才使他的篆刻艺术炉火纯青。王献之用尽 18 大缸水,终将书法练到炉火纯青。

BIS 就是把抽象的 MIS 细化为具体可执行的行动,根据行动计划逐一完成,达到预期目标的过程。

3. VIS

对个人而言,VIS 是一个人的外在形象,表现为仪容和仪表。仪容要整洁,勤洗脸勤沐浴,勤剪指甲勤刷牙。着装与修饰同环境、任务、对象相适应。

当今个人形象的重要性日益突显。随着人们对形象作用认识的不断深入,形象意识在不断增强。形象犹如个人的名片,是个性化的表达方式,既是参与竞争的需要,也是人际交往的需要。青年人在追求个人魅力的同时,应该与社会、环境相适应,不能脱离。个人形象的树立既要体现自身所具有的思想文化素养,又要具有时代气息,能够展现个人魅力。这样的良好形象定会给您的事业发展锦上添花。

青年的人生哲学表现为世界观、人生观和价值观。具体表现为一种理想、高尚的精神追求、事业心,也就是一个有意义的人生奋斗目标。人生哲学还包括人的社会理想、道德理想、职业理想和生活理想。社会理想是一个人对美好社会制度和政治结构的要求和设想。道德理想是一个人所向往的理想人格。职业理想是一个人对某种社会职业的喜爱和追求。生活理想是一个人对物质生活、精神生活、家庭生活的追求和向往。

个人的人生哲学确定之后,就应设计如何实现人生哲学的行动方案策略,争取用最少的成本来实现。这是 CIS 战略策划为个人提供服务的重要内容之一。

由于每个人的阅历、性格、文化、修养、家庭背景差异,光用行政命令已很难驾驭市场经济下的个人行为,需要用理念来驾驭。

小付在大学外语系学习期间,一心想学好外语,出国淘金,可是出国并不是一件容易的事,几番折腾还是出不去,后来在南京一家电子企业从事进出口业务。然而好景不长,5 年后,企业破产,她被迫离岗。当时,凭她多年从事外贸、销售的经历,不管是在私企还是在外企找一个工作是不成问题的。然而,在经历了一些事,接触到一些人之后,她的想法变了。脑海中浮现的是大龄下岗女工一双双黯然无助的眼睛、一张张苍白憔悴的脸庞,她们比自己更需要社会的关爱,更需要一份工作、一份收入。由此,她修正了自己的目标,萌生了创办家政服务公司的想法。家政行业并没有所想象的那么美好,创业的道路布满艰辛和坎坷。几经周折,与下岗女工共创一片天地的诚心换来了回报,10 名下岗女工与公司签约成了首批员工。3 年多来,家政公司以规范的管理、优质的服务在南京市的家政行业独树一帜,安排 200 多名下岗工人实现了阶段性就业,为成千上万户家庭提供了服务,被中央、省、市的许多媒体广泛报道,取得了良好的社会效益,先后被评为南京市职工二次创业示范基地、区文明单位及巾帼文明示范岗、区级青年文明号,她本人也被评为南京市十佳青年经营管理者。

"一汽集团"的 BIS

第一汽车制造公司在建厂初期,经艰苦创业,建成我国第一个大型汽车生产基地。从 1983 年开始的第二次创业,解决了设备、产品的老化问题,接着又开展了以轻型轿车为中心的第三次创业。经过三次创业的精心培育,一汽把企业精神凝练、升华为"爱一汽,争第一",又围绕这条主线提出"长期积累、滚动教育、全面渗透、不断深化"的方针。体现了"一汽人"执著的市场意识和进取精神。

怎样把一汽精神落实在员工的行动中?一汽在内部开展了多方面的 BIS 活动识别。

第一是开展了"我是一汽人"的大讨论。这场讨论增强了职工的危机意识、精益求精意识,增强了振兴民族汽车工业的主人翁责任感和使命感。

第二是构建跨世纪的"人才工程"。建立青工电视学校,根据不同层次分批开展技术培训;建立一专多能的岗位培训,如电钳一体化、木瓦工一体化、设备维修和保养一体化、电气焊一体化,形成了人人拜师学艺的氛围;领导干部带头学电脑;"8010"工程,即提拔一批 80 年代大学生和工作经验达十多年的骨干。

第三是升华现代管理理论。"五位一体"的质量自控活动:即"深化工艺、工序绿化、创优创奖、五不流、自控职工"的五位一体,使机械的管理模式转变为以人为本的管理体制,如"工序绿化"是将汽车生产的 42018 道工序,分为合格、不合格、优质工序,分别挂上黄牌、红牌、绿牌,所有工序全部绿牌为工序绿化;推广奥迪质量评审:又称 Q—Audit,就是站在用户的立场,对产品进行挑剔,以缺陷作为量化考核的基础;建立职工发明创造研究小组,取得了大量的技术改进成果,并涌现了一批"革新迷"、"精益迷"。

第四是建立车城文化圈。包括"一汽人之声"的歌咏比赛、两年一度的"车城奥林匹克运动会"、"戏迷角"群众文艺交流、周末"文化一条街"等文娱活动。

通过以上多姿多彩的活动,使一汽精神在实践中反复锤炼得到发展,又直接推动着一汽实现在 21 世纪跻身世界汽车工业前列的宏伟目标。

三、CS 战略

1. CS 的含义

CS 战略是在 CIS 战略的基础上发展起来的,弥补了 CIS 以"自我为中心"的缺陷,把公众满意放在形象建设的核心地位,是公共关系在形象建设中的一次重大突破。

(1) CS战略的内容

CS是英文"Customer Satisfaction"的缩写,译为"顾客满意"。顾客满意指顾客接受组织的产品或服务后,感到满足的状态。用两个标准来衡量。

① 顾客满意指数(满意指标)(Customer Satisfaction Index,缩写为CSI):衡量顾客满意程度的量化指标,可以直接了解组织和其产品在顾客心中的满意程度大小。

② 顾客满意级度(Customer Satisfaction Measurement,缩写为CSM):表示顾客满足状态的程度的评估衡量方法。

(2) 顾客满意的内容

① 理念满意系统(Mind Satisfaction,缩写为MS)

理念满意是经营理念带给内外公众的满足状态,包括经营宗旨、方针、哲学,组织的质量观、服务观、人才观、创新观和顾客观等。核心是反映顾客需求的价值观,实现组织的价值,决定组织的自我期望形象和社会实际形象。理念满意系统的策划要求:简洁、明确、通俗,体现"顾客为中心"的精神。

② 行为满意系统(Behavior Satisfaction,缩写为BS)

行为满意是组织的行为给内外公众的满意状态。

行为机制满意,指组织建立一套完善和有效的行为机制,主要有顾客感知、组织传入、决策、反应机制等。

行为规程满意,有人事、生产、财务、事务管理规程等。

行为模式满意,组织行为不能用规程予以规范的,可根据组织所需要形成稳定的行为结构形式,使之标准化。

③ 视听满意系统(Visual Satisfaction,缩写为VS)

视听满意系统包括:名称、标识、标准字、标准色、歌曲、视觉整合满意等。各视听要素给顾客满意的各个方面,让他们整体满意,帮助他们认识、识别、监督、支持组织。

④ 产品满意系统(Produce Satisfaction,缩写为PS)

它的核心是产品功能、设计、包装、价格、品牌满意等。

⑤ 服务满意系统(Service Satisfaction,缩写为SS)

它要树立顾客第一,有完整的服务标准,服务满意的考查及量化。

据波士顿的克卢姆咨询公司调查,顾客从一家公司转之竞争的另一家公司的原因,10人中有7人是因为服务问题。另据马萨诸塞州沃尔瑟姆市一家销售咨询公司调查,公司服务质量每提高1%,销售额即增加1%;服务人员怠慢一个顾客,会影响40名潜在顾客。因此,服务满意度成了组织争取顾客,参与竞争,求生存、发展和壮大的关键因素。

2. CS 战略的设计

(1) 设立顾客满意度指标

满意度指标据组织的产品、服务及行业而定。

① 产品满意指标(PSI)

品质:功能、寿命、安全、经济等。

设计:色彩、包装、造型、体积、质感等。

数量:容量、成套性、供求平衡等。

时间:及时、随时等。

价格:心理价格、最低价位、最低价值比等。

服务:全面、适应、配套、方便、全程、纵深及态度等。

品位:名牌感、身份感、风格感、个性化、多样化等。

② 服务满意指标(SSI)

绩效:这是 CIS 核心功能和能达到的程度。如学校能否培养出德、智、美、体、劳全面发展的学生;如高校能否造就具有创新能力的人才;如医院能否在救死扶伤方面独树一流的业绩。

保证:为顾客服务过程中体现的正确和回应,顾客对保证所获得感受产生的结果,特别是服务中的态度。

完整:提供的服务的多样、周到、贴心、舒心、细心,特别注重细节。

方便:服务提供的简易、灵巧、便利。

(3) 组织综合满意指标(CSI)

美誉度:顾客对组织的褒扬和赞美的程度。

点名度:点名要消费组织的产品或劳务,而放弃其他组织的产品或劳务,非此莫属的程度。

回头率:顾客消费了组织的产品或劳务之后,再次来消费或介绍他人来消费的比例。

抱怨率:顾客在消费了组织的产品或劳务之后产生抱怨情绪的人数

比例。

(2) 评定顾客满意度

顾客满意级度(CSM),是顾客在消费了组织的产品和服务后产生的心理状态。一般以语义级差描述为:

```
 -60    -40    -20     0     20     40     60
  |------|------|------|------|------|------|
  很      不     不      一     比     满     十
  不     满     太     般     较     意     分
  满     意     满            满            满
  意            意            意            意
```

(3) 进行顾客满意度调查

顾客满意调查重要内容是顾客需求调查,预期调查,指对未来消费的期望,以及理念满意(MS)、行为满意(BS)、视觉满意(VS)、产品满意(PS)等调查。得出组织在顾客心目中的综合形象,寻找、发现差距,采取整改措施,直至取得顾客综合满意。

(4) 建立顾客满意系统

顾客满意系统由理念、行为、规范、产品和服务满意的要素构成。要注意各个要素的不同特征和要求,形成互补优化的完整系统。

第六章 现代青年公关成名策划

什么造就了明星？怎样才能成为社会名流？事实证明，明星、名流是靠坚实的基础——成就而确立的。这成就是他们用汗水与功绩得来的，成就为他们赢得了声誉。他们才华横溢、技艺超群，因而在公众心目中留下了深刻、鲜明的印象。

青年人上进心强，事业心强，不甘人后，想在某领域，某方面，某地域或某单位建立突出的功绩，造福于国家、社会、地区、单位，成为一代名人，流芳百世，为万人景仰。如果一个时代较多的人有强烈的成名心理，那么这个时代的竞争便会此起彼伏，呈现你追我赶的态势，从而推动社会大踏步前进，促进科学文化的飞速发展，工农业生产突飞猛进，英雄辈出。本章对如何使你成名作一扼要的介绍，以帮助你成名，实现抱负。

第一节 成名策划概述

人人想成名，这是人类的普遍心态。不仅是年轻人的心态，也是小朋友与老年人的心态，不仅是现代人的心态，古人亦然。

马斯洛对人的心理需要进行了卓有成效的研究，他揭示出人的需求的规律，成名是人的高层次心理需要之一。

一、成名的动因

1. 个人心理

宋代名将文天祥："人生自古谁无死，留取丹心照汗青。"这是说：人的生命是有限的，不论是帝王将相，还是平民；但是要留下一片对国家、社会的忠心，彪炳千古。据德国一位科学家研究，自400多万年前，地球上诞生了第一对人，到20世纪80年代中期，地球上累计的人口为800多亿。但是在今天还可以检索到他们的名字和事迹的，不会超过150万人，为什么？

这些人在所处的时代创造或作出了杰出的贡献,人们没有忘记他们,历史上有他们的名字和业绩,供后辈瞻仰和学习。其余的,就淹没在浩渺的历史海洋深处,无人知晓。

自隋朝开创的科举制度,许多考生"青天有路终须上,金榜无名死不休",直到清朝末年废止,绵延了一千多年,反映了历代统治者为治国安邦寻觅人才的迫切愿望,更反映了历代读书人的一种追求、一种理想和一种强烈的成名心理。这种心理推动了社会文化的发展,为历代政权提供了治国安邦的人才。科举制度也为欧美国家所借鉴——文官制度,通过考试选拔大批治国能人,促使欧美政治长期稳定、经济健康发展,也满足了各阶层人士的心理需求。

有一些人,如秦桧、汪精卫、江青之流,他们与历史和人民的要求背道而驰,钉在了历史的耻辱柱上,为万世唾骂。进步的人们所要的成名是符合历史发展方向的,反映时代要求的奋斗中留下的足迹。北宋末年,女真族政权处于奴隶制时期,为了满足奴隶主贵族掠夺财富的欲望,他们不断向经济与文化发达的宋朝地区侵犯,给中原地区人民造成了深重的灾难。他们的入侵加上宋朝统治集团的腐败无能,使山河破碎。忧国忧民的能人志士奋起抗击入侵者,代表人物岳飞发出的千古绝唱《满江红》,鼓励与动员了数以几十万计的人参加抗击侵略者的斗争,冲锋陷阵,建立了赫赫功勋。在以后的民族斗争中,成为宝贵的精神财富。特别是在抗日战争中,更上升到一个新的高度:全国人民万众一心、同仇敌忾,取得了抗击日本侵略者的伟大胜利。涌现了无数的抗日英雄,他们将永垂青史。

现代青年的需要大致有:生理、安全、娱乐、求知、爱和归属、自尊、成就等。这些需要由低到高,随着人们的精神文明和物质文明程度的提高,需求层次也相应提高。凡是有志向的青年,都想在某领域、某方面有所成就,有所建树,成就一番事业,留下好名声。

人的成名不是抽象的,它有明确具体的目标,才使青年把需要转化为动机,成为前进的动力。有一学生,读小学时,地理成绩很好,老师经常表扬他,进一步激励他学好地理,他表示长大后要专门研究地理。读初中后,除地理继续保持优势外,在语文上可谓异军突起,特别是作文经常成为范文,在全班、全年级乃至全校传阅。于是他转而想成为一名文学家(他当时还不知道文学家为何物,只知道写小说就是文学家)。在上高中后,他的文学天赋得到了进一步的发展,被保送进复旦大学中文系。据说,后来终成一个小有名气的作家。从中可以看出，人的成就需要随着年龄、文化、环境的变化会改变的。

从青年人成就需要的心理倾向可以明显地看到他们成就需要的差别。当代青年，由于接受信息、文化、学历、生活环境、个人经历、家庭条件、家庭教育、个人志向、实际能力与水平的差异等的综合作用，会造成不同的需要。在同一工厂、车间、小组的青年人，由于他们上述差异的综合作用，10年后，一名成了高级工程师、总工程师，一名成了作家，一名成了工人技师，一名成了全国劳模，一名为省劳模，二名为车间主任，一名为厂长，三名为技术员，四名仍为车间工人，三名下岗待业在家。这是18名青工当年成就需要的层次不同决定了他们的动力不同而导致结果不一样。青年人在追求成就时，要根据自己的条件，综合衡量，努力实现，不能在世界成名，就在全国、全省、或一个地区，一个单位、部门，或一个领域成名，这样成功的可能性就大一些，成名就顺利一些。而且可以更好地为之再奋斗，创造出更大的业绩，满足更深层次的心理需要。

2. 社会心理

通过包装，使人成名，不但是个人心理的需要，也是社会心理的需要。

社会需要名人，对有突出贡献的个人进行包装，使之光彩照人，扩大影响，满足社会的需要。人们知道，在特定的历史时期，成名的人越多，越能表明这个社会的繁荣昌盛，越能表明这个时代在历史上的突出地位。不仅同时代的人引以为傲，后代也引以为荣，从而激励他们更加努力，为之增光添彩。社会需要名人，名人推动社会的发展。

中国体育健儿在第28届奥运会上取得骄人战绩：夺得32枚金牌、17枚银牌、14枚铜牌，雄列世界第二。全国人民为之振奋。胡锦涛、温家宝等领导人于2004年9月2日在北京人民大会堂会见载誉归来的奥运健儿，向取得优异成绩的运动员、教练员、工作人员表示热烈的祝贺和诚挚的问候和感谢，分别授予他们奖状、奖章、荣誉称号。

人们为奥运健儿欢呼、庆祝，折射出国人愿为促进奥林匹克事业的发展，为实现中华民族的伟大复兴作出新的更大贡献。这是对成名包装的社会心理的典型写照。

成名是社会心理的要求，通过对成名人士的褒奖，折射出社会的心理趋势，成功人士的批量涌现，折射出社会的风气、发展水平和社会地位，对各阶层人士是一种鞭策和激励，从而进一步提高全社会的文化道德水平，这也是全社会成员的心理要求。

3. 组织心理

组织是由活生生的有个性、有追求的人组成的,它也要求对取得突出成绩的成员进行包装,借以扬组织之美名。从古至今,连绵不绝。第28届奥运会后,运动员回本地拜谢组织的培育之恩和亲人的养育之恩。为之举行盛大的欢迎庆功大会的消息屡屡见之报端。在隆重表彰他们为国争光、为故里添彩的激情时刻,人们深切地感受到,他们在雅典奥运竞技场上不惧挑战、奋勇争先、永不言败、自强不息的出色表现,不仅为祖国争得了荣誉,而且也向世人展示了中华民族一种不畏艰险、不断超越、敢于胜利的精神风采。英雄凯旋,荣归故里。是故里的骄傲,以他们为榜样,学习和发扬奥运精神,把他们的旺盛斗志、优良品质、务实精神转化为建设家园的强大精神动力,勇攀高峰,使各项工作再上新台阶。

大至地区的组织,小至名人所居住的小区,名人就读过的小学、中学、大学甚至幼儿园也利用名人的事迹进行包装,以传播组织的名声,提升知名度和美誉度,树立良好的形象,提高竞争力,增强凝聚力。纵观各地,凡历史上的名人,都要包装一番,推向市场,张扬地区和组织的个性,吸引游人和投资者,以增强组织的综合竞争力。有不少组织和地区为一个名人争执不下,竟诉诸法律,争取名人的归属权。如2009年底河南安阳发现曹操墓后,多个地方争抢归属,既反映了组织和地区的心理,更反映了经济利益的驱动。

二、成名的类型

1. 正面包装

不光是青年人,凡想要成名的,在干出成绩时必须进行包装,才能家喻户晓,成为名人。成为名人,更能推进事业的发展。由湖南卫视策划的"超女"活动影响巨大,使原来没有什么名气的姑娘,一下子全省全国闻名,姑娘们自编、自演、自唱,电视台帮助策划包装,使她们迅速走红。"超女"活动的包装策划,符合现代青年女性的成名心理。她们希望在全国闻名,服务社会,实现自我价值。"超女"活动的影响,早已越过湖南省,走向全国,促进了青年的成长。可见,人的成名策划,不仅影响到成名者本人的成长和发展,还影响着广泛的人群。

张海迪是一位身患高位瘫痪,但意志十分坚强的姑娘,她的事迹被山东团委发现之后,先省内后省外,先地方后中央媒介的报道,全国形成了向张海迪学习的热潮,德高望重的邓颖超同志为之题词:青年的楷模。升华了海迪精神,在更高层面上鼓励了海迪,使她不断学习,不断前进,取得新的进步与成绩,成为青年学习的榜样。在2008年11月召开的中国残联五大上被选为全国残联主席。

大到全国、全省的包装,小到在一座城市、县、镇、乡、村、一座工厂、一所学校、一个班级、一个车间的成名,要依被策划者的事迹、作用的大小来定。不论是什么范围,想要成名均应策划,才能事半功倍。

2. 负面包装

有些人、有些事,通过正面包装成效不一定大,或本身就很一般,有时通过负面包装,反而使之迅速成名。比如有时一本书不怎么畅销,忽然不知从哪儿传来一个信息:这本书马上要撤架。消息不胫而走,一传十,十传百。于是,人们纷纷怀着好奇心来购买,销量猛增,成为抢手货。这是负面包装而成名的。

3. 政界包装

一个人进入政界,掌握了权力,统揽全局,协调各方,驾驭国家机器,需要得体的包装才行,若不进行包装是难实现的。此事不论在古代,还是在现代,也不论是在东方还是在西方,均如此。通过包装,扩大知名度,提升美誉度,使师出有名,为公众所接纳、所拥戴,那么就容易实现自己的目的,就能比较好地驾驭国家机器,治理国家,实现自己的抱负。

赵匡胤于公元960年2月2日率兵出征辽军,3日抵达黄河边上的陈桥驿,演出了"黄袍"加身的兵变预谋。"上天"授意他当皇帝,随即回开封夺取政权。次日(2月4日)建立宋朝。"黄袍"加身是成名包装的一种形式,在古代,黄色是帝王的专用色,只有帝王才能享用。而赵匡胤在行军的帐篷中打盹,将士进帐见他身披"龙袍",无疑是"神仙"显灵,他有九五之尊,于是他便成了"真龙天子",获得将士的拥戴,取得了政权。如果他不这样,便是师出无名,很难得到将士心悦诚服的拥戴,更不能夺得政权。

进入政界要包装,在改革开放的今天,已逐渐为政界人士重视,他们常常把出镜率看得很重要,把上报率和版面视为非同一般,这是一种进步,一种观念的转变,适应了市场经济和民主化进程的需要。这种进步、转变,还没有获得大的普及,不过既然有了一个良好的开端,必然会逐步发展的。

政界的包装,在西方经济发达的国家,是很普遍的,其绩效也很显著,以美国为例：

美国建国200多年来(1776年7月4日)的历任总统，没有哪一任比罗纳德·里根更善于包装，从而使他在1984年以74岁高龄连任第二届总统。在竞选中，选民们对里根的年老体衰有忧虑，于是白宫的形象设计师们安排里根和《健美指导》的发行人，举重运动员丹·卢里扳手腕。白宫摄影记者拍了一些安排好的照片，里根把卢里的手压倒在桌上，照片发表在两家杂志的封面上，为对里根有忧虑的人提供了消融剂。为了在公众面前塑造良好的形象，里根聘用了理查德·博斯丁为视觉形象设计师，通过背景处理和光线的运用，使里根看上去年轻了10岁，进一步使支持率上升。在里根到的每一个地方，博斯丁都进行了精心的策划，使他始终保持了良好的形象，而顺利蝉联总统，继续行使总统权力。

2004年美国总统候选人布什和克里举行电视辩论90分钟，有5 000万人观看，为使自己能当选总统，他们敢于在5 000万公众面前互揭对方短处，扬自己的长处，其本身是一种成名术。通过3场电视辩论，使美国选民决定投谁的票，决定谁入主白宫。辩论双方的每一个细节都经过了公关专家的精心策划和演练，力求表现出最佳的形象。

回想尼克松与肯尼迪竞选总统的电视辩论，肯尼迪善于包装，而尼克松不听策划班子的建议，在辩论中败北，肯尼迪轻松入主白宫。第二次竞选总统时，尼克松吸取了教训，采纳了竞选班子的建议，进行了包装，从而入主白宫。

政界人士为什么要进行包装呢？是为了提高知名度，扩大在公众中的影响，进一步巩固他执政的地位和提升执政的效能，为创造更高的知名度和美誉度奠定基础。

4. 经济包装

不论从事什么，经济是基础。缺少基础或基础薄弱，想要办成一件事，困难是重重的，不论是谁，都是如此。

在市场经济条件下，如无经济基础，加上不会包装，不要说办成一件事，就是人际交往，也会遇尴尬。我们应根据活动的目的，进行适度的包装，有利于目标的实现。

作为组织，在市场经济中，更应进行经济的包装，来显示实力，有利于组织的发展和目标的实现。与公众交往时，让公众知道组织的实力，愿与组织合作，为实现双方的目标共同努力。这样，就明白了那些实力强大的企业发展快、利润好、伙伴多的道理。

　　经济类组织的经济包装,表现在厂房、办公场所、生产车间、厂区布局等建筑式样方面,既要显示经济实力又要显示文化积淀,这些包装,没有经济实力是不行的。

　　有一家村办化妆品厂,开始是一座福利工厂,仅生产洗发膏。一位年轻人走马上任为总经理后,半年内在实现500万元产值、利润60万元的目标后,毅然动用几十万元进行厂房、办公用房的改造。到改造完成,耗资580万元。与当初的简陋厂房、办公用房有天壤之别,建筑物外表的几何造型清新、明快,组配反差大,给人以美感,蕴含着内在的美学价值。红色线条简洁、错落有致,有的像火箭直指苍穹;有的是三角风帆,一角连一根细的红线,宛若远航的帆船;正方形墙幕下方镂空一截,太阳照上去,恰如一方红宝石,给人一种富有感。厂区深处,几根红色立柱直立其间,配浅蓝色马赛克贴墙,更显现如出水芙蓉之俏丽。雍容华贵的办公楼,布局如同五线谱那样流畅不滞,具有现代、强烈的装饰画艺术魅力。色彩基调采用中国红,正门的门廊、立柱、外墙全部采用红大理石,宏伟、潇洒,宛若皇宫,使人流连忘返。再加上注重产品质量和市场的开拓和提升,使企业迅速发展,取得了令人瞩目的成就。

　　总之,作为一个经济组织,要进行经济上的包装,才能显示实力,吸引客户,在社会上扬名。

　　作为一座城市,按照市场经济的观念来说也应该包装。通过包装,显示城市的经济实力,展现城市的风采。上海在过去的几十年内,尽管为国家作出了重大贡献,限于各种因素的制约,几十年还是一副老面孔,显得暮气沉沉。改革开放以来,人们的观念变了,斥资、引资进行旧城的改造。现在真是一年一个样,三年大变样。天更蓝,水更清,地更绿,居更佳,路更畅。城市的面貌变了,功能发展了,市民的生活质量提高了,引资的力度空前加大,上海要建成四个国际中心(航运、金融、贸易、经济)。经济上的包装,使她成为西太平洋一颗璀璨的明珠,发出耀眼的光芒。

　　包装因人而异,不管是个人、组织,还是一座城市、一个小村子,都需要经济上的包装,才能显示魅力,才能参与竞争。不同的人、组织、城市、村落,包装的侧重点是不同的。

5. 学术包装

　　对于从事学术研究的人来说,也要包装,才能成名。而学术上的包装,不像经济上包装那样,能够快速地显示出来。进行学术包装的人要能自甘清贫,要能耐得住坐冷板凳。在实验室里进行成千上万次的令人乏味的实验,还不一定能取得新的数据或发现新的现象。有的人倾其毕生精力,也只发现了一种新现象,或写了一本书,而且死后多少年,后人才发现他的学术价值和水平而扬名。

有一教师,他遵循祖训,立志在学术上重振祖上雄风。在教学之余,他把所有的时间、精力和感情都投入了研究之中,他没有假日,少有闲暇时间,24小时除了睡眠7小时,就餐1小时,健身1小时外,其余的时间基本上献给了学术研究。苍天不负苦心人,经过10多年的努力,终于有一批成果面世。其著作印数之大,评价之高,研究之深,都令人刮目相看。从默默无闻的人成为学术界的名人,已58岁了。

每一个人,特别是年轻人,在进行包装时,感到自身的力量暂时欠缺时,应根据自身的条件、特点,动用"关系"参与包装。借助他人的力量增强研究能力,提高学术水平。上述教师在潜心研究的同时,十分关心、提携年轻人,只要他们有一定基础,肯吃苦,总是热情邀请他们一起研究、探讨,帮助他们前进。经过10年的努力,有不少人成长为教授、副教授,其中又有不少人成长为国家干部,这表明,学术上有一定研究的人,能带动一批人,推动学术的发展,使之成才、成名和发展。实践表明,成名之后可以为社会发挥更大的作用。

有一名年轻的厂校教师,对数学有颇深的研究,家中的数学藏书上千册,但是他不会包装,只有厂校那么几个人知道他,校外无人知道。直到退休,外界也不知,回到农村,终老林下。如果他善于包装,如发表论文,去外界进行学术探讨,那么他很可能成为一位著名的数学教师。

同样的情况,上海某中学有一位数学教师,他在上好课的同时,进行研究,取得了不小的成果,在上海数学界引起不小的震动。上海某大学数学系主任"三顾",由于本校特别是区教育局的挽留,他未能登上高校讲坛。但是,本校和本区发现这一人才后,迅速作出了反应:提为副校长,接着,区教育学院又调他去任院长,半年之后,自己申请降为副院长,主持教学工作。由于研究成果突出,加上"三顾"的佳话,使之声名鹊起,许多出版社请他出山编写教材。不仅在上海,而且在全国数学界特别是中学数学界有很高的知名度。他如不善包装,可能终老林下,而无人知晓,实现不了自身的价值。

6. 内在包装

人,特别是年轻人的包装,应注重内包装,即内在的气质、修养、文化的包装,要做到这一点,就要克服浮躁心理,坚持包装的长期性和艰苦性,才能取得预期的效果。20世纪80年代初期,一位姑娘来沪谋生,一次偶然的机会,她听了一位老师的课,感到很有兴趣。一连听了2个来月,随后的一天,她与这位老师促膝谈心,从交谈中,老师得知她志存高远,愿意学习。这位老师勉励她:能够改变自己命运的主宰是自己,是自己锲而不舍的努力。改变命运的最佳途径是读书。然后又谈了其他一些事项。她表示遵循老师的教诲,不达目的,决不罢休。后来,她离开上海,去其他地方谋生。10年后,她成了一方名人。据介绍,这10年中,她干过保洁工、钟点工、仓库保管员、餐厅洗碗工、马路清洁工、保姆等十几种工作,不管多苦多累,始终不渝地坚持读书与写作。10年中先后修完了高中、专科、本科的课程,取得自学专科、本科文凭,而且,在全国各级各类报纸杂志上发表了200多万字的作品:小说、论文、诗歌、散文。现在,她是该地的电视台节目主持人,作家协会会员。她的父母弟妹的境遇也有了很大的改善,特别是弟妹已进入高校学习。

这位姑娘经过10年的艰苦奋斗,终于实现了自己的目的。这个例子,值得我们尤其是年轻人,特别是目前境遇不佳的年轻人借鉴。进行内包装是年轻人成名最根本的途径。

不仅个人注意内包装,即使组织要想成名,也要注意内包装。组织内包装,主要是对组织成员的气质、修养、文化科技水平、研究能力、研究水平及组织产品的质量、科技含量等的包装。

7. 外在包装

人要成名,还要注意外包装。俗话说:人要衣装,佛要金装。又有俗语说:人靠衣装,马靠鞍。都道出了一个平凡的道理:注意外包装。人进入一个陌生的环境,首先要给他人良好的第一印象。这个印象主要是获取交往对方的表情、姿态、身材、仪表、年龄、服饰等方面的印象。第一印象良好,有助于交往的成功。

组织的外包装,主要是指产品的包装。要使产品在众多相似的产品中脱颖而出,十分抢眼,使消费者在众多的商品中,一眼便能认出它。有的商品包装,经过长期的磨合,已为消费者认同,不可轻易改变。有一年,茅台酒改用新包装,在某国上市一周,没卖出一瓶,很多消费者拿起酒瓶,反复看看,摇摇头,轻轻放下,叹口气,失望地走了。这事为驻外使馆商务参赞获悉,马上电告厂方,速把原包装运来。第四天,所有的商店连夜用原包装换下了新包装。第五天店门一开,很多顾客一看,"老朋友"来了,纷纷购买,一天就销了2 000多瓶。这就是说不能轻率地改变已为公众熟悉的老包装。因为它已在消费者心目中扎下根,得到了认可。贸然换上新包装,得不到认同,反而被认为是假冒伪劣产品。

8. 重点包装

不论是组织或个人的包装策划,理想的是全面包装,这是一种理想状态。但限于各种因素的制约,有时难以做到,只能在一定阶段进行重点包装,突显自己的长处,而成名。如一个大学生,由于经济方面的限制,只能选择学术上的包装,而且学术上也只能是某一方面。比如她是中文系,学的是古典文学,想在4~5年精通中国古典文学是很难的,可选择一个方面:或唐诗、或宋词、或元曲,再小点,深入研究李白的诗,也许能取得成功。再如一名车工,要全面包装,一时难做到,选择一个项目突破,成为这个项目的行家里手,成名之后,再扩大到其他项目。

9. 地区包装

不仅人要包装,一个地区、一个景点也应寻找机遇包装,借以提高知名度、美誉度,吸引人流、财流流向本地区。韩国善于利用韩剧拍摄基地吸引影视剧来此拍摄,成为新兴旅游热点。2005年赴韩国旅游的600多万外国人中,超过64万人是专门去看拍摄景点的。人文风光独特的全罗南道,到2005年底在1500多万游客中,有1/3是被韩剧吸引去的。顺天的乐安邑城,住108户,300多居民的村落,保存了600年前的风貌,由于《大长令》在此拍摄而名声远播。黑龙江省黑河市锦河农场《闯关东》影视基地,通过包装策划,为农场带来滚滚人流、财流。可见,影视拍摄基地包装成旅游景点的生命力更长久,除了自然风光本身的魅力,明星的号召力也成了金字招牌,这些号召力大于收视的辐射,明星成了代言人。影视剧点起旅游的一把火,把影视剧的剩余价值悉数利用。

各地有数不清的文化遗产,多数没有科学地包装,门可罗雀,效应没有发挥出来,是很可惜的。

总之,成名策划的类型很多,可根据自己的特长进行选择,或请老师、专家、朋友、亲友指导,少走弯路。

三、成名的特点

根据成名的载体不同,而呈现出不同的特点,研究这些特点,有助于策划的成功。

1. 时空性

任何一个人,成名总是在具体时空下进行的,具有时空性。成名事迹的大小、影响的程度,决定了成名的时空性之久暂和范围,是横贯本国的历史,还是本地区的历史,也就是说在全国成名,还是在地区成名,亦或是本组织的名人;是一段历史阶段的名人,还是在国家、民族、地区、组织历史上的名人。像屈原、李白、李时珍、张良、李世民、成吉思汗等人是中华民族历史上的名人。其中,也有不少人同时也是世界史上的名人。有的是本地区的名人,别的省、市不知道。有的是现阶段的名人,但过了一段时间,为历史长河所淹没,便从人们的记忆中消失了。

2. 名垂青史

年轻人的奋斗,创造出业绩,上对得起国家、人民、父母、师长,下对得起后代,为社会造福。贡献大的在历史上留下痕迹,贡献小一点的在本地区、本单位的历史上留名,或在某一特定领域内驻足。只要我们努力奋斗,勇于拼搏,就会在一定范围的历史上留下足迹,供后人瞻仰、学习。

我们要的是能推动社会进步,符合历史发展方向的名人,名垂青史,流芳百世。而不要阻碍社会进步,违背历史发展方向的"名人",那是遗臭万年,为人所不齿。像秦桧、汪精卫之流,一万年之后,子孙们还是要骂他们为卖国贼,把他们钉在历史的耻辱柱上。

3. 制约性

在进行成名包装的时候,要注意包装的制约性。

(1) 年龄的制约性

有的成名内容分别适用于不同年龄阶段的人,"好好学习,天天向上"的成名,适用于初中、小学年龄段的人。

(2) 专业的制约性

此专业的成名包装不一定适合另一个专业的包装,要根据专业内容的不同进行包装。像物理、化学专业主要是从实验和研究出成果来出名,而作家进行文艺创作主要是深入生活,概括和提炼生活的本质,而后进入形象的设计和创作,创作出栩栩如生、充满时代气息的人物形象来,鼓舞人、激励人。不同专业是不能套用的。

（3）经济的制约性

有些包装,在一定事实的基础上需要经济的投入。像某市发现了一位雷锋式的房屋维修工人,二十年如一日,没有节假日,不分昼夜,不畏严冬和酷暑,更不管刮风和下雨,全心全意为居民服务,深得居民的欢迎和爱戴。当地房地产集团为了树立这个典型,进行造势,先后花了3 000万元为之包装,拍电视系列专辑,向全市乃至全国宣传推广,取得了良好的效果。如果没有经济的支撑,是十分困难的。

（4）地域的限制性

成名者的事迹、成名者的途径有地域的、民族的限制。在成名策划的时候,要注意这些因素。在汉族地区行得通的,到回族同胞的地区不一定行;在中国可行的,在外国不一定可行。

（5）性别的限制性

有些成名的内容、途径与方法适合于女性,而不适合男性,反之,有的适合男性,不适合女性。在策划中,要注意性别的区别,易于成功。

4. 可炒作性

成名策划,是为了使组织和个人扬名,广为人知。为达到这个目的,要动用媒介进行炒作,在更大的范围内传播,提高知名度、美誉度,从而推进事业发展。

四、成名的作用

1. 满足人的心理需求

翻开人类一部上下几千年的历史,我们惊讶地发现,历史和名人有关,历史的叙述,除了叙述历史事件外,都在叙述名人,而不是芸芸众生。能在历史上留下足迹的,也都是名人,而不是一般的人。名人贯穿在每个国家、每个地区,每个民族,乃至每个组织的历史上。他们都以能有这样的名人而骄傲。有些宾馆把入住过的名人的名字镌刻在门外一块巨石上,引以为豪,这为什么？

人为什么想成名？为什么会有成名的心理需求？

个体心理学家阿德勒认为:人的成名欲望来源于人类个体的自卑心理,成名是对自卑的一种补偿,是追求卓越的一种表现;人本主义心理学创始人A·马斯洛将成名动机归入"需要层次论":生理、安全、社交、尊重和自我实现的需要。作为一个社会人,都有自尊、自重、自信的需要,希望他人尊重自己的人格,希望自己的能力和才华得到他人公正的承认和赞赏,要求在团体中确认自己的地位,这种需要分为内部和外部两种。内部尊重是指人在不同情境中,感到自己有能力、有勇气、有信心、有成就感、有强烈的自尊心和独立自主性;外部尊重是指希望以自己的能力与成就得到社会与别人的尊敬、信赖及高度评价、认可,要求成名、有名誉和地位。这些需要如得到满足,将会产生强大动力,表现出持久的干劲。

总之,成名是满足尊重需要的重要方式。需要得到满足,能使人对自己充满信心,对生活满怀热情,认识到自己的价值和生存的意义,从而能激发人的工作热情、生活热情,克服各种艰难险阻,创造出更大的成绩。成名对人特别是对青年人有着巨大的吸引力。

2. 树立典范

当一个人通过艰苦的奋斗、刻苦的训练,加上其他条件的配合,成为名人,便会为一代人树立一个典范,供众多的人学习、仿效,从而推动社会的进步。在20世纪60年代初期,雷锋同志的事迹经报道后,在全国范围内,从繁华大都市到穷乡僻壤,多少亿人对他的事迹耳熟能详,多少亿青少年投入到向雷锋学习的活动中,影响巨大。

一家媒体报道了当地一家工厂的机床工人自学成才的事迹后,在工人中引起巨大的反响,纷纷以他为榜样,刻苦钻研,苦练技术。由于他的出名,给工厂带来了巨大的商业利润——名声效应。别的厂家揽不到活儿,工人在厂里呆着,有的干脆在家待命。而这家厂,由于树立了普通工人成才的典型,吸引了海内外很多厂商来洽谈,他们说:是冲着他来的。这家厂的活儿从年初已排到了年底,与其他厂形成了极大的反差。

这位名人的出现,鼓舞了广大生产一线工人,大家都想成为一线的楷模,稳定了一线广大工人的队伍与情绪。

3. 推动进步

鼓励青年人成名,有利于推动社会的进步与发展,有利于推动组织的发展,更有利于推动青年人的成长、成才和进步。试想一下,在一个社会中,在一个组织中,甚至在一个家庭中,成员都以平稳的心态工作和生活,不想出人头地,不想有所作为,可以这么断言,这个社会、这个组织和这个家庭是死气沉沉,缺少生气与活力,进步不大。改革开放后,不论是社会还是厂商,生机勃勃,鼓励个人冒尖,鼓励家庭致富。改革开放的风神和雷神,使中国人民重新奋发振作起来,神州大地涌现出无数的人才,创造了巨大的业绩,推动了社会的发展和进步。

这一点,美国的经验可为我们的借鉴。美国没有经历过封建社会,在个人事业成功的历史上,主要靠个人的能力和奋斗精神,很少像封建国家那样受到家族血缘的荫护,裙带关系成分少。美国人敬佩做大事、立大功、出大名的人。崇尚个人奋斗精神,主张个人辛勤开拓,辛勤耕耘,以获得财富和名声。美国杰出的企业,从领导到员工,都不安于守成,而是乐于开拓创新,厂商拨出专款鼓励员工去"开拓、创新、改进"。技术强的企业,让工人把仪器和零件带回家做试验,如果创新成功,大加奖励;若失败,也不批评指责。这是美国的经济、科学技术走在世界的前沿的一个重要原因。

改革开放30年多来,我国鼓励、提倡个人努力,建功立业,创造财富,也取得了惊人的进步和业绩。

第二节 成名的要素、途径与方法

人的成名要素是什么,它们在成名中的地位怎样,具备了这些要素就能成名吗?

一、成名的要素

中科院院士、水稻杂交专家袁隆平说成功有四要素:成功＝知识＋汗水＋灵感＋机遇。扎实的知识功底是成功的根基,辛勤的汗水是描绘成功蓝图的墨汁和颜料,勤奋是智慧和力量的源泉,灵感是成功的催化剂。

中科院院士、上海技术物理研究所薛永祺说,每个人成功有三个要素:才能,包括天生的因素和读书的积淀及兴趣;机遇,可遇不可求;导师。

门列捷夫说:天才就是这样,终身努力,便成天才。

爱因斯坦说:成功＝艰苦的劳动＋正确的方法＋少谈空话。

贝托尔德对米开朗基罗说:天赋是廉价的,勤劳才是无价的。

1. 汗水

要使自己成名,第一要素是汗水,没有汗水的浇灌,成名之幼苗无法成长。即使幼苗再茁壮,没有水的滋养,也会枯萎,历史上、现实中不乏其例。

彭清一是舞蹈家戴爱莲的高足,1985年文化部高职评委,中国舞蹈艺术委员会5名常委之一。55岁做示范动作骨折。他选择了从舞蹈家到演讲家的转变，被誉为"共和国的演讲家"。被183所大学聘为客座教授。2007年1月，在上海作了第3057场演讲，场内响起200多次掌声。他说："爱就爱得深，干就干得好。吃常人难吃的苦，受常人难受的罪。"用汗水培育了新的成就。

以汗水滋润智慧之苗，使之成才的例子，在人类发展史上，特别是科学发展史上，俯拾皆是。

美国乃至世界的伟大的科学家和发明家托·阿·爱迪生（1847～1931），只上过3个月的学，他立志献身科学事业的道路是艰苦的、曲折的，却通向了光辉的顶峰。70多年中，他沿着这条艰难坎坷的道路，风里来，雨里去，披荆斩棘、勇往直前。在漫长的岁月中，有流浪、饥饿，有天灾人祸的摧残，数不清的失败煎熬过他，暴风雨般的冷嘲热讽打击过他，可是他攻坚履险，一步一个脚印往前闯，每前进一步都是一次学习，一次意志的考验。通过百折不挠、孜孜不倦的奋斗与钻研，终成为现代人类文明作出重大贡献的伟大科学家和发明家，载入人类史册。

他一生中的2000多项发明，无不是汗水和心血的结晶。把光明带给人类的爱迪生，享年84岁零7天，平均每15天就有一种发明。1882年，平均两天或多一点，就有一种新发明，有人赞叹他为"天才"，说他满脑子都是"灵感"。他说："天才，等于99%的血汗加上1%的灵感。"

我国进行文艺创作、科学研究、创造发明的人，犹如夜空银河之星星，我们随手采撷几颗明珠，便可略知一二。

在考古界，贾兰坡先生是一位有卓越贡献的科学家，是古生物学家、地质学家、考古学家。由于家境贫寒，他中学毕业后，无力读大学。1931年进入北平农商部地质调查所，当练习生。在专家指导下，参加了周口店龙骨山的原始人头盖骨的发掘工作。1936年10月11日先后发现两个"北京人"的头盖骨，因而驰名世界，他成为名人的途径是自学成才。

每一个想有所成就的人，都要用汗水来浇理想之苗。20世纪60年代初，复旦大学著名教授苏步青，给几十名中学生作报告，讲了他的治学之道后，校长说苏老师今日的成就是汗水培育的结果。在抗战时期，他在大西南的山洞里，解了2万道数学题，奠定了扎实的基础。后来，这批中学生中不少人成为一方名家。

只要善于策划，努力工作，成名的大门随时向你敞开，而不管你是干什么的。

2. 天才

什么是天才？综合《辞海》《新华字典》《辞源》三家所言，天才一词可表述为：一种与生俱有的或经过学习与训练形成的卓绝聪明的智慧和才能，对某一学问或技巧有独到的见解或能力。

与生俱有，是天生的某一种超群的智慧和才能。譬如宋朝的仲永，无人教他，五岁起便能识字、读书、作诗。这是一种情况。另一种情况是经过学习或训练，形成的超群智慧和不凡的才能。如伟大的发明家爱迪生，只上了3个月的学，被人瞧不起的"笨蛋"，后来通过顽强的学习和实践，在他的生命历程中，有2 000多项发明，取得了1 000多项专利，为人类带来光明，这样对天才的理解才较为全面。

究竟什么是天才？名人是如何认为？通俗地说，才能是多种能力的完美结合。天才是多方面才能高度发展，它总能化繁为简，把复杂问题简单化。

我们认为，成名若有天才更好，若无天才也没关系，只要用汗水来培育天才之幼苗，照样可以成为名家，成为世界名人。

郭沫若说：形成天才的决定条件应该是勤奋。有几分勤学苦练，天资就能发挥几分。天资的充分发挥和个人勤奋是成正比的。

我们知道，世界上有许多名人，在学校读书的时候，成绩并不好，有的甚至开了很多"红灯"，但是，后来还是取得了很高的成就，赢得了崇高的声誉，成为一代名人，影响了几代人的成长。现枚举几位：

(1) 卢嘉锡

物理化学家，前中国科学院院长，他自幼不是"神童"，而是发育迟，五岁才学会讲话。父亲抓紧时间对他进行启蒙教育。教育是严厉的，他对儿子说："无论做什么事情，都要认真。要么不做，要做就一定做好。"卢嘉锡在父亲启蒙教育下，开始懂事了，对父亲的忠告听得特认真，记得特别牢，在心灵深处留下了终生不忘的印迹。他说："对呀！我发蒙迟，起步晚，更要发奋学习。"这样，他格外用心学习，打下了厚实的语文基础。此后，他先到正规小学读了一年，取得了小学毕业证明，考进了中学。15岁进厦门大学理学院学习，遵循张资洪教授的意见，攻化学为主科，在实验室做实验，有时一做就是一个整天。这样，他以优异的成绩毕业了。利用留校任教的机会，又花了三年时间回头补课，使知识基础更扎实。1939年，在伦敦大学通过论文答辩，获得物理化学博士学位。1945年学成回国，几十年来，为国家培养了大批人才,在结构化学、原子能和激光材料与技术研究等方面都有重大建树,为国家赢得了声誉。

(2) 邱吉尔

年轻时的邱吉尔是个头脑迟钝的人,他父亲还担心他将来连谋生能力都没有。他进入哈罗公学时,成绩最差,两次考皇家军事学院都没有考取,只好离校。父母把他送进一个强化补习班,第三次考试,总算通过了。经历如此的挫折,在他以后的政治生涯中几乎没有遇到克服不了的困难,成为世界闻名的政治家。

(3) 达尔文

少年读书时,成绩很糟糕,父亲对他说:"除了狩猎、玩狗和捉老鼠外,你对什么都不感兴趣,将来不仅会给自己,也会给全家丢脸。"在爱丁堡大学读医科时,考试不及格,转入剑桥,一开始仍不努力,后来对自然史感兴趣了,促使他参加1831年的远洋航行。他用沿途获得的各种发现建立了生物进化论。

(4) 爱因斯坦

他9岁前说话困难,别人向他提问,他要考虑很长时间才能回答。父母担心他有智力障碍,中学时除了数学外,每门课都很糟,以致老师要他退学,对他说:"你将无所作为。"他考苏黎世理工学院,第一年没通过,第二年才被录取。大学毕业后,找工作很难,即使找到了,也难维持生计。但就在这段时间里,他初步形成了相对论思想。

(5) 左拉

左拉报考巴黎神学院时,通过了数理化科目的笔试,却未能通过语言和文学科目的口试,他记不起查理大帝的逝世日期,糊里糊涂地做了法语的阅读试卷,又误译了一则简单的寓言。两个月后,他试图考马赛大学,更惨,笔试成绩太差,连口试的资格也没有。他给朋友的信中,叹息说:"我是个十足的笨蛋。"但是,后来他成为法国的小说家,写出了《娜拉》等长篇小说,开创了文学的自然主义运动。

成名,需要先天之才。有先天之才可使成名之路顺利一点,若无先天之才,可以以勤补拙,通过后天的学习,努力弥补先天之才的不足,形成新的才能和智慧,作出贡献而成才、成名。中国科学技术大学于1978年3月首次创办了少年班,选拔15岁以下的智力超常少年,学习大学五年制理科课程。他们入学的年龄多为14岁、15岁,少数是13岁,个别是11岁。他们思想活跃、好奇、好问,思维敏捷,求知欲旺盛,自学能力强。他们的学习水平超过普通大学生。中国科大少年班前 16 届毕业生(1983～1998)共 590 人,64%获博士学位,26.9%获硕士学位。据不完全统计,他们中约 20%选择学术研究作为自己的终身职业,其中有 93 人拥有国内教授、副教授职称和国外终身教职,许多人已成为国际顶尖科学家。一大批年轻有为的少年班毕业生在科学研究、IT、金融、制造等广泛领域崭露头角,并取得卓著成就。

这些可爱的孩子天资优异,富有创造潜质,加上长辈精心而得法的策划与实施,使他们超越常人的速度成才、成名,如果这样的孩子多起来,那将是我们的国家、民族的一大福音,振兴祖国的伟大目标便能更快实现。

少年班起初确实火了一把,很多大学纷纷办了起来。现在只有中国科大还在办,其他学校因缺乏经验,效果不佳而停办。前几年笔者去合肥讲学,周日去中国科大看看,正好碰上刚录取的少年班同学来报道。看着他们充满稚气的面庞和明亮而聪明的大眼睛,笔者心里乐开了花,这是中国的希望所在。

在求名的策划中,要摒弃一种误解:天才是与生俱有的,是固定的、不变的。天才不是固定的,从上面枚举的一些例子可以看出,天才是可控的,如角色、理想、良师、时机、环境等。有了天才,策划不当,或不会利用天才,会使天才淹没,不能成名。

美国的歌手海利斯在全国天才选拔电视节目"寻找明星"中,被公众交口称誉。他利用这个名声在流行音乐领域开始了使自己一跃为录音明星和表演明星的演艺历程。他的《上帝为孩子祝福》和《彩虹的上边》两首民歌,轰动了全国。

可见成名者需要天才,但天才并不神秘。一个领域的名人,他必须具备从事该行业所应该具备的条件:知识、技能、体能、形象、兴趣、敏感和必需的训练,个人努力与技巧的熟练程度,广博和深度的知识等。此外,要想成为名人,还要经过形象宣传、包装和名声的推销,通过这一系列程序,特别是后面的程序,才能成名。

3. 魅力

魅力的英文是 Charisma,只能意会难以言传。魅力有极大的作用,美国歌星"猫王"普利斯莱(Elvis Presly,1935～1977),生前是风靡全球的超级歌星,他一出场全场听众都为之倾倒、疯狂,故居至今每年仍有数以万计的人专程前往瞻仰，其持久魅力令人惊叹。中国的一些明星也都有大批粉丝（源出英文 Fans）捧场。个人由于技艺、风采、气质、人缘等因素形成魅力，使成千上万人倾倒，通过媒体之传播，他们魅力可影响几万乃至千万人。

　　魅力是美好元素的集合，是使别人想靠近和守候你的无形的能量和吸引力。有智慧、有信心的人，才能让魅力永恒不变。

　　魅力源自一种由内到外的自信。信心是一点一滴积累的，而非天赋。信心的培养需要资本，而关键之处是你会不会在人生路上，用心把握每一次机遇，并把它当作天赐的良机。

　　每一个名人——不论他或她是哪一方面的名人，都有讨人喜欢、令人倾倒的魅力。名人真的是靠天生的魅力获得成功的吗？许多名人在谈到他们成名的经验时，都特别强调了机遇的作用，运气的驱使。

　　很多求名者都为自己缺乏魅力而感沮丧，或感到有魅力而喜悦。不少人赞扬已故美国总统罗纳德·里根的无比魅力，他的魅力是立体的，"具有感召力"，有"统帅的仪容"，而竞争对手蒙代尔缺乏魅力，"平淡"，缺少"活力"，没有"总统"的模样。但是求名者们不知道魅力来之何处？

　　魅力来自于对自己的期望之中。魅力也是公众的某种期望的实现。

　　在北京奥运会上，运动员们希望创造新的世界记录或成为世界冠军，一旦他或她成功了，那么，这些运动员立马就有魅力，不论走到哪里，总能吸引一批人。

　　求名者拥有这一领域的非凡业绩的天才条件和创造出来的成绩，魅力也随之而来。企业家必须使企业创造出良好的利润，运动员必须破记录或拿到冠军，公务员必须廉洁、高效，为民谋利，医生必须为病人治好病，科学家必须出成果，文学家必须出反映时代精神风貌的艺术佳作，教师必须培养出杰出的学生，工人必须生产出高质量的产品，农民必须种出优质的农作物，成名者应有这些能力。有了这些能力，魅力就来了。

　　此外，有几种魅力是可以学来的。

　　突出魅力的一种方法是行为的差别，姚明作为上海形象大使，领衔拍摄"上海城市形象片"中，饰演交通警察，带领许多小朋友过马路，小巨人姚明站在一群孩子中间所形成的反差，很有魅力。

　　一个演员有基本的演出能力，他就有可能把这个能力通过学习发展成在演出市场最具才干的能力。也就是说魅力可以作为一个课程来加以学习和掌握。当一个师范生通过向著名老教师学习之后,一跨进教室便会产生一种魅力,使教室安静下来,他用眼睛、姿势、微笑和学生交流。学生会对教师加以评价,从而使他的这堂课获得成功。反观有的师范生,有授课的水平,但不很好地学习,缺乏作为一个教师所应具有的魅力,这样难以吸引学生,所以难以较好地完成教学任务。

　　魅力可以通过训练、上课来获得。上课是针对想获得的魅力的人进行的。首先准确地分析公众的需要,发现公众的期望、偏好和愿望,据此制订上课的大纲。其次,建立自己个性方略,向公众揭示自己的性格特征,把现实和故事糅在一起,吸引公众的关注和感情。再次,选择策略,发现自己缺少魅力,与专业公司沟通,请专家指导,制订受训的课程后,学习,再去实践。通过训练,使他认识到,魅力不是什么神秘的东西,而是对典型行为的分解,然后和他这一行业成功者的典型行为进行比较,再进行转换训练,这种训练后的转换和调整,是一种长期的行为。

　　每个人面对不同的环境、时间、对象,自己的形象应有所不同,这要通过形象设计来获得不同的魅力。

　　克里与布什为竞选总统,聘请了很多一流的形象专家、化妆专家、语言专家、肢体专家为之设计,取得了良好的效果。

　　通过先入为主的方法获得魅力。有一位公关专家,在去上课之前,由公司先把他写的书发给与会者人手一册,还通过有关方面把媒体的评价、介绍的情况陆续送到公司负责人手中,再由负责人向参加听课的中层干部吹风。在未到之前,已形成了魅力。大家迫不及待地要一睹专家的风采,他在老总的陪同下,出现在报告厅门口时,会场就爆发出雷鸣般的掌声。在报告中他撇开书本上的内容,介绍了公关市场的近况及学术界的争鸣,掌声不断。他的先入为主,强烈地影响了听众对他的观察。他的魅力来自公众对他的了解,来自于他在公关领域取得的杰出成就。他的魅力也在于他的一个故事、一句警句、一条哲理、一句幽默或富有个性的走路姿势。

　　求名者应创造有魅力的个性。

4. 机遇

　　机遇特指导致科技或个人事业、命运新突破的原定研究发展变化进程所未料到的偶然事件或机会。主要特点是意外性。它的出现有客观原因,也有偶然性,但在偶然性背后有必然性、易逝性、时效性和规律性。我们要善于捕捉机遇,勤于实践,勇于创新,有敏锐的识别能力、科学的想象力、丰富的知识和经验等,是捕捉机遇必不可少的条件。捕捉到机遇对科学研究或个人事业、前途命运的突破有着重大的意义。机遇是成功的重要因素,善于择机而动,顺势抓住机遇,起到事半功倍的作用。机不可失,时不再来。成功者的经历都是抓住了机遇这个决定性因素。

2008年奥运会开幕式上,《歌唱祖国》捧红了小姑娘林妙可,她甜美的笑容博得万众宠爱于一身。她才九岁,便拥有了众多的粉丝。粉丝自称"可乐"。她已有了经济人。传闻参演《努力》电影,饰卖花女孩角色,戏只有3分钟,经济人开价60万元。《努力》原作者还说:"这应该是友情价,林妙可现在的实际身价已经远远不止这个数了。"如果不是2008年奥运会给她提供了这个机会,她很难在九岁的年纪就成为名人的。

(1) 作用

我们都知道,数学家陈景润摘取了数学皇冠上一颗明珠。可是他怎么知道有这么一颗明珠? 是一次机遇。他在念高中的时候,数学老师沈元给他讲了德国数学家哥德巴赫发现的每一个大于或等于6的偶数都可以写成两个奇素数之和。他对许多偶数进行了验证,是正确的,但没能证明它。200多年来,数学家不断进行研究,但没有成功。老师说:"自然科学的皇后是数学,皇后的皇冠是数论,哥德巴赫猜想是皇冠上的明珠。"

老师在陈景润心中播下了哥德巴赫猜想的种子。20年后,这颗种子在他心中萌芽了,他要证明它。在10多年的时间里,他不分节日和昼夜,听不到上下班的铃声,常常工作到深夜,有时一天只睡了三四个小时,甚至通宵达旦。

一次他边走路边思考,入了神,一头撞到了路边的一棵大树上,头上撞起了一个大包,他还未觉察,一边摸着头,一边继续走路,一边想问题,一边埋怨别人撞了他。

正是这个"如痴似愚"的人,最终攻克了哥德巴赫猜想,一举成为世界数学界的名人。

华罗庚,中国数学界的老前辈,在数学领域有着非凡的建树,在国内外享有很高的声誉。他从小对数学产生了浓厚的兴趣,中学的数学老师对他说:"不要急于求成,不要灰心,要有坚韧不拔的精神,用你的智慧和汗水去铸造钥匙,争取有朝一日把这些锁打开!"

他19岁的时候,他写出了《苏家驹之代数的五次方程式解法不能成立之理由》的论文,在上海《科学》杂志发表了。

它像一颗划破夜空的新星,惊动了著名的数学大师——清华大学数学系主任熊庆来教授。他反复读了这篇论文,对华罗庚的智慧和勇气极为赞赏,爱才如命的熊庆来了解了华罗庚的情况后,既同情又感动,他亲自设法说服了学校和有关部门,聘请华罗庚到清华大学工作。这样,造就了蜚声国际的青年学者,一颗数学王国的光芒四射的巨星升起来了。

如果华罗庚和陈景润没有遇上熊庆来和沈元两位老师的点拨和引荐,这两颗新星可能会升起来,也可能会慢慢地升起来,也可能会淹没在重重障碍之中而夭折。

成才与成名的机遇是十分重要的,但是,它又是可遇而不可求的。有的人刻意追求机遇,但到"白了少年头"还是追求不到。从众多的成才与成名者来看,机遇是为有准备的人提供的。如果没有准备,机遇来到你身边了,你还不知道,而后来知道了,但已失之交臂,抱憾终生。当你准备好了,一旦机遇来临,毫不犹豫地将其抓住,跳上机遇这艘船,便可扬帆济沧海,去实现自己的远大抱负了。如果华罗庚不是在中学读书时,遇上王维克老师的指点,如果他的论文没有发表,或者论文发表了,熊庆来教授没有发现,那么,华罗庚的成才与成名显然要受到影响。

既然机遇是为有准备的头脑提供的,那么我们怎样来进行准备呢?第一,知识的准备。科学技术是第一生产力,掌握了科学知识,才能多为国效力,才能多分割到一部分稀缺资源——货币,才能延长另一稀缺资源的使用期——时间,也就是生命。现在有一部分大学生,特别是刚进校门的一年级新生,他们未掌握大学的学习和生活规律,老师往往只讲半天课,留半天让学生自修,找参考资料,扩大和加深课堂上的知识。但是,这些学生没有这样做,而是大把大把地消费时间——青春——生命,这种现象不能不令人心痛至极。这些学生由于知识的功底不扎实,将来即使机遇来了,也难抓住,难以一展风采,成才与成名的难度就大一些。

有个学生在大学四年的学习中,刻苦学习,顽强锻炼,不论是体质还是实际工作能力,都有了很大的提高,特别是文字表达能力上更是高人一筹。他毕业了,要去应聘,机遇来了,他的导师请自己的一位同学关心自己的得意弟子。这位老师发现了他的才能不同寻常,又仔细地阅读了他在中央和省级报刊发表的20来篇论文,深为赞赏,特地向他的学生、省府办公厅的人事处长郑重推荐。处长研究后,把材料复印一式六份,一点钟分发到6个部门去征求意见,想不到四点钟,6个处长都要他。现在他干得很出色,已在三个部门工作过,得到领导的交口称赞,不仅发展快,而且空间也大。无疑这位同学的准备是充分的,知识和能力的准备加上机遇使他得到了一份有很大发展空间的工作。

(2) 可选择

当我们进行了充分准备的时候,可以选择机遇,看哪一种更适合专业、爱好、特长与能力,使发展空间增大。在专业和从政两个机遇来临的时候,你是选择发展专业,还是选择从政?

有一个中学的体育老师,他进修完本科后,摆在他面前二条机遇:一条回本校,当体育教研组长,然后做副校长;另一条进一所知名度不高的成人高校做教师。他选择了后者,此校尽管在社会上知名度不高,但是,比一所中学的知名度和层次来说要高。进了这所高校之后,他继续研究,终于在7~8年内从讲师发展为教授,在学术上有了建树。

另一人,原在高中、大学阶段均有不俗的表现,后来投笔从戎,回地方后,在一家工厂干了几年,成绩斐然。当得知要提拔他任副厂长时,他权衡再三,分析自己的优势和弱势后,毅然离开工厂,到一所大学任图书馆长。在做好本职工作的前提下,博览群书,笔耕不止,终成一代宗师。他说:如任副厂长,将把几十年所学的东西抛之汪洋,而厂长之职是有年龄限制的,研究学问没有,所以我选择了进大学的路子,充分利用图书馆这块宝地,"疯狂"地吸收知识,积极参加实践活动,进行理论上的研究,终于取得了突破。

市场经济条件下的机遇比计划经济下的机遇不知要高出多少倍,为年轻一代的成长、成才和发展提供了不可多得的机遇。机遇多,就应精心挑选,选一个最适合发展的机遇,以求一展身手,造福社会、造福人民,从而也使自己成名,成名之后更可推动事业的发展。成名和事业是相互促进的,名声可促进事业的发展,事业发展了可在更高层次提升名声。求得更大的发展,为国家、为社会作更大的贡献,得到更多稀缺资源的配置,这是人们选择机遇的核心和关键所在。这种选择应是理性的,而不是凭一时的冲动与热情。愿您选择的时候,理性多一点,冲动少一点,正确地选择机遇。

有的人才华过人,有的人勤奋、肯学、肯干,可总与成功无缘,是因为错过了机会或失去了机遇。巴尔扎克说:最成功的人不一定是勤奋的人,而是善于把握良机,决不放弃的人。

有一个年轻人,在1980年初,有两个机遇,一个是在政府机关由主任科员升科长、副处长、处长；一个是下海。下海虽有风险，但利益巨大，特别是房地产行业，更是一个巨大的充满活力和潜力的市场。于是他决心下海。向银行贷款20万元作为启动资金，开发房地产。20多年下来，他自己也不知道怎么"发"起来的。到2009年，他已积累82亿元的资本，成为当地房地产的一颗新星。他说：选择仕途，固然平稳，但无生气与活力。下海，那个海呀，没有风平浪静的时候，连睡觉的时候，都睁着一只眼看市场，竖起耳朵听涛声。充满活力、充满激情，拿到一个项目，那个高兴劲就甭提了，激动亢奋得彻夜难眠。他说，选择下海是选对了，这是时代赐予他的机遇。在这个时代，有很多年轻人，在机遇来临的时候，羞羞答答，忸怩作态，结果与机遇失之交臂。

在成名的四要素中，汗水是基本的材料，是成名大厦的地基，有了这个夯实的地基才能造耸入云端的高楼，去摘星辰。有了这个地基，天才、魅力、机遇才会发挥出效应来，它们共同缔造成名大厦，四者缺一不可。

二、成名的途径

1. 努力学习

任何人尤其是年轻人要想成名，必须努力学习，在校生除努力学好规定的课程之外，还应扩大知识面，学得深一点、广一点、精一点。如果是已工作了，就紧紧围绕自己的专业来学习理论、技巧和方法。不学习，难以成才，难以发展，更说不上成名。

1972年孔祥瑞初中毕业后到天津港码头当工人，始终坚持在实践中学习，把工作岗位当课堂，把生产实践作教材，把设备故障作课题，把身边有一技之长的工友作老师，努力攻克技术难关，34年创造了150多项科技成果，为企业创造效益8400多万元。为2006年年度感动中国的人。这一点告诉我们：不管什么时代劳动者都是社会的中流砥柱。但在今天，更值得尊敬的，不仅是贡献汗水，还要贡献智慧，才能成为名人。孔祥瑞是天津港码头上的中流砥柱——一代名人。

华罗庚在初中毕业后，考取了上海中华职业学校，家中实在拿不出一学期50元的学费，被迫退学，主持一间小杂货店，挑起了全家生活重担。穷困夺去了他在校学习的机会，但没有夺去他学习的意志，他开始了顽强的自学。白天，他站在柜台后面，给顾客拿着一卷卷灯草、一根根针、一支支香烟。顾客一走，他就埋头看书和演算。吃过晚饭，他就在自己那间小木屋里,继续学习,直到深夜。不论是寒冬腊月,手脚冻得发麻,还是酷暑盛夏的汗流如注,每天坚持自学10个小时以上,有时一天只睡四五个小时的觉。就这样,在极为困难的条件下,自学了高中和大学初年级的全部课程。他如果像今天一些青年那样,条件如此优越还不努力学习,就是机遇敲响了他的大门,他行吗,能趁势而上吗?

李新洲是著名的理论物理学家,在他读大三的时候,10年动乱开始了。"疯狂"充溢着复旦校园,那时盛行步行大串联,他也背上行李上路。但他那行李中有《时间空间引力理论》等书,到了宿营地,别人去串门,他依然埋头读书,就这样他"躲进小楼成一统",不仅自学完大学的数学课程,还开始自修一部分物理学研究生课程。

那时"左"得出奇,要检查人们的读物,他把一本《电动力学》拆成一页一页,夹在"大批判材料"中,夹在"斗私批修"的材料中偷偷地学。后到崇明农村劳动,他比别人多带了一只箱子,装满了书。在劳动之余潜心苦学。

在那"发疯"的年月里,耽误了多少才华横溢的青年的青春,但是李新洲机智地学习,把耽误减少到最小,而与同时代的青年相比,他取得的突出成就是那些人无法与之相比的。乌云终于散去,李新洲的机遇来了,机遇选择了他,他也抓住了机遇,他成名了,为国家的科学、教育事业作出了自己的贡献。

人生征途中,有许多不可测的因素,会干扰一个人奋发学习,这时如果稍一松懈,便会前功尽弃。反之坚持下去努力学习,便可积蓄力量,等待时机。物理学家、复旦大学校长谢希德在17岁拿到湖南大学数学系的录取通知单时,结核菌侵入了她的股关节,顿时病魔缠身,夺走了她灿烂的笑容和行走站立的权利,成为残疾人。在抗日战争中,她在病榻上辗转反侧,像热锅上的蚂蚁。她想,不能空使岁月蹉跎,于是捧起了书本,寻找摆脱学业荒废的途径。阅读大量英文原版小说,从通俗杂志到文艺小说,她尝到了博览群书带来的乐趣。这样巩固了中学的外语水平,也对病愈后突破外语关起到了重要的作用。

经过3年治疗,她康复了,参加高考,为浙江大学物理系录取,因故未去成,直至第三次应考,为厦门大学数理系录取,她通过与病魔抗争成为一代名人,一个著名的教育家和学者。

在现实中,有些人智慧之门开启得迟一点,或无人引导,或方法不当,再加环境的干扰,给学习者造成一种心理负担,学习成效一时显现不出来。

这时如能有一个外界的启发,便可使其直上青云,摘取事业或学习的桂冠。

2. 努力工作

成才之后,通过什么样的载体表现出来,把你的能量释放出来?这就是工作岗位,工作岗位是你成才与获得名声的载体。为什么努力工作才能成名?

你在学校里,多年的寒窗之苦,满腹经纶,积蓄了那么多的知识、能量,社会怎么来认识你?人们怎么来评价你?这是人们普遍关心的事,也是每个成才者普遍关心的事,你得找一个释放能量的平台或载体。你多年寒窗之苦的目的是为国、为社会效劳,为家庭出名,实现自我价值。社会、组织根据什么来给你报酬,依据是什么?通览海内外的情况,一般情况下,是依据你的工作状况,对社会、对服务的组织所作的贡献大小来进行配置的。但在少数情况下是依据权力和财富来进行配置的,这一点,我们暂不作讨论。为此,要想成名必须为社会、为组织多作贡献,努力工作。像上海液压件厂车工李勉,由于技术超群,工作出色,为组织创造了巨大的经济效益和社会声誉,组织给他高额报酬——实行年薪制9万元,超过了厂领导的收入,而许多工人的收入不过每年2~3万元。

那些在高校科研部门工作的专家、教授,由于突出地用智慧为社会、为组织作贡献,他们的回报更是丰厚,年薪逾百万元也是寻常事。

那些在影视圈中的名演员、名歌星、名主持人,出场费动辄10万、20万元,少则也在5万、6万元。他们的年收入可达几百万元。这是与他们努力学习,刻苦进行艺术的创造分不开的。成名了,便以名来取得社会稀缺资源的优化配置。若他们在艺术上不思进取,不创造出新的成绩,人们便不会给予如此丰厚的回报的。

有一些朋友,长期以来,社会对他的回报在多数岁月里是平平的,为什么?与他的工作努力程度有关,与他的工作业绩平平有关。社会给他回报当然是平平的,当然更谈不上成才与成名了。

在一些单位,特别是一些研究单位和高校中,很多人制订了严格的工作计划,每年应如何工作,在哪些方面作出新贡献,而后,照此努力,成果迭出。那么他的知名度与美誉度也就日益上升,社会的回报也日渐递升,有人为一些单位讲一二节课(2个小时),酬金为1 000~1 500元,有的讲3个多小时,酬金是5 000~8 000元,若是应聘为企业提供咨询,若见效,酬金是按照年销售额的2%~3%来提成,这个数字可大可小,若是年销售额达1

亿元,则每年为 200～300 万,将连续五年。这是对他努力学习的一种回报。有的要出研究成果:论文、著作、技术发明、创造、改进等。若这些科研人员连续几年出不了成果,那他的名声会日渐下降。但是,有一种情况可不计,就是从事基础理论和基础科学研究的,有的长达几十年才能出成果。像陈景润研究哥德巴赫猜想,用了近 20 年,才取得成果。所以有些学科应当例外。

3. 独树一帜的绩效

不论个人,还是组织,光努力学习、努力工作还不够,还得出一流的成果。比如说:学校的成果表现在"传道、授业、解惑"上。高等学校更是要在出人才、出成果上做文章,这个学校的学生有无活力,有无创新,这个学校的教师学术水平如何等,都是衡量它的重要尺度。人们说,北京大学、清华大学、复旦大学、中国科学技术大学是名人制造工厂。这种说法细细想想不无道理,请看他们培养了多少政界名人、要人,培养了多少科技精英、科技界的顶梁柱。耶鲁大学是美国五六位总统的母校,培养了 530 个议员,为很多一流大学培养了杰出的校长,也为墨西哥和法国培养了总统,为韩国培养了总理,为日本培养了外交部长。加州理工学院在第二次世界大战中,美国火箭 90% 是它设计的。中国的周培源、赵忠尧、谈家桢、钱学森也是该校的毕业生。

如果是一座工厂,同样要出精品,这个精品表现产品之精,人才之精、管理之精,这样,它才能在市场上打出名声,才能得到良好的回报。

我们的国家、地区,从当前来看,所创造出的世界一流产品还不多,特别与发达国家相比,差距还不小,需要引起我们特别是科技专家和在校大学生的严重关注。现在,不少地方政府提出了科教兴市的方针,这是具有远见卓识的领导人的战略构想,一定会结出丰硕之果的。

对于创造独树一帜的绩效,根据个人或组织的现状,来确定"独树一帜的绩效"的参照系。整个国家应树立以世界发达国家达到的先进水平为标准。对地方和企业来讲,有条件的,应以世界先进水平为参照系;如果暂时力量欠缺,可以国内先进地区、先进企业的水平为参照系。这样目标明显,有先进性、可操作性,易于实现。目标一旦实现,不论对组织还是对个人都是一种激励,有助于持续发展。

对个人来说,把自己的学习和工作放在一定的环境中加以考察。我们的研究水平,创新能力应力争处于世界前沿;若目前达不到,分别降为国家级、省市级、地区级、市县级、乡村级的先进状况，积蓄力量，波浪式推进，不达目的，决不罢休。这样做的话，会在更高层次上，从整体上动员全民的智慧和力量，来提升我国的综合实力，实现中华民族的伟大复兴，那时，您便成为中华民族复兴的功臣！

青年朋友们，让我们一起努力，创造世界一流的业绩，迎接中华民族的伟大复兴吧！让我们成为伟大复兴事业中一名不朽的功臣，"赢得生前身后名"！那时，我们就算作古，但我们的事业和名声在延续着我们的生命，假如有在天之灵，我们是何等的骄傲啊！

请看古人的生命、名声的延续，和我们对话：

《论语》是孔子的生命在延续，不仅在中国，而且在世界各国延续着。

赵州桥是李春的生命延续。

《史记》是伟大的史学家司马迁的生命延续，通过它，也使不少古人的脉搏跳动至今。

候风地动仪和浑天仪是张衡的生命之延续。

《本草纲目》是李时珍生命的延续。

京张铁路是詹天佑不朽生命永恒的丰碑，青龙桥车站上詹天佑在向每一位乘客微笑招手致意。旅客们也频频向他挥手，感谢他为中国铁路建设事业做出的不朽功绩。

年轻的朋友们，你想成才吗，想成名吗，您想使您的名声不朽吗？那就从现在起发愤吧！为了祖国的强大，为了人民生活的幸福，为了中华民族的伟大复兴，发愤吧！努力学习，努力攀登，创造出与日月同辉的业绩，彪炳千古，让你的名声成为您的生命的延续，而永存史册。

三、成名的方法

1. 自我推销

当一人经多年的努力之后成了才，但不一定马上取得商业利润的回报。因为市场还不了解你，公众也不了解你，市场急需你这样的人才，但不知道你在何方？为了让市场了解你，你要会促销，自我推销。俗话说："酒好不怕巷子深"，那是在商品经济不发达的时代，如今市场经济发达，已从卖方市场转向买方市场。你自己不吆喝不行，所以，"好酒还要勤吆喝"，"还要会吆喝"。让市场了解你，让顾客了解你、喜欢你，纷纷来和你洽谈业务，购买你的产品、科技成果或劳务。这样，你的才能、知识才能转化为商业利润,才能得到回报。怎样自我推销?

一是自己走出去,自己吆喝,宣传自己的能力、知识、产品的价值,让对方了解你,认可你,进而愿为之付出货币。我们的中专生、技校学生、职校学生,他们在毕业前夕,都制作了推荐表、自荐表,向有关目标公司投寄,这是一种推销。二是组织一个经济人班子或顾问公司,或公关公司,代为设计,代为联系,代为吆喝。三是写自传进行促销。不少名人的自传出版之后其名声播扬更大。有些明星既无时间,文字水平也平平,就找人操刀。2010年初,在北京电视台的一档节目中,有个"枪手"揭秘:"现在图书市场90%以上名人传记都是枪手代写的。"有些人在自传里,为了吊读者的兴致,不惜暴露隐私,这是不可取的。

有一个教师辛勤耕耘10年,已是40岁的人了,由于校方因素的限制,怎么也不让他评高级职称,只让他上很少的课。他就走向市场,主动出击,推销自己,向高校送作品和投放简历。这一出击,"战果"辉煌。有七八所大学聘他为客座教授,有三四家请他去,他谦虚地说:先客串一学期,如学生、教务处、我满意,就可坐下来谈。学期结束,三方满意,校方提出:"欢迎你来任教,校龄从上学期起算,下学期着手解决副教授。然后,根据你的实绩,可以破格评正教授。"这位老师虽然成才了,但由于各种原因无法实现自己的价值观和抱负,如不主动出击,把满腹经纶烂在肚子里,空老山林,岂不遗憾!现在,他名声四扬,成才向成名过渡,得到了回报,实现了成才和成名的价值。

大凡有了一定的底气,便可推销、吆喝自己,好使成才之后,迅速找到成名的平台,把自己的名声传播出去,以便更好地推动自己深入学习,向更高层次发展。

2. 走近媒介

在付出汗水之后,成才了,但是还不一定能成名,有广泛的高知名度。要提高知名度,必须走近媒介,由媒介进行分层次、多角度的包装,定向发布,可使你迅速成名。

媒介具有神奇的力量,它瞬间可使一个信息传遍七大洲四大洋,使穷乡僻壤的人知道这一信息。

媒体在成名中的作用十分突出,没有媒体的介入,很难成名,这是由媒体的特点所决定的。而求名者正是冲着它而来的。

广泛性。媒介可以大规模地复制信息和大规模地发布信息,使同一个信息在最短的时间里,家喻户晓,人人皆知。广播、电视、互联网更突破了地域、文化的限制。2009年10月24日湖北长江大学一年级新生陈及时、何东旭、方招跳入滔滔长江救出2名落水儿童,他们却失去了年轻的生命。当毫无准备的青春瞬间面临考验,当满怀希望的青春突然遭遇死神,他们没有丝毫的犹豫,毅然奉献出青春。三个生命的逝去和两个生命的生还,这并不是简单的生命风险交换,而是修复和重建着社会应有的道德基石。

客观性。媒介一般以第三者的角度来报道的,与被报道的人没有利益上的瓜葛,因此,它的报道具有客观性。上例中,记者并不认识他们,只是事情发生后,记者才知道了这些普通大学生入水救人,弘扬了社会正气,鞭挞了一些麻木不仁者。读者都很信,因为一是事实,二是客观,三是读者中的英雄,可敬可亲,比自吹自擂要好得多。媒介的信息发布前,一般都要经过调查、核实,编辑把关,有一定的法律法规、纪律约束,真实性强,可靠性高。

公开性。媒介发布的信息是公开的,为广大读者所知道的,这是渴求扩大知名度的人梦寐以求的。不仅国内公开,对国外也不保密。

快速性。在古代,信息的传播是依靠烽火台与驿站进行的,速度很慢。现代随着科学技术的发展,速度也就快多了,如果启动电视、广播、互联网,可使信息瞬间传遍天涯海角。还可做现场直播,这对于名声传播的时效性是很好的。这样你就可以在最短的时间内誉满全球,而产生巨大的轰动效应。

权威性。媒介是公开向公众发布信息的专业机构,是一种组织化的行为,有很高的权威。成名者正是追求它的权威性,使公众对自己的好名声深信不疑。

纵观中外的求名者,为了在广阔的空间里扬名,无不选择走近媒介,动用媒介的力量,发布成名的信息,实现目标。

3. 造势策略

名人市场有多种造势策略,现介绍几种:

(1) 进入黄金通道

何谓黄金通道? 就是说,名人直接走进直播间,与听众、观众进行交流、对话,与主持人对话,这就是称之为"热点"的内容。

进入黄金通道的一个典型是,2010年5月1日上海世博会开幕前一个相当长的时期里,每天的广播、电视里大量播放,越接近开幕的日子,电视、广播等媒介如影随形,跟踪报道,在960万平方千米的土地上,在近14亿同胞中,极大地提升了它的知名度与美誉度。世博会的名字与进展情况妇孺皆知,耳熟能详。

(2) 制造"热门话题"

名人制造商们或名人自己为提高知名度,制造"热门话题",努力争取媒介的支持和配合,由于制造了这个"话题",使公众感到这个人、这件事变得重要起来,从而注意和参加这场讨论,唤起公众对名人的关注、学习。不同的时代,不同的地点,不同的背景,会制造出不同的"热门话题"。上海为迎接世博会,发动"做可爱上海人"的大讨论,名人参与"热门话题"的讨论,提升了知名度。

(3) 利用名人商标

什么是商标?商品生产者或销售者在其商品上使用的,用于区别其他商品生产者和销售者的一种由文字、图形或其他组合而成的具有显著特征的标志。一经注册就享有专用权。如李宁牌运动服,李宁是中国参加奥运会获得冠军、有重大历史贡献的杰出运动员,是一个名人,以他名字命名的运动服也就吸引了很多崇拜者前来购买和使用它。这使李宁运动服长销不衰,引导一种时尚和潮流,更唤起公众对李宁的尊敬。

(4) 制造戏剧性事件

中国已有公关公司把制造名人作一项产业,并有了重大突破。国外比如美国、法国、英国等国家的名人制造业很发达,连总统竞选都聘请名人制造公司的专家们为其设计发型、服饰、演讲稿,甚至走路的姿态、与什么人握手,抱哪一个小孩,都进行详尽的设计。其目的是塑造良好形象提高知名度,吸引公众投他一票,争取当选总统。

(5) 借梯登高

一个人在名声上想获得成功,除了靠自己努力奋斗外,还要借助他人——名人或在某一点上有能量的人,借助他的力量,进一步提高知名度,扩大美誉度,从而平步青云、扶摇直上。"好风凭借力"所蕴含的人生哲理用在名声制造业中就是"借梯登高"。

现今,社会关系之复杂多变,方方面面制约因素之多,一人不能包打天下。作为一个名人,怎样才能在更广阔的空间来提高名声呢?借"梯"——名人的地位、名望、财富或权力。"高"指求名者更高的名声。尤其是那些德高望重的名人,他们的力量或智慧更能帮助你找到提高名声之路的捷径,这种情况,在现实和历史上不乏其例。

刘邦有8个儿子,生母不一,为了争夺太子之位,展开了一场斗智斗勇的子与子、母与母之间的明争暗斗。刘邦有立戚夫人之子如意为太子之意,但吕后想立自己生的盈为太子,她向张良讨教,张良说:"皇上一直想招四个在野的贤人出山相助,但他们始终不肯。若常请此四贤赴宴,必然会被皇上看见而问其原因。"果然不出所料,在盈请几个来回之后,刘邦以为盈为人恭敬仁孝,天下名人慕名而来,于是立盈为太子。盈本身是个名人,他的成功仰仗四贤的盛名,借助他们的名望得到了太子的宝座,当然,其中也有他母亲和张良的智慧。

为此,每个想成名或想扩大名声的朋友,可以借助比你更有名气的人来托你一把,扶你一把,使你获得更大的名声。这借名人之力的玄妙之机理,有时是妙不可言,可影响一个人的发展方向和发展水平,甚至可使他成为一代伟人,光辉四射,照耀全国和世界,为民谋利。从中我们可以体会到,成名的人与平常人没有什么两样,只是因为他善于利用各种条件,实现了人生的重大突破。善于借者,可化腐朽为神奇;精于借者,可仕途通达;神于借者,可扭转乾坤。"借"这个字包含了人世间最神奇的力量,也是改变命运的关键,更是成名的关键。

第三节　名人的包装

一个人成名之后,要有得体的包装,才能光彩照人,名传四方。名人的包装在现代社会已经形成了一种在理论指导下,由策划公司进行设计和操作,取得了很好成效的一门新兴产业。

一、名人包装是一项产业

产业原指个人的财产,后指一切从事物质和精神产品生产的行业和部门。名人的包装随社会生产发展、经济繁荣、文化发展而产生和发展。名人的包装在20世纪70、80年代,也逐渐发展为一门产业,首先是在西方发达国家出现,是适应了政治、经济、文化的发展需要。在当今世界,人们已不再把单纯赚钱看作成功者的主要标识,而认为成名才是成功者人生的主要标识。

1. 包装的产业化

在西方发达国家的政界,每隔几年就要上演一场总统竞选重大事件,牵动着该国多数国民的心。包装开始是自发的,由于总统竞选直接牵涉到各大政治集团及其所代表的经济集团的利益,关系重大,逐渐地由少数人零星的包装,发展成为在一定理论指导下,由专门的机构来办。也就是包装逐步发展成为一项产业,文化产业的一个分支,为有志于驰骋名人市场的有识之士提供个性化的服务。使他们顺利迈向名人市场,能够占有一席之地,拥有较高的知名度。

2008年美国的奥巴马竞选总统,筹集了7.5亿美元。他拒绝使用政府提供的竞选资金8400万美元,85%的资金来自网络,吸引了大量"长尾"和草根力量,很多是不足100美元的小额捐款,这是为奥巴马包装服务的。为使自己的利益集团的代表能入主白宫,各利益集团各自聘请了名人包装公司的专家参与策划。就像奥巴马和希拉里的辩论中不少专家不仅对辩论的内容、讲话的肢体动作进行了准备,而且还请来肢体语言专家评论其得失,改进尔后的辩论。

专家们认为,如果说演讲或辩论能产生效果,那么,50%至70%的效果来自于演讲者或辩论者的"肢体动作"。

如果不花钱,不请这些名人策划专家进行总体策划,跟踪观察、调控,塑造良好的形象,是很难得到选票的,是很难回报那些提供巨额捐款的利益集团的。

名人包装的产业化,伴随中国改革开放的发展,也进入了国门。为想进入名人市场的人提供服务。一些公关公司、传播公司陆续开展了成名包装业务,但是远未形成气候。一些名人,特别是一些事业有成的民营企业家,他们腰缠万贯之后,有着一颗兔子之心,想在社会上提升知名度,却又羞羞答答,不好意思张口。一次,一位私营企业家在一次聚会中向一位教授吐露了成名的心声。这位教授对他说:"此事可以操作,但要一定的投入!"他说:"百把万没有问题!""好!我和诚舟文化传播有限公司的方总联系一下。""好!"随后,方总多次与这位胡总联系,均由秘书挡驾,不接电话不回电。可见,还需要对这些民营企业家进行成名的启蒙教育,使之认识到提升知名度之后,给企业带来的好处。目前,他们还看不清楚。这也说明,中国的名声制造业尚处于萌芽阶段,不广为人知。一些想人既想成名,又处于羞羞答答的矛盾状态中,要达到像经济发达国家那样,还需一个过程,还要进行很多的工作,不能操之过急。

2. 包装的方法

名人包装的方法因人而异,总的围绕在一定范围内提高知名度,扩大美誉度,方法多种多样。

(1) 个人包装法

即自己包装自己。有一青工,迫切想成名,在初始阶段,没有业绩,也无人帮助。他策划了自己成名的包装途径,花几年的时间,在技术上刻苦攻关,考入成人高校学习理论,三年下来,理论上得到了提高,单位里的技术难点也一一被攻下,一年干了三年的活。于是他写了一篇体会文章《技术与理论是现代青年工人的双翼》,在报上发表后,在青年中引起强烈的反响,向他学习、求教的信如雪片飞来。他选代表性的信在媒体上公开答复,进一步扩大、加深了影响。当地的团省委授予他"新长征突击手"称号,团中央授予他"五四"青年奖章。又应邀去各地作巡回报告。这对推动青年的岗位成才,起了很大的作用。在团省委换届选举中,被选为团省委常委及所在市的市团委副书记。

凯赖斯勒公司董事长李·雅柯卡主持一个记者招待会。当他离开招待会后,雅柯卡的言谈将同时被公众和政策制定者们详加分析,因为在名人圈子里,李·雅柯卡作为一个商人所具有的实力是名列前茅的。

对李·雅柯卡来说,高知名度是一种战略工具。正如韦克多·吉亚莫为推销剃须刀,弗朗克·柏都为出售小鸡以及弗朗克·波曼为销售飞机票一样,雅柯卡之所以努力成为今天这样的名人,是为了推销他的轿车。把个人知名度与产品销售相联系,便组合成了一整套系统:决策者、中介人,广告经办人——所有这些人都被他和谐地糅合在一起,为塑造雅柯卡果断、坚韧的形象服务。在第六十二台电视广告中,创造了一个自信的董事长形象,进行了几个月的策划和研究,数周时间的编辑以及 8 小时的拍摄。雅柯卡作为旧式街头战士的公众形象,是通过为人代笔的作者们勤奋而巧妙的鼓吹,以及雅柯卡自己精心的准备与准确的行为而树立起来的。李·雅柯卡知名度的提高,与他的汽车制造一样经过了周密的设计研究,为的是利用其高知名度吸引买主。

个人成名包装,既凭个人的功底和业绩,也要借助"外脑"。如美国著名冰上运动冠军雷珊琳·萨莫内丝,她为了追求高的名声,征募了一支帮助她提高知名度的班子,其中包括私人教师、服装设计师、出版代理商、营养师、舞蹈设计师、运动心理学家、体育教练、广告节目赞助人以及集会代理人,由他们进行独具匠心的运作,雷珊琳·萨莫内丝的名声被制造出来了。通过她的"赞助系统"训练、管理以及推动,她的名字在全世界推销开来,成为名人并不突然,问题只在于她是怎样成功地利用高知名度来获得她所期望的回报。她的高知名度是一块磁铁,它使签名、合同、喝彩、赞扬雪片似的飞来,商业报酬更是丰厚。

(2) 代理人包装法

即请代理人对成名的途径与方法进行策划和实施。成才之后,应该获得一定的名声,这是每一个有所成就的人所持的普遍心态,青年也不例外。但限于本人的种种原因,很难提升知名度,可请一批或一个代理人,为您进行必要的策划,就像经济代理人那样,我们不是常常看到一些著名的歌星、影星、球星……他们的业务量大,无暇顾及,就聘请经济人充当代理,去谈判,而不必"御驾亲征",使自己悠闲点,不是同样达到了目的!况且,最终的决定权还是操在自己手中。这比自己直接出面更方便,更有成效。因为第三者出面,你给人们留下更为良好的印象。代理人包括人才代理人、经济人、公关专家、新闻代理人、广告商、财务专家与法律专家等,他们能够评估求名者的才干,发掘求名者的潜力。通过专家调控他们的努力方向——修正自我扬名的技巧,更好地包装自己。

(3) 组织包装法

当成员在生产劳动、研究、学习中,做出了比较突出的成就、业绩的时候,组织应予以及时的适度的包装,以满足成员的心理需求,更进一步激励成员的积极进取心,为组织创造出新的成绩和荣誉。有一座城市的建委系统,发现了本市一个房管所的一名工人,在长达10多年的时间,把自己的寻呼机和家中电话印在小纸条上,散发给住户,不论是白天、黑夜,也不论是工作日还是假日,不论是晴天还是雨天,365天无中断、全天候为住户提供及时的、免费的服务。这种精神在市场大潮中长期坚持下来,没有一种全心全意为住户服务的思想支持,是难以想象的,而且他的这种服务精神传到了他所服务的辖区外边,即使是大年三十,一家正在吃年夜饭,接到寻呼机或电话,他立刻带上工具,骑上自行车向报修户驶去。

市建委调查后,确认了这一典型,于是组织出面包装使他浮出水面,在一个相当长的时间里,他的名字、事迹频频出现在各种媒体上,成为家喻户晓的人物。组织进行的包装,对本人、本系统的干部、工人产生了很大的激励。

(4) 系统化包装

一个人要想成名,进行系统地包装,才能够展示给公众一个完整的良好形象,达到比较完美的程度。这种包装依靠追求成功、成名者的个人努力是远远不够的,要依靠组织或聘请的机构为之操办才能达到。上例房修工人,光依房地局是难以出色地完成此包装的,于是就聘请了专业公司进行系统策划。一步一步地实施,有高昂的旋律,有舒缓的旋律,一张一弛恰到好处,伴以娓娓动听的故事,既有白描的手法,又有重彩浓绘。通过系统化的包装,使人觉得可信、可亲,全心全意为居民服务的良好形象就立起来,成为有血有肉的人。他的成名也就水到渠成,且更为具体、形象,使人久久不能忘记。

(5) 信息化包装

成名靠什么?靠个人的努力、奋斗出来的成就。没有这样的基础,要想成名是很难的。自己、组织或聘用的代理人及机构就要源源不断地把成名者的信息有计划、有针对性地发布,广为传播,力求做到家喻户晓。这个信息的包装要分层次、波浪式推进,每次的信息发布有重点,这个重点是为中心服务的。通过信息化的包装,使成名者的"名"更为明显、突出、可信。

3. 获得名声的方法

现代市场经济条件下,获得名声的方法多种多样,归纳起来,不外乎有:

(1) 用智慧和汗水,浇灌名声之苗,使之迅速成长

李斌是上海液压泵厂的工人,通过多年的钻研,成长为数控工段长、高级技师与工艺师,熟练掌握数控机床的独特加工生产、制造工艺和加工绝活。大胆改进进口数控设备,使企业仅有的几台数控机床制造出在国外要投资若干加工设备才能加工出的产品,达到了国际同类先进产品水平,填补了许多国内液压泵制造空白。由于他的杰出成就,荣获了全国劳动模范、全国先进工作者、全国技术能手,液压行业科技(工艺)带头人等多项桂冠。不但如此,还被多所大学聘为教授。

一个人要获得显赫的名声,不愿付出汗水,不愿动脑子,不愿创造出杰出的成绩,想对国家、对社会作出重要贡献是很困难的,甚至是不可能的。

(2) 媒介

媒介,在现实生活中的作用是愈来愈重要。获得名声,还必须依赖媒

介的帮助,如无媒介的帮助,想要获得显赫的名声,是极为困难的。因为媒介的影响面广,冲击力强而持久。如果不借助于媒介,很难在比较大的范围内提高知名度,获得声誉。比如国色天香的牡丹,长在旷野,尽管天生丽质,风情万种,但无人知晓,实现不了自身价值。若媒介报道,广为人知,于是就会有很多人前来观赏,她的价值才能实现。

(3) 借助名人

什么是名人?名人的姓名能引起人们的注意,激发起公众的热情,能带来商业利益,并产生价值。

一个初出茅庐的年轻人,有一定的才华与能力,光依靠自己的努力,很难在短期内获得名声。但可以借助名人来提高知名度。这种例子是很多的,一位年轻人由于工作比较出色,一次偶然的机会,与一位名人相遇,共同生活了10来天,给这位名人留下了良好的印象。在分别时,他对这位年轻人的领导说:"小王不错嘛,你们要注意使用噢!"领导心领神会。没过多长日子,小王的知名度从一个单位到一个市、一个省,这就是借助名人来成名。

还有那些学术领域的年轻人,如果能得到学术界名人的指点,往往会有一个突破性的发展,从而声名鹊起。

还有一些学生,辛苦几年、十几年乃至终其毕生精力写成一部作品,请在该领域的一位名人或政界名人题词作序,可提升作品的知名度,也可使作者获得好名声。

二、怎样保持名声

1. 名声的生命周期

宇宙间的一切事物都有一个生命周期,银河系有生命周期,太阳系有生命周期,太阳和地球也有生命周期。人的生命周期是幼年、童年、青年、中年、壮年、老年直至终结。这样,一个人的生命周期在正常的情况下可达70~90年,少数可达到90~100多年,有的达到110多年,人的理论生命周期为125年至175年。笔者的友人顾局仙在110岁时,赠书法作品:"春满人间!"111岁去了天国。老师、市委书记夏征农在105岁赠笔者墨宝"青年是祖国的未来。"他在2009年(104岁)出版了《夏征农文集》,笔者有幸得一套签名赠书。

商品的生命周期指任何商品进入市场,开始它的市场生命,到被淘汰的过程,这一持续的时间叫商品的生命周期。从进入市场开始,到被市场淘汰出局后,市场不再销售,工厂不再生产的全部时间。

名声进入市场后,由酝酿期经产生期到发展成熟,巅峰期到衰退期,从名人市场消失的时间过程叫名声的生命周期。

名声在不同的生命阶段中,有不同的表现。特点是求名者为追求名声,运用什么方法与通过什么途径实现好名声和提高知名度。这些策划进入实施阶段,如通过媒介给予报道,好名声进入形成期,随着传播力度的加大,好名声进入巅峰期,家喻户晓,妇孺皆知,达到名声的顶点,顶点过后,名声逐步衰落,人们的兴趣减弱,名声进入衰落期,随后名声便从名人市场慢慢消失了。这是名声的生命周期。名人的生命周期的存在时间,依据名人的具体情况不同,持续的时间长短也会不同。作为一个活生生的人,愿使自己的名声长久地保持下去,在历史上永葆青春,为此要研究保持名声的原则。

独臂英雄丁晓兵20多年前在演习中失去右臂。身体残疾无法阻挡他成为英雄。他收到大学生来信,激励他:"成为英雄,你只算过了第一关,如果10年或者20年后,依然还有事迹从你的身上出现,这个英雄的称号你才当之无愧。"20多年来,他和他的集体获得了284面奖牌、证书,见证了用左手敬礼的他,始终如一的英雄历程。

2. 保持名声的原则

(1) 创新

求名者在社会上取得了一定的知名度后,要研究怎样运用创新的原则,创造新的业绩来保持名声? 这一原则不论是哪个行业的求名者都必须遵循的。江泽民说:"创新是一个民族的灵魂,是一个国家兴旺发达的不竭动力,也是一个政党永葆生机的源泉。创新包括理论创新、体制创新、科技创新及其他创新。思想解放、理论创新是引导社会前进的强大力量。"创新是永葆名人的名声生机的源泉。

名声是靠自己干出来的成绩,这是本质。一分成绩,一分名声,要想保持良好的名声,必须创造出新的成绩。2009年的劳动模范,只能是在这一年创造出的成绩。如不继续努力,创造新的成绩,那么,到2010年,就没他的份了。演员演了一部电影,可能成名,他要想保持名演员的名声,就要继续不断地创造新的角色。

(2) 学习

名声的获得是由于学习了新的理论、方法,创造了新成绩。要想保持名声,必须继续学习,学习新的知识、技能,并运用到实践中,做出新的成绩,才能保持在名人市场上的地位,否则那名声是短暂的,很快被其他人创造出来的新成绩的名声所淹没。只有通过学习,才能知道先前的名声之基础——成绩微不足道! 人不学习,要退步。同理,不学习,名声便会因缺乏营养而萎缩,直至枯死。

(3) 差距

在一个方面,你做出了成绩,获得了名声。但是,你的成绩与别人相比,与全省、全国、全世界的先进水平相比,状态如何,是第几位? 与他人相比,有无差距? 如有了差距,就有了努力的方向,就能出新的成绩,保持名声的生命周期长盛不衰。水为什么会发出强大的电能,为人类服务? 就在于有落差,有落差就有能量,通过一定的转换机制,把水能转变成电能,为人类服务。名声也是一种能量,能激励自己更好地学习、工作,创造出更大的成绩。像内蒙古呼和浩特市前市委书记牛玉儒,不断地寻找呼和浩特市和其他城市尤其是发达地区的城市差距,努力奋斗,改变了城市的面貌,他因劳成疾"走"了。但他的巨大名声,成为一笔巨大精神力量。一所中学的一个班有 45 个学生,从第一名到第 45 名,他们的成绩的差距只有 21 分。第一名和第二名的差距仅有零点几分。就是这零点几分的落差,使全班个个奋勇争先,最后,3 个人免试保送重点大学,40 个人考进了重点大学,2 人由于家境原因未考,这正是由于存在差距,明确目标,产生动力,创造了好名声。

只要我们能遵循这些原则,就可能保持名声的生命之树长青。

3. 维持名声的方法

名声对绝大多数人来说不是永恒的。名声是过去的声音和名气。除极少数人外,绝大多数人的名声就像一朵花,开了又谢了。极少数人的名声是不朽的,我们在统计到迄今为止 800 多亿人口中,仅有少得可怜的杰出者,如柏拉图、苏格拉底、牛顿、莎士比亚、但丁、普希金、爱因斯坦、马克思、孔子、老子、孙膑、屈原、杜甫、李白、秦始皇、汉武帝、李世民、成吉思汗、康熙、关汉卿、施耐庵、曹雪芹、孙中山、周恩来等,这些名人像巍巍高山,得到人类永远的景仰。他们的名声是不会被时间的长河冲刷而失色的。维持他们名声的是他们生前创造的丰功伟绩,彪炳青史。商业时代的名人与成就是脱离的,多数名人的动机是纯金钱性,其价值是纯商业性。同样,他们中多数人的作用是纯消费性,这决定了他们急功近利、浮躁,导致了他们的名声周期的短暂性、变化性和非神圣性。

(1) 名人名声衰落的原因

①批量生产的名人,基础差。这样的"名人",他们的名声生命周期自然十分短促。

②自命不凡。自命不凡的人,他的名声生命周期将会迅速进入衰退期。

③不思进取,被形势淘汰。有一批人,有了一定的成绩,取得了一些名声之后,便高枕无忧,稳享名声了。不再思考进取,创造新成绩,他没有看到周围的人在努力创造新的业绩。他躺下了而被淘汰。

④本人缺乏动力。有一些求名者求名成功之后,在社会上有一定的影响,在"功成名就"之后,他没有了压力,在原地踏步,周围的人前进了,他没有前进,而成为落伍者,名声衰退了。有些人,年轻时有一定的天赋,有一定的知名度,但若干年后还是老样子,他的名声便从名人市场消退了。

⑤年龄关系。有些职业有年龄限制。如体操运动、游泳运动等,他们在各种运动会上,取得冠军,有很高的知名度,但运动员有年龄限制,不再参加比赛了,与公众的距离远了,他的名声便从公众心目中消逝了。

⑥行为不慎。名人放纵而损害自身形象。克林顿是美国总统,由于他行为不端,与白宫实习生莱温斯基的绯闻,损害了自身的形象和名誉。作为名人,应行为检点,不要因小事而有损自己的名声。

⑦名声老化。名人成名之后,长时间没有新鲜内容更替,逐渐老化,渐渐从公众心目中消失。

⑧名声传播的障碍。因障碍导致名声到不了特定目标公众那儿。这些障碍主要有:目标公众的背景差异;教育程度差异;对名人的名声兴趣差异;年龄、性别、民族、阶层的差异;缺乏实施中的背景资料。

(2) 维持名声的方法

① 维持名声的最主要表现是超越同行。你是官员,那么工作业绩要出众;你是演艺人才,那么在表演艺术上不仅要超过自己的成才成名之作,还应追上或超过同类型的其他演员,塑造新的闪闪发光的角色形象;你是教师,那你的"传道、授业、解惑"要更上一层楼,还要成为这一行业、系统的排头兵;你是科技工作者,就要不断向新的领域挺进,争取新的突破;你是一

名军人,要在苦练杀敌本领、增强保家卫国的本事上下功夫。你在北京奥运会上创造了纪录,为祖国夺得了这个项目的第一块金牌。那么你必须继续科学训练,争取在2012年伦敦奥运会上破你自己创造的世界记录,再拿金牌,否则,你名声的生命周期是十分短暂的。你是一个作家,必须经常深入生活,创作出新的艺术性、历史性、社会性更高的作品,这样可延长你的名声生命周期。

② 维系公众和你的联系。纵观中国的一些人一旦成了"公仆",面孔马上阔了起来,不仅与公众不联系,就是面对面碰见了,他也视而不见,更谈不上说一句客套话,打个招呼了。有一位朋友讲述了一个真实生动的故事。一天他和一位领导(政协副主席)同乘一部电梯,在3楼,电梯停下,门开了,进来的是省长——他大学同班同学,坐在他后排的,应该说,十分熟悉的,况且,毕业后的10年又曾聚会过数次,万万是不会忘记的。可怪事出现了,他和那位副主席谈笑风生,可就不向大学里坐在他前排的乘同一部电梯的同学看一眼,打个招呼什么的。电梯到底层了,这位省长大人走了,他和副主席也一起走进不远处的轿车里,副主席不解地问:"怎么!他不认识你了?"这个朋友能说什么呢?什么也不能说,只是未置可否地以笑作答。

这个生动的情节被另外一位同学看见,省长率先跨出电梯厢门,昂首挺胸,旁若无人地走了,他便猜度出其中的一二。

有一次,一位市民谈起他们市50多年来,市长走马灯地转,其中口碑最好的是三位,陈××,朱××,徐××,为什么?这三人中已有一人作古,二人也已退休了,但人们说他们好,因为他们与公众保持一定的联系,并且为官清廉,人品高尚,不谋私利,为民谋利。迄今为止,人们还没有听到他们的亲友在借他们的名声和权势在市场上搂钱,人们由衷地尊敬他们。而其余的人与公众的联系则是一定程度上的做秀而已,所以,市民们早就把他忘了。

作为一个普通的名人,和你的公众应适度地保持联系,能延长名声的生命周期。

③ 根据不同的公众采取不同的表现方法。人成名之后,就有很多公众仰慕他。对不同的公众应采用不同的满足方法,不能千篇一律。如车工出身的劳动模范,仰慕他的公众最想的是一睹他的刀法绝活,他如满足了这些公众的要求,他的好名声便可以顺利地延续,扩大传播的范围。一位专

家写了一本书,一位大学生邮购了这本书,辗转请这位专家在书上签个名,专家不仅满足了他的要求,还额外地赠送了一本新出版的书,使这位大学生欣喜若狂:这是我最珍贵的财产!我要永远珍惜。如果是演艺圈子里的名人,在一定时间、一定场合与公众见一次面或即兴为公众献歌一曲,造成新一轮的名声冲击波。如果是真正的人民公仆,不仅在百姓困难的时候出现,更重要的是在平日,为此进行的谋划,以不贪污、不受贿的形象出现在百姓面前,而不是作秀。拒求助者的多种"馈赠",增加决策的透明度、科学性、程序性、民主性,而不是为"政绩"决策,允许媒体采访、报道。目前在××市,工薪阶层在抱怨他们的市长,起因是十年前,他在视察一个在建小区,问房价,他说这么便宜,起码可卖6 000、7 000元/米^2,诱发了该市房地产价格飙升,加上又在另外一个场合讲:欢迎外商来投资房地产,这里利润空间很大,有丰厚的回报云云。该市房价从均价4 000元/米^{2}涨到10 000元/米^2,而2010年涨到30 000元/米^2,带动了周边城市甚至全国的房价上扬,房产商个个喜上眉梢,他们腰包鼓起来了。工薪阶层怎么买得起?所以老百姓怨声载道了,知名度高了,美誉度下降了。

  名人的事情很多,时间有限,为了延续名声生命周期,适当地选择在恰当的时间、地点、公众,与他们见面、交流,争取用最少的精力与时间,发挥出最大的名声效应。有时会面、交流的时间应掌握在一定的幅度内,哪怕超过10分钟也不行,会面、交流的场所尤要精心选择,稍有不当,选错一个房间,也会前功尽弃。这方面,应向公关专家请教,取得他们的帮助。

  ④ 转换角色,适度露面。一些政界人士到年限后,必须退下来,这是难以抗拒的法则,退下后的明智之举,是适时转换角色,为延续名声的生命周期作贡献。如原中共中央政治局常委、全国政协主席李瑞环退休后,精心改编了《楚宫恨》京剧,由天津青年京剧团加工重排,使这出尘封了几十年的老戏,以崭新的面貌又重新呈现在舞台上,使传统剧目得以传承和发扬。李瑞环的角色转换,使他的名声生命周期得以延续,继续在公众心目中保留一个位置。还有其他一些名人转到力所能及的岗位上去。如陈铁迪从上海市人大常委会主任退下后,任慈善基金会会长,每当有大额捐款她都出现在媒体上。运动员的名声生命周期是很短的,在运动生涯结束之际,如果角色转换得好,可使名声生命周期延长。有的老教师虽然退休了,但仍然耕耘不辍,一边教书,一边笔耕,硕果累累,他通过教书和作品与公众保持联系,知名度反而日渐扩大。

⑤ 掌握公众心理，吊住公众的胃口。公众总是想与名人见上一面，交谈几句的。作为名人，没有那么多的时间和精力，只能满足一部分公众的心理需求。像卖食品一样。在某市有一家烤鹅店，是10公里范围内的一家著名烤鹅店。它烤的鹅不仅金黄皮脆，而且肉质鲜嫩味美，价格适中，极为畅销。每天总是供应10只，总有十几个人买不到。店主说："这符合市场消费心理。如果每天多烤几只，所有的顾客都买到了，满足了他们的心理需求，但给顾客的印象是：这烤鹅虽然味美，但能买到，不稀罕，造成了平淡无奇的心理。时间长了，会使人的消费欲望淡化。如发生一次滞销，会对店誉产生负面作用。现在，每天总有一批顾客失望而去，形成了一种积极的心理冲击，导致争购的现象。如果大量供应，名声会传不到10公里以外的社区去，生意也不会这么好。"这番颇有见地的宏论，对名人市场的名声供需双方是有启发的。那位店主的宏论应叫："吊住公众的胃口"。名人也应适度吊住公众的胃口，有利于延缓名声的生命周期。

三、重振名声的策略

为什么要重振名声？是因为名声老化，公众不感兴趣，像一些名人，没有新贡献，逐渐从公众心目中消逝了。组织遭遇重大危机袭击，元气大伤，殃及成员，名声下降。个人的失误，使名声受到玷污。为了实现组织目标，为了实现个人的名声的商业价值和商业利润，对衰落的名声要重振，恢复以至超过往日的知名度和美誉度。

重振名声的策略主要有：

1. 检讨过去

检讨自己的名声状况。名声的起点是否发生了变化，是否随着时代一起前进，名声是否老化，是否没有新鲜的内容，公众是否乏味了？总之，对名声下降的原因进行检讨，然后对症下药。

2. 启动怀旧心理

人们大凡有一种怀旧的心理，不论是老人还是青少年，对以往创造的功绩或光环的人有一种怀旧的情怀。而这些名人由于年老退休、离休，或创造的英雄事迹或成就随岁月的变迁，而被新涌现出来的名人的业绩、成就与光环所掩盖，我们的媒介或这些名人应寻找机会，启动人们怀念过去的英雄、模范、明星。比如2010年将是抗战胜利65周年，有关单位便可请这些抗日将士出场，讲讲抗日战争的英雄事迹，声讨日本侵略者的血腥罪行,激发青少年和全体国民的爱国热情。如1937年12月13日侵华日军南京大屠杀,我30万同胞遇难。每逢这一天,总要举行仪式,声讨这一惨绝人寰的暴行,请幸存者出来讲话,揭露日本侵略军的滔天罪行。让远逝的历史回到人们的记忆中来:中华民族为了抗战的胜利,3 500多万英雄儿女捐躯,包括国民政府的206名将军和300多万士兵的生命。直接经济损失1 000亿美元,间接经济损失5 000亿美元。警示后人不忘国耻,不忘民族恨,牢记血泪仇,建设强大国家。

每逢共和国的重大节日,中央电视台总是邀请50年代的影星、舞星、歌星登台一展风采,让人们感激他们过去创造的艺术形象,给人们以教育、以鼓舞、以思念。

3. 开辟新的传播渠道

往日的名人已成明日黄花,但可以开辟新的传播渠道,宣扬他们往日业绩,使他们的形象重新回到公众的心目中来,以达到重振名声的目的。几十年前在《闪闪的红星》中扮演潘冬子的小演员今安在,他现在干何事?广大公众不知道。后来,中央电视台举行了一项活动,请当年扮演潘冬子和小兵张嘎的小演员出场,与观众见面,才知道他们已是长春电影制片厂的演员,扮演了不少成功的角色。不过没有像《闪闪的红星》和《小兵张嘎》知名度高而已,通过这样的活动,他们又被广大公众知晓而获得名声。

4. 塑造新形象

许多名人、要人随着岁月的流逝,纷纷退休与离休了。但是,他们仍是一个名人。为使自己的好名声不因为离开权力而老化。于是纷纷转到另一个岗位,塑造新的形象,向公众展示。如前上海市人事局局长石涛,他离休后,便到上海市老龄委工作,转换一个新的角色,在市民面前展示新形象,深得市民特别是老年市民的尊敬和爱戴。这是重振名声的一种途径。

某地一所全国重点大学的校长张季常,他少年时代即在家乡山东章丘参加抗日战争,奋勇杀敌,在一次伏击战中,他和战友歼灭了20多名日本侵略者,还活捉了3名,受到纵队记功嘉奖。日本宣布无条件投降,他参加了当地的受降仪式。在解放战争中,他一路征战,参加了淮海战役和渡江战役,后来他随军南下,该地解放后,18岁的他任第一任校团委书记,后来职务转换不少,他始终以出色的工作,在该地高校中占有很高的名声。离休后,他参加了书法协会,成为理事,同时兼任多家公司的顾问,为这些企业的发展把关搭脉,为这些年轻的老总指点迷津。现在,虽然已80多岁了,仍充满活力,活跃在经济战线上,与其他离休的人相比,仍然保持了较高的知名度与活力。

上海市政协主席毛经权退休后,在全国第一个成立了省市级的公关协会,任会长,20多年来,为上海乃至全国公关事业的从无到有、从小到大作出了杰出的贡献。团结起一大批各界精英,为上海的建设事业进言献策。保持很高的知名度及频繁活动的身影。

还有不少往日的影星如白杨、王丹凤、秦怡等,也经常参加一些活动,以社会活动家的形象出现在公众面前。

四、保持名声的策略

1. 利用新方法

仔细检讨以往所做的努力,没有出什么大的成就,也就是说,名声不大,可以利用新的方法来研究。比如转换一个相近的学科。有一人,先研究政治学,尽管出了一点成果,但是影响小。后来,他转换一个角度,研究公共关系,取得了突破性的进展,在公关领域颇有建树,也有了一定的知名度。还有一些人,在一个单位总不能出成就,于是调到另一个单位,环境宽松,很快出了成就,有了名气。"树挪死,人挪活"是很有道理的。换地点、换研究的角度,都属于采用新方法来重振名声的一种策略。

2. 挑起争论

一位专家自甘清贫,坐了几年冷板凳,写了一本书。由于几年未与同行们联系,同行们已逐渐把他遗忘了。于是他利用一次学术年会的机会,向传统观点发起挑战,引起一场轩然大波,通过争论,与会专家们基本同意了他的观点,形成了他的学术流派,重振了好名声。

3. 逆流而出

原先有一定力度与知名度的名人,经过时间长河的冲刷,色彩已淡化。如果此时他能面对铺天盖地而来的一种思潮,提出标新立异的说法、见解,那么他便获得了重振名声的机会。诚如清朝的赵翼在《论诗》中写道:"李杜诗篇万口传,至今已觉不新鲜。江山代有人才出,各领风骚数百年。"任何创作、研究,特别是文化艺术,要有时代精神与个人独创,不要食古不化。对实际工作也应如此,才能重建名声。在演艺界要想重振声誉,逆公众普遍认可的艺术形式,创造出一种新的艺术形式,可使公众有耳目一新的感觉,树立新的艺术形象,不仅恢复昔日的风采,而且创造了新的艺术形象。

4. 使名声成为永恒

每个人都希望把自己的名声传遍世界,甚至刻在历史上,让后来者也能知道,使自己的名声与世长存。但是,以往成千上万个名人,只有很少的人留在我们的记忆中,随便问几个中学生或小学生,他们可能说出秦始皇、汉武帝、文天祥、祖冲之、李时珍等,这些人在公众的记忆中占有永恒的位置。问当代的运动员,可能说不出几个。要想在公众记忆中占有永恒的位置,有这几个方法:

(1) 争做第一

翻开历史,一些人在历史上确立了永恒的地位是他第一个做了某一件事:燧人氏首用火种,造福苍生;神农氏独尝百草,拯救黎庶;鲁班第一个发明锯子等工具,得誉"木匠师祖";孔子第一个开辟私人教育的先河,遂成万世师表;双曲拱桥首现赵州,李春永垂建筑史;李勉是中国第一个工人出身的磨床技师、工程师,被几所大学聘为教授;人类第一个进入太空的是加加林,第二人知道者就不多了。

(2) 和重大历史事件相联系

邓小平的声誉,很大原因是他在粉碎"四人帮"的极"左"以后,提出了强国富民之策——改革开放,以经济建设为中心,走建设有中国特色的社会主义道路而载入史册,在亿万公众心目中占据永恒的位置。

胡守钧在"文革"期间,因为和"四人帮"作斗争,特别是反对张春桥被判刑而出名,平反出狱后,努力学习,成为复旦大学社会学系的教授、博导,留在人们的记忆中。李钦栋先生是下岗工人,他投入上海的湿地保护工作中,由于他坚持不懈的努力,聚集起一大批专家学者和环保志愿者队伍,共同努力,才使上海市人民政府改变了对原江湾机场的开发方案,使部分湿地和原生林得以保留,使上海保留了一条南北的生物通道,他也因此名闻遐迩。

(3) 借助名字的载体

有的名声被人们或被后人记住,是由于他们的名字被物化在一个固定的物体上——博物馆、纪念馆、一幢大楼。如雷锋纪念馆、邵逸夫援建的众多图书馆——逸夫图书馆、李达三先生捐资兴建的李达三楼、应韦昌兴建的应韦昌围棋学校等。他们的名字便会永远被人们记住。

(4) 借助文化科技成就

《离骚》之屈原是我国文学史上第一位伟大的诗人。以他的理想、遭遇、痛苦,以及全部生命的热情为他打上了鲜明的个性烙印。他具有崇高的人格,关心国家和人民,直到今天仍作为坚定的爱国者受到高度评价。他独立思考,忠于自身认识的权利。作为理想的殉难者,后人从他身上受到巨大感召;他立身处世的方式也被后人引为仿效的楷模。他的作品以纵恣的文笔,表达了强烈而激荡的情感。由他开创的《楚辞》同《诗经》共同构成中国诗歌乃至整个中国文学的两大源头,对后世文学产生无穷的影响,如果屈原没有这部不朽之作,也许早为历史遗忘。

《论语》之孔子,首开私人教学的先河,是我国古代的伟大思想家、教育家、政治家,是儒家学派的创始人。不仅对中国的文化、教育、思想、政治的发展有极大影响。而且,这种影响早就越出国门,遍及世界。

《孙子兵法》之孙武,在中外军事学术史上占有显著的地位,《孙子兵法》中的论断,为历代作家、兵家所引用,不胜枚举。先后传到日本、法国、英国、德国、俄国,受到外国军事界的重视。

《史记》之司马迁,因李陵事件获罪,受"腐刑"而继续撰写《史记》,不仅对历史作出了贡献,还在传记文学、天文学等方面作出了杰出的贡献。

《家》《春》《秋》之文学巨匠巴金;钱学森、钱三强、郭沫若等他们都有载体,记载着他们不朽的名声。

中国计算机汉字激光照排技术创始人、中科院院士、中国工程院院士、北京大学教授王选,被尊为中国汉字激光照排之父,而作为中国科技自主创新的先驱者,在学界笑傲群雄,他们伟大的成就将载入史册,为世人仰望。

每一个名人要使名声进入公众的记忆中,就要努力工作,制造出名声的载体,使之永久保存。

5. 请公共关系为你的名声"保鲜"

公共关系是运用信息的传播与沟通,来协调关系,改善环境,塑造形象,进行关系管理的活动。

公共关系可以使名声像农产品那样进行"保鲜"。我们知道,农产品的保鲜期很短,仅在短期内维持它的新鲜度。名声也是如此,名声生产出来后,若不注意"保鲜",就会像刚摘下的苹果,鲜红、翠绿,令人垂涎欲滴,如不采用保鲜的方法,风吹、日晒,失去水分,缩成干果团,失去红润,没人喜爱。公共关系可以通过与媒介良好的关系来为你的名声保鲜。可以为你策划名声的"保鲜"策略与方法,运用外部力量使名声的"保鲜"期适度延长,实现求名者延长名声生命周期的愿望。

(1) 名声"保鲜"的策略

① 演员"转型保鲜"。女演员纷纷"转型保鲜"。于娜说:为了在娱乐圈立足,得依靠演员"转型"来"保鲜"。影视圈要常变常新,为了不被观众"遗忘",制作方与演员都要考虑"转型"。电视剧是"快餐文化",每年播出两三百部,三天就能拍出一集。想要电视剧红,必须有当红的演员。要当红,必须转型,才能给观众新鲜感。

② 及时出版新作品。作者要想"保鲜"必须勤于笔耕,出新作品保持与读者联系。如一教授,退休后,还不断从事教学、研究和写作,每隔一二年总有一部新作问世。网上总挂着他的名字和作品名录。

③ 参与热点活动。一是参加公益活动,让媒介报道。二是参与热门事件。当社会上有什么突出思潮或事件出现的时候,投入进去展示自己,让公众知道你仍然活跃在社会的大舞台上。

(2) 名声"保鲜"的方法

① 研究自己的名声存在哪些缺点,这些缺点如何产生的,如何克服?从而使名声的"保鲜"期延长。

② 研究自己的名声向哪个方向"保鲜"?是转换艺术形象还是提高演出艺术?是转变研究角度还是继续深入进去?

③ 回应批评。对媒体、对公众的批评,要及时反应,给公众留下好的印象。

第四节　名声的商业价值

名声具有商业价值。英雄时代名声的商业回报速度慢,甚至许多名人看不到这种回报就闭上眼睛。而商品时代的名声回报的速度快,数额巨大,本节特对此进行讨论。

一、英雄时代的名人

在英雄时代,一个人成为名人,是由于他艰苦的劳动、智慧的创造和贡献。如李白,他"十岁通诗书""通五经",自称"五岁诵六甲,十岁观百家,轩辕以来,颇得闻矣。"李白的诗波澜壮阔,气象万千。最充分也最集中地体现了那个时代的精神风貌。饱满的青春热情、争取解放的蓬勃精神、积极乐观的理想展望、强烈的个性色彩汇成了中国古代诗史上格外富有朝气的歌唱。他因自己诗文的成就,成为中国历史上少有的伟大诗人,名贯青史。

如杨业镇守边关,屡建战功,号"无敌"。"自雁门之捷,契丹畏之,每望业旗即引去"。立功边关,受宋太宗重用,却引起其他人的妒忌。公元986年正月,宋举兵攻辽,7月杨业在主帅潘仁美不采纳他的建议下,被迫出兵,得不到潘仁美原定援军。结果,杨业血战整日,动员士卒"走报天子",士卒"不肯离去","再率帐下士卒力战,身被数十创,士卒殆尽,业就手刃数十百人"。后为流矢所中坠马,为辽军所俘,被押途中绝食三天而死。其子杨延玉亦战死。杨业自北汉时起,与辽朝"角胜三十余年","人号杨无敌",深为辽朝人民敬畏。辽朝人民在他死地建庙祭祀。1089年,苏轼使辽朝作《过杨无敌庙》:"驰驱本为中原用,尝享能令异域学。"杨业是宋、辽两朝人民敬仰的英雄。"天下闻其死,皆为愤"。后世把杨业祖孙三代的抗辽事迹,演绎为"杨家将",广为流传,家喻户晓,万民敬仰,赢得永恒的名声。

如詹天佑,11岁报考"技艺门"便被录取,他与第一批录取出国的30名少年于1872年8月赴美留学。1881年6月毕业,获哲学学士学位。这年夏天回国后,先后在福州船政局、马尾船政学堂学习海轮驾驶,1884年10月被张之洞调至广州,出任黄埔水师学堂任英文教习。1888年开始为中国铁路建设事业披荆斩棘,奋斗终身。先后参与津榆、津卢、锦州、萍醴、新西、潮汕、沪宁、沪嘉、京张、张绥、津浦、洛潼、川汉、粤汉、汉粤、川甘铁路的修筑与筹划。1905年5月,他出任京张铁路总工程师兼局务会办。国外报道:"中国能开凿关沟段之工程师尚未诞生于世!""中国人想不靠外国人自己修铁路,就算不是梦想,至少也要过50年才能实现!"他怀着强烈的爱国心和事业心,担负起这项有国际影响的任务。在修筑中,制订了我国第一套铁路工程标准图。经过4年的艰苦奋斗,在1909年9月24日全线通车,提前二年完工,较实拨工款节余288 898两纹银。10月2日在南口举行通车典礼,他说:"这是京张路一万多员工的力量,不是我个人的功劳,成绩应该属于大家!"京张铁路的通车极大地振奋了民族精神,受到各方面的赞誉。清政府颁授"工科进士第一名"荣誉称号。1922年中华工程师学会和京绥铁路同仁会在青龙桥车站上建立了詹天佑全身铜像。1966年其坟墓迁葬于此。在20世纪90年代,在八达岭长城脚下建造了詹天佑纪念馆,以纪念他的不朽功绩。

如外国的莎士比亚的戏剧、爱迪生的二千多种发明、爱因斯坦发现相对论等,均是耗费几十年乃至毕生的精力才完成的。这时,名声和成就是统一的,名声来源于成就。没有成就,就没有名声。那时候,人们崇拜一个名人,是崇拜他伟大的人格和贡献,是对他一种深深的敬意。这种高知名度不是人为包装和宣传的结果,而是他的伟大业绩赢得全社会的普遍尊敬。这种名声的生命周期很长,甚至成为永恒的丰碑,与世共存。

二、商品时代的名人

商品时代名人的名声和成就在很多场合下相分离,制造出大批量的空心名人。名人价值的商品化,名声与实际成就不成比例,甚至脱离,名不符实者比比皆是。这样,在社会上一大批既无成就,也无贡献,甚至缺乏起码文化的人登上了名人舞台而引领一时风骚。这是一种误导,对社会,尤其是对青少年会产生一种负面作用。使青少年不去打扎实的基础,出现一种浮躁心态,去追求商业价值和回报。

不少知名演员在追求名声的商业价值。大批明星纷纷走向市场,大做广告谋取高额利润。在公众心目中他们由偶像变成了商品,他们的可敬性便迅速地由可购性取代。这样名人的价值便贬值了。

1. 外国名人的商业价值

名流怪杰的基辛格1/3是学者,1/3是政客,1/3是商人。他以三重身份,同时拥有权力、财富和名望。从政前的基辛格是大学教授,出版过几本书,在国际关系学界有一定的知名度,他的年总收入约3万美元。当他出任尼克松总统的国家安全事务助理和国务卿以后,再回到原来的位置时,他已经是世界名人了,此时的身价和以前的那个穷教授不可同日而语了。现在,凡邀请他作一次演讲至少要付30 000美元,一年中,他要演讲100多场,获得300多万美元的收入。此外,他每次向聘请他为国际问题顾问的商业公司提供一次口头咨询,对方得付10万美元的酬金。他担任30多家商业公司的顾问,一年的收入也得几百万美元。还有,外国政府邀请他去访问、咨询也得有为数不少的报酬。他之所以获得如此巨大的商业利润,是靠他从政期间赢得的高知名度。

世界大名鼎鼎的基辛格尽管古稀年庚近在咫尺,可壮志雄心不泯。他身兼数职:新闻评论员、公司咨询专家以及官方政府顾问。他利用对国际形势发展走向的独到见解和入木三分的分析,使每年成百上千万的美元招之即来,成了世界上首屈一指的个人权力操纵者。

在众多当代美国名流中,集学者、政客、商人三种角色于一身的基辛格,确实是一个善于通过推销自己的知名度来赚钱的超级推销员!他的年收入在750万美元上下。

2008年北京奥运会上,菲尔普斯勇夺八金后,2008年10月至12月就收入1亿美元。他的商业价值直线飙升——成为吸金能力最强的运动员,像狂夺金牌一样,疯狂签约,美国媒体如是说。这是靠他的名声得来的。

世界首富股神巴菲特每年一次的与他人共进午餐,对他人来说,这个"午餐"要拍卖才能得到。2009年6月24日的午餐,香港人赵丹阳以200多万美元拍得(相当于1440万人民币),共进3个小时的午餐,吃牛排。9年来巴菲特共拍得430多万美元的善款。

总之,求名者如想成名,必须经过名声推销过程。不仅如此,即使成为名人以后,名声推销依然是扩大知名度、保持知名度的重要环节。那些能够长久保持自己的名声,并努力扩大影响力的成名者,往往是不懈的名声推销者;而那些登上名声的高峰后名声很快下降的暂时名人,大多是因为成名后忽略了继续推销自己的名声。名声推销的作用是伴随着整个名声制造过程的。另外,随着新的互联网的采用,名声推销的方式也将随之改变,这一点也是名声推销者应该密切关注并努力跟进的。

2. 中国名人的商业价值

姚明是中国的骄傲,可能是未来的迈克尔·乔丹、伍兹,随着这颗球星在篮球场上冉冉升起,他的商业价值也就急剧飙升,被喻为是商业超级"金矿",被"姚之队"开发,创造出巨大的商业利润。姚明在2008年有3650万美元收入,其中2150万来自赞助商。他的商业合同价值1.5亿美元。

刘翔在雅典奥运会上一跑成名,他的商业价值也急剧飙升。他有选择地与5家企业建立了商务关系,每一份合同在1 000万人民币上下。在奥运会后,要求刘翔出席形象代言人的商业信函如雪片般飞往中国田协,申请文件堆在办公桌上足有一尺高。刘翔在奥运会上历史性胜利和他的阳光形象,使他的市场价值开始显现,成为中国运动员又一个具有国际影响力的市场热点。报载:刘翔在上海普陀区祥和名邸买了439米^{2}的6室3厅4卫,价值1450万元,33030元/米^2。2009年《福布斯》:刘翔收入16320万元/年,名列综合排名第二位,仅次于姚明。

其他如跳水明星田亮和郭晶晶在雅典奥运会后,频繁出入各种商务场所,他们所拍摄的广告片:"亮晶晶"一炮走红,取得了丰厚的商业回报。郭晶晶2009年福布斯:3050万元/年。李宁在香港花3亿港元买独立别墅。张怡宁2009年3月福布斯:1345万元/年。

北京等地高校著名老师到广州、深圳讲课收入很高,一等水平的教师,每天收入2~3万元,二等水平的每天1~2万元,三等水平的每天5 000~8 000元。北京、上海等地名校的知名教授到某地上课,最高报酬一次8万元。这些地方用金钱获取知识资源,振兴了地方经济。著名教师也获得了丰厚的回报。

2008年12月28日凌晨3点在上海环球金融中心,陈凯歌和陈红夫妇身着黑灰色情侣装,在T台走秀3分钟,捞进30万元。2007年春节前杨澜为长沙南山奶粉代言,7位数的代言费。不少央视名嘴纷纷走出央视大门,疯狂纳金,倪萍一次代言费200万元,黄健刚一出央视大门,立刻代言"红花郎",收入100万。

3. 名人为什么有这样高的商业价值

① 把公众对明星的关注转移到对产品的关注,提高产品的关注度和知名度;

② 利用公众对明星的喜爱,产生爱屋及乌的移情效果,增加品牌喜好度;

③ 通过明星的个性、形象和魅力,强化品牌的个性和形象,扩大销售,扩大效益,为企业带来滚滚财富。

④ 双方各有所求。明星为求得巨额财富、媒体曝光,谋取更大的财富和效益。企业通过明星提升品牌,扩大销售,取得好的利润。

三、英雄时代与商品时代名人的比较

1. 成名的速度

英雄时代的名人成名的速度一般比较慢,速成的比较少见。

拿曹雪芹的《红楼梦》这部以个人和家族历史为背景的长篇小说来说,不仅以其艺术上的精致完美达到了中国古典小说的巅峰,而且以其深刻的人生悲哀,打动世人的内心。曹家由盛而衰的剧变,使曹雪芹对人生、对社会、对世人产生一种不同寻常的真切感受。在饱经沧桑之后,他郁结的情感需要宣泄,他的才华也需要得到一种实现,从而他的生命才能从苦难中解脱而成为有意义的完成。他选择了艺术创造——被不幸的命运所摧残的天才重建自我的惟一方式。《红楼梦》第一回写道:"曹雪芹于悼红轩中披阅十载,增删五次。"又题一绝:"满纸荒唐言,一把辛酸泪!都云作者痴,谁解其中味?"他以全部的深情和心血投入这部书的写作。但他去世时,全书仅完成八十回,留下的一些残稿也遗失了。《红楼梦》是一部有历史深度和社会批判意义的爱情小说。它颠倒了那个时代的价值观念,把人的情感生活的满足放到了最高的地位上,用受污染较少,较富于人性之美的青年女性来否定作为社会中坚力量的士大夫阶层,从而表现出对自由生活的渴望。前所未有地描绘出美丽、聪慧、活泼、生动的女性群像。虽然始终笼罩着一种宿命的伤感和悲凉,但未放弃对美的理想追求。在引导人性毁弃丑恶,趋向完美的意义上,它是有着不朽价值的。

曹雪芹当时"蓬牖茅椽,绳床瓦灶"的家境,住在北京西郊的一个小山村,到了"举家食粥酒常赊"的地步。曹雪芹就是在这样的困境下写作的,他在爱子夭亡不久,也就伤感西去,留下一个新娶不久的妻子和一部未完成的书稿。

曹雪芹生前未出名,直到乾隆中期,抄本流传各地和海外。到今天研究《红楼梦》的成果的篇幅,不知多少倍于原作了,研究人员人数众多,成为一门"红学",世界各国成立了数以百计的研究机构,出版刊物。

捷克作家弗朗兹·卡夫卡1883年7月3日生于布拉格,生前世人对他毫无所知,死后,他却成为现代文学的世界级大师,是继但丁、莎士比亚和歌德之后,又一位具有划时代意义的伟大作家。历史又一次验证了英雄时代天才的命运和结局:生前完全是默默无闻,死后迅速走红世界。连他生前居住的陋巷与小屋也迅速走红,成为长盛不衰的旅游景点。

可见英雄时代的名人所付出的代价之巨大,然而他的成名和巨大的价值是他本人未曾看到的,但是他的名声是永存的,随着研究的深入,他的名声将更加光芒四射。

商品时代的名人成名的速度一般较快,有的甚至于借助于媒体而一夜成名,不需要潜心研究几年以至几十年的。

2. 成名的载体

英雄时代成名的载体是自己创建的业绩。像中国文学史上第一次用生动细致的白描手法和穿插错综的情节表现了一个完整的历史故事的施耐庵之《水浒》、法国的莫泊桑的《羊脂球》、陈景润的哥德巴赫猜想,还有许多古代的、当代的众多名人,他们有自己成名的载体。在古代,即使有了成名的载体，也很难立刻名声远播，因为那时的媒介不发达，所以传播的速度和范围受到了限制。不少名人，生前甚至看不到自己的名声远扬，有的离开这个世界几年、十几年、几十年甚至上百年后才声名鹊起。

商品时代的成名分为二类：一类有自己的载体——辉煌的业绩，通过媒介的造势，迅速传播，全人类知道。比如航天英雄杨利伟登上飞船，遨游太空，创造了辉煌业绩，世界所有的媒体都报道了他的业绩和照片，顿时成为世界名人。另一类是没有什么业绩，从某种层面上说，是一个空心名人，完全是媒介的造势，使之成为家喻户晓的名人。

3. 名声的辐射面

英雄时代的名人之名声受限于传媒的约束，一般地说名声的辐射空间很窄，要辐射到较大的空间，需要经历几年以至几十的年的时间。

而商品时代的名人之名声的传播是非常迅速的。由于通讯工具发达，穷乡僻壤发生的事，瞬间可通过互联网传到地球遥远的角落，互联网已覆盖了整个地球，使地球缩小为一个"地球村"了。1981年，美国总统里根被枪击后的4分钟，美联社向世界播放这条新闻，第8分钟，电视台播放现场画面。立刻，世界各国政要纷纷向里根发出慰问电，谴责无耻的暗杀行为。

4. 名声的生命周期

英雄时代的名人生命周期很长，这由于名人的业绩顺应了人们心声，在一定领域里成为该领域、该国不朽的偶像和楷模。像居里夫人发现了镭而使她的名声与世长存；像抗日战争时期的七女投江、狼牙山五壮士、中国远征军、长沙会战、衡阳战役、台儿庄大战中中国军民的形象，他们的浩然正气永存史册，成为激励中华民族儿女不惧强敌，勇于抗争的精神力量。

商品时代的名人生命周期分为二类：一类货真价实的名人，他们的产品和劳动推动了这个时代的进步，不论是精神的还是物质的，他们的生命周期可以延续的，有的可与世界共存。另一类是空心名人，是媒体造出来的，这种名声来得快，去得也快。如有一个少女，美丽非凡，被媒体造势，全世界很多人尤其是媒体大炒特炒，她的照片、名字纷纷被人用作商品和厂商的名字。她自己也知道，一年后自己就会被人遗忘了。果真如此，一年还不到，她的名字、照片便从媒介上消失了。

5. 名声的价值

英雄时代名人之名声的价值转变为商业价值的可能性小,原因是商品经济不发达。名人对于名声的商业价值的认识不足,还在于名人创造出的名声,是在名人已故以后几年乃至几十年才传播开来。

商品时代的名人,不论是"实心"还是"空心"名人,一旦他们被媒体造势之后,会马上带来可观的甚至是天文数字的财富。

"实心"名人与"空心"名人的商业价值的区别在于"实心"名人的商业价值持久,而"空心"名人的商业价值短暂。

作为现代青年,应努力学习,努力工作,争做一名"实心"名人,打造实的名声,与社会服务,才能取得名声的商业回报。

第七章　现代青年公关创业策划的具体运作

公关活动是一种信息传播活动,或者说是利用传播来展开的活动。因此,传播对创业策划、创业的实施发挥着很大的作用。作为青年,在策划工作中要重视传播,策划的具体运作可以从多方面来展开。

第一节　新闻策划

这里的新闻策划是针对青年运用公关进行策划的一种形式,所谓创业新闻策划,就是策划者根据创业需求,遵守新闻规律,整合优势资源,借助热点事件制造新闻,树立形象,以营造良好的外部发展环境,创造市场,培养、培育、创造消费需求,达到实现创业目标并参与竞争。从另一角度说,新闻策划是创业者在创业过程中,将他们的信息以新闻的形式告知公众,是策划目标的一种传播方式。它是组织和个人开展公关活动的重要手段,创业也不例外。

一、新闻传播策划的作用

这里的新闻策划是指创业者的新闻策划,包括产品营销、组织形象、品牌树立的新闻策划。它与真正意义上的新闻策划、媒体的新闻策划不是一个概念,但也有共同点,这就是新闻的真实性、可信性,必须源于现实。不同点是传播的角度不同,媒体新闻是站在社会的角度寻找新闻,发现新闻。而创业新闻策划是在寻找、挖掘创业过程中的新闻,同时大量地制造新闻,吸引媒体关注,然后由记者或策划人用事实说话和报道,造成新闻现象与效应。

媒介有三大类,一是以电视和广播为主的电子媒介,二是以报纸和杂志为主的印刷媒介,三是近几年发展极为迅速的网络媒介。这三大媒介已逐步形成了新闻三足鼎立的局面。在进行策划时,要利用新闻的影响力。

新闻传播的作用:

1. 提高传播效率

在新闻传播中,传播者是一个拥有现代化传播工具的机构,如报社、电台、电视台、网站等,个人也是以组织化的形式出现,如记者、编辑等。传播者通过媒介传递信息,为社会共享。它传播的速度快,影响面广,有深度,有很高的传播效率。在策划时,为了迅速扩大知名度,利用新闻媒介的影响力,有助于策划的成功。

2. 节约传播费用

新闻传播与广告传播相比,广告是付费的传播,而新闻传播是免费的。因此,在策划时,能因时因地策划有轰动效应的新闻活动,扩大知名度,提升形象,而不需要付费,但需要的是策划人的智慧。

新闻策划是策划人在客观、公正的立场上用事实说话,感召消费者,如公益活动、捐献产品、献爱心、建希望小学等,不用记者宣传,消费者自己能看得见,感受到。不是自己吹,而是让公众、消费者评价组织和产品。新闻与广告比较,最大的好处是容易拉近与消费者的距离,可信度高,感召力强,容易产生轰动效应,而且费用低,效果持续时间长。一则好的新闻、一次好的活动可以一下子让人记住组织及其产品或所提供的服务。

3. 迅速实现传播目的

新闻传播的一个最明显的特征就是快速性。一家报社,既出晨报又出晚报,顷刻间万人同读一种报纸的情况比比皆是。一则消息,一旦通过广播与电视,马上会人人皆知。若将信息上了互联网,在世界各地的人们都可以迅速地了解到你的情况。

4. 加快实现双向互动

通过新闻传播,一方面可以将创业的信息迅速地向公众发布,告知于众,加快扩大知名度。另一方面,通过媒介,迅速了解社会的反映和变化,及时调整创业的方向、形式和策略,实现最佳的创业途径。

任何组织都是社会的一部分,创业成功来源于社会,取之于社会,同时又必须回报社会,双向互动,这是创业新闻策划的基本点,必须遵守,否则也就很难有新闻性,更没有轰动性。

二、新闻策划的要点

1. 创造新闻

创造新闻也称"制造新闻",是指公关人员以实际发生的事件为基础,有计划地推动或挖掘整理出新闻来,引起公众和新闻界的注意,获得的新闻效应,这是一项重要的技能。创造新闻并不是公关人员凭空捏造一些新闻来欺骗公众,而是指策划公关事件或推动公关的发展使其具有新闻价值,并能引起轰动效应。

大家知道,新闻讲究的是新、奇、特。在创造新闻的过程中,要围绕这三个字做。"新"是新意,不跟热,不照搬、模仿、临摹;"奇"是出人意料,不按理出牌,超越常规,突破常识;"特"是特别,是与众不同。从传播学的角度来看,具有新、奇、特的信息,容易给人留下深刻的印象。而这种新、奇、特在很多时候是以事实为依据的,从一个新的角度加工出来的,而不是天生就有的。

在"情人节"前夕,某从事花草养殖的青年,推出了利用激光在植物上刻上"I LOVE YOU"的罐头花草,随着花草的生长,"I LOVE YOU"的字样也逐渐变大。这产品一推出市场,就深受青年人的喜爱。同时还吸引了记者,进行了报道,许多外地的报纸也转载了这条消息,结果可想而知。经过精心策划制造出的新闻更具有影响力和轰动性。因此,青年在策划时,应善于把握时机,有计划有组织地策划公关事件,使其朝有利于事业发展的方向发展。

上海超天集团在开业之际,用别具一格的大型的婚礼代替企业的开业庆典,引发了强大的新闻效应。在开业之前,媒介进行预热报道。在开业之时,主婚人为文化局的局长,证婚人为著名电影表演艺术家白杨,男女司仪为超天集团总裁助理和电视台节目主持人,市妇联、市财贸办、市民政局和一大批文艺界著名人士都来参加,记者蜂拥而来,形成了强大的新闻效应:电视台转播了这次婚礼的盛况,广播电台也做了长篇的报道,《文汇报》《解放日报》《新民晚报》《文学报》《青年报》等从不同角度加以报道,形成轰动效应,幕后人也成了人们关注的焦点。

2. 形成新亮点

创业策划重在创新,千篇一律,让人乏味,记者也为难。而紧跟时代步伐、紧扣时代脉搏,抓住社会热点,用一种超前的、发展的、前卫的眼光去策划,能引起新闻效应。同样是新闻事件,不同的报道角度就会有不同的社会效果。对于人们习以为常的非事件性新闻,或不是最近发生的,这时候新闻策划就显得更为重要,通过策划,将它放在特定的(即现在时的)坐标系内,使之具有时效性,旧闻变新闻,形成新亮点。

形成新亮点也是公关策划的一个重要方法。新亮点并不一定是超凡脱俗的佳作,而是在策划中,善于利用人们的逆反思维和求新思维,在平凡中出新奇,从而找到新亮点。就如被万紫千红弄得眼花缭乱之时忽见"清水出芙蓉",被山珍海味弄得全无胃口时见到白菜煮豆腐一般。新的亮点常常是在不经意中出现,给人以耳目一新的感觉,从而留下深刻的印象。

在物欲横流的社会中,青年人往往显得浮躁和不安分,人们善于宣传,擅长夸张,忽视了认真和踏实的作风。而这种认真和踏实正是"清水芙蓉"和"白菜豆腐",是一个闪闪发光的新亮点。

3. 扩大新闻效应

一个好的新闻策划,不应该只是"一锤子买卖",一次报道之后就没了下文,而是应该有很强的发展性,能够不断"产生"出新的事件和新的角度,紧紧围绕主题层层推进,以"组合拳"的方式进行"新闻轰炸",尽量扩大新闻效应,从而更好地实现策划目标。就像好莱坞的经典电影,故事必须一波三折,曲折离奇,才能自始至终吸引观众的注意力,给人留下深刻印象。

一个流传于营销界的经典案例可以说明新闻策划的作用。一位书商手头积压了一批书卖不出去,眼看就要大亏本了。情急之下,出版商想了一个点子:给总统送去一本,并频频联系征求意见。忙得不可开交的总统随便回了一句:"这书不错。"这一来出版商如获至宝,大作宣传:"现有总统喜爱的书出售。"还把"这书不错"四个字印在封面上。于是手头的书很快被抢购一空。不久,这个出版商又有一批书,便照方抓药,给总统送去一本,总统有了上次的教训,想借机奚落一番,就在送来的书上写道:"这书糟透了!"总统还是上了套儿,书商又大肆做宣传:"现有总统讨厌的书出售。"人们出于好奇争相抢购,书很快便全部卖掉。第三次,出版商再次把书送给总统,总统有了前两次被利用的教训,干脆紧闭金口,不理不睬。然而出版商还有话说。这次他的宣传词是"现有令总统难以下结论的书,欲购从速。"结果,书还是被抢购一空。

一年春天,西安市流传生猪有"口蹄疫",人们谈肉色变,谁也不敢买,时间长达3个月,政府也很急。这时,西安方欣公司策划了一则推出"放心肉"的新闻。同时,公司组织了给护城河清淤泥的子弟兵送"放心肉"的活动,引起西安、陕西新闻界的极大兴趣,短短一周,几乎陕西、西安的所有媒体,如《陕西日报》、《三秦都市报》、陕西电视台、陕西有线电视台、《西安日报》、《西安晚报》、西安电视一台二台、西安广播电台,都参与了报道,在半个月内,几乎天天都有"放心肉"的新闻。这场策划是企业行为,是企业抓住机遇的一次新闻策划,其效果之明显超出了许多人的预料。肉联厂的生猪屠宰由过去的几十头、近百头,一下子上升到几百头,最多时一天上千头,"放心肉"一下子在西安家喻户晓。这次策划也使方欣公司一夜成名,省市领导、新闻媒体、公关广告界都对这次策划大加赞扬,有人把这件策划列为西安1999年最成功的策划案例之一。

4. 避开和利用重要节日及重要事件

在策划新闻事件的时候,要特别注意一些重大节日或重要事件,要善于利用或避开它们。善于利用是指在策划时,将策划和它们联系起来,媒介在报道这些重大节日或事件的时候自然会联系策划的组织和个人。避开是指这些重大节日或事件发生时,尽量避开与这些节日或事件无关的活动,因为需要报道的内容太多,无暇顾及其他。如某市在三月初举办一个国际性的交流项目,耗资上千万,但影响面除了本市以外,国内、省内知道者寥寥。这其中主要的原因是在这期间,国内外的重大事件过多,国际上有美国与伊拉克的问题,国内的两会正开得如火如荼,还有3月8日的妇女节、3月12日的植树节、3月15日的消费者权益日等,各媒介早被这些重大节日或事件排得满满的,在这时候搞的交流项目自然很难引起人们的注意,即便是报道了,也只是一二句话的简要报道,被节日及重大事件的新闻所淹没,策划的新闻凸现不出来。

5. 与媒介建立朋友关系

对于创业者来说,重要的任务之一是与新闻界建立良好的朋友关系。这是因为一方面它是开展宣传活动的重要的工具,可以把信息迅速有效地传播,让公众认识和了解;另一方面,它又是需要努力争取的一类公众。因此,对媒介的工作人员,要遵守他们的工作纪律,要以诚、以礼、平等相待,对新闻界的批评应立即采取措施加以改正,以赢得他们的认可和赞同。并在此基础上,建立真诚坦率、相互尊重的良好关系。为新闻传播打下感情基础。在与媒介保持着良好关系的同时,积极地参与媒介组织的各种活动,扩大交际面。

总之,与记者打交道要了解各媒体的特点、记者的脾气禀性、需求、特长和区别。针对各种类别的记者也要有不同的策略,年轻与年长、有版和无版、科技类、文化类、教育类、社会新闻类等都要打交道。对善于写评论的与善于写长篇报道的记者,在提供资料及邀请参与活动时要使之各尽其长,各得其所。同时在日常中要主动联系新闻界朋友,面可以宽泛,各种媒体都有,但在新闻策划时首先要选择对创业最能发挥作用,能理解创业者思想的记者。

第二节 媒介策划

公关策划常常要利用媒介,媒介的种类有很多,有报纸、电视、广播、杂志以及互联网,这些媒介各有所长,各有所短。青年创业者的策划就是要利用有限的费用实现传播效果的最大化,创造出更大的、更好的经济效益和社会效益。

一、研究可利用的资源

媒介,是公关传播的载体。在策划时,先要研究可利用的媒介资源,包括本地资源、定向资源、全国资源抑或国际资源。整合利用这些资源,达到最佳的传播效果。

1. 本地

分析研究本地有哪些媒介资源,研究它们的特点,媒介所面对的公众群体的特点,媒介报道的方向、专业特色以及它们在当地的影响力,以及如何去利用等。

2. 定向地区

研究定向地区即公关目标地区、操作的地区及实现的地区,可利用的媒介资源的种类、特色、影响力等,以及如何去利用。

3. 全国

对全国而言,有太多的媒介资源,可是在这些纷繁复杂的媒介资源中,要学会选择可利用的资源。不同的媒介有不同的报道定位和不同的读者群体,可根据目标特点,选择适合的媒介为我所用。

4. 国际

创业的目标、地区在国外,要分析研究目标国的定向地区的媒介资源为创业服务。

5. 能够利用的媒介资源及其风格研究

为了减少在媒介选择中的失误,在使用媒介前,要充分地分析能够利用的媒介资源以及它们的风格。不同的媒介,有不同的风格,有特定的读者群。

6. 媒介的组合效应

媒介的组合即在同一时段内,以多种媒介配合,多方位地宣传基本相同的信息,以达到预期的传播效果。组织在传播形象中,媒体组合运用是常用的一种策略,比单一的媒介效果要大得多。据权威人士的研究,媒体的交错使用会产生两种效果,一是相辅相成的效果。如同一个广告主题,在电视、报纸和杂志上各投放一次,其效果比单在一种媒体上投放三次大。二是相互补充的效果,即两种以上的媒体来传播同一信息,传至同一人时,效果更好,因为是相互补充的。

二、报纸媒介

1. 报纸媒介的特点

(1) 版面大,篇幅多

报纸的版面大,篇幅多,可供客户进行充分的选择和利用。凡是要向公众作详细而深度的介绍,利用报纸媒体是极为有利的。

(2) 具有权威性

报纸在中国具有很高的权威性,新闻与广告的混排还可以增加广告的阅读力,对广告功效的发挥有直接的影响。

(3) 编排灵活

报纸编排灵活,文章改稿或换稿都比较方便。一般在开机印报前或在制版前赶到报社,可对有错的文章进行更改或撤换。报纸的截稿时间较晚,一般广告稿在开印前几个小时送达,即可保证准时印出。有一位作者写了一本《现代青年公共关系学》,上午 10 点举行了首发式暨新闻发布会,11 点结束,当日下午 3 点出版的晚报就发了消息和评论。报纸在这些方面的特点,都给组织和广告公司提供了极大的方便和有利条件。

(4) 可信度高

报纸的新闻可信度高,报纸报道的内容显示出准确性和可信度,增强了读者的信心。报纸的这种可信度,对组织来说是至关重要的。

(5) 易保存

报纸容易保存,可反复阅读。需要长期保存的信息,最好的媒介就是报纸。

(6) 发行范围广

报纸的发行范围广泛,尤其是综合性的报纸,其覆盖面涉及众多的读者阶层,适合于任何一种商品和服务的宣传。

报纸同时也存在着不足:

① 报纸的生动性不够好,不能像电视、广播那样声情并茂。

② 由于受编辑、排版、制作、发行等程序的限制,报纸的传播速度不快。

③ 报纸的普及率不高,因为读者受文化程度的影响,受众面没有电视、广播等那么大。

2. 编辑、记者各有擅长、爱好

报纸的编辑和记者在政治、思想、业务等方面都有较高的修养,对他们的擅长和爱好应有所了解,以便工作的开展。

三、电视媒介

1. 电视媒介的特点

电视是最受公众欢迎的媒体,是把文字、图像、声音、音乐等以及空间、时间集于一身而构成的一种传播方式,其优点:

(1) 信息的直观性

各种信息通过电视的制码可以转换为直观的、具体的、可感知的图像、声音和文字,并形成丰富多样的节目形式,具有鲜明的愉悦性和艺术的美感性。为此,电视对观众的感官有强烈的刺激作用,是观众喜欢而又乐于接受的一种媒体。

(2) 内容与技巧的一致性

电视所传播的内容非常广泛,它把科学、文化、新闻、文学、教育、体育等内容与艺术技巧融为一体,表达方式新颖、生动、活泼多样。

(3) 时空的无限性

电视传播不受时空制约,传递信息迅速,覆盖面广,收视率高,视觉冲击力大。

(4) 形声的兼备性

电视具有形声兼备的功能。它以感人的形象、优美的音乐、独特的技巧，给人以美的享受，能够最大限度地满足公众了解世界、获得新闻、欣赏艺术等方面的需求。

(5) 丰富的娱乐性

电视具有娱乐性且表现力丰富，传真度高，颜色逼真，能取得满意的传播效果。有几十甚至上百个频道的节目，供不同的公众选择、消遣。

电视媒体也有缺陷，表现在：

① 消逝速度快。电视节目虽然制作精细生动，但极易随着电波的消逝而消失。没有个性的电视节目，看过之后很快被忘却。

② 制作复杂，成本高。要拍一部电视作品，需要有美工、编排、音乐、音响、导演、场记、灯光、照明、排练、摄制、剪辑等人员，制作技术要求高，制作过程复杂，成本高。

2. 节目主持人、编辑、记者的特色

节目主持人的特点就是通过滔滔不绝的"说"来沟通你、我、他，主持人成为电视媒体与观众之间的纽带。主持人应有极高的语言表达能力，口头语言是主持人进行大众传播活动的主要手段，语言无疑是构成主持人个性魅力的重要因素。除此之外，节目主持人和记者、编辑一样要具有扎实的知识功底、严密的思辨能力、敏锐的观察力、健康的心理素质，还应有善于提出问题、分析问题并解决问题的特长。

四、广播媒介

1. 广播媒介的特点

广播媒介，是以电台播音为传播方式的一种媒介，包括有线与无线广播。与其他媒介相比，它的特点表现在：

(1) 时空的无限性

广播是传播范围最为广泛的媒体。它的传播不受时空限制，覆盖面广，不论是在何处，只要打开收音机，就能听到广播内容，最易发挥无意注意的作用。

(2) 局限性小

广播是最能发挥听觉效果的媒体。广播是一种听觉媒体，它能充分运用语言的特点来吸引听众的注意和兴趣。它通俗易懂，不受教育程度的限制，工人、农民、知识分子都可以接受。

(3) 费用低

广播的制作费用低。广播的制作比起电视、报纸等媒体要容易得多。

广播的局限性：

① 电波消失快。广播受节目时间的限制，仅能以简单明了的方式作广播，因此，广播是短促的，所以广播的信息来去匆匆，若是一时听不清，也不能重复再听，不同于报纸。

② 有声无形，印象肤浅。广播是用声音，没有视觉形象，听众看不到具体形象、色彩和内部结构，自然对所报道内容印象不深。

2. 节目主持人、编辑、记者的特色

广播媒体的节目主持人、编辑、记者与电视媒体相似，不再赘述。

五、杂志媒介

1. 杂志媒介的特点

杂志媒介属于印刷媒体，杂志的优点：

(1) 阅读和保存时期长

杂志可以一直吸引人不断阅读或轮流阅读，便于保存更长的时间。

(2) 报道有深度，读者稳定

医学杂志、文艺杂志、数学杂志、儿童画报等，报道是专业性的，有深度，其发行对象是特定的社会阶层或群体。

(3) 印刷精美、图文并茂

杂志以精细的编辑，争取吸引读者，提高其阅读兴趣。同时由于杂志的用纸讲究，可以运用较好的技术手段、形象表现手段展示色彩、质感等方面。

杂志的不足：

① 周期长，时效性差，缺乏灵活性。

② 专业性强，读者受到限制，不利于读者群体的扩张。

2. 编辑、记者的特色

由于杂志特点是深度报道，所以杂志的编辑、记者有较深的理论功底，其主要功夫用在采访和写。杂志有别于其他的新闻媒体，在众多的传播媒体中，它的传播速度最慢，也没有电视或广播的生动性和感染力，但报道的深度和专一性是它的特点。

对于青年创业者来讲，如何利用有限的创业资本，选择合适的传播媒介很重要。红极一时的巨人集团总裁史玉柱最初的成功就是一则利用媒介的佳话,1989年1月他刚从深圳大学研究生院毕业,软科学硕士,毕业后就下海创业。同年他研究出桌面中文电脑软件M-6401,当时他身无分文,没有资金将该软件投入生产,只能从朋友处借到2 000元钱,全部投入媒体进行宣传,宣传后得到客户的预付款再进行软件生产,4个月后营业收入即超过100万元。从中他挖掘到了创业的第一桶金,为创业打下了良好的基础。

六、Internet 媒介

如今一种新的媒体正向我们走来,那就是Internet。它彻底打破了大众媒介的地域限制,使世界成了一个"地球村",而且它也彻底打破了大众媒体互动性差的局限。

1. Internet 的含义

在了解Internet以前,我们先了解什么是网络。当计算机的使用已十分普遍之后,人们发现将两台计算机或更多台分工不同的计算机用缆线连在一起时,计算机的工作效率就更高了。因为连在一起的计算机可以共享资源,甚至共享硬件。许许多多的计算机连在一起就形成了网络。而各式各样的跨越空间很大的广域网连接在一起,就形成了Internet。

2. Internet 的特点

(1) 传播速度的快捷性

Internet没出现时,新闻要以天、小时计,而当Internet出现后,新闻要以分秒来计算了。报纸的传播较慢,即使是日报和晚报也不能跟上现代新闻发布的节拍,何况从制版、印刷到发行,报纸最早也要到早晨6点钟才能与读者见面。而Internet却没有这么麻烦,它可以在新闻发生不到几分钟的时间里将消息送上网,有关评论也会在很短的时间内上网。如2001年发生在美国的"9·11"事件,在飞机撞击世贸大楼的3分钟后,网民就在新浪网上看到了这则消息。随后才是电视上的新闻播出,等第二天晨报登出时,它已成了"旧闻"。

(2) 地域的无限性

互联网的出现彻底打破地域界限,由于网络的存在,使得"地球村"的概念切切实实地出现在实际生活中,足不出户,可知天下事。

(3) 传播的互动性

互联网的交互性缩短了传播者和接受者之间的距离。传统的大众传媒虽然竭力想加强和受众之间的亲和力,但是由于条件限制,他们在大部分的时间里还是处于单向传播状态。而在 Internet 上,每个人既是记者、编辑,又是读者。你可以浏览其中的内容,也可以发表你的观点和看法,既加强了交流,也增强了受者与传者之间的互动。如在 Internet 上发表一则消息后,网民们都可以在其中发表自己的观点和看法,或者对别人的观点加以评论等。同样通过电视或报纸媒体发送的新闻,在网上进行转贴,网民的互动,可以极大地提升其影响力,一天之内网民的回应可以达到几千甚至上万。

(4) 信息的直接性

由于种种条件的限制,传统媒体所提供的信息往往只是一个片段,读者要对其做出准确判断往往只能靠直觉和平时的资料累积。而 Internet 则不同,它能够为重要的信息配上相关链接,让读者直接进入背景数据库,寻找所需要的资料,从而把一条死的新闻变成活的信息流,实现增值。

3. Internet 的作用

Internet 是一个巨大的信息资源集散地,它的作用有:

(1) 发送电子邮件

在 Internet 上进行邮件发送是被使用最广泛的一项功能。目前,在名片上印有电子邮件地址已很普遍。发送一封电子邮件,一般几秒钟就可以到达对方的信箱。随同邮件,还可以附上图片及各种资料。

(2) 专题讨论

Internet 上的新闻组及电子邮件清单为对某一特定题目感兴趣的人们提供了论坛,使他们能够借助于 Internet 进行充分的讨论。讨论的题目可以是学术性的,也可以是业余爱好、休闲性的。人们在经常交流的同时,也结交了志趣相投的网友,进一步从网上走下来成为现实中的朋友。

(3) 获取信息

Internet 上的各种服务器为用户提供了浩如烟海的信息资源。学生可以在网上找到名校名师的教案,甚至参加网上辅导班;科学工作者可以更及时地获知世界范围内同行的研究进展;商人可以得到最新的市场信息等。

(4) 发布信息

人们还可以在网上用各种方式向他人提供信息,比如自己的个人主页、企业的广告、市场调查情况等。

(5) 网上大学(网络学院)

运用大学的远程教育学习大学课程,修完学业后取得大学文凭。也可以从网上了解大学的学科设置、科研成果、招生情况等各种信息。例如进入清华大学网站,便可以了解清华大学的所有网上信息。

除此之外,还可以在网上旅游、网上阅读、网上交流、网上看电影、利用网络下载各种应用软件等。

4. Internet 的运用

Internet 的作用很多,如何运用它为我们的创业服务,利用它去发展事业、实现目标? 现介绍几种方法:

(1) 利用网络查询资料

青年人策划必须以大量的信息和调查数据为基础,个人创业能否成功,从某种意义上说,也是以信息掌握的多少、数据采集的多少为前提的。上网寻找有价值的材料,已成为许多单位和个人必不可少的选择。

(2) 建立自己的网站,实现网络沟通

随着信息技术的发展,世界的空间距离变得越来越小,地球也成了"村"。当然成为地球村"村民"的前提就是建立自己的网站,使自己的信息在世界任何一个地方都能看到。在浙江的一些偏僻的农村,以往农民靠种传统农作物生活,后来通过 Internet 认识外面的世界,也建立了自己的网站并上了国际互联网,从此他们的传统农作物作为名优土特产走向了全国各地,之后又走向了日本、韩国直至欧洲、美洲等发达国家,如今他们每天只要在家里,在网上就可以收到来自世界各地的订单,Internet 为他们的创业和发展提供了条件。

(3) 网站宣传

这是网络公关的主要内容之一。建立自己的网站后,首先要在有一定影响力的新闻媒体上宣传自己的网址,以提高站点的点击率。还要建立与其他网站的友情链接,或鼓励其他的站点复制本站点的内容与之链接。

(4) 建立虚拟社区,增加与网民的互动性

通过 Internet 的传播,双向互动性更强、更方便。这种沟通的方式使公众可以在阅读信息的同时,与主持者或其他公众展开讨论,还可以对信息

进行控制,使自己的网站在传播时为不同需求的公众提供个人化的社区。

祖籍兰州的小钟毕业后,在老家工作了一年。2001年,她背着行囊只身闯荡杭州,刚到杭州,和大部分大学生一样,到人才市场上求职应聘,找到了现在的公司——杭州某电子科技有限公司。最初她的职位只是一名普通的采购,三年以后,她做到了公司的副总。短短的三年,一个年轻的外地女孩子竟从公司的采购做到了副总!当她回忆起自己创业成功的经验时,笑着说:"我们的公司机会多,公司提供的平台也广,接触面大,整个贸易的流程都能接触到,所以有机会就要抓住。再则,当初我很看中半导体行业,是因为所有的电器都要用到我们的产品,客户的进货周期最长一个月。"看到了行业前景,她凭借一股韧劲,通过阿里巴巴电子商务网站搜索了许多行业内的供应商,经过价格比较和质量比较,终于在采购上做出了让人刮目相看的成绩。就这样一步一步地积累了许多行业知识,三年中为公司创造了骄人的业绩,2004年初,她成了公司的副总。

利用互联网进行创业成功的案例还有很多,如在2008年一场金融危机给不少企业造成了困难,甚至倒闭、破产。在这种形势下,互联网显示出了优势,通过网络搜索信息,选择突围的方向和机遇,不少的组织获得了成功。

第三节 广告、谈判、赞助等策划

当青年创业者认识到自身的创业状况,想根据创业发展的需要为自己创造一个良好的环境,达到与市场充分的信息交流,就要采取各种传播方式、方法和手段进行宣传。除了利用新闻媒体外,还可以使用广告、谈判、赞助等方式进行,通过对上述项目进行策划,为创业锦上添花。

一、广告策划

1. 广告策划的含义、目的及作用

广告策划是对广告进行的事前和全局性的筹划。广告活动要达到预期的目的,周密的策划是必不可少的。一个成功的广告,需要有一个正确的目标、确切的内容、清晰的对象、贴切的广告媒体、合理的广告预算等,而这一切都必须与组织的整体策略一致。只有站在组织整体的高度,从整体广告活动出发,全面、系统地规划和部署,才能高屋建瓴,纲举目张,才有可能取得预期的广告效果。

广告策划的作用：

(1) 使广告活动更具科学性

广告活动要达到预期的目的，必须解决一系列的问题，如"说些什么""对谁说""怎么说""说的效果如何"等，而这些需要策划，才能摆脱主观臆断，从而使广告活动更接近受众的需求，达到良好效果。

(2) 使广告活动避免盲目性

周密的广告策划如同行动纲领，统领着广告活动的全过程和全局，从而避免广告活动中的盲目性，使广告活动的各个环节井井有条地展开。现实中，由于市场变化、广告对象的变化等原因，致使广告活动中的随意性和不可测因素增多，造成广告主对广告效果的怀疑和投资的盲目性。通过策划，运用科学的方法，集中人力和财力，精心安排广告的设计、制作、投放地点、时段等，改变这种状况。同时提高广告活动的应变能力，做到防患于未然，将不利因素的影响降到最低，保证广告活动正常进行。

(3) 使广告活动扬长避短，发挥优势

任何一个组织或产品都不存在绝对的优势，只是相对的优势。只能在与竞争对手的比较中显现出来，只有先明确自己的优势和劣势，才能在广告的设计、制作、投放过程中扬长避短，发挥优势，实现广而告之的目的。

(4) 使广告活动更加有效

广告活动涉及长远目标与近期目标、整体目标与局部目标，它们之间可能存在着矛盾，正确处理它们的矛盾离不开策划。通过策划可以在广告活动开始前进行统筹安排，居高临下、高瞻远瞩，从全局和长远的角度处理各项费用的开支，使广告活动更加有效，以取得更好的经济利益和社会效益。

2. 广告策划送达的受众分析

策划时要注意广告的受众，并对受众进行分析。不同的受众由于他们的文化程度、兴趣爱好、地方特点、行为习惯等不同，导致了他们的思维方式或观念上的差异，这些差异将影响到他们对广告的接受程度。因此在广告策划时，要特别注重受众情况的分析。

3. 广告策划的费用

若要使广告发挥出应有的效益，就要对广告活动所需要的费用进行预算和统筹。由于各个市场的环境不同，产品不同，选择广告媒介不同，竞争对手不同及各种其他不同因素,组织为达到预定目标,需要有一定的广告费用支撑。

一般广告策划的费用有两种核定方法:一是目标优先法,即费用的核定以达到目标为标准,满足广告目标或广告效果为标准;二是费用优先法,即核准一定的费用标准,在这样的费用前提下,尽量达到最佳的广告效果。

4. 广告发布的时间及地区

广告发布的时间应该是在公众需要的时候。如夏天的产品,最好是在春季或初夏的时候发布为宜。新产品广告最好是在即将投入市场的时候发布为好。

发布的地区应根据产品广告所面对的目标市场的情况而定。由于各地区的收入水平、文化层次、生活习惯、宗教信仰、自然环境等差别,公众对产品的认知也是不一样的,为避免广告的失效,在广告发布的时候,要充分考虑这些因素,有的放矢,以达到较好的广告效果。

5. 广告效果的评估及作用

评估有助于测定广告效果,改进广告制作,提高广告效益。评估的方法:

(1) 销售效果测定法

这种方法常用于企业的产品广告,其计算公式是:广告效果比率=销售额增加率/广告费用增加率。

(2) 接触效果测定

所谓接触效果测定,是指以广告的视听率、知名度等因素来测定广告效果的方法。常用的方法有:

视听率测验:在广告刊播后尽可能短的时间里,对传播该广告的媒介受众中,用随机抽样的方法进行调查,即可得广告的视听率。如抽样 100 人,其中肯定看(听)过的有 40 人,则视听率为 40%。具体调查时,第一要保证有足够的人数,第二为保证测验的真实性和准确性,不应该透露测验的内容,对测验目的也要保密,第三为了防止被测验者随意应付,可以用进一步追问其信息源等方面加以佐证。

记忆率测验:记忆率测验的重点是广告的内容、名称等,它主要测定广告对公众产生的印象的深刻程度。如 100 人中有 40 人看(听)过该广告,但具体内容清楚的有 20 人,那么广告记忆率为 50%。

排列评价测验:将几个内容相同但表现手法不同的广告呈现给调查

者,请他们加以评定,排出名次。

回忆测验:请被调查者回忆他近期看过的那些广告,内容是什么,可以借其记忆程度来测定广告的具体效果。效果越好,给公众留下的印象就越深。

例如,曾经一度有争议的"脑白金"广告在社会上闹得沸沸扬扬,可是我们不得不承认"脑白金"的火爆是一个奇迹,从1999年下半年开始,它的宣传资料满街飞,宣传广告到处有,"今年我家不收礼,收礼只收脑白金"的广告家喻户晓,脑白金成了春节送礼新宠。在许多人看来,数十元一盒的"脑白金"既好看又实惠。老百姓竞相购买,使"脑白金"风风火火闯荡神州,实现了神奇的增长,立刻以迅雷不及掩耳之势占领了市场,走进老百姓家里。优秀的广告策划便是"脑白金"成功的重要因素之一。分析一下"脑白金"为什么如此受欢迎呢?这与它的广告策划有关。有一份《人类可以"长生不老"》的宣传资料,经常被引用,称如果人们每天饮用"脑白金",血液中的"脑白金"浓度就能达到年轻时的水平,人体各系统就会按年轻时的状态去新陈代谢,各种"衰老"症状也就消失,各种因"衰"而引起的疾病就可能消失或减少。如果这是真的,的确太诱人了。铺天盖地的广告,加上"脑白金"这一充满诱惑力的名字,觉得它可以让人青春长驻,使人精力充沛,使人获得成功……对此,谁能按住自己的钱包而无动于衷?

二、谈判策划

1. 谈判的目的及作用

在创业中,在我们的日常生活和工作中常常要与各种各样的人在进行各式各样的谈判,只是有时我们并非从谈判这个角度看待而已。如小商品市场或农贸市场买东西时的讨价还价;孩子哭闹,父母会对孩子说:"乖,不哭,星期天爸爸妈妈带你上公园去玩"等,所有这些,你可能不会觉得是在经历一场谈判,但这确确实实是。谈判的双方都有各自的需求,在满足自己需求的同时,也能满足对方的需求,这就是谈判的目的所在。

有一个很有名的谈判传说:有一对兄妹为了吃一块蛋糕而争吵不休,两个人都坚持要吃得多一点,就在哥哥抢到刀子,动手准备要切的时候,母亲和父亲登场了。父母了解了情况后,父亲笑着说:"我来裁决一下好吗?"孩子一致同意。于是,父亲带着家长的威严宣布:"为了公平,不管是谁把蛋糕切成两块,另外那个人都有权先挑一块。"结果当然是,为了保护自己的利益,哥哥用刀切出了两块一样大的蛋糕。蛋糕的风波平息了,而且获得了皆大欢喜的结果。它说明了,谈判的出发点是双方都有需求,谈判的目的是如何达到"互相满足",没有输者,都是胜者。在创业中,我们要方方面面"关系"的支持、帮助才能走向成功,其中包含大大小小的谈判。

2. 谈判的对手情况

孙子曰:"知己知彼,百战不殆",这也是谈判中的极为重要的警句。在谈判前对自身情况做出全面分析的同时,还要尽可能多地了解或搜集一些谈判对手的资料,即谈判者是由哪些人组成的,各自的身份、地位、性格、爱好、谈判的经验如何,谁是主谈手,其能力、权限,以往成败的经历,特长和弱点以及谈判的态度、倾向意见如何等。根据谈判性质、要求不同,有时还要搜集一些更为深入、细致、针对性较强的情报。有位青年人,他想创办一家乳品生产企业,项目规划已审批,技术方案已确定,生产用地已落实,生产设备已安装,万事俱备,可是要想企业正常运转,资金还有缺口,他想找银行贷款寻求帮助,可是对方以他还没有正常生产为由拒绝了他的申请。他想尽办法了解这位银行领导人的生活及工作习性,当他听说这位领导人有个毛病,每天一到下午 4~5 点就会心烦意乱,坐立不安,并戏称这种"病"为"黄昏症"。这则笑话使他灵感顿生,他利用行长的"黄昏症",制定了谈判的策略,把每天所要谈判的关键内容拖至下午 4~5 点,此举果真使谈判获得了成功。

3. 谈判队伍的组织及主谈手

在进行分析自身条件和对手之后,就要组建一支强而有力的谈判队伍,根据需要,挑选好各类专业人员的基础上,配备好主谈手,并给予足够的权力。谈判队伍中,应有经营管理人才、技术人才、财务人才、法律人才等,谈判人员应强调相互信任、尊重、配合默契,达到有效合作的目的,以保持工作效率。主谈手还应该有清晰的思路与敏锐的辨别能力,有刚毅的手腕和巧妙运用谋略的能力,有较强的心理平衡能力和角色的扮演意识等基本素质。主谈手还要责任心强、心胸开阔、目标坚定、知识广博、精通业务、经验丰富,有娴熟的策略及技能,思维敏捷,善于随机应变,同时又富有创造能力和组织协调能力,具有上通下达的信息渠道和能力,善于发挥谈判队伍整体力量,最终实现预期谈判目标。

谈判队伍一经组成,就要制定相应的谈判工作规范,明确各成员的职责分工。如有必要,特别是对于经验不足的谈判人员来讲,应安排他们在专业知识、谈判技巧和策略,以及行为礼仪等方面进行必要的培训,以适应谈判的需要。

4. 谈判僵局的形成及化解

在谈判中经常会发生这样一种情况,谈判到一定阶段,双方都会有这么一种感觉,似乎已经退到不能再退的地步,谈判无法进行下去了。这就是人们通常所说的谈判陷入僵局。

谈判僵局形成的原因:一是立场,双方在立场上关注越多,就越难调和双方利益,难以达成协议,立场冲突是谈判中常犯的错误,也是陷入僵局的重要原因。二是压力,给对方施加压力,强迫接受自己的观点,意味着不平等、不合理、不公正,这种恃强凌弱所引起的僵局难以打破。三是沟通,在谈判中由于双方交流情况、观点、立场、洽谈意向、条件等过程中,可能由于主观和客观原因造成沟通的障碍,形成僵局。

形成僵局后,必须迅速作出反应与处置,否则就难以挽回。

在谈判中,双方观点、立场的交锋持续不断,当利益冲突变得不可调和时,危机便出现了。因此,僵局的发生也是随时随地都有可能出现的。化解僵局有一定的技巧和方法:

(1) 超脱技巧

双方在主要方面有共同利益,在一些具体问题上有冲突,又不愿让步,此时若提出一项超脱双方利益的办法,可化解僵局。1945年7月在东京远东国际军事法庭对二战战犯审判,大家为座位而争,中国大法官梅汝璈提出了超越当事人争执点的客观原则——照在投降书上签字顺序国来坐,这虽不一定最合理甚至带着偏向,但由于无更好的替代方案,而被接受。

(2) 运用利益杠杆

僵局的出现,是各自坚持立场的结果,而立场的背后是利益。往往僵局中的双方,不考虑潜在的利益是什么,而是一味坚持立场"不动摇",实际上谈判已偏离了航向。对立背后有共同的利益,并且大于冲突,这点被认识和发现了,就打破了僵局。芝加哥的一位慈善家在和美国参议院"谈判"时,运用了利益杠杆。参议院的一个小组就建立全国心脏病基金会可能性进行调查,要他到会致词,他说:"前面五位专家的意见,我十分赞同。我在这儿为你们切身利益呼吁,你们正处在生命的旺盛时期,处在一生事业的顶峰。但是由于辛劳,你们是最容易患心脏病的人。也就是说在社会中享有杰出地位的人最有可能患心脏病。"他讲了45分钟,参议员们似乎还想听下去。不久,全国心脏病基金会由政府批准创办了。这位把大量时间和金钱都奉献给心脏病研究的慈善家被任命为首任会长。利益杠杆中的利,不仅可以理解为"钱",还可以认为是一种地位,也可以是一个机会、一种目标、一种享受等。

(3) 互换角色

从对方的角度来观察、思考问题,这是一种有效的沟通解决方法。先审视我方所提出的条件是否合理,是否有利于关系的长期发展,然后从对方的角度看他所提出的条件是否有道理。这种换位思考法可以在谈判中以通情达理的口吻表达观点,容易使对方接受,并打破僵局让谈判顺利进行下去。

(4) 借用外力

谈判陷入僵局,沟通产生困难,互不信任,互存偏见,甚至产生敌意,这时可以请对方熟悉、尊敬的第三者出面斡旋,以寻求弥合的途径。有一家房地产公司向某银行申请贷款 5 000 万元作为后继开发资金。该房地产公司以已经建成将售的一个小区房产作抵押。但是该银行就是不愿贷,谈判陷入了僵局。后来该房地产公司的老总打听到该行行长是他同一所大学低一届的毕业生,而且又是他大学方老师的学生。同时还了解到尽管毕业了 10 多年,他们来往是密切的。于是请来了方老师斡旋,谈判立刻成功。

(5) 借题发挥技巧

在一定情势下抓住对方漏洞,小题大做,给他一个措手不及,对于突破僵局是有效的。若对方不是故意,也可旁敲侧击让对方知错就改,显示我方的宽宏大量和合作的诚心。

(6) 抓住要害技巧

在谈判中要善于抓住本质和要害,抓住对方的破绽进行突破,对于打破僵局有一定的效果。《三国演义》第 47 回"阚泽密献诈降书,庞统巧授连环计"中,在赤壁大战前夕,东吴阚泽渡江去曹营代黄盖诈降被识破,喝令推出斩之。阚泽面不改容,仰天大笑。曹操不解,问原因。他慷慨陈词,抓住了要害,使曹操深信不疑,马上松绑让座。谈判成功,导致曹操损兵折将。要害有各种表现形式:钱财、信仰、名誉、权势、职位、家庭、前程等,运用这一技巧,在于使对手明白,一切的后果由他决定,这样的谈判成果易巩固。

(7) 釜底抽薪技巧

在陷入僵局时,有意把条件推向极端,并把它放在谈判桌上,表明毫无退路,希望对方能让步,否则宁愿接受破裂的结局。

谈判中出现僵局是常有的事,只要双方本着合作的精神,适当地运用一些技巧和策略是可以打破僵局的,使谈判继续向实现共同目标迈进。

5. 谈判原则

在谈判中,既要保证自己的合理利益,又要达到预定目标,并不是一件轻松的事,稍不留意,谈判就可能破裂。因此在谈判过程中,掌握基本原则十分重要。

首先谈判的基本问题是双方的利益问题,因此在谈判中,应把重点放在双方的利益上,而不是立场上。其次谈判中要注意人的问题,把人与问题分开,即对事不对人。谈判者针对问题所说的任何事情,通常被误认为是将矛头指向个人。对方也会觉得是冲着自己而来的,结果造成人的关系与问题的实质发生不必要的冲突。第三突出优势,谈判者应对对方的立场、观点、利益都有所认识,一旦认识后,应将自己在此谈判中所占的优势、劣势及对方的优势、劣势,进行广泛而又周密的列举。尤其将自己的优势,不管其大小新旧应全盘列出。某人去劳务市场应征一个职位,由于某种原因,他一年内没有工作,招聘人员看了他的资料后,对他说:"过去一年来你没有工作,那你在做些什么?"他说:"没做什么,只是管管家,有时帮别人解决些问题"。招聘人员马上以"谢谢,我会通知你的。"委婉拒绝了他。第二次他有了经验,明白了自己的劣势,开始寻找一年来所有种种求职的努力,并向招聘人员说明了自己的原因,之后一切都在意料之中,找到了工作。第四是要有耐心。谈判要有持久战的打算,有时一谈四五个小时,连上洗手间的时间都没有,此时,谈得已久,毫无建树,"心理"正急,而不能解放自己,"生理"则更急。这两急之下,对方就会失去方寸,胡乱应对。所以谈判前要把"耐心"带足,准备充分,尤其在谈判中出现剑拔弩张,激烈火爆之际,更要遵守此原则。

6. 谈判效果及评估

谈判的最佳效果是达到双方都满意。当然从自己这方面的立场讲,希望能够赢得多一点,但是如果变得"一方得利,一方失利"的情况,表面上看这次谈判完成了,却埋下了执行的困难,以后的合作也就没有了,因为对方会吸取教训,不会再与你合作了。

在评估谈判效果时,要认识到成功的谈判是互相满足,双方都是胜者,没有输者。如果这样,谈判则获得圆满成功。那种将谈判视作是"你输我赢"或"你胜我败"的战争,为了自己的利益而不惜将对方置于死地的谈判,最终必将发现是枉费了时间和精力,表面上的胜利可能包藏着自我毁灭的祸患,到头来还是自食其果。

三、赞助策划

赞助是指组织通过无偿地提供资金、劳务或物质等方式参与有广泛群众基础的社会活动,这是一种重要的公关活动方式。

1. 意义

(1) 树立组织关心社会公益事业的良好形象

现代社会组织不仅要考虑自身的生存发展,还需要承担一定的社会责任和社会义务,以表明组织对社会整体发展的态度,树立关心公益事业,为社会发展、为社区贡献力量的良好形象。

(2) 增强组织广告的说服力

赞助活动本身就是一种广告,同时在赞助公益活动中,组织常常可以得到更多的免费广告机会,这种传播密度和人们对公益事业的关注程度,提高了组织的影响面和影响力、知名度和美誉度。

(3) 建立与其他组织的良好感情

接受赞助的单位与个人以及对该项公益事业关注的公众,必然对提供赞助的组织产生好感,为彼此以后的交往、合作奠定了良好的感情基础。

(4) 增强组织的社会责任

赞助活动的目的是提高组织的社会效益和履行组织的社会责任。组织不但要有经济利益和社会效益,同时通过承担一定的社会责任和义务,可以得到政府、社区及各级部门的支持,组织由此得到了良好的生存和发展环境。

2. 赞助的研究

赞助可由组织主动选择对象予以支持,也可以在接到请求后再作出反应。后一种较为常见,但是前一种更为主动,效果也可能更好。无论哪一种情况,组织要想获得更好的信誉投资,就必须对需要赞助的项目进行研究。这种研究包括组织的经营政策、公关政策和目标、所需赞助项目的公益效益等各方面的因素,并由此制定组织的赞助方向、赞助政策,并考核要求赞助的项目。这些工作一般都需要一个专门的班子来完成,由它统一负责赞助的研究、成本和效果的分析,以保证赞助的有效性和各项赞助之间的关联性,防止离题。

3. 赞助的准备

赞助准备首先应制订出赞助计划,内容为赞助对象、费用、形式和宗旨等,以保证赞助的质量和效益。其次是根据计划审核赞助项目,确定其可行性,赞助方式、款额和时机及实施步骤,做出综合性的实施计划。

4. 赞助实施和调控、评估

每一项赞助活动实施中,应依据赞助目标进行调控,使之沿实施目标前行。实施后要进行赞助效果的测定,对照计划方案检查预定目标是否达到,总结经验教训,以书面报告形式报决策者审阅后存档,作为今后赞助活动的参考。

如"健力宝"公司曾经策划了三次大的赞助活动。一次是提供价值250万元的健力宝,作为我国运动员参加1984年在美国洛杉矶举行的第23届奥运会专用饮料。第二次是提供价值200万元的健力宝,作为我国第六届全运会的专用饮料。第三次是提供价值1500万元的健力宝和李宁牌服装作为我国运动员和记者参加在北京举办的亚运会专用饮料和运动服。这三次活动使健力宝饮料名声大振,产品畅销我国30个省市,并远销美、英等18个国家,被称为"中国魔水"。亚运会之后,健力宝在北京的订货会上,拿到了10亿元的订单。

为新书举行首发式寻找赞助的策划

《现代青年公共关系学》1991年出版了。编委会在丛书编委会主任(团市委副书记)王仲伟同志的指示下,拟举行首发式暨新闻发布会。进行寻找赞助的策划。筹备组分为三个小组:

1. 寻求赞助小组

分别向目标公众发出请求赞助、举行首发式的邀请函。很荣幸,所有目标公众均作出回应,给赞助,一共筹集来了约5000元。

2. 联系媒介小组

小组成员分头拜访了重要媒体,介绍了本书的创作历程和特色,是属于公共关系行业中的层次公关代表作,对青年的成长、成才和发展有较强的启迪意义。上海所有媒介和中央媒介到会作了热情的报导。上午10点举行的发布会,下午3点晚报就在显著位置刊登消息和评论。

3. 寻找地址小组

新闻发布会在什么地方举行?关系到发布会的成败。最后,从多处地点中,选择了团市委大会议室。会议的会标、横幅等一应由团市委宣传部负责操办。

到会嘉宾几十名,包括出版社的社长、总编、责任编辑,区县的团组织负责人,团员、青年代表均作了热情的发言,祝贺本书的出版和发行,为青年的成长、成才和发展作出的贡献,适应市场经济发展的要求。

出版后不久一万册销售一空,后又应读者要求,进行了增印。

1995年《现代青年公共关系案例精选》出版,这一本案例是在改革开放大潮中涌现出的无数优秀青年的真实写照,遍及大江南北,长城内外,领导评价很高。编委会成员多次研究,认为比《现代青年公共关系学》更需要隆重地推向市场,推向青年,决定再次举行首发式暨新闻发布会。

组织分工像上次一样,紧锣密鼓地进行。想不到异常顺利,许多被邀请的单位纷纷提供赞助,比如上海动物园、大世界游乐中心、霞飞化工厂等。更加令人感动的是上海化学制剂采购供应党委书记兼总经理陆志平先生主动提供下属的华丝大酒店作为举行的场所。到会嘉宾150多位。有局级领导、著名的专家学者、基层团组织代表、团员、青年代表和被采访对象到会畅谈了感想。

上海媒体和中央媒体作了报道和评论,引起很大的反响。不少读者认为:可亲、可信、可学,不是惊天动地的大事,而是青年在改革开放大潮中的一朵朵小浪花,浪花虽小,却光彩照人。

两本书的出版、寻求赞助的成功,提高了作品的知名度和美誉度,有力地推动了发行工作。

四、庆典策划

1. 意义

庆典活动是组织面向社会和公众,展现自身、产品、服务和成员等形象,体现自身的领导和组织能力、社交水平以及文化素养的综合性活动。通过邀请名人和记者参加,扩大影响。常见的庆典仪式有法定节日庆典,组织的节日庆典,特别是"日、周、月、年"的庆典仪式、签字仪式、颁奖受勋仪式等。意义在于：

（1）增强凝聚力

组织举办的庆典活动能够体现成员的主体意识和主人翁责任感，在共同参与庆典活动的过程中，成员常常带着愉快的情绪进行彼此之间的沟通和交流，消除隔阂，创造和谐的气氛。

（2）树立良好形象

庆典活动一般都会邀请各界公众代表同乐，通过各种联欢、座谈、宴请等交往活动宣传组织形象，增进公众对组织的了解，树立起良好的组织形象。

（3）创造机会，吸引媒介免费为组织报道

庆典活动邀请名人和记者参加，以引起舆论界的关注和报道，借以扩大组织的知名度和影响力。

2. 遵循原则

庆典活动应遵循的原则：一是有明确的目的；二是有周密的计划；三是有醒目的标题或口号；四是有一支精明能干的班子；五是保证有必需的经费；六是尽可能产生广泛的社会影响。

3. 实施及评估

在庆典活动中要注意：第一是明确庆典活动的主题，围绕主题来设计安排内容。如用一个醒目的标题或令人耳目一新的口号来概括庆典活动的主题，看似平常的活动却富于时代的特色和深刻的内涵，以此来引起公众的兴趣。第二是制订实施方案。庆典活动一般规模较大，需要组织各部门及有关人员的密切配合，共同完成繁重的任务，因此要在实施方案中拟定活动的程序、内容；落实任务，明确职责分工，以保证各项工作有条不紊地进行。第三是拟定邀请宾客的名单，从几类重要公众中选择邀请参加的宾客。并拟定宾客的活动计划，如剪彩、致贺辞、授奖等。第四是尽量制造一些欢庆的气氛。根据活动的主题制造相应的节日气氛，使庆典活动生机勃勃。如张灯结彩、敲锣打鼓、乐队演奏、舞狮子、踩高跷等。最后是要尽量争取媒介的广泛报道，以扩大影响面。

活动结束，可以通过留言簿、意见本、媒介等形式，收集反馈，同时进行公众调查，综合评价效果，总结经验，吸取教训，为以后举办积累经验。

五、自办媒介策划

1. 组织的报刊、黑板报、墙报

组织的报刊、黑板报、墙报是组织自己制作、针对特定公众的宣传方式,它们是组织进行公关传播沟通的重要媒介。可以是杂志,也可以是报纸或简报、通讯等类型,这些是类似正式出版的组织刊物,它可以定期按月或按季出版,图文并茂、内容丰富、针对性强是它们的显著特点。黑板报和墙报是在我国使用最为广泛的组织刊物,它一般设置或张贴在组织内最为显眼的黑板上或墙上,主要对象为目标鲜明的内部公众。它的特点是灵活、迅速、内容集中,也方便阅读。

2. 广播、电视

自办广播、电视是组织常用的一种媒介,用自办电台或有线电视定期或不定期地向员工播放一些宣传组织的报道,如播发组织的文化、组织的好人好事、生产或经营状况、各种通知等。除此之外,有的组织还用电脑组成小局域网,在网上公布组织的信息。

3. 展览会

展览会是指组织通过实物、文字、图表、照片等资料来展示成果、风貌、特征的宣传形式,它是综合运用多种传播手段宣传组织信息、展示形象、建立良好的公众关系的活动方式。举办的地点可以是室内,也可以是室外(露天展览)。2010年上海世博会成功举办,胜利落幕,催生了会展经济的进一步繁荣。

4. 人体传播

人体传播指用身体作传媒,由人背广告牌、披绶带或穿上印有某些宣传内容的衣服、帽子,到处行走作人体传播,这是一种较为时尚的传播方式。我们常常可以见到:走在街上,迎面走来一群漂亮的小姐,头戴别致的帽子,身穿企业服,披有大红彩带,给你送上一张广告传单之类的材料,这些就是人体传播。

只要能吸引公众的注意力,自办媒体的传播策划形式灵活多样,一个优秀的策划创意可以收到良好的效果。例如,众所周知,餐饮业的竞争是相当激烈的,据统计,上海每天有1 000家餐馆开张,同时,也有1 000家餐馆关门。对创业者而言,进入这个行业并取得成功的难度是非常大的,但只要能真正从服务"上帝"的角度出发,利用良好的策划创意也一样能打开市场。广州就有一家别开生面的"信息酒家",店主订了上百种报刊,并专门雇人从中搜集整理出各类专题信息,抄录下来贴在酒家自制的宣传墙上,同时客人也可以发布信息。食客在享用美食的同时还能了解各种行情,因此乐于光顾。信息发布成为该店的一大特色,而且每天都推出不同的专题,如周一为"装饰建材日",周二为"房地产日",周三为"股市期货日"等。到该店就餐的食客,除了可免费获得一份资料剪报复印件外,如看中其他客人发布的信息,服务人员还会"穿针引线",联系供需双方,饭店也成为客人洽谈生意的场所。"信息酒家"自开张以来,一直食客如云,生意红火。该酒家免费供信息,利人利己做生意,这种策划可谓是一绝。

第四节 人际传播策划

良好的人际传播是青年创业者成功的必要条件,对组织内部而言,越来越强调团队合作的精神,因此有效的内部人际传播是成功的关键;对外部而言,为实现创业的顺利发展,需要处理好与政府、公众、媒体等各方面的关系,这些关系的建立离不开人际传播;对个人而言,也要有良好的人际传播。

一、人际传播的作用

1. 易于建立感情

人际传播的双方是在比较轻松随和的气氛下进行的传播和沟通,而且双方可以相互探讨、平等对话、瞬时调控各自的感情和对话内容,从而融洽两者的关系,容易建立起良好的感情。

2. 易于消除误解

误解多由于不沟通或沟通不畅,引起相互猜疑产生的。人际传播可以有效地消除误解,以达到相互理解。在某班,同学们都知道,小朱和小胡是好朋友,但不知从什么时候起,同学们感觉到他们慢慢疏远了,两人自己也找不出原因。为了找回以前的良好关系,两人决定好好沟通。经过双方坦诚的交流,原因是前段时间小朱因为家庭的原因,一人常常默默不语,而小胡以为是小朱对他有什么不满而不理他了,两者的误解由此产生。误解也随着真诚的交流和沟通而消失。

3. 易于实现传播目标

因为人际传播是面对面进行的,"通"与"不通"的情况一目了然。传播者立即得到信息反馈,根据反馈及时调整传播方式和内容,随机应变,最快地达到传播目标。

二、人际传播的特点

1. 情感性

人际传播是人与人、人与群体之间通过面对面的方式进行的一种传播方式,它除了语言、文字等常用的手段外,还有其他丰富的内容,如眼神、表情、动作、姿态、服饰、特定的物品等,再加上空间和时间选择,给双方从感观到理智上都受到多方面的刺激,因此感情色彩浓厚,最易达到以情动人的效果。

2. 瞬时反馈性

由于传播双方的直观性,在传播过程中,双方可以不断地互换角色,既发表自己的见解又接受对方的意见,并且及时调控内容和形式,主动或被动的传播都在对方的信息反馈之下进行。

3. 及时调控性

根据反馈的情况,及时地调整传播的内容、方式、符号等,提高了传播的有效性。由于反馈的及时,调控传播信息的内容、方式、途径也及时到位。

4. 代替性

如果个人与有关组织或个人进行商谈,前景不一定良好,在商谈之前,可以预先调查了解传播对象的情况,精心选择安排传播对象可信赖的、有名望的人士充当传播者,代替你,让他将信息以面对面的方式或其他方式如电话、通信等传递给传播对象,达到最佳的传播效果。

三、人际传播的形式

1. 正式交流

(1) 座谈会

个人创业,可以邀请好友、专业人员开一个座谈会,进行咨询,集思广益,减少失误。组织就某项计划,常举行座谈会。座谈会是组织为增进与公众的了解和信任而举行的,与公众代表面对面的沟通和交流活动,举办座谈会需要注意：一是要有一个明确而又吸引公众的主题；二是要有一个详细的计划，明确会议的内容、程序、邀请哪些代表、如何进行宣传、费用预算等；三是形式可以灵活多样，也可以准备一些小纪念品赠送代表。

（2）大会交流

承办有一定影响力的会议也是组织的公关专题活动的形式之一，在大会上交流，也是播扬组织声誉的良好机会。会议的代表可能是来自四面八方，通过他们来宣传，具有广泛性。大会交流需要有一系列的工作安排，如接待、住宿、膳食、会议服务、活动安排、送别等，都要事先安排好。

（3）专题交流

专题交流是指组织或个人就某一专题进行交流的一种传播方式。这种交流目的性很明确，邀请的公众是专家或业内人士，有一定的经验和见解，交流的过程根据专题而展开。常有的形式：技术方案征集；各种竞赛活动，有征文竞赛、演讲比赛、绘画比赛、摄影大赛、体育比赛等；还有专题的联欢活动，如职工联欢会、大龄青年联欢会、消费者联欢会、军民共建联欢会等，通过这些方式来扩大组织和个人的影响，是一种有效的公关专题活动。

2. 非正式交流

非正式交流指的是在非正式组织中的交流活动，非正式组织又叫小群体，它形成的吸引力有三类：一是相似性，人因在态度、仪态、价值观和追求目标上相似形成；二是由于是同时入学、入公司，年龄相当，或同乡、校友等原因而经常接触，互相了解形成；三是在思想、学习、生活、工作、业务、爱好上从对方得到帮助，并由这种补偿性吸引形成的。因此非正式组织是自愿性质的，其成员甚至是无意识地加入的。在非正式组织中，由于人们之间频繁接触，使得相互的关系十分融洽、和谐，凝聚力较强。如果非正式组织的成员与正式组织发生冲突，可能对正式组织的工作目标产生不利的影响。如正式组织力图利用员工之间的竞赛以调动积极性、提高组织的活力，可是非正式组织则可能认为竞赛会导致竞争，造成非正式组织成员的不和，从而会有抑制情绪，或设法阻碍甚至破坏竞赛的开展。

与非正式组织的交流，要努力使非正式组织的存在与正式组织相吻合。如配备工作搭档时，可以考虑把性格相投、有共同语言和兴趣爱好的人安排在一起，有利于他们的沟通和交流，还可以展开一些必要的联欢、茶话会等交流联谊活动。另外，还要特别注意非正式组织中的"领袖"的作用,这种"领袖"的核心往往是自发形成的,不是通过推选或推举出来的,他们在非正式组织中有很强的号召力和鼓动力。正式组织做好了该"领袖"的工作,也等于做好了非正式组织的工作。所以与非正式组织中领袖的交流、沟通是关键,可以请有威望的人或领袖所信赖的人去做工作,会收到良好的效果。

"午夜妖姬"的成功

广东的一家首饰生产企业设计生产了一款中空的钻石吊坠,其中可以放置海绵体,注入香水后可保持15～30天持续散发出香味。但推向市场后少有人问津,而时间正是初夏,是使用香水和时尚女性戴吊坠的最佳季节。

当这款别具一格的钻石吊坠打入南京市场时,由于南京经销商的精心策划,成了一款最热销的首饰,并实现了千万元的巨额销售。天津、上海都有人来到南京专卖店争购"午夜妖姬"……在别的地方卖不动的首饰,为什么在南京这么热销?究其原因就是策划者充分运用了媒体的作用。

该策划活动的主角具有丰富的记者从业经验,熟悉媒介的特点和作用,具体运作是:

1. 另类思维——创出神秘香艳品牌

首先,从这款首饰的独特功能来看,它的消费目标定位为时尚、青春、活力、追求个性、18～35岁的青春女性,性格上具有一定的突破和叛逆特点。

其次,由于首饰的体积很小,显示个性的最好办法是能够有引人注意的显著视觉刺激。而吊坠恰恰做不到这一点。为了弥补这一不足,可以把能引起直接刺激的实体虚化,而引申为一个概念——就是给吊坠起个名称。然后来炒作这个概念,出售这个概念,把概念(文字)与实物结合起来,共同推向市场。

有了整体的思路,便逐步操作了。

于是公司召开了由公司高层、各大区经理、市场部和策划部全体人员参加的会议,讨论整体策划方案。会议争论十分激烈,也十分成功。围绕这款首饰的名称,策划人员和各位经理展开了激烈的讨论。从国外的"小妖精"个性化香水到"小妖怪"洗衣机,从"毒药""嫉妒"香水到日本的"白骨精"产品,大家广开思路。

通过讨论,大家认为,观念在变化,在20世纪50、60年代,如果在大庭广众之下说"我爱你",那简直和耍流氓没有本质上的区别,多少也得含蓄一点,把"爱"说成"喜欢";到20世纪70、80年代,"性感"一词在某些人听来含有贬义的成分,你夸奖别人性感,就等于骂别人"骚货"一样,有的女孩甚至会因胸脯丰满一点而感到难为情。

现在,年轻人追求的就是新奇、另类、个性,而女性则是另类个性的先锋,这部分年轻人最有消费能力。所以这款项链名称一定要符合她们的追求和心理。

策划者们由"性"想到了台湾的"槟榔西施"和"午夜牛郎",还有一首歌——午夜香吻。大家先后给出了"午夜妖精""午夜妖女"等词汇。但定位不准,对美的称呼更应该归属于西施之类。认为这些词虽有个性,但缺乏正面的情感色彩,且不为大多数消费观念认同。

大家分析认为:"午夜"定位很好,是指夜里,暗含"神秘"的色彩。就像一个新闻标题里一旦含有"深夜"这个词汇,可能读者的思维马上会产生某种倾向性,对新闻内容产生好奇心,并能让人产生联想。当然"午夜"这个词本身听起来很雅致,非常适合首饰的产品特性。

话题谈多了,思路也开阔了。

——午夜妖姬!

这名称一蹦出,大家感觉比较好,暂时保留。讨论了4个小时,没有找到比"午夜妖姬"更合适的词汇。甚至搬出了《辞海》:"姬"指美女,"妖"有指美丽的意思,如妖娆等。从字面上也能理解得通,于是"午夜妖姬"就这样出笼了。

2. 引发媒体炒作"午夜妖姬"红透全国

次日上午,文案人员起草了《午夜妖姬,撂倒金陵时尚女生》的新闻通稿,并召开了南京各大媒体参加的新闻发布会。同时将通稿传真给各家业内报纸,如《宝玉石周刊》《中国黄金报》《中国矿业报》等,同时在公司的网站上进行消息发布。

第三天,即6月28日,南京的《现代快报》《金陵晚报》《南京晨报》等各家媒体都陆续将消息用新颖奇特的标题发了出来。例如《南京晨报》的标题为"'午夜妖姬'太妖"……在新闻不断见报的同时,经销公司在《扬子晚报》《现代快报》《姑苏晚报》《江海晚报》《盐城晚报》《江南晚报》《彭城晚报》的广告版上皆予以重点发布。在6月29日《现代快报》上的标题为《个性?

另类？诱惑？鬼魅？——"香艳撩人的'午夜妖姬'撂倒街头时尚女性"》的报道吸引了众人的眼球。

由于《扬子晚报》是江苏省的强势媒体，在全国范围内都有影响，是与《羊城晚报》《新民晚报》齐名的三大晚报之一，同时考虑到与其他媒体的交叉覆盖，选择了另一个标题——《"午夜妖姬"迷倒街头时尚女性》，在内容上也作了相应的修改。

省级媒体与地方媒体相互配合，形成了罕见的报道热潮。经销公司遍布全省的专卖店的重要位置皆辅以一个美丽女人的梦幻般的招贴画。因为"午夜妖姬"的价格分为598元和998元两款，价格偏低，适合大众化消费，所以短短两到三天时间第一批货即告售罄。第二批货又星夜运到，在南京以及周边的扬州、南通、苏州、无锡、徐州，都出现了断货现象。此为第一个销售高峰。

在第二个星期，策划者们又策划了一个掉牙老太太（83岁）购买"午夜妖姬"的后续活动，大图片刊登在《现代快报》头版显著位置，取得了非凡的影响。媒体运作也达到了一个新的高潮，7月12日，《扬子晚报》以半版篇幅刊出题为《挖出"午夜妖姬"迷人的根源》的报道，7月13日《现代快报》的标题为《众口评说"午夜妖姬"》。文中引用了知名作家、著名画家、知名主持人、知名教授和企业家对"午夜妖姬"的内涵、外延，甚至策划事件本身加以评述，为市场销售推波助澜。一些辅助性的情感短文如《博士老公送"妖"姬》、诗歌、新闻报道穿插运用，市场销售额迭创新高。

在后续运作上，将策划重点放在策划的本身，将此案例与南京某大学商学院的MBA课联系在一起，提出品牌策划与个性化营销概念，并且在第五周又推出了第二次画家、作家的评说运作。

与此同时，业内的权威媒体《宝玉石周刊》《中国黄金报》《珠宝财富》也将稿件陆续刊发，让"午夜妖姬"的影响走出江苏，扩大到全国整个行业。

不仅在传统纸质媒体上运作异常成功，在网络上也掀起了另一场炒作波澜。《品牌营销:突破常规显个性》《南京"午夜妖姬"够妖 另类营销方式给MBA上一课》在全国的许多家营销门户网站上，甚至人民网、新浪、搜狐都加入到宣传"午夜妖姬"的队伍中，形成另一个炒作阵地。

这次策划案的成功，得益于策划者对新闻的敏感性，新闻写作能力和新闻版面风格的熟练掌握程度及与媒体长期合作建立的良好关系。

第八章 现代青年创业危机和误区的摆脱策划

错误是通向未知的大门,而那些未知是发现科学新知识的源泉。即使真的不能从错误里发现什么,我们也能从中学到一些有价值的东西,作为新的起步参考。

创业不会是一帆风顺的,常常会受到主、客观因素、困难或棘手问题的影响,遭受挫折,遇到危机或陷入误区之中。怎样认识危机和误区,如何避免创业中遇到危机和进入误区,以及如何策划摆脱危机和走出误区,顺利创业,是本章要详细讨论的内容。

第一节 创业危机

要进行摆脱创业危机的策划,首先要搞清楚什么是危机?从公关的角度看,危机往往被定义为那些危及组织生存和人们生命财产安全的突发性、灾难性,严重损害组织的形象,使组织陷入困境、危境的事件。所以任何一个组织都要十分关注组织在运营过程中可能出现的各种各样的危机事件,青年人在创业中,由于经验不足,同样也会出现危机,所谓创业危机是指在创业过程中面临严重困难,使其陷入危险或破产的关头。为此就要进行策划来预防危机的产生,使创业顺利进行。

一、为什么要进行摆脱创业危机策划

1. "凡事预则立,不预则废"

用兵打仗不能不搞预测。不能打到哪儿算哪儿,不能不考虑下一步,不能靠侥幸取胜。孙子曰:"夫未战而妙算胜者,得算多也;未战而妙算不胜者,得算少也。多算胜,少算不胜,而况于无算乎。"算,即计算、预测。叱咤风云的拿破仑曾说过:"在战争中不深谋远虑,将一事无成。"

商场不能不搞预测,市场形势千变万化,消费者的需求并非一成不变,做生意不能不预测明天,不能不准备应变方案。春秋战国时期,越国的范蠡弃政从商后,提出了他的预测思想:"以物相贸易……论其有余不足,则知贵贱。贵上极则反贱,贱下极则反贵。贵出如粪土,贱取如珠玉。财币欲行其如流水。"即在进行商品交易时,应当进行预测,根据某种商品的多少来预先判断其价格的高低。商品贵到一定程度,价格自然会下跌;便宜到一定程度,价格就会上涨。价格高时赶快推销,价廉时要像珍珠宝玉一样买进来。范蠡按照这样的预测方法经商,成为大富翁。

创业也如此,社会在发展,形势在变化,昨天也许是一个很好的项目,今天该项目可能是日薄西山;或者说同样的事在 A 地会是个很好的创业机会,可是在 B 地却可能是"镜中花"。

因此,俗话说"凡事预则立,不预则废"同样适用在创业中。创业时,我们不能只靠激情,不管风险;只管今天,不管明天。可以说所有创业成功者,在创业初都要进行周密的市场调查,严谨分析信息,并以此来预测未来的发展,以及可能发生的各种危机并设计如何摆脱危机等。

2. 做好心理准备

树立创业危机的意识,做好迎接危机、战胜危机的心理准备。有了这样的准备,在危机临近时临危不乱,全力迎战,转危机为契机,使创业顺利进行。

青年在创业初期,往往有着十分美好的想象,憧憬着事业成功的美好未来,而对创业过程中可能会出现的困难和问题估计不足,没有做好解决困难的心理准备,遇到危机惊慌失措。

3. 危机是客观存在的

危机是客观存在的,是不以人的意志为转移的。有的是由于内部的因素复杂所致,也有的是因外部的环境干扰;有的是病态运营,也有的是领导者个人的能力水平问题;也有的是突发事件所引发的。创业要经历不少的危机,有的危机可以化解,有的危机不可能规避,便导致挫折。俗话说:失败乃成功之母,有的人甚至说"成功本身就蕴藏着危机"。

二、创业危机产生的原因

危机产生的原因有很多,可以分成两类:

1. 主观原因

（1）认识上不周全

在确定创业，进行项目设计时，往往会将这事的前途考虑得非常完美，可是事实上并非如此。认识上的不周全导致出现危机，是创业过程中常见的一种原因。

1991年，摩托罗拉公司开始建立由66颗低轨道卫星组成的移动通信网络。然而就是这个投资数额大、科技含量称得上世界之最的"全球通"，仅仅运行了一年，就因欠债44亿美元而宣告破产。可以说，这是当代科技的一大悲剧。这一悲剧有力地昭示我们：技术创新不能代替市场，技术创新也要符合市场规律，如果违背，必将遭到失败。

某地有一失业青年，在有关部门支持下，联合了几个青年，创办了一家净菜社，由于贪大，苦撑了几个月便关门。她没有认识到商场经营之道而导致失败。市场也有其自身的规律，创业者要充分认识，在商海中才可以游刃有余，得心应手，否则危机会时时袭来。

（2）知识、经验上的缺陷

青年人创业中，由于自身的知识和经验的不足遇到危机也是常见的。不少青年人仅有一腔创业激情和在学校学到的理论知识，缺乏社会经验和实践知识，在创业过程中东撞西碰，碰得头破血流。

2009年，服务设计专业毕业的小胡到一家服装公司工作，当时她的工资高于许多老师傅。后来由于不安于现有的工作，在一片亲朋好友的反对声中主动离职了。离职后她一边学习电脑知识，一边和几个朋友在张江干起了电脑销售。可是一年后她干不下去了，因为电脑的学问太深了，自己半路出家，深感这方面知识的缺乏和经验的不足。

（3）决策失误

由于决策失误而引发的危机是最严重的危机，据调查，世界上企业破产的原因中，有85%是决策失误。因为决策意味着创业的大方向，它指导着目标及其实现途径。由于目标的错误而引起的危机，其危害性自然是极大的。所以创业决策应遵循科学化、民主化和程序化，尽量避免由于决策失误而引发危机。

飞龙集团姜伟在《总裁的二十大失误》中提到的第一个失误就是"决策的浪漫化"。姜伟在接受记者采访时坦言，他在上大学时就崇拜一文不名却建立起自己的企业帝国的英雄。后来飞龙集团有了名气，媒体把他塑造成白手起家的传奇人物,姜伟自己也将自己看作成功人士,那一时期他每天读美国的超级富翁自传,心潮澎湃,兴奋不已,一个个不切实际的庞大计划在大脑中浪漫而出,自认为已具备大展宏图的一切条件。

姜伟检讨道:"总裁在六年经营经验中,淡化了企业赢利目的,决策过于理想化、浪漫化,导致了飞龙集团大部分干部在企业运行中,也出现了严重的理想化和浪漫主义的行为,不计成本,不预算利润。"

不论是组织还是个人,决策一旦融入浪漫主义情怀,最容易使人头脑发热,好高骛远,感情用事,失去理性。

据中国青年创业网的报道,全国青年兴业领头人、上海市优秀青年兴业带头人张秋平,是从一个极其平凡,甚至一度陷入困境的普通青年成长起来的。1995年,张秋平所在的市建二公司和当时的许多国有企业一样,在改革大潮中遇到了生存的危机。急需减员分流,要有人下岗,他便成了下岗队伍中的一员。下岗之后的日子让张秋平饱尝了创业的艰辛。他原以为自己年轻,头脑灵活,能吃苦,先是信心十足地带领5名公司下岗青工承包了单位的"三产"经营部,但很快由于对创业的认识不到位、经验不足等原因碰了一鼻子灰,面临创业的一个危机。1996年,他正式离开单位"下海",和几个朋友凑了点钱在文化馆借下一个门面,买了一台电冰柜,找熟人托关系弄来了一批代销的服装和袜子,张秋平开始了小本经营。然而,由于店的规模太小,几乎揽不到一笔像样的生意。每天除了卖一点冷饮和几双袜子所挣来的十几元钱,其他几乎无一分钱进账。张秋平每天起早摸黑、辛辛苦苦赚来的钱到头来却连电费都付不起。一连亏损3万元后,张秋平意识到自己并不适合做服装生意,于是重新又回到了失业者的队伍中。之后他总结经验教训,分析了失败的原因,认识到自己的问题,为以后的创业打下了良好的心理基础。

由此可见,创业光靠热情是不够的,必须科学决策。

2. 客观原因

(1) 世界是矛盾的

矛盾是世界发展的永恒动力,市场也是如此。前面所提及的范蠡,他认为"贵极反贱,贱极反贵",这就是矛盾的极好例子。这"贵极"、"贱极"是辩证法的规律,无论什么事,走到极端,会走向反面。市场扩张到一定程度,必然收缩。

如前些年北方寿桃走红,价格看涨,农民纷纷改种桃树,等到果实成熟时,市场已供过于求,价格猛跌,于是许多人又砍倒桃树改种别的。可是有人据此,预测出"贱极反贵"的趋势,不但不伐,反击继续扩大种植。果然不出所料,价格又回升了。

(2) 危机暴露有一个过程

任何事物的发展变化都有一个过程,市场的变化也是如此。有的是渐变的,其预兆比较明显;有的是突变的,但仍会有蛛丝马迹可寻。不能正确、及时地预见事物的发展变化,必将引起危机,如果能及时预见其发展态势,并利用其发展规律,那么这种危机便成了机会。

当科学家在20世纪80年代初公布地球上空臭氧层受破坏的事实后,广东科龙电器公司立刻从中预感到因臭氧层受损,地球气温将上升,制冷家电势在必上的趋势,果断决策,生产了我国第一台空调机,抢先占领了市场,把危机变成了机遇。在危机还未充分暴露,我们抓住它,研究对策,可避免危机,利用危机。反之则会遇到危机。

(3) 认识难以穷尽

世上事物是千变万化的,人们对事物的认识难以穷尽,只有在特定的范围内不断探索,才能逐步掌握其规律。在探索的过程中,对事物的认识不深,遇到危机的袭击也是正常的。既然是探索,就有挫折乃至失败。使创业目标顺应时代的潮流,把握市场的脉搏,从而减少危机的袭击,坚定不移地朝着确定的目标前进。

北大纵横管理咨询公司的创办人王璞谈起公司的创办百感交集,起步阶段是艰苦的,当时正是"点子"满天飞的时代。让王璞感触最深的是,当初到工商部门注册"北大纵横管理咨询公司"时,在"管理咨询"这个行业属性上遇到了难题,并为这个行业的属性历尽周折。根据《公司法》规定,注册一个公司需要具备四个属性:地区属性(北京)、字号属性(北大纵横)、行业属性(管理咨询)、公司属性(有限责任或股份有限)。工商局当时根本就没有"管理咨询"这个行业属性,但一番周折后终于获得批准,北大纵横因此成为中国管理咨询行业中首家注册的管理咨询公司。但是市场发展的缓慢令王璞等一批热血沸腾的创业者们备受煎熬。从1996年创业直到2000年,北大纵横的管理咨询业务一直处于徘徊发展期,虽然也有创业初期初次收获的狂喜,但中间有一阶段事业进入了低潮,甚至面临着举步维艰的窘境。1999年,由于管理咨询行业的不景气和网络热潮的吸引,有的伙伴离开了,一起创业的人中只剩下了王璞及另一位参与创业后离去又回来的同伴。北大纵横管理咨询面临成立以来的又一次危机。2000年,王璞认真总结4年来的经验教训,锐意改革,提出"二次创业"的概念。经过一番大手术,北大纵横呈现出生机勃勃的新气象。在2000年下半年就实现了比上半年高出5倍的咨询收入,而2001年又实现了平均300%的增长,就这样,"二次创业"使北大纵横重获新生。通过二次创业,北大纵横走出了低谷,走出了危机,闯出了一条新路。

三、怎样摆脱创业危机

1. 迅速审视计划

青年朋友在创业过程中出现危机时,可能会惊慌失措,不知该如何处理、从何下手,继续下一步工作。其实任何一个危机出现,都会有它的原因,而多数的原因可能就在于自己所确定的计划不切实际,或偏离实际太远,或超出了自己的能力。青年人由于经验缺乏,在确定创业计划时,往往会好高骛远,对困难估计不足,出现危机,使创业夭折,难跨过这道"坎"。

例如,印度尼西亚的"汽车大王"谢建良,他在创业初期时,在雅加达开办了一个皮革厂,但工厂很快就倒闭了。后来,他在亲友的资助下,又组织了一个贸易公司,也仅仅维持了三年。这一次打击使他病了几个月,但他没有丧失信心,在身体康复后,他冷静地分析了失败的原因,发现是因为高估了自己,而且办事过于浮躁,缺乏耐性,不善于利用机会,尤其不能知人善任,因此出现了危机。痛定思痛后,他制定了以后的大计,改变了待人接物的态度,努力发挥自己和下属的才干,终于成为东南亚的"汽车大王"。

创业中出现危机,要审视创业计划,是财力、人力、政策还是其他什么原因,是否经过了严密的市场调查,计划是否符合实际,是否在自己的能力控制范围之内。如果不行,要适时地调整计划。而感叹、抱怨、痛苦解决不了任何问题,只有迅速审视计划,采取措施战胜危机,才能一步一个脚印地迈向成功的彼岸。

2. 向专家、长辈、老师、朋友请教

青年人创业由于自身的知识储备不足、经验不够,常常由此引起危机。所以在制订创业计划时要请教专家、长辈、老师或朋友,取得经验,以避免危机和失误。

专家咨询就是聘请有关方面的专家做参谋,然后决定采取什么措施。联邦德国史泰尔所经营的建筑公司的变化就是一个很好的例子。过去这

个公司是一个家族式企业,因循守旧,保守落后,处处精打细算,然而在错综复杂的竞争中,勤俭节约、精打细算并不能解决所有问题,史泰尔显然忽视了另一些更重要的东西,因此他的公司陷入了危机。面临破产的史泰尔拿不出任何有效的措施,这时公司的一名管理人员提醒他:可以聘请专家咨询。结果在专家的协助下,公司很快走出困境,恢复了竞争能力。

某对年轻夫妇,原为机关干部,后下海经商开饭馆。正巧在地道桥口上坡处有个饭馆要出租,他们看了房屋、装饰及厨房设备,很满意。别人告诉他们这饭馆两年已三易其主,都以赔而告终。他们自信自己有经营能力,硬要买下。开张以后果然顾客太少,半年后关了门。后来他们请教了行家,人家告诉他们:"打鱼人撒网专打水弯处,而不到直流水处,因为直处水流湍急,鱼儿停不住,弯处水静,鱼儿停得住,好吃食,鱼也就多。路边开店和打鱼是同一道理,在交通大道、高速行车的街区两旁是开店的大忌,因为这里不可能有多少顾客。汽车过铁道洞子正爬坡,谁也不敢停下到你这饭馆吃饭。开店地点以十字路口、高速车限行路口、居民集中点、汽车始发站为最好。"后来他们在行家的指点下,在居民区租房开了个小百货店,生意兴隆。

3. 另择方向,调整政策

当意识到由于选错了方向而遇危机,应迅速地改变方向,调整原来的计划和方案,以尽快地扭转危机带来的伤害,让破坏性降到最低程度。改变策略,重新选择合适的行业,以图东山再起。

前面所说到的服装专业毕业的小胡告别了电脑行业后,当她再次思考自己的创业方向时,结合了自己以前的服装老本行,又专门学习了工商管理,再结合一年的电脑公司销售经验,于是她调整了自己的创业方向:开一个服装店。在这次创业的过程中,她遇到了不少的挫折,但那些都是小危机,随着经验的积累,企业慢慢走上了正轨,规模不断扩大。

第二节 创业误区

青年朋友在创业的过程中,由于受主客观因素的影响,往往会不自觉地陷入误区中,误区一词出现的频率也很高。误区的意思可以这样理解:"误"是谬误、错误或受害的意思,"区"是指区域或范围。误区的涵义有三层:一是指从空间地域来说,指不该进入的区域;二是再延伸,指一个领域或范围,如科学研究的范围或领域失当;三是从方法手段来说,指违背科学的手段和方法。误区产生的原因和类型有很多,青年人在创业过程中,由于各种各样的原因,陷入误区频率是不低的,那么如何策划走出误区,具有十分重要的意义。

一、走出创业误区策划的意义

1. 少走弯路

青年人创业由于经验不足,涉世不深,会有不少的弯路要走。通过策划,认识误区产生的原因及其类型,可以避免陷入误区,少走弯路,达到成功创业的目的。

青年人怀有满腔创业激情,这有好处,说干就干;也有不利的一面,对创业目标本身了解不多,易陷入误区。通过对走出误区的策划,认识陷入误区的原因,从而在创业之初就做好回避的对策和走出误区的准备。

2. 保持心理健康

青年人的心理是比较脆弱的,在创业时期,发生意外事件或面临困境时,情绪是否稳定,思维是否清晰,可以看出他们的心理反应能力的大小和强度。为了理智地处理面对的困境,需要策划。

由于不同的心理特点,心理耐受力和自控能力不同,有的人陷入误区会悲痛欲绝,号哭不止;有的人则虽受强烈的情绪刺激但能理智处置。这种对情绪的耐受力的不同产生了不同的情绪控制能力,创业应该有一个成熟健康的心理。否则陷入误区,会产生焦虑、抑郁等不良情绪,失去原有的自信,对创业是极为不利的,对心理健康也有害。为此要强调认识误区和避免陷入误区的策划,这有利于心理健康。

3. 有利顺利成长

对创业误区的认识和避免陷入的策划,可以使青年坦然地面对和接受现实,顺利成长,并能多方面地寻找解决的方法和途径,倾听不同的意见,把握事实的真相,及时找出走出误区的方法,减少损失。

二、为什么会陷入创业误区

陷入误区的原因是多种多样的,不同的创业目标、不同的年龄、不同的创业地点也会有不同的误区产生。不过从一般的情况而言,青年人创业陷入误区的大多数是由于经验不足、始发点不正确和易冲动缺乏理智造成的。

1. 初涉社会，经验不足

因经验不足陷入误区，是常见的一种。特别是刚毕业不久的学生，他们的理论知识较多而实践知识较少，社会经验不足，如果就凭着那些书本知识去应对社会，肯定是困难重重的。有人说：社会是一个复杂的大系统，你如果要成为得这个大系统中成功的一员，就要不断地学习。在校学的知识只是这些知识中的一部分，多数的知识要从社会实践取得。

农村青年小马，凭着一股激情想创一番事业，首先他从某报纸上看到一则装饰板生产的广告，结果受骗13 000元，而后又从某报上见到某城市一种生产玻璃丝的广告，自己还亲自去学技术、签合同，结果又被骗去5 000元，两次事件后，他与朋友一起共同出资与某省的一家公司联营生产玻璃丝，决定先学习技术，结果又损失5 000元，短短的半年时间由于初涉社会，经验不足，陷入误区，损失了23 000余元。

2. 始发点不正确

一是创业者的创业观念不正确。有一些青年人有一种虚荣心，体现在创业中就是急功近利。取得一点点的成功很容易沾沾自喜，好大喜功，似乎老子就是商场一员大将，对日益迫近的各种困难和危机视而不见，或小看这些困难，这样无疑将陷入误区，为失败作了铺垫。这是他们常常陷入误区的一个重要原因。

二是对行业情况了解不多，对市场也不了解。由于对市场缺乏深入细致的调查和了解，更缺乏可行性论证，盲目上马，结果在运营中陷入误区。

3. 多情感，少理智

处理任何事情都要理智，感情用事者往往以感情代替原则，想如何干就如何干，不能用理智自控。这对创业是极为不利的。易冲动，易感情用事，缺乏理智，是陷入误区的又一个因素。冲动，对创业有好处，可能冲出去就成功了，可是也有它不利的一面，就是不能理智地分析各种因素，缺乏稳健。因为环境在变化，各种不确定因素在增加，风险也随之增加，隐藏着各种误区。特别是在取得初步成功后，这种情感在自信心的催发下会不断膨胀，将事业引入自己挖的"陷阱"中。在成功面前陶醉了，失去了理智，看不到潜在的误区。

小岑原是美国一家公司图像处理系统的项目经理，这是一个舒适的职位，可是他对此并不满意，认为过这样的日子自己可以给自己算命："在今天能预测自己65岁时是个什么样子。"于是他选择了自己创业,别人问他为什么放着报酬优厚的公司白领不做,偏要自己创业。他说:"第一是胆量,第二是胆量,第三还是胆量,目的是为了超越自己。"从美国公司出来后,他创办了一家咨询网站,为美国一些企业制作网页,为国内同行提供技术咨询,后来又觉得这些技术太简单了,"不够刺激"(今天的他认为当年的想法是错的)。当时,美国的互联网已经有了巨大的发展。他看好的翻译软件却在美国市场碰壁,开始的创业不顺利,最后以失败告终。他认为美国的创业机会虽然很多,但那是个成熟市场,对手都非常强大,相对而言,国内的机会及成功率要比美国大,所以,在1996年凭借100万元风险投资和朋友成立了速达公司。该案例说明,对市场环境的认识不清,用想当然代替科学分析,会使自己陷入误区。

创业过程总会出现这样那样的问题,创业者要不断吸取他人的教训和经验,尽量避免走入创业误区,成功的机会才更大。

三、怎样走出误区

1. 迅速调整

当意识到陷入误区,坚持下去不会有好的结果,也不会有希望时,应该考虑及时迅速地对经营计划或目标进行调整,甚至停业再另起炉灶。所以,陷入误区后,首先是迅速走出误区不留恋。

前面说到的农村青年小马,几次三番被骗后,意识到自己进入了一个认识上的误区,即认为凡是报纸上的广告都是准确无误的、可靠的。后来他并没有因此放弃不干,而是迅速地调整自己的做法,通过朋友和同学去寻找项目,学习技术。在一位老同学的帮助下,他学习了汽车修理技术,走上了创业之路。

2. 先找对策,走出误区,后找原因

陷入误区的原因往往是很复杂的,一时不一定能确切地找准原因。因此,发现陷入误区后,首先是当机立断,快刀斩乱麻,快速地寻找对策,尽快地走出误区,而不是去寻找产生的原因而贻误时机,造成更大的损失。

总之,陷入误区后,当务之急是如何用科学的方法先走出"沼泽地",然后再去分析原因,以避免越陷越深。如果一味地在"沼泽地"逗留,深陷在泥潭里考虑、分析"为什么会陷到这里?"等找到原因时,可能命也没了。全球畅销书《谁动了我的奶酪》说明的正是这个原理,善于思考和分析的

"人",在面对奶酪消失的时候,一味地沉浸在分析为什么没有了奶酪,"到底是谁动了我的奶酪?"可是这个问题还没有解出,生命却停止了,而简单的"老鼠"在面对奶酪消失的现实时,并没有去考虑为什么会没有了奶酪,而是去重新寻找新的奶酪。最后老鼠成功了,它们又找到了更好更新鲜的奶酪站,供它们享用。

第三节 青年公关危机与误区类型及防范

青年人在创业过程中,面临公关危机或陷入误区,会给创业带来很大的危害。因此要尽量防范,认识危机与误区的不同类型,可以使我们更清楚地知道如何去防范,减少损失。

一、危机的类型

1. 工作危机

青年人由于工作经验有限,常常会不知如何面对工作的选择和工作中的矛盾,从而面临因失去工作或者因工作不如意而带来的危机。

小许刚大学毕业便顺利地找到了一份他所喜欢的营销策划工作,很多同学都羡慕他,此时的他浑身充满了工作的激情。可是由于他刚刚参加工作,公司的营销策划部只能安排他做一些较为琐碎的事情,在他看来那是消磨时间,无所事事。在"3·15"快来临的时候,他写了一个有关保护消费者权益的活动计划书递交给了公司的老总,可是由于他考虑问题的不周全,计划被否决了。此时他更是感觉到了工作的不顺,并对公司产生不满情绪。另一方面由于他的擅自越位行动,策划部经理也不满,后连小事情也不让他参加了。如此三番,他辞了职,便失去了第一份工作。

2. 学习危机

青年阶段,应该是人的一生中学习效果最好,接受新事物最敏感的时期。

一方面青年人应该多学习,学习他人的经验和成果,可由于生活、工作或环境等因素的影响,一些青年无法学习而造成了学习危机。在某一商业银行工作的中专生小董为提高学历,读了大专。但是银行的负责人,不支持下属去读书,更不准在考试时请假。这样,小董碰上了学习危机。

另一方面是个人学习方向性错误导致的危机。小陈是上海崇明崇西中学的74届学生,在东海舰队服役,入伍后工作相当努力,第二年就入了党,在机关食堂任代理事务长,并有了一次考军校的机会。由于他学习主动性差,英语更差,虽说学历是高中毕业,但实际也就初中水平,所以那次考军校的成绩很糟。后来中央决定裁军100万,他所在的部队精简,想留在军队发展已不可能,只好悻悻地回到了故乡,为此他失去了一个良好的发展机遇。

第三,时下有不少学生,特别是一些初中生、非重点中学的高中生、技校生、职校生和高职生,学习不好而陷入危机,殊为可惜。

3. 婚姻危机

婚姻的不美满或不稳定,给创业者带来危机也是常有的事。引起婚姻问题的大致有这么几种情况:一是由于受传统的婚姻的影响,双方的结合不是建立在自觉自愿的感情基础上,婚后矛盾便暴露出来。二是双方虽经过较长时间的恋爱,有爱情的基础,但婚后一方停止了追求和努力,使双方的差距越来越大,最后导致婚姻危机。三是由于社会的复杂性,引起婚床的震荡,在婚外寻求刺激的人越来越多,由于第三者的介入,引发的婚姻危机也不在少数。四是一见钟情的婚姻往往埋下危机的种子。这些婚姻的不稳定因素而造成的危机,都可能给创业者带来重大伤害与阻力。如在创业阶段还会得到配偶支持和谅解的话,那么在创业成功后,配偶希望创业者更多地关心家庭,儿女希望创业者能够尽到父母的责任,而创业者比以前更忙更累,无暇顾及,家庭压力开始增大,尤其是有家庭的女性创业者。一位女企业家在周末会议上收到其丈夫三条短信息:"今天星期几?""女儿有一个月没有见着妈妈了。"和"你知道回家吗?"无奈之下会议只能戛然而止。

4. 家庭关系危机

家庭作为青年创业者坚实的后盾,家人在创业过程中给了无私的奉献,他们希望子女或兄弟姐妹创业取得成功。可是创业者一旦事业有基础后,他们经常会抱怨自己的父母,说是越老脾气越古怪,认为有代沟无法沟通,相互之间因为缺乏沟通而无法理解,从而造成家庭的关系危机,在一定条件下又会诱发其他危机。家庭关系出现危机,会影响到创业者的情绪和健康,从而可能会诱发创业危机。

5. 人际关系危机

大千世界,芸芸众生,对错综复杂的人际关系,高深莫测的人际社会心理,要细心对待,否则一不小心会让自己陷入人际关系的危机之中。在创业的路上,有很多青年朋友都有过这样的体会,自己有足够的能力,知识全面,技术也过硬,但是在创业的路上却走得相当艰辛。究其原因或许会发现,他们忽略了创业中的一个可资利用的财富因素,那就是人际关系。成功创业来自于70%的人际关系+30%的知识。在创业资源中,人际关系占了很大一部分。想创业,就必须广交朋友,整合各方面的资源。一个创业的过程就像是一个"关系链",你会与不同客户打交道,如果你在创业的过程中,遇到困难,进入危机,你可以立刻利用这些资源来为你服务。

一位从外地外企辞职回乡的小方,隐瞒了自己的MBA学历,应聘到某知名外企做采购员。他学的是物流专业,加上其丰富的工作经验,他在该公司很快成为佼佼者。然而,他却辞职了,究其原因,他说主要是人际关系问题:"因该公司人才本土化的特点,'关系'起着举足轻重的作用,他只是'网'外的人,感觉很孤立。"显然他不善沟通,未融入群体。

6. 安全危机

常言道:"害人之心不可有,防人之心不可无。"在竞争十分激烈的社会里,在某些单位、某些部门,个别同事之间表面上似乎亲密无间,暗地里却勾心斗角,有的人想让对方出错,使自己有机可乘,可以得到上级的特别赏识与提升。古人云:"明枪易躲,暗箭难防。"所以,青年人在这样的环境里,常常有一种不安全感,感到时时会有危机袭来。

7. 健康危机

"身体是革命的本钱",一旦健康出现危机,那么一切都无法实现。青年人一般情况下,身体素质好,所以不会很在意健康状况,而一旦出现问题,也必定是大毛病。如平时喜欢睡懒觉,不愿意起来早锻炼,上班来不及就不吃早餐,久而久之,身体健康状况就亮起了红灯。有一姑娘去日本学习,为了减少家庭的负担,在学习之余打了三份工。这样一天只睡3~4小时,时间一长,免疫力下降,竟得了红斑狼疮,陷入了危机。

8. 财政危机

青年人由于工作时间短,收入又不高,但朋友多,交际广,因此常常出现财政危机。在创业过程中,财政危机也是常见的一种危机形式,一般情况下,可能很少有足够的钱来投资,而要向各种关系调"头寸",若"头寸"调不到,便会出现危机。1999年8月,返乡创业的小蔡因盗窃摩托车触犯刑律,令人大为吃惊。导致小蔡铤而走险的原因,是他难以忍受创业屡屡失败的痛苦——无论是办代销店、开饭店、还是跑运输，他都因过于大方和爱面子随意给别人赊账，直到被别人"赊"走了摩托车，血本无归，陷入财政危机，随后他竟起了盗窃别人摩托车来报复的邪念。他从盛名远扬的打工英雄成了阶下囚，创业道路戛然而止。

9. 诚信危机

诚信是创业之本。切不可认为"中国人多，一人宰一刀就赚足了。"这样不仅败坏了自家声誉，也埋下危机。我们不敢说商场上没有诡诈，但愈是做正经事业，诡诈的行为愈是没有市场，创业的目标是自我实现和做一个"令人尊敬的企业家"，绝不能降低做人的标准来向不肖的商人看齐。

与人交往要讲信用，不可食言，要说一不二。无力去做的，就不去做，不能言而无信。如果一次不讲信用，便会给你带来信用危机。古人云："人无信，不可交。"指的是不讲信用的人，不值得信任的人，就不值得与之交往。在现实生活中，也常见这种人。有一青年邀请大家聚餐，而到时赴宴的全来了，惟独他本人不到场。这种不讲诚信的人，在社交场合也找不到自己的位置，在社会生活中也没有他的地位。目前，国内许多城市为市民建立了诚信档案，这是避免进入危机的一个红色警示灯，我们应高度重视。德国有一年轻的博士，因为两次乘公交车逃票，被记录在他个人的诚信档案上。他尽管成绩优秀，但毕业后在国内始终找不到工作。这是诚信危机的恶果。

10. 自然灾害危机

自然灾害也称为"天灾"，是自然产生的，它具有不可抗拒性。但是我们可以预测自然灾害的危机，提前采取措施，把危机的损失减低到最小。据新华社报道，2008年5月12日14时28分，四川汶川发生里氏8.0级地震。截止到9月25日12时，已确认69227人遇难，374643人受伤，失踪17923人。截至9月4日，直接经济损失8451亿元，房屋倒塌778.91万间，损坏2459万间，1000余万人无家可归。四川林业厅公布：森林覆盖率从30.7%下降为30.2%。森林生态系统及珍稀野生动植物资源遭受严重创伤。森林水源涵养功能降低30.24亿吨。

有的自然灾害追寻源头的话，也是人为造成的，如由于大量的二氧化碳排放导致全球气候变暖而形成的洪水；由于滥伐森林，使森林涵养水的功能减退，形成干旱或洪水，一般不宜在此创办企业，20世纪50年代我国的森林覆盖率19%，60年代11%，70年代6%，80年代4%不到。由于森林覆盖率下降,中国荒漠化已达 263.62 万千米^2,占陆地面积的 27.46%,危害涉及 18 个省(区市),31 个民族,4 亿人口。由于围湖造田,造成人均淡水资源仅 2300 米^3,是世界平均水平的 1/4。全国有近 2/3 的城市缺水。7 大水系中 26%、9 大湖泊中的 7 个,水质已为五类和劣五类。50 年来,武汉有近百个湖泊被填消失。近 30 年来,武汉湖泊面积减少了 228.9 千米^2。

11. 人为灾害危机

人为灾害也称是"人祸",指人为引起的灾害。《中国环境报》2009 年 4 月 14 日报道:到 20 世纪末,中国受污染耕地达 2000 多万公顷,占耕地总面积的 1/5。工业三废污染达 1000 万公顷。污水灌溉 130 多万公顷。每年因土壤污染,粮食减产达 1000 万吨,还有 1200 万吨受污染,二者直接损失 200 多亿元。还有人吃了污染的粮食、喝了污染的水,生病,医治的费用更是天文数字。有的青年人由于不知天高地厚,做事情不考虑后果,也会造成"人祸"。车祸、重大技术事故,如重庆的"井喷"事件等,这种"人祸"具有偶然性,对社会、对他人的危害也很大。

河南双汇集团在食品生产中使用含瘦肉精的猪肉,2011 年在央视"3·15"特别行动节目中被曝光。这个 20 多年前年销售 1000 多万到今天销售量达 500 亿之巨的庞大帝国遭受特大"地震"。双汇集团在 3 月 31 日召开万人职工大会,董事长万隆向全国广大消费者再次致歉,然而也难消除顾客对它的不信任。这是人为的危机。

12. 法律危机

由于对法律的认识不足而引发的危机。国人的人情观念特浓,法律意识欠缺,这是我们的"特色",也是青年人的特点。所谓"为朋友可以两肋插刀"正是典型的青年人讲义气、重情义、轻法律的写照。由此而引发的危机在青年中不是少数。

二、危机的防范

危机来临的时候,不管是对个人、组织还是国家,都会造成重大人员伤亡和财产损失,都应引起格外的重视。2008 年年初,我国南方发生的冰雪灾害,给 19 个省市区、生产建设兵团造成直接损失 537.9 亿元,死亡 129 人,转移 1660 万人,倒房 40.5 万间,损坏房 186.6 万间,农作物受灾面积 1187 万公顷,成灾 584 万公顷,绝收 169 万公顷。可见,提高对危机的预防显得多么重要!危机的防范,即用少量的人、财、物预防,而尽量不要用大量的钱去救治。

1. 防范危机的迫切性

（1）市场经济波诡云谲

21世纪是知识经济的时代,社会正依靠着信息技术而高速发展。每天都会有新的事物出现,有新的产品问世。各类组织尤其是企业正以前所未有的竞争态势分割市场。市场各种信息良莠不齐,虚虚实实,真真假假。商场尔虞我诈,防不胜防,辨别不清,极易陷入危机。青年人在创业过程中,因为对社会、市场认识不到位,产生危机在所难免,不少组织,也因为危机而惨遭损失,甚至被淘汰出局。

（2）竞争无情,压力大

市场经济的一个最显著的特点就是竞争,在竞争面前人人平等。不少实力雄厚的企业在竞争中销声匿迹,淹没在市场海洋的深处。更何况年轻人！由于多种原因,在创业中将面临着残酷的市场竞争,若不做周密的策划,危机可能会随时出现,压力也可想而知。经济的、精神的、心理的压力常常使人难以承受,不少人就被压趴下了。

（3）市场变小,经常撞车

我国的市场经济已走过了30多年,在30多年中,市场经历了从数量竞争到质量竞争,现在又进入形象竞争和文化竞争的时期。数量竞争时期商品是供不应求,质量竞争时期是供求平衡,而到了形象竞争和文化竞争时期,则是供大于求,所以各组织间除了产品本身的因素之外,还要讲究组织形象和组织文化,来吸引公众的眼球。在买方市场的状况下,市场是有限的,可是对企业和有关组织而言,希望在市场中所占的份额是越大越好,这样必然会引起"撞车"现象,从而引发组织间的"交通事故"。

2. 防范危机的措施

（1）必须学习,永不停步

防范危机的一个有效方法是不断地学习,学习他人的经验,吸取他们的教训,以此来提升自己,了解危机产生的机理和原因,将问题和危机消除在萌芽状态,以防范危机事件的产生。

（2）提高危机意识

提高危机意识是预防危机的有效方法。在公关危机处理过程中,预防危机,提高危机意识,建立危机预警机制是处理公关危机常用而有效的措施。上海市政府制订了20多个危机预案,如针对每年的台风、大潮的袭击,各有关部门按预案开展工作,把损失减到了最小。平时可以通过认清自己的脆弱性和不足之处,来预测可能产生的危机情况。如果双汇集团在多年前从发现瘦肉精事件起紧抓不放,就不会酿成今日之祸。

（3）广交朋友,言而有信

如果你有各方的朋友,那么他们会有各方的信息,可以帮助你有效地预测危机。与朋友交往,"诚信"很重要,古人言:"人无信,不可交"。只有真诚地对待朋友,那么朋友也会真诚地对待你所面临的危机,可以帮助你渡过危机。很多创业者最初的创业主意是在朋友启发下产生,出现创业危机时也是由朋友帮助摆脱的。所以,在创业中,都应积极地保持与朋友的联系,并且广交天下友,不断地扩大社交圈子,朋友们会为你的创业生涯献计献策。

（4）从人、财、物等方面做好危机袭来的准备

从物质上做好危机袭来时的准备,包括人:成立应急领导小组,确定小组的成员;财:建立危机预备基金,专款专用;物:准备一些必要的危机应急用品。同时要注意培养应急能力,一旦危机来临,领导小组按计划迅速展开工作,摆脱危机,把损失减低到最小的程度。2010年7月8日,甘肃舟曲县特大泥石流灾害发生,中央从陕西省救灾物资库紧急启运帐篷等物资到灾区。从组织来说要如此,作为家庭和个人,也应从各方面做好危机袭来的准备,才能减少损失,转危为安。

（5）做好危机袭来的设计及操作

模拟危机情势,提高危机的警觉性,做到危机袭来时能够迅速处理。就如同消防演练一样,通过各种设计与操作,提高消防人员的消防技术和市民的防范意识,做好各种准备。家庭和个人也应如此。

三、青年误区的类型

1. 学习误区

有的人认为,学习就是读书,书读得多就是知识多,这是个误区。不少人,读了不少的书,在书架上排满了琳琅满目的书籍,说什么"书香满屋",认为自己是跟别人迥然不同的知识分子而沾沾自喜,但在做具体事情的时候,却是一窍不通,这就是人们常说的"书呆子"。知识只有被消化了,才能成为自己的。知识只有转化了才是能力的发展。

向别人讨教也是一种学习,学习别人成功的经验,有助于进步。可是

有的青年人完全"拷贝"别人的经验,这也是一种误区。成功不是"复制"出来的,而是在借鉴别人经验的基础上,结合自己的实际情况,走出一条属于自己的成功路。

2. 择业误区

选择职业时,高不成,低不就,离家远不行,报酬低不行,太辛苦也不行。青年人眼高手低是常见的毛病,许多大中专学生,在人才市场转悠,找不到自己的岗位,明显地陷入了择业误区。不少下岗失业朋友,宁愿在家过"低保"生活,也不愿去找一个有收入的、比较劳累的工作,这是陷入了择业误区。

3. 社交误区

在社交场合,应根据社交的层次、到场人员的文化、职业、身份、修养、性别和收入状况,活动的目的来着装、修饰,进行恰当的表达。如果随性而发,引起别人误解,往往陷入社交误区,事与愿违。所以,在社交场合表达你的意思时,不能让别人误解,话要说得明确、具体,不能是模棱两可,似是而非,歧义丛生。

4. 爱情误区

爱情是神圣的,惟有人们用美好、善良的真诚感情去对待对方,才显得圣洁和美好。有不少男女青年用电影、小说中的标准套现实中的对象,他(她)们定的标准十分精确,如身高、体重、三围等要达标,才可能是他(她)的伴侣,这是陷入了误区。我们建议青年人要把握好度,人总是活生生的具体的人,不是按标准模子浇铸出来的,死守不切实际的标准是不恰当的。重要的是人的气质和人的品行。在选择伴侣的过程中,要全面了解对方,须知轻信与善良只有一步之遥,轻信对方就可能步入了误区。因此在爱情升级时,给自己留一份清醒,千万莫让自己陷入虚情假意的误区中。不少人,选择对象要求对方貌若天仙,或要求对方是百万富翁;也有人要求对方身高、体重符合标准,有一公分或一公斤的出入也告吹,这都是一种误区。

5. 认识误区

认识误区表现在青年人认识的片面性和过激性。就如同瞎子摸象一样,容易将局部的东西全面化,还自以为千真万确,易走极端。对一个创业项目,不经市场调查,贸然立项,这是认识误区。

在选择创业项目上,可以先找熟悉的事情来做。现在许多创业者意气用事,看哪个行业热门,或者单凭自己的兴趣就去做了,往往失败。在选择行业上,除有一定的专业技术外,还要有相关的资源,如人脉、资金等。建议创业者不要去做那些别人都在做的事情。对于很多人都在进入的行业,千万不要贸然进去,因为"蛋糕"就那么大,不要行主航道,而要走次航道。例如IT与IC的核心技术是芯片开发,是十分有前途的行业,然而它的研发费用却要上亿元。一个上海大学工业控制专业的研究生,毕业后成立一家公司,专攻一门比较冷门的纺织和针织机械工控模板的芯片编程,获得了成功。

6. 批评误区

批评是一门艺术,如果用得不当,不仅达不到目的,还会引起人际关系的恶化。中国人讲究委婉含蓄,如果批评时直言,往往令人不悦,让对方生厌,达不到批评之目的而陷入误区。有些青年朋友,批评他人不讲场合、时间、对象,不讲方式、方法,乱批一通,这是陷入误区的又一种形式。

7. 跳槽误区

一般情况下,当认定新的工作岗位比现在的工作岗位更适合于你,或者更有发展前景的时候,选择新的工作而辞去现有的工作,才是比较稳妥的跳槽方式。可是,时下不少青年人跳槽时,看中的仅仅是一个"新"字而已,对新的工作并没有太多的认识和了解,所以陷入越跳越"糟"的误区。(详见本书《跳槽策划》一节)

8. 名利误区

过度地追求名利是不正确的。真正事业成功者,往往淡薄名利。人不能被名利牵着鼻子走,要实实在在地干一点事业,让事业永存人间。不少青年创业就是为了当CEO(首席执行官),为了能出人头地,为了能衣锦还乡。这样错位的创业定位无疑是将自己陷入名利的误区中,一旦在创业路上遇到挫折,名利受损,不能客观地分析和认识,将导致创业失败。

如浙商作为全国人数最多、比例最高、分布最广、影响最大的投资经营者群体,知名的零点调查公司在对北京地区进行的一项企业界人士调查结果显示,浙江商人是北京市场上的超级活跃群体,广东商人次之。在上海,浙商达50多万人,浙籍企业在沪投资总额、企业总数和资产总额,均居全国各省市之首。人们在概括浙商的经营管理规律时,第一条就是他们"刻意低调,公众知名度甚低",浙商都不喜欢见记者,年销售几亿甚至几十亿的大公司,老板没有一篇个人专访,在浙商中并不稀奇。其次,浙商也不喜欢到公众场合露面,即使是一些在很多人看来很重要的场合,比如,企业的千万元捐赠仪式,他会派代表去;上级领导莅临考察,他也不一定赶回来陪同。再有,不多报销售利润,也是浙商的共同爱好。曾被媒体广泛报道的浙江首富对《福布斯》说"不!"就是如此。2000年"中国50强首富"排行榜,9位浙江企业家榜上有名。但出人意料的是,其中至少有4位表示"不会认可"。浙商的这种"对待荣誉有如对待批评"式的反应,与经常可以听到的国内一些地方的企业管理者统计"注水",夸大业绩比较起来,其淡泊名利的个性,显得十分突出。

9. 心理误区

青年人不健康的心理特征表现在:依赖性强,做什么事都要依赖别人;放纵行为,任性,稍不如意就大吵大闹;逆反心理强,不但听不进别人的意见,还要对着干;情绪低落,对任何活动没有热情;讨厌学习等。有这些特征,应该尽早去看心理医生,让自己尽快走出心理误区。

2003年8月,北京青年创新创业大赛拉开帷幕,主办者预感到青年创业者会遇到各种心理问题,于是北京青年创业投资公司专门创立了青年心理与能力测评中心,为困惑的创业者提供咨询。测试发现,青年创业者共同的长处是热情洋溢、思想活跃,具有很强的创新意识,知识新、知识面广,接受力强,有很强的学习能力、创造能力和想象力,思想敏锐,能够发现问题。很多科技项目是从发现问题开始的。然而,他们也有共同的缺点:急于求成,浅尝辄止,钻研精神不够;抗挫折的心理素质较差,缺乏韧性,经不起打击;对社会、事业等的看法比较简单,热衷于当CEO的名分,对艰苦创业心理准备不够。许多青年在创业阶段,由于对自身能力的不了解,不知道自己到底是否适合创业,有没有接受别人投资、独立领导一个企业的能力,会不会把创业变成了失业;或者难以把握自己在创业中的地位和作用,去争当CEO。CEO是董事会决策的执行者,并不是所有的创业者都适合当CEO,对创业团队来讲,每个成员要能够根据自己所长发挥作用才是事业成功的关键。

10. 消费误区

有一段时间,某些媒体鼓吹青年人要"能挣会花","今天花明天的钱",成为"月光族",使不少青年人陷入消费误区。挣了点钱,便随意消费,大吃大喝,还振振有词:"我挣来的钱,想怎么花就怎么花。"当然,消费你自己赚来的钱并不犯法,也没有人干涉,可是胡乱消费,却暴露了品位的低俗,唐代诗人李商隐曾经写出"成由勤俭败由奢"的警句,俭则兴,奢则败。有一女职员,大学毕业已8年,月收入在22 000元以上,如今,每到月底还得向朋友借钱。为什么?原因是她每月拿到工资,就和朋友们上馆子,或欣赏大剧院500元、1 000元一张票的精彩演出,或购买上千、上万元一件的时装,但只穿一二次便压箱底。她不思考是否该留有余地,不思考自己是否会生病,不思考以后建立家庭所需的费用,更不思考父母年迈体弱,求医用药怎么办?只顾自己潇洒,这是一种消费误区。

11. 仪表误区

仪表反映一个人的文化素质、知识水平、风度个性和职业特点,一定程度上还会看出他的社会地位。仪表误区就是不管自己的性格特点、生理状况和职业要求,看别人好的服装、饰品等胡乱地用在自己身上,岂不知仪表应该与个性、长相、职业、气质、修养相协调。模特儿的衣服走上T型台上很好看、很耐看、很有韵味,可是穿到自己身上、走在马路上、商店里或课堂里不一定好,因为模特儿经过专业的训练,其服装是在特定的T型台上表演用的。而有些青年人以为穿名牌、价格高,才显得高贵,浓妆艳抹才显得美。有些青年女子穿晚会服饰参加社交活动,显然是陷入了仪表误区。(参看《现代青年公共关系技巧》第二版中的"服饰语言"。)

12. 知识误区

须知,现在有2 000多门学科,在短短的几十年内,是不可能了解这么多学科的,倾其一生的精力,能够精通一门学科已是难能可贵,因而,有的人认为知识面越宽越好,所以什么都学,导致什么都学不好,陷入到知识误区。也有的人认为知识越专越好,所以除了专业知识外,其他联系较少的一概不学,导致知识面过窄,不利于工作开展,陷入了知识误区。

13. 谋利误区

有人认为,如今是一个物欲横流的社会,信奉"人不为己,天诛地灭"的信条,因此为了谋利,不惜采取各种手段。于是制作假冒伪劣产品者有之,制造假文凭、假婚姻者有之;坑蒙拐骗者有之;出卖感情者有之;骗客户、骗朋友、乃至骗家人者有之;打砸抢者有之,抢银行者有之。凡此种种都是因为陷入一心只想谋利的误区,而不顾及社会后果。对组织来说也是如此。

18亿汽车项目3年仅造4辆车 "西部汽车工业旗舰"神话梦破

《新华每日电讯》2010年10月26日报道,一个占地300多亩、计划投资18亿元的宁夏新大地汽车项目,原计划形成年生产卡车6万辆、微型车和乘用车3万辆的能力,预计年销售收入50亿元。可是它在3年内只生产了4辆样车后就卡壳了。这个"西部汽车工业旗舰"神话的企业,竟然是"未批先建"。宁夏新大地明确表示无力续建项目。

2007年12月,银川市经济技术开发区宣布成功引进成都新大地汽车有限公司。次年9月17日第一辆"大地"牌载重卡车下线时,当地政府一度为"宁夏结束了无整车生产企业的历史"而欢呼。作为投资方,成都新大地汽车有限公司也表示,将努力把宁夏新大地打造成"西部汽车工业旗舰"。

为争取到这个"西部汽车工业旗舰"项目,银川市经济技术开发区给予很多优惠政策。而由于宁夏新大地没有正式投产,当初招商盼望的经济带动作用非但没有显现,还留下不少问题。

类似宁夏新大地汽车有限公司这样的招商败笔,在其他地方也屡见不鲜。

媒体说:"不顾国家产业政策,什么项目都敢要,什么优惠政策都敢给,这种盲目招商引资的行为,不仅成为地方发展的包袱,也违背了科学发展观的要求。"陷入误区,造成巨大损失。

对创业者来说,创业初期由于利益驱动,总想着什么东西都要自己做,包括产品和市场,以实现利润最大化。其实这样的想法非常幼稚,凭借自己的时间、经验和精力,根本就不可能搭建一个完善的销售渠道。如果不借用别人的销售平台,产品再好也不会有很多人知道。应该很清晰地认识到,在某些方面自己确实不如别人做得好,应该让别人来做,分出一部分利益让别人去谋。一位企业家说得好:他永远只要49%的利润,51%的利润让他人去赚!这是何等远见的经营法则!只有这样才能够做自己真正擅长的,将优势发挥到极致,从而创造良好的市场价值。

14. 策划误区

策划忌片面性和短期行为,不能以偏概全、以点带面,把一般意义上的策划片面地认为是全面意义上的策划。也不能只有战术策划而没有战略策划,这是不科学的。策划是受条件制约的,有的人却认为策划是万能的,不论什么事,只要策划就能解决,这是策划的误区。

15. 欣赏误区

有专家说:"人性中最深切的本质,就是希望得到赞赏。"可见被欣赏是如何的重要。在公关活动或人际交往中,欣赏对方,可以让人开心,以利于建立良好的人际关系,但是如果用得不当,会陷入误区。例如见到一位较胖的女士,欣赏她的时候,不能说她"胖",应该赞赏她"丰满""富态";同样一个瘦弱的女子,你得说她"身材保养得真好,苗条"才会令她开心。在欣赏每一个人、每个事物时,应努力挖掘对方的长处和优点,可使关系融洽。

16. 能力误区

去从事自己能力所不能及的创业,会陷入能力误区。每个人的能力范围都不同,要扬长避短。比如有的人善于做人的工作,善于建立良好的人际关系;而有的人善于做技术工作而不善于与人交往。若把一个性格内向不善于言谈但肯一门心思、潜心钻研技术的人去从事管理人的工作,显然是陷入了能力误区。

17. 目标误区

青年创业,目标定位要准确。不少人心高气傲,有着宏伟的目标,但凭目前的条件还无法实现,制定这样的目标只能挫伤积极性,消磨斗志,使自己陷入目标误区中。只有自己经过努力能够达到的目标,才会给人以鼓舞,也才有成功的希望。

四、陷入误区的危害和防范

青年陷入误区,目标不能实现,轻则会抱怨,有不良情绪产生,重则会影响他的价值观、人生观和世界观,影响其一生的追求,改变人生的发展方向,有的甚至会误入歧途,造成"一失足成千古恨"。总之,陷入误区对创业和学习来讲,有负面影响,我们要尽量避免和防范。

1. 陷入误区的危害

(1) 影响个人成长

青年时期是世界观、人生观、价值观形成的时期,在这时期非常需要一个良好的成长环境,否则会影响其以后的人生。陷入误区,对他们来讲,正是人生路上的一道"坎",是否能跨越,影响着他们未来的路。

小朱创办了三家公司,公司虽小,但经自己的精心经营管理,颇有成绩。一次偶然的机会遇到多年未见在深圳创业的老同学,同学建议他去深圳合伙做更大的生意。他去了趟深圳考察,再经过一番思量,最后他采纳了同学的建议,在深圳合伙经营餐饮业。可是他不懂餐饮业的经营管理,干脆放手让老同学去管理。可是没想到老同学搞了一个圈套算计他的钱。

小朱痛心疾首,便发誓要报复,从此他走上了报复之路,直至把自己也送进了监狱。牢狱时间虽短,可是在他心灵上所造成的伤害是难以消除的。一次失误影响了他的人生道路。

(2) 延误甚至取消个人目标的实现

陷入误区,会延误、改变个人目标的实现程度和目标的方向,甚至可能会取消所确定的远大目标。有一青年,能力很强,但由于某些方面的幼稚而陷入误区。之后,他朝气蓬勃的面貌发生了改变,不关心集体,只完成本职工作,经营自己的小家庭,陷入误区改变了他的奋斗方向。

(3) 影响心理健康

陷入误区,会导致心情不好,情绪不稳定,心理抑郁等,严重的会导致失眠、神经衰弱等,严重影响心理健康。

(4) 影响人际关系

由于陷入误区引起的情绪不好,影响到与人交往时的心情和状态,会无意中伤害同事、朋友或家人,因而引起别人的不满,影响人际关系。

2. 怎样防范

(1) 努力学习,提高自身素养

努力学习,增强自己的应变和识别能力,提高素养,使心智更为成熟,从根本上防范以至杜绝陷入误区。

(2) 凡事多思,广泛求教

遇到事情要多思多想,特别遇到什么"好事"的时候,更要留意,要知道"天上不会掉下馅饼",掉下的那可能就是"陷阱",天下没有免费的午餐。遇事要集思广益,多征求亲朋好友、专家、有关部门及领导的意见作参考,以防止自己头脑发热,陷入误区。

(3) 做多种准备

一旦此路行不通,再换一条,再闯!条条道路通罗马。青年人在创业的路上,也有多条路可走,一旦遇到困难或不可逾越的"坎"时,不要钻死胡同,要尽快地调整自己,另辟蹊径,走出误区,到达胜利的彼岸。

总之,青年人在创业中,遇到危机和陷入误区在所难免,时时藏着危机,处处存在风险和误区,虽然做好了各种准备,包括心理、学业、经历、工作技能,然而危机和误区还是存在的,成为青年人创业征途上的障碍,甚至导致创业失败。以下的案例讲述了一青年人的创业经历,我们可以从中体会到创业的艰辛,供创业者借鉴。

我的一次创业经历

韩俊涛

2001年的4～7月,是我一生都不会忘记的一段日子。在那热浪翻滚的郑州初夏,我走过了人生中最失败的一次经商历程。正是那段刻骨铭心的日子,教会了我太多太多营销的实质,书本上所写的一切,在幡悟时什么都明白了。

2000年10月份《大河报》(河南第一大报)的一则报道,驻马店有一下岗职工,因生活所迫,用丝瓜筋络做成鞋垫卖,偶然被一台商看中,很感兴趣,订购数十万只,可这工人不过是为糊口的小生意,做一年恐也做不出这么多,此生意只能泡汤。报道还说,此工人已准备赚点钱之后兴建丝瓜种植基地,大力开发系列产品,为下岗工人谋一条生路,政府有扶持之意。

此时,我正在双汇集团过着自在的日子,拿一份令人羡慕的薪水,干一份不轻不重的差事,提升得很快,得意之极不免忘形,只觉聪明才智有所浪费,只想白手起家做一番轰轰烈烈的事业,不枉人间走一回。这则报道点燃了我心中的那份狂热,既然有市场需求,又属市场空白点,基本谈不上竞争,只需解决产品问题,这样的生意何乐而不为?

工作之余搜集信息,前期调研:

1. 了解丝瓜络到底有哪些好处,做成的产品与其他同类产品有何不同。

2. 丝瓜的种植面积最大的地方是哪里,都做何用,种植方法如何?

3. 国内有无其他的厂家已开发和生产此类产品?

4. 报纸报道的那人现在经营状况如何?

通过网络和E-mail联系,知道:首先丝瓜络确实是药用价值很高的一种药材,《本草纲目》有记载,长期使用能加强人体的血液循环,增强新陈代谢等功能,可制成洗浴用品、鞋垫、拖鞋等,具有较好的保健作用。其次,丝瓜的种植集中在海南和山东一带,供食用,较易种植,如用大棚,三个月即可成熟,并可一株结多个。第三,在浙江已有人生产,但并未在全国市场铺开,量小,而报道中的那人,只是在自家院子里外种了一些,妻子制作,丈夫销售,并无大的发展。之后,虽知道有人生产同类产品,但市场竞争并不激烈,更坚定了自己创业的想法。

转眼间春节到了,在节日里,我不停地就辞职这件事游说于家人和几个知心朋友间,大家几乎都被我说动了,只是可惜我的那份工作,说再等等看。春节后上班的一个月,天天沉迷于丝瓜之中,疯了一般。了解到浙江新浦镇有种植丝瓜的大户,其丝瓜络用于药材和制作洗浴用品。联系到这个人之后,不顾家人的反对,毅然辞职,真正开始我的创业历程。

在去之前,已有了规划:
1. 运作是以公司十农户的方法,扶持种植,精工生产;
2. 以批发渠道为主,靠小商品批发市场的批发商覆盖地市;
3. 设计精美透明的包装袋,并在内附丝瓜络的详细药用说明;
4. 价格定位在高端,显示其药用价值。

因为资金有限,大部分将用于原料及首批生产上,不能自建网络,并且此类小商品要想进入市场,只有商场超市和批发两条路,再则没能力大做广告,只能通过包装吸引顾客,再通过详细说明促使购买。

有了计划,并未走访小商品批发市场和商场超市,我迫不及待地在4月初赶到了浙江新浦镇。主要目的是想偷学丝瓜的种植技术和丝瓜络用品的制作技术,如果原料价格低,可购进一批制作。

以丝瓜络收购商的身份见到了接头人,是一位30余岁的汉子,很好客,他是做药材收购的,丝瓜络是药材的一种,每年收购一些,但我去得不是时候,据说要到9月份才收获,他们这里种得很多。当我问起有没有用丝瓜络做成洗浴用品、鞋垫等产品时,他说很多,都是出口。我要求去丝瓜的种植地和加工厂看看,被婉转拒绝了。在他那里买了些丝瓜络原料,匆匆离开。

从新浦镇出来,心有不甘,未能达目的。于是我把买下的原料寄存在车站,就向一个三轮车夫打听起来,那人很直爽,说最多的是在慈溪,他的表哥就是做这个的,有种植基地,还有加工厂。当时让他带我到了他表哥家,途经慈溪的时候,看到很多的丝瓜络就在屋边、房檐下晾晒,还有一个个"某某丝瓜络制品厂"的牌子,感觉到这才是到了真正的地方。

到了车夫的表哥家,真的是专业的家庭小工厂。一楼是个大的加工车间,几样简单的机械,一台车床,四台工业缝纫机,一台自制的像北方用的轧面条机一样的东西,一个大的操作台,后院是原料分拣处和原料清洗处,前厅是产品展示处,住在楼上,做饭吃饭就在一楼的一个角落。仍然是以客商的身份与这位姓蔡业主谈起来,近50岁的年纪,看得出来他很真诚,但由于语言不通,不能进行深度的沟通,只是感觉他们很上进,很现实,想把自己的生意做得更好。用了不到一下午就把丝瓜络产品的制作方法了解清楚。销售,是每年镇上都有人去参加广交会、联系外贸公司等,全部用于出口,根据订单生产,赚取简单手工费。问其可曾想过开拓国内市场,答曰"没精力",外贸的单子不断,也还可以。

第二天上午抽个时间到镇上的其他厂家看了看,基本都是家坊作业,并无很大规模的厂子,并且全部是为外贸加工,自身无品牌,无包装,未开拓国内市场。下午回到了老蔡处,求其带我去丝瓜种植地看了一遍,与内地种植并无大的差别,只是被告知不能断水,顺便要了部分种子,以便回去对比试验。

晚上有了新的想法:做这个小厂的代理商!先通过代理积累经验和资金,学习种植生产方法,再图发展。形成这样的想法,原因有:

1. 本身资金及经验不具备边种植边生产的能力;
2. 这里的种植及生产已粗具规模,但市场意识不强烈,有操作空间;
3. 这里的产品比报道中那位要好得多,不管从样式、质量等都要好,并且品种繁多,适宜开拓市场。

第二天就和老蔡立了口头协议,做其代理商,以订单方式合作,第一批货物预付定金,十日内余款到发货。一切谈妥,交付定金,宾主皆欢。其间与两个核心技术人员攀谈,达成秘密协议,如我开始生产,此二人会带部分技术人员前去,相信我的真诚!

悲惨世界从此拉开序幕!

赶回家,没来得及休息,赶到省会郑州谈经销商。首先走小商品批发市场,竟看到已有此类产品,但产品单一,仅有鞋垫一种,且制作工艺粗糙,询问批发商,告知走势不好,说可能是刚上市的原因吧,拿出我的样品,几个批发商并无较大兴趣,只是说可以代销一部分,且一定要包装高档。去了解包装之事。不问不知道,一问吓一跳。包装竟如此昂贵!理想中的包装和货物成本相同!就是次一点的,也要占去货物成本的一半。仍不死心,天天泡在小商品批发市场和各类包装店,谈判了解比较,折腾了一个星期。期间没有催厂方发货,想等这边谈妥,发过来进代理商仓库,只需把包装加上即可。一星期过去,家人着急了,钱都付了一部分了,也不见一点货,怎么成?电话过去催,那边说只等货款寄到。家人又怕钱汇过去被骗了,与那边商谈,人家说第一次还是现款的好,河南人,我们怕!没办法,只好又带着款去了一趟,看到货装在车上,才回到郑州。

五天后货到,租了一间小房子,不足20平方,既当住宿又当仓库,一桌一床,进出门都要侧着身子。不停地奔波于批发市场和包装设计处,带了几个较满意的包装与批发商谈,都认为现款风险大,只同意代销,如两个月后不见旺销势头就撤下。

　　这个渠道谈不拢,想从超市打开缺口。郑州的商场超市本来就多,一家一家地谈,给他们谈产品的独特卖点,描述产品的实际用途,人们对绿色手工制品的喜爱,未来的市场空间,甚至于以后政府的扶持等,几个大的综合超市都表现出了浓厚的兴趣,但一谈到实质,我退却了,进场费×万,上架费×万,店庆费××,节日商场促销费××,配备促销员×名……一轮又一轮的谈判下来,三个商场主管被感动了,其他的一些杂费可以免去,进场费和上架费是万不能少的!我真正的退却了,一时间,我感到了那么的无助。

　　那年的炎热来得特别早,进入5月中旬晚上已很难入睡了。基本走绝了批发市场和商场超市两个渠道后,我想到了宾馆!对,这是一个很好的途径,产品全能在宾馆用上,洗浴用的,洗面用的,卸妆用的,鞋垫,拖鞋等,并且产品的外形及独特的卖点绝对给人以高档的感觉。一时间感到天地豁然开朗,鼓足精神每天出没于高档宾馆,又是一家家地谈,每天大早出去,很晚才回到小屋里,中午在某个带空调的商场或是宾馆里休息一阵,等他们上班再去。为了保持形象,每晚都将衣服洗净晾干,第二天再穿上,天天睡前背诵的都是"天将降大任于斯人也,必先苦其心志,劳其筋骨,饿其体肤,空乏其身,行拂乱其所为……"很不幸的是,大多数宾馆虽有意向,但都以代价太高而拒绝了,只有一个四星的和一个五星的宾馆有意向,但说得等领导决定,一等等了一个多星期,天天去,有时主管在,有时不在,最后不敢再去了,怕人家烦,一直等到最后,也没有结果。

　　已将进入六月,丝毫没有任何起色,不得已情况下,想到了降价,此时的降价只能和批发商谈,偏偏此时郑州最大的两个小商品批发市场整顿装修,大部分批发商此时都不知转到了哪里,联系上两三个,都说这时生意都做不成了,哪敢再吃货!一时庆幸一时失意,庆幸当时没有贸然把货交给那几个批发商,要不此时连人都找不着;失意,这最后一条路也完了,我该怎么办?

　　最终想到了退货,与老蔡联系,被告知当初就没有说到退货之事,只谈到调换,况且我们也是小本生意,不敢压那么多资金……

天气一天天在热,兜里的钱一天天在减少,身体一天天消瘦,家里人打电话说要来看看我,死活不让来,说什么都好,生意已有起色,别惦记,最近忙,有空就回去等。每次接完电话都是满脸泪水,想到这么大了还让家人操心,自己怎么如此没本事,笨到这种地步,有何颜面回家见人……想归想,愁归愁,生活还得过,6月中旬吃饭都成问题了,每日一壶开水两根黄瓜四个烧饼,再也撑不下去时决定去练摊,不想能卖出多少,只期望能碰到一个慧眼的人,与我合作,注入资金,将这件事做下去。

当时郑州正在评比全国文明城市,提出退路进店工程,一切商贩都不允许在市场以外摆摊,这样只有晚上在人流量大的地方摆一会。第一次出去,心里一直在安慰自己,不就是练摊嘛,很多成功人士都走过这一步,有什么呢？但真的开始时,自己像个做贼的一样,始终低着头不说话。许是产品的原因吧,第一晚上还卖出了不少。旁边的几个小贩都觉得我很奇怪,别人问这个多少钱,我就说多少钱,人家说便宜点,我就说随便你吧。还奇怪,很多人反而按我说的就给了。

这样白天去骑着个自行车,前后都用自己做的广告牌沿街转悠,向路人发一些传单,晚上就像贼一样摆地摊。第三天夜里遇到了一个年轻人,做手机销售的,在我的地摊前聊了起来,说他很看好我的产品,说你这样不是办法,应该去找代理商,去做一些广告,建立自己的渠道,这样才能赚大钱。我给他谈了自己的处境,我们就蹲在路边聊了两个多小时,聊我的产品、市场、社会,最后他说:"兄弟,我没财力支持你,但我在精神上支持你,相信你以后会成功的!"我到现在一直记着他的名字,谢谢你,大哥!

慢慢的,我觉得有点变了,我像那些小贩一样每天想着要卖出去多少东西,这是一个可怕的征兆,恰在此时,一位小女孩给了我当头一棒,那是达芙妮女鞋专卖店的一位女孩,几天来常在她们门前摆摊,那天她对我说:"看你长得挺精神的,不会去做点有前途的事,怎么天天干这个呀!"我被深深地伤害了! 就是啊,我怎么会沉迷于这个呢? 一次失败又能怎样,不过是人生的一次经历而已,学到更多的东西,不就是为成功奠定更牢固的基础吗？幡然悔悟后,我打点了回家的行装,作了心理调整,重又回到了这个曾经跌倒的城市。

今天,走进许多城市的商场超市都能看到我那次生意的产品,价格很高,销售也还可以,证实了自己的眼光是对的,但不对的又太多了!

回首这次失败的创业经历,总结以下几点,供创业朋友们借鉴:

1. 盲目自大,不清楚自己究竟擅长做什么,贸然进入不熟悉的行业;

2. 对市场过于乐观的估计,不做深入的市场调研,不清楚消费者究竟需要什么样的产品,什么价位的需求,臆想市场的接受能力;

3. 决策的随意性,随时调整策略,影响全局;

4. 资金不能合理分配,在产品上占用大部分资金,造成市场开拓无法进行,最终全盘皆输;

5. 基础商务程序不规范,没有签订合法的条约,仅靠诚信来感动人不行,不能受法律保护;

6. 在资金不允许的情况下,茫然地想引导市场。

本案例引自创业家园网(网址 http://www.stucy.com/)

第九章 现代青年公关创业策划的类型

青年满怀美丽的憧憬,走向社会,一展不凡身手,建功立业,报效国家,服务社会,回报师长的关爱,实现抱负。对于大学生的择业与就业策划,本系列丛书之一《现代青年公共关系技巧》第二版中专辟一章:《大学生的求职技巧》进行了介绍,本章就不再赘述。本章侧重从创业这个角度来策划不同层次的青年创业,供朋友们参考。

第一节 大学生创业策划

本科生、硕士生、博士生,苦读了15～22年的书,可谓满腹经纶,走出校园,欲一试锋芒,建功立业,报效祖国。诚如唐代诗人贾岛所言:"十年磨一剑,霜刃未尝试。今日把示君,谁有不平事?"创办一个属于自己的公司或研究所、工作室,释放能量,小试牛刀,以智力换资本,创造利润,实现价值。这些需要进行一系列的科学策划。

大学生创业不是中国的专利,而是世界现象。如美国,有很多"高校派生企业"承担着转化高校科技成果的任务,据统计,到2009年,美国表现最优秀的50家高新技术公司,有46%是大学生创立的。在硅谷70%的公司是斯坦福大学学生创办的,或者与斯坦福大学关系密切的。英、法、德等国也是如此,我们可借鉴他们的经验指导我国大学生创业,少走弯路。西方发达国家高校科技成果转化率和实施率高达70%和80%,而我国不到20%和15%。

一、创业策划的必要性

1. 市场上诱人的东西太多

大学生创业,定位在市场,要为市场所接纳。但是,现代市场上五光十色,诱人的东西太多,让人看得眼花缭乱,稍不注意就会走神。如果不进行精心的策划,贸然选择一个项目就可能陷入创业误区,造成重大的损失。

2. 创业的种类太多,山外有山

市场上商品有几千、几万种。这个项目好,还有更好的项目在后头。正如俗话所说:山外青山楼外楼,还有英雄在后头。不进行理智的科学策划,会出现两种情况:一是凡是好的项目,不管三七二十一,抓到篮里就是菜。不问它的成本和市场前景。二是拣好的还要拣最好的,不管是否和自己的实力相适应,只管挑最好的投入,不问回报率。或者一心想拣最好,挑花了眼,最后一个也没挑到。

3. 刚出校门,初涉市场

大学生读了15~22年的书,在这段时间里,多数的是两耳不闻窗外事,一心只读圣贤书。对外界,特别是对市场行情知之不多,若明若暗。毕业进入社会,对社会也是了解不多,经验、知识不足。创业,若不经周密策划往往是很困难的。

4. 凡事预则立,不预则废

这一点,在各章节中,作了阐述,这里不作展开叙述。创业之前进行谋划,有助于创业的成功,反之先创业后谋划,前景多为不妙。

二、大学生创业策划的准备

1. 准备的时间

不少年轻的朋友来函来电询问:创业从何时准备?答:从一只脚跨进大学校门起。这说法是否有点玄?不玄。现在的大学生学习的时间分别为3年(高专、高职)、4年或5年(本科),若读研读博,各3年,若连读为5年。这段学习生活的日子,是每个学生必须十分重视的创业之前的准备阶段。学习是每个学生在校期间的首要任务。要千倍珍惜,如饥似渴地汲取知识,为创业准备好各种知识和能力,为创业奠定扎实的基础。

2. 知识准备,不是60分万岁

在校学习不仅要学好教材上规定的知识,还要努力拓展知识面,加深对知识了解的深度,厚积薄发。人们常说:地基打得越深、越牢固,造的楼层才越高,抗震力也越强。时下,有些学校对学生管理不严,缺、旷课相当严重。45名学生,来听课的不到一半,这一半中不少人还是姗姗来迟,有的报个到随后又走了。即使在教室里,他们也在谈情说爱,相互接吻也是屡见不鲜,学校对此也是睁一只眼闭一只眼。更有甚者,每次学期结束后,教务部门要发一张教师上课的评价表给学生,竟然出现这样的一种怪现象:教师给学生的考卷打几分,学生也给老师打几分。学生的理由很荒唐:现在是市场经济,是互惠又平等的,是我缴了钱买分数的。老师给我40分,当然回报也只能是40分。

从严格意义上讲,我们要的是不掺水的好成绩,而不是60分万岁。60分是学生应掌握的最起码的知识。这远远是不够的,是难以创业的。

3. 关系的准备:血缘、校缘、地缘

大学生在创业的准备中,很重要的一条是"关系"的准备。由于多种原因,大学生在创业中,"关系"比较少。在现代市场条件下,要想一个人单枪匹马闯天下,是很难的,"一个好汉三个帮,一个篱笆三根桩。"没有关系的支撑,创业是难以成功的。为此,要提前进行"关系"的准备。具体来说:一是血缘关系,就是你的亲戚;二是地缘关系,老乡;三是校缘关系,你的学姐、学兄、老师等。他们对这一行业的情况比较了解,得到他们的指点,在创业中可少走弯路。这些内容在《大学生求职技巧》一章中已作了比较详细的叙述,这里就不多细说。

4. 信息的准备:得信息者得天下

从大一开始,就要采撷与专业、创业有关的各个层次的信息,分类储存,从中找出创业必需的信息,为创业所用。信息是决定创业成败的关键因素之一。政界认为,得民心者得天下;商界则认为,得信息者行天下,得信息者得市场。抓住了关键信息,就抓住了创业的市场先机。

三、怎样创业策划

1. 扬长避短

每个大学生的能力、知识、关系既有长处,也有短处。在创业策划中,对自己的情况进行分析:长处在何处,短处又在何处?进行创业,最容易在什么地方取得突破?避开短处,发挥长处。

有一中文系的学生,在二年级的时候,就参与管理了一家由师兄、师姐开的饭店,并逐步对饭店管理摸索出了一套行之有效的办法。饭店也日益火爆。在他大三的时候,负责饭店的师兄、师姐毕业奔走他乡的前夕,要续聘管理者。小李反复思考,在管理与写作方面他都不错。但是生存和写作相比,生存是第一位的。他决定承包这家饭店——已发展为280平方米的小有规模的饭店。他的管理思路也日益成熟。师兄师姐们的希望是:饭店每年赞助贫困师弟、师妹10名,计10万元。此外,负担老股东们每年校庆返校的住宿费和车费。再加股东困难基金10万元,这家饭店便由小李负责管理。每年校庆,召开股东大会,报告工作。饭店创造的利润除上述开销外,用于饭店员工的工资、福利。结余部分中1/2由总经理提成,其余用作设备更新等用。小李的创业是明智的,是在前人——师兄师姐的手中接过来的,是实实在在的一家饭店。至于文学写作,他以商养文,我们相信随着生活经验的积累,会结出硕果的。

2. 选好舞台

作为一名大学生,创业要选好舞台。小李同学的创业,就选择了师兄师姐们创办的一家饭店这个舞台。而且这个舞台就在学校边上,有固定的消费群体,天时、地利、人和,三者都俱备,加上科学管理,会演出一幕有声有色的话剧来的。小李接手的第一年就创下了纯利百万元的佳绩。2011年年初股东大会上,经董事会批准,给每位股东发红包2万元,并在云南盈江地震灾区援建希望学校一所——50万元。如果没有这个舞台,他能表演得如此好吗?

3. 先低位,再渐谋高位

开始创业阶段,有条件的,可谋高位。若条件欠缺,不妨分两步走。先低位创业,解决生存问题后,再图发展,提高档次。

有一学软件的毕业生,毕业前,他想注册一家软件开发公司。但费用达百万元之多,他决定先注册一家小公司,只要10万元。先开发一般性的产品,这样一年下来,资本积累到150万元,再追加资金,注册了一家大公司,由于第一年的成绩大,吸引10名大学生一起来加盟,取得了不小的成绩,在当地拥有较高的知名度。

4. 争取校方支持

大学生与高校科技成果有"血缘关系"。充分发挥他们的"血缘"优势,能够提升成果的能级,增强竞争力,有利于科技成果的转化,为此,争取校方出台有关政策,对教授给以引导,做研发团队的顾问,帮助科研成果的转化,进入市场。像环同济大学的圈子里,集聚了1000多家设计企业,形成了学科链——技术链——产业链的知识型产业生态链。2008年产值102亿元,2009年达123亿元。这123亿元中,1/3的产值是由同济学生和教授创办的企业产生的。其他企业大多数也是在学生和老师带动下入驻的。

环同济知识经济圈中的1 000多家企业中80%的企业与同济有"血缘关系"。

四、创业策划注意事项

1. 戒眼高手低,志大才疏

眼高手低:眼光高,要求的标准高,但自己的实际工作能力低。志大才疏:志向很大,但能力弱。

在策划中,应立大志,但这个大志要与自己的实际工作能力、财力、物力、关系支持力度、时间与空间的宽余度综合考虑、衡量,看能否实现。有不少刚出校门的年轻朋友,不知天之高、地之厚、水之深、路之遥,不经周密策划,贸然立志创业立项,与实际情况有很大差距,往往造成创业的失败,给个人、组织的发展带来重大的损失和伤害。

为此,创业要周密策划,量力而行,力争成功。在创业中要力戒草率从事、眼高手低、志大才疏的毛病。之所以把它列为第一注意事项,是因为这是年轻人常犯的主要的毛病。

2. 人无完人,金无足赤

这一条是针对团队创业提出的,一个创业团队是由多人组成的,人各有长处,也各有短处。作为团队的成员要正确地对待他人的长处与短处,特别是领导者,更要注意这一点,才能维持团队的正常运转。对此,宋朝著名诗人戴复古说:"黄金无足色,白璧有微瑕。"大学生更是如此。作为一个团队的负责人,应用人之所长,避人之所短,使其优势互补,这样的话,创业的人才条件才会具备,成功的概率才会高。

3. 适当的心理价位

不论是组织还是个人,心理价位要定得合理、准确,才有激励作用,达到或实现了这个价位,对团队或个人就是一种正面的激励。如果期望值不切实际,到时实现不了,那便是一种负面激励,挫伤积极性,于事业不利,于创业无补。

4. 审时度势,措施得当

在制订创业谋略的时候,审时度势,就是要求创业者研究时机,根据环境所能提供的信息,估计形势的走向,制订得当的措施,进行创业项目的设计、论证和实施。现在是我们国家历史上最好的时期,对大学生的创业,政府提供多方面的支持,包括资金的扶持,政策的优惠。有志于创业的朋友,抓住大好时机,可以实现自己的理想。

措施得当,系指创业项目的实施办法切实可行,而不是花架子。程序的设计一环扣一环,环环相扣,直至目标的实现。

五、创业的有利条件及意义

1. 创业的有利条件

(1)客观条件

近几年来,政府颁布了一系列鼓励、支持大学生与海归派的创业的方针、政策和法律、法规、条例。不少城市建立了创业园。上海市建立了创业投资公司,由一名副局(厅)级的干部挂帅,为创业者提供资金支持和代为寻找合作伙伴。国家为创业学生提供各种优惠。上海市政府从2006年10月起对创业者可提供免息政府贷款100万～500万的资金用于创业。上海大学生科技创业企业中,信息技术企业占45%,新材料生物医药行业占16%,机械工程技术占12%,服务咨询占14%。政府也颁布大学生去基层、去民营企业创业与工作的优惠政策。此外,媒体也极为关注大学生的创业,对他们的创业褒奖有加,引导舆论关心和支持。这是天时,大学生应紧紧抓住这个有利的时机,一展身手。

我国消费市场极为广阔,而且全国银行存款超九万亿元,资金雄厚。国土辽阔,特别是西北部地区有待进一步开发,有着丰厚的商业利润,这都为创业者提供了广阔的空间。2001年同济大学研究生徐健和田广峰到甘肃定西县创业,从事马铃薯深度开发研究与销售,不仅使自己成为"马铃薯大王",还带领几十万人走向富裕之路。可见,尚未开发的地区,商机更大,回报更丰厚,更能实现创业者的抱负。这是地利。

改革开放以来的30多年,人们的观念更新,知识更新,价值观更新。到2004年年底,全国已有机关干部300万人分流创业;吸引了数以万计的海外留学人员归来,以智力入股创业;科技人员走向市场,寻商机,创办自己的事业。大学生走向市场创业,恰逢群贤毕至的盛世,普遍受到人们的欢迎、关注、支持、帮助和爱护。这是人和。

亚圣孟轲老先生在《孟子·公孙丑下》说:"天时不如地利,地利不如人和"。如今三者皆备,这真是千载难逢啊!愿大学生们利用此条件创业成功。

(2) 大学生的自身条件

改革开放以来,大学生转变观念,市场意识与竞争意识增强,心理素质有了提高,意志品质得到了锻炼,组织管理能力、交际能力都有了大幅度提高,掌握了相当广泛的理论知识和实际运用能力。这些条件的具备,大学生创业是顺理成章的事。

2. 大学生创业的意义

(1) 体现价值

大学生创业,让人们对他们这一群体的资源开发和利用有了新的认识。他们既是处于学知识、长身体的黄金时期,又是处在思维活跃、创造力涌现的时期。他们读了许多年的书,就是要体现自身的价值,而自主创业,最能体现自身的价值。他们盼望这一天的到来,现在正是千载难逢的盛世,天时、地利、人和三者俱备,愿朋友们抓住,展现才华,体现人生价值,创造财富。

(2) 为社会作贡献

大学生创业,需要一个群体。这样就能吸纳不同层次的人加入,增加了就业岗位,为社会分忧,为社会稳定作贡献。而且这部分人入围后,在环境的熏陶下,他们会自觉、不自觉地"充电",努力提高科学文化水平,从而有助于提高中华民族整体的文化素养。

(3) 为社会创造财富

大学生创业成功,总会为社会创造出财富的。像上海市创业投资公司给创业者投资8亿元的资金,生发出40亿元。同济大学博士生张选军在2005年5月做博士论文,在导师指导下,成功研制出适用于我国村镇的污水处理反应器,申请了国家专利。该产品具有很多技术优势,且有很大商机。于是他注册成立了公司。在两年多的时间里,销售额突破3 000万元。为社会创造了财富,作出了贡献。

六、大学生怎样创业

1. 制订创业计划的前期工作

在商界这一点已形成共识:得信息者得天下,得信息者得商机。通过报纸、杂志、广播、电视、书籍、互联网及各种关系收集信息,分析、研究信息的真伪、价值。

根据创业的项目来调研,了解市场需求和前景。

根据市场信息选择适合自己的创业项目。

根据资金额度选择创业项目。

鸡蛋"说"出的百万财富

大专毕业后辗转了几个单位，都是做没有底薪只有提成的销售工作。蹉跎了半年时间，郁闷中迎来了23岁生日。生日那天，一个姐妹带来的礼物让我眼前一亮：十几个煮鸡蛋，每个壳上写着"祝晓慧生日快乐！"

她的创意给我灵感，送走了朋友，我拿起了没吃的几个鸡蛋翻来覆去地琢磨：现在广告媒体越来越多，如果在鸡蛋上做广告，买鸡蛋的人每次食用前都会接受一次广告提示。这个效应是非常强的啊！

我决定创业，于是回家向父母说明了自己的想法。我坚定的语气感染了父母，父母给我2万元，我又向同学、朋友借了1万元。拿着这3万元，我开始操作起自己"鸡蛋"广告的项目来。

资金不多，进货上必须谨慎。我决定先找客户，再去购买鸡蛋。为了说服商家在我这里做广告，我总结出了在鸡蛋上做广告的优势：投入少（一个鸡蛋一分钱的广告费用），覆盖面广（几乎家家都要吃鸡蛋），效率高（每次吃鸡蛋都可以看到）。

前期，我把自己的目标客户锁定在搞牛奶、肉制品之类的做食品买卖的商家上，因为这些商家在鸡蛋上做广告更显得相得益彰。我从超市里找到这些商家的供货电话，然后问出地址，跑过去宣传自己的项目。20多天后，终于有个做腊肉生意的老板决定尝试一下鸡蛋广告的宣传效果。不过，他提出要求：这个牌子的腊肉价格较高，广告的目标群应集中在开发区和市郊别墅区。所以他要求我的鸡蛋必须在这两个地区的超级市场投放！

找到客户后，我兴冲冲地买了1万多斤鸡蛋回来，印刷了这个腊肉的广告后（印刷费用为一个5分，不干胶贴，这个钱是商家自己出的），发动父母一起细心地粘贴到鸡蛋上。可是当我跑去开发区和别墅区附近的超市时，却被人拒绝进店，理由是鸡蛋没有特色，超市一直有人在供货！这个打击让我有些心灰意冷，出了广告费的商家却一直催促着我马上进行广告宣传。实在没有办法，我决定自己到开发区的集贸市场去租赁摊位卖鸡蛋。

于是我开始了站摊卖鸡蛋的生涯，这种贴了标签的鸡蛋引起了很多人的好奇，有人问：你这个鸡蛋上怎么贴着腊肉的名字？我笑笑解释说，这是一种广告形式。一个客人说："你们广告赚钱，鸡蛋还和别人卖的一样价钱。能不能便宜点儿,别赚那么多行吗?"

看似俏皮的话,却让困扰我的问题都迎刃而解。我怎么没想到,可以在价格上做文章啊!自己按进价给超市,超市加上一两毛钱出售,那价格就比别家鸡蛋便宜了,而我主要赢利在打广告上。根据我在大同市生活的经验,一斤便宜几毛钱的鸡蛋算特价,总是有很多人排队去买的!

想通了这点,我爽快地按照进价把鸡蛋卖给了那个顾客,然后写了一张海报挂在摊位上。很快,这批比其他价格都低的鸡蛋全部卖了出去,拿着收回的资金,我信心十足,因为我找到了最佳攻略。

带着新战略,我挨家和超市进行谈判,保证自己的鸡蛋永远进价供应,超市可以只提高两毛钱一斤出售,当成吸引顾客的策略。超市当下就与我签了合同。

拿到了大同市大大小小100多家超市的合同,我的心里底气就更足了,这等于有了自己的宣传网络。一个同学却在这时给我提出了一个难题。她说:"你现在签约的这些超市,1万斤鸡蛋是肯定不够他们分的,而超过了1万斤这个数字,你的资金又不允许,我看很难全部覆盖。这样的话商家那边会觉得你在吹牛,你根本没有覆盖这些超市和地区的实力!"这个问题让我刚刚舒展开的眉头又皱了起来。2007年4月2日,我拿着自己写的一份计划书来到了各个和自己签约的超市,计划书上写着一份超市宣传计划:为了能更好地合作,我愿意免去每个鸡蛋1分的广告费用,想为自己做广告的超市可以印刷广告胶贴在鸡蛋上,但这些做广告的鸡蛋钱超市须提前付款。我新颖的创意,立即吸引了50多家想提升自己知名度的超市。

2007年4月20日,拿着由那50多家超市交付的10万多元货款,加上我本身的3万元货款,我在大同市找到了一家养鸡场,进了6万多斤鸡蛋。借这个契机,我也和养鸡场签订了供货协议,可以先货后款,款在货到一周内支付。

2007年5月,我接到了十几个商家的广告单。经过一个多月的操作,大多数顾客都被平价的广告鸡蛋吸引了。算来,整个大同市每天的鸡蛋需求在50万个,8万多斤左右,这十几次广告,为我创造了5万多元的收入。

越来越多的商家开始认同这种能迅速走进千家万户的广告形式,我的客户越来越多。我雇佣了10名下岗工人,专门负责给鸡蛋进行清洗、擦干、贴广告标签。

2007年夏,市场上的鸡蛋价格增长,我依旧保持进价销售策略。所以

2007年10月,我个人的鸡蛋销售额占据了整个大同市的90%,短短半年时间我的个人收入从月入几万到了月入十几万元,财富迅速增长,创造了一个创业的奇迹。

2008年元旦、春节时,我又推出"鸡蛋说话礼品篮"业务,那些"爱情表白""生日祝贺"的话,可以让鸡蛋们"说"出来啊。一些企业为体现企业凝聚力,还要求在鸡蛋上打上企业品牌,作为福利和送对方的礼品。

现在,已经百万身价的我,又推出一项"隐性说话蛋"的业务——用醋在蛋壳上写字,煮熟后,那些字就会在蛋白上显示出来。经过努力和创意,我现在已经成了大同市蛋业的龙头,这些会"说话"的蛋,给我带来了成功和百万财富!

晓慧根据自己的实力,选择鸡蛋创业,运用智慧来推进项目,获得了成功,是值得学习的。

2. 创业计划书的框架

(1) 概要

创业立项的依据:资金来源、股权比例、公司名称、产品、价格及市场前景、经营思想与经营策略、投资回报、实现方式和期限、计划书的摘要。

(2) 简介

拟成立时间、形式、名称、创办人、股东结构、股权结构、业务范围、未来计划。

(3) 管理

公司主要领导人的学历与经历、专长、理念,组织结构,人力资源发展计划:人才需求、薪水结构、分红、招募与培训的计划。

(4) 市场分析

产品的目标市场、销售量及消费群特征,市场需求与成长趋势,价格及趋势,市场占有率,主要竞争者等。

(5) 营销策略

销售与促销方法、定价策略、定价方法、售后服务、销售成本。

(6) 项目产品的发展

项目研究和开发的技术来源、团队的专长,产品的竞争优势、发展趋势、发展战略、发展计划、研究方向、资金需求、预期成果。

(7) 财务会计与投资回报分析

提出财务预案,说明每一项财务的设想与会计方法,投资的回报情况分析。

(8) 风险评估

列出风险因素,估计发生的概率,列出规避风险的预案,以数据方式衡量风险对投资计划的影响。

(9) 结论

创业项目可以成立,它的竞争优势,可达预期的目的,具有良好的市场前景。

(10) 证明资料

附上有关证明立项的资料。

(11) 有关立项人签名、盖章

进入注册登记程序。

创业者的企业必须进行法人登记注册,才具有法人资格。注册包括企业法人名称、住所、经营场所、法人代表、经济性质、经营范围、经营方式、注册资金、从业人数、经营期限和分支机构等内容,工商与税务部门批下后,才具有了法人资格,可投入运营。

为了给有志创业的青年提供辅导服务,提高青年创业的成功率,不少地方成立了由优秀的企业经营管理者、创业成功人士和创业相关领域的各类专家组成的青年创业导师团。

七、大学生创业的意义

1. 国家层面

联合国教科文组织一份报告说:21世纪全世界将有50%的大学毕业生走自主创业之路。欧美发达国家的大学生创业率已达30%,而我国还不到1.94%。2009年8月教育部统计,尽管不到2%,然而他们成了国家经济和科技发展的驱动力,成了社会财富的创造者,劳动岗位的提供者和产业创新的主导者。

2. 地方层面

大学生创业对推进全面协调可持续发展,推动经济转型和结构升级,建设创新型城市,提高科技自主创新能力有重要意义,对于培养创新人才、树立创新意识、孵化创新企业、整合创新资源、建设创新机制、优化创新环境有重要作用。

3. 个人层面

使大学生在创业的风雨中磨炼、提高抗挫折能力,在竞争中成长,学到书本学不到的知识,丰富和发展自己,锻炼综合能力,提升自我价值,实现社会价值。有部分大学生,刚刚步入社会,徒有光鲜亮丽的外表,以及自大骄傲的态度,在实际生活中,抗挫折能力低下,无法承受压力与挫折。导致"一压就扁,一搓就烂",就像草莓一样。通过创业锻炼,可改变这种状况,使他们成长为坚强的年轻一代。

4. 科研层面

大学生创业,可以有效地促进科研成果转化。"二战"以来,美国工业技术创新的50%来自新兴科技中小企业,重大科技革新中的95%由中小企业完成。大学生创办的科技型企业规模不大,往往能成为科技进步的先行者,行业发展的助推器。在新的科研成果转化方面有近水楼台先得月的优势。

5. 社会层面

可以带动全民进取精神,树立社会创新标杆的榜样。让一批有才华、有勇气的年轻人站出来,引领人们不畏险阻、大胆开拓的先进时代文化。

第二节　科技知识分子的创业策划

科技知识分子是大学毕业,走上岗位后的那一类人才。他们在工作中,或许已有建树,但不满意或限于多种原因,成果不大或没有什么成果,想另起炉灶。

一、知识分子的创业策划概况

1. 已有工作经历

许多大学生走出校门,在岗位上干了几年,成绩不显著,想要换个岗位或专业,创造新的业绩,或是领导要委以一项新的重任,让才干得以尽情的发挥。

曾强,这名清华大学数学系毕业生,放弃直升本系研究生的机会,硬是在离考试最后几周的时间,以最后一名的成绩"挤"进了经济管理专业的研究生,录取比例为600∶1。毕业后,放弃公派美国读书的机会,去国家计委下属的"国家信息中心"工作两年,成为国内小有名气的"青年经济学者"而声名鹊起,后到多伦多大学作一名留学生,从刷盘子、卖T恤中,理解了西方经济。他认为中国最需要的是市场实践,而不是经济理论。他运用在风云变幻的资本市场上实践学到的经济学理论完成了资本的"原始积累"。1996年4月,他注册实华开网络咖啡屋,开国内网络之先机,取得不菲业绩。到2010年3月净收入是5.82亿欧元。

曾强多次转换角色,进行创业,他成功的秘诀是:不怕失败。

曾强在多个学科、多个行业、两个国家的学习、实践,积累了创业的资本,加上不怕失败,创业而成功。

2. 成绩不尽如人意

为什么要创业?在原来事业的基础上,开创新的事业。创业精神成为科技知识分子开创新事业源源不断的动力源泉。为什么要不断地创业?对原有的成绩不满意,要创造出新的业绩,满足自己的创造欲望和价值观。所以,不断变换角度或项目,进行研究,开发出新的成果。具有这种创新思维的人,他的成果是接连不断的。爱迪生就是一个最典型的发明家,一生创造发明了2 000多件新东西。

3. 攀高枝,实现更高的价值

这是一个有进取心的知识分子的心态。创造了一项新产品,或攻克了一项新的技术难关后,又马不停蹄地奔向更高的目标。这些目标,就像火炬接力那样,引导你到达光辉的顶点,享受创业的乐趣,这是一种理解。另一种理解是去能发挥专长的地方,再创新的成绩,实现更高的价值,攀登更高的山峰。

二、科技知识分子创业的优势

1. 既有知识,又有实践经验

科技知识分子由于工作了一段时间,所以他们既有知识,又有实践经验,不同于刚走出校门的学生。他们对本专业及相关专业的走势比较清楚,或对本专业或相关专业的沟沟坎坎分布在什么地方,采取何种办法来攻克,比较明白。这样,在创业中,可以少走弯路,径直走向目标,获得成功。

有一位年轻的研究超微颗粒的专家,由于原单位人际关系的原因,换了一个研究所,由于人际关系和谐,心情舒畅,加之他在超微王国奋斗多年,很快研究出新的成果,创造了丰厚的利润。

2. 经验比较成熟，有一定成果

科技知识分子工作了一段时间，积累一定的工作和研究经验，这对于创业是有意义的，并且有一定的研究成果，可作为进一步发展的平台。不少单位，拿出一定数量的空缺位置，招聘人才，都列明：有一定相关工作经历和一定研究成果的人，可优先考虑，其原因也来源于此。

3. 阅历比较丰富

他们已经工作了多年，所经历的事情比较多，阅历比较丰富。他们的决策不会是心血来潮，随便做出的，而是经过反复思考、权衡利害得失，并且还要广泛听取亲朋好友、老师、同学和专家的意见再做决断的，这是与一般阅历比较浅的人不同之处，这也是他们创业的优势之一。

4. 关系网络已织成，能得到关系的帮助

由于他们在社会上工作了一段时间，与社会方方面面的人进行交往，关系网络已初步织成。在创业中，遇到困难能得到方方面面关系的关心、支持和帮助，这与刚出校门的学生是不同的。这种关心、支持和帮助，对创业成功的作用不可低估。

5. 起点比较高

他们的创业已经有了一个高的平台，不是白手起家，而是在原先的成果上再上新高度，再创新成果。所以，不少科技知识分子成果迭出，就是这个原因。在上海张江高科技园区的高科企业，30岁以下的工程师竟然达到3 000名以上。因此，这些企业每年的利润不断上升，其内涵是起点高，产品的科技含量高，新产品多；其外延是市场广阔，利润丰厚。某大学一个建筑系的教授说：他今年只挣了500万元，是白活了！他的意思是一年起码赚1 000万，才符合他的身价。

三、科技知识分子创业的注意事项

1. 策划应该周密

科技知识分子已工作了一段时间，有的甚至十几年二十几年，积累了丰富的科研经验和社会经验。在创业时，更应进行周密策划，对立项的项目进行周到、严密的论证，尽可能杜绝一切可能的疏漏之处。有一句名言：细节决定成败。文学家创作小说，人物的细节描写是决定这个人物能否立得起来的关键，科技工作者的研究成败也决定于细节，希望不要忽视细节，确保成功。

2. 策划应具有前瞻性

创业,顾名思义,是创造新的别人还未做过的事业。创业的策划,就要超前,要超越当前科技界研究的水平,不能跟在他人后面亦步亦趋,这样很难超越前人,很难创造出新成就。

前瞻性是策划的本质特征之一。策划是对某一项目、事物进行观察和预测,能否实现?取决于是否有前瞻性。若无前瞻性,这个策划是无效的,不能给组织或个人带来效益,因为它无法给创业带来帮助。

3. 在更广阔的舞台上施展才能

任何人创业,都是想在广阔的舞台上一展身手,更何况是科技知识分子呢?凡是想有所成就的人,都不会在原地踏步的,而是不断攀登,去抢占更广阔的舞台,进行研究,开发新技术、新理论,占领新高度,创造新成果,一展抱负,获得新的回报。

科技知识分子的创业关系重大,不比刚出校门的学生。大的关系到国家的稳定、社会的繁荣;小的关系到个人价值观的实现。不可等闲视之。

第三节 中专、职校、技校生创业策划

2010年年初,一名上海信息技术学校毕业生薛震洋成功当选"2010上海教育年度新闻人物"。他创办公司,一年内实现赢利,目前个人资产近2000万元。他是网络公司法人代表、广告公司副经理、婚庆公司股东,这些头衔属于一个20岁的技校学生。

中专、职校、技校三校的学生是一个知识群体。他们有了一定的知识基础,学习了一定的技能,动手能力比较强,有一定的实践基础。他们的创业策划,有自己的特点,现就"三校生"的创业策划作一些介绍。

一、"三校生"正确认识自己

1. 有了初步的理论和技能

"三校生"以3年或4年的专业学习和实践,有了从事某一专业或工种的初步的理论和技能。毕业后,走向社会择业和就业,还有少数同学选择了自主创业。这些初步的理论和技能,是为社会服务和为自己谋生必不可少的,是今后人生进一步发展和提高的基础。

2. 年轻、社会经验少

他们年纪都不大,是一群19～21岁的年轻人。年轻,是他们最大的财富,他们如果能善用这笔难得的、难以逆转的"财富",可以做出一番轰轰烈烈的事业。相反,如果大把大把地挥霍这珍贵的"财富",将给自己的一生投下不祥的阴影。正由于他们的年轻和学到的仅仅是初步的知识和技能,又未涉入社会,所以,缺乏社会经验,这给创业带来不少的困难。有一所科技管理学校,在校园内的显著之处上书写:"就业有实力,实践有能力,创业有潜力"。这概括了他们潜在的特征。

3. 理想美、热情高

"三校生"年轻、涉世浅,他们憧憬未来,自己勾勒了一幅美好的理想图景,但不知道实现美好的理想要付出很多艰辛的汗水。在人生旅途中,他们碰到的困难不多,天真、热情高、不怕困难,但是一旦困难来临,由于缺乏思想准备,又常常惊慌失措,难以应对,造成创业的失败或挫折。

4. 基础不深,有待提高

如前所述,他们所学的理论和技能是初步的,基础是浅的,要想有所作为,还要继续学习,继续提高知识水平和技能水平,为创业、为进一步发展奠定基础。这一点,希望"三校生"不要忘记、疏忽。

二、"三校生"创业的前期准备

1. 赶早不赶晚

创业的准备要早一点,不要晚。早一点,就是学习理论知识和技能,要学得早一点,好一点,多一点,为创业打一个比较好的基础。由于多种原因,他们中有一部分人对此认识还不很清楚,认识不到理论学习和技能学习的重要性,将给择业、就业带来诸多麻烦,成为创业的障碍。

2. 准备一手乃至几手绝活

创业前期的重要准备是学一手乃至几手绝活,为创业奠定坚实的基础。如果你是学车工的,要在车、钳、刨上下一番苦功,能够做别人不会做的活儿,成为这一行业的"龙头老大",这样创业成功的概率是很大的,各种订单就会纷纷而来,回报是大的;如果是你学艺的——钢琴演奏,能创造出肖邦、贝多芬不朽经典名曲那样的曲子,那你创办一个钢琴工作室就会名响九州。

王文强是2001级大众工业学校数控专业的学生,获得机床操作单项二等奖和全能二等奖,二次评为市优秀学生干部。2004年拿到数控中级证书后,用课余、双休日读数控高级培训班,同年参加第一届全国数控技能大赛上海赛区中职组选拔赛夺魁,升为高级工。代表上海参加在北京的决赛,得第45名。又获得2004年上海职业技能数控机床两个个人项目一等奖,升为技师,成为最年轻的数控技师。2005年毕业留校任实习指导老师。

3. 努力提高成绩,把基础夯实

"三校生"在创业前一个很重要的工作就是在几年的学习和技能实习中,要努力学好每一门课、每一项技能。有不少技校同学说:我们技校生是从事体能型加技术型的劳动,没有必要学语文什么的。他们没有看到语文的作用会在以后的劳动、生活中表现出来。走出校门,不论是择业、就业,还是创业,或者与人交往,缺少语文知识显然是要打折扣的。国家在不同类型的学校设立什么课目,是总结了国内外历史上办学的经验,经过专家的严格论证,是符合同学们的成长需要的,不可缺少。所以要努力提高学习成绩,把基础夯实,为创业奠定良好的基础。此外,艺多不压身,是金子总会发光的,如果有些知识在工作中暂时用不上,这不是知识过时,而是知识储备——将来会用上的。

4. 锻炼社会工作能力

在校期间,每一位同学要锻炼社会工作能力,积极开展社会工作,塑造良好的形象,有助于择业、就业和创业的成功,如果缺乏社会工作能力就很难游说对方(组织或个人)同意你的观点,支持你的工作,你就可能变成孤家寡人,这是很可悲的。为此,必须从在校读书时就注意锻炼社会工作能力,这样才能避免日后可能遇到的难堪。

5. 培养社交能力

在校学习中,还应多层次、多渠道、多角度来培养社交能力。社会交往是以个人为对象,彼此联络感情,协调关系,寻求心理满足的活动方式及过程。如果我们社交能力很弱,就很难在社会中生活下去,更不要说进行创业了,这一点,我想同学们是知道的。社交能力比较强的人,不论是对择业、就业还是创业,都会方便一些。所以,学习与培养社交能力是每个同学的任务之一。比如你在创业中碰上了麻烦,如果你的社交能力比较强,就能与有关的组织和个人沟通和交流,请他们帮助你解决困难,使创业顺利、成功。

6. 克服和去掉不良习气

不少"三校生",受到社会不良风气的影响,以至沾染上一些不良习气,如吸烟、酗酒、赌博、骂人等不良习气,这种不良习气和时代对青年的要求是不符的,是与党和国家的培养目标格格不入的。对此,我们要认识到这些是不文明、不健康的行为,要克服和去掉,做一个文明的有教养的青年,有助于创业。

7. 不断收集信息

创业以大量的、优质的、可靠的信息为基础。为此一进校,就要开辟渠道,长期不间断地收集有关信息,并对信息进行筛选,分类储存,以备创业之用。

三、"三校生"怎样进行创业

1. 设计几种方案

同学们在创业的准备工作中,要多设计几种方案,从中选择出最优方案,有助于科学创业,成功创业。若只有一种方案,万一行不通,一下子拿不出第二方案岂不抓瞎?再重新设计,时间上匆忙,考虑不周,不成熟,可能会与机遇失之交臂,导致创业受阻。这种情况是常常发生的,所以要多设计几种方案。

2. 看重潜力

创业方案,要看方案实施后,它的潜力如何?如果目前的效益一般,但是它有潜力,随着时间的推移,市场会逐步扩大。就应看它的潜在市场,而不被目前的市场所左右。也就是看重它的发展潜力带来的市场回报。

东辉职业技术学校 2009 年毕业生高佳芬热爱动漫,在校期间参加一系列动漫展,销售的 DIY 动漫周边产品:手绘团扇、衣物、书签、抱枕等得到了消费者追捧。她绘制的动漫书籍在各大动漫书展展出,引起了许多参观者的关注。她在淘宝网上开了一家店铺,为做大做强自己的动漫事业作准备。她有潜力开创动漫事业。

3. 启动"三缘":学缘、血缘、地缘

启动"三缘",为创业作准备,借助"三缘"的名气、信息、财力、关系为创业服务。

4. 根据自身潜力,再上一个新高度

项目创立成功,进入正常运转之后,根据自身的潜力,能否在学历上争

取上一个新高度?如从中专、职校、技校上升到大专或高职,推动创业的发展。技能上,从3级技工提高到4级技工等,这样,有助于自身素质的提高和事业的发展。

四、"三校生"在创业中要避免的事项

1. 戒好高骛远

青年人有一个通病:好高骛远。他们脱离实际地追求目前不可能实现的过高、过远、过大的目标。笔者年轻的时候也常犯这个毛病,后来随着岁月的推移,知识、经验的增长,加上师长的教导,这个毛病就慢慢地克服了。"三校生"在创业时,也要克服这个毛病,脚踏实地,从现有的力量出发进行创业,有助于创业的成功,有助于创业者的身心健康。

2. 不要"挑花眼"

走出校门,外面的世界很精彩。这个项目好,那个项目也不错;这个项目有市场,那个项目也有很大的利润。挑来挑去,挑花了眼,一个又一个优秀的项目从你面前闪过而没抓住。所以我们应抓住几个项目,请老师、家长、同学来评估一下,确实不错的,就干。而不要看花眼,最后一事无成。

3. 市场机制的影响

"三校生"进行创业,要正视市场机制的影响。这里先弄清什么是市场机制?市场的运行有一套完整的工作原理,只有遵循这套原理才能生存和发展。市场的力量是巨大的,任何权力都不能让消费者去购买不愿要的商品,因为有价格法则、竞争法则、优胜劣汰法则等在起作用。同学们进入市场创业要遵循市场的一系列规则,才能创业、生存。

上海商贸旅游学校2009年毕业生朱民飞,一年的努力并没有换来理想的结果,只能待业。一个很偶然的机会,同一小区的一位阿姨与朱民飞谈起打字速度。在学校学到的扎实专业技能使得朱民飞对自己的打字速度很有信心。就是这样一个契机,使朱民飞的整个人生轨迹发生变化。朱民飞走进了网络经营的圈子,每天在无声的网络天地里耕耘。经过不懈努力,换来了顾客的信任和认可,也换来了不菲的成绩和知名度。短短几个月的时间,朱民飞的淘宝小店已经五颗钻。校长李小华认为,扎实的基础知识和过硬的本领,是学生自主创业的根基。

市场是无情的,竞争是激烈的,竞争靠什么?一靠实力,二靠关系,三靠机遇。最终是靠实力、自己的创意、市场占有率加机遇。"关系"只能靠

一时，而不是地久天长。有一从宦海转向商海的朋友，他在官场有许多很深、很好的"关系"，他不用这些关系去谋利，而是依靠市场，开发市场，依靠产品的科技含量去挤占市场的份额，取得了巨大的商机和利润，使事业获得了巨大的发展。搏击市场的能力越来越强。在创业的起始阶段，可以借用和依靠关系的力量，使创业顺利一些，但最终要靠实力和谋略，这一点是青年朋友必须注意的。

曹杨职业技术学校2009年毕业生林飞，放弃本专业的实习，进入父亲开办的粮油小店进行实习锻炼。尽管专业不对口，但有着自己想法的林飞，认为自己学习的计算机技术正好可以在自家的粮油生意的信息化管理中派上用场，同时还可以在各项粮油业务活动中锻炼自己，让自己熟悉业务，提升自身经营、管理的经验和能力。果然，经过一年多的努力，林飞在父亲原有经营模式和规模的基础上，和父亲商定，将个体的经营模式转变为注册公司经营的模式。同时根据业务拓展的需要，还增开了以自己名字注册的两家粮油品牌连锁分店，并进一步打算开拓各大连锁超市，成为品牌超市的供应商。

广大有志创业的同学只有了解市场运行机制，才有可能创业成功，否则是比较困难的。

第四节 "青工"创业策划

成千上万的青年工人是社会主义建设事业的生力军，他们的状态如何，是关系到建设事业的兴衰成败之大事。有媒体报道：用年薪几十万招聘一名高级技工，但应聘者很少。有的地方找一个高级技工比找一个硕士生还难。全国各地高级技工人才严重短缺。据教育部、劳动部等六部委联合公布的《紧缺人才报告》称：目前国内汽车维修人才至少有80万的缺口。东北某省调查显示，目前全省制造业人口中，高级技工只占企业职工的5%，与发达国家占30%～40%的比例差距极大。上海制造业技工缺口在10万人以上，社会发展迫切需要技工，特别是青年技工。随着引进国外先进设备和技术的加快，如果没有掌握高技能的工人去消化和操作，就会拖住科技发展和社会进步的后腿。如果不能在引进技术的同时进行应用技术的培训和创新，就难以摆脱"引进——落后——再引进——再落后"的恶性循环，就会阻碍企业的进步和发展。所以各级领导要重视"青工"，采取各项措施,关心、扶持"青工"的创业,对"青工"的热情高,充满活力,迫切想干一番大事业的心态,加以引导和扶持。

一、"青工"的特点

1. 生理、心理特点

据《上海青年杂志》(2002年4月出版)的统计数据,2000年上海青年人口为5 396 900人,占上海总人口的32.89%。一家大型企业的团委统计,该企业"青工"约占企业总人数的1/2。可见"青工"的状态对企业的发展至关重要。

(1) 生理特点

这里说的"青工",年龄大致在19～28岁之间,这一阶段,他们身体迅速长高,体格发育日益完善,体质快速增强。内脏机能显著增强,生理能量代谢旺盛、食欲大、消化力强。大脑发育逐渐成熟,大脑皮层的兴奋与抑制较为平衡,控制与调节能力增强,能坚持长时间的学习、工作。生殖机能成熟,中枢出现性的要求,对异性产生好奇、爱慕、关注和吸引。

(2) 心理特点

经过13～15年的学校学习后,进入社会,随着生理发育成熟,在各种条件的作用下,心理在不断变化。他们的自我意识的发展表现为:第一,独立意识发展迅速。他们对师长的结论常感不满足,要求在婚恋、消费、工作、闲暇时间的独立处理权。在性格上,对成人封锁,愿与同龄人倾心。力图表现出成人的品质和行为。要求得到他人的尊重,显示才华与能力,注意体态、容貌、举止的风度与气质。意识到人应独立地承担一定的责任与义务,渴望成为有益的人,能按照社会的准则调节和控制自己的行为。第二,思考问题要求揭露本质和规律,要求有理论深度。喜欢怀疑和争论,敢于发表和提出个人见解和设想。再次,感情生活日益丰富、深刻;在情绪中常表现出冲动性和波动性,动荡多变,容易被感染,不稳定性增强。第四,集体意识、社会意识日渐成熟,社会责任感、义务感增强。第五,他们不满意现在,向往改革,但对改革的艰巨性、复杂性缺乏了解,存在着求全责备、急于求成的心理倾向。

2. 价值观特点

(1) 什么是价值观

关于价值的一定信念、倾向、主张和态度的观点。起着行为取向、评价标准、文化合作原则和尺度的作用。一个人的价值观受他所处的社会、历史条件、社会地位、教育水平、家庭和居住环境等多种因素的影响。

(2) 价值观的特点

我们的社会正由传统社会向现代化社会嬗变,它给予了"青工"的最大机遇与挑战:向新的生存环境和生活状态的挑战,价值观念的变迁与新的社会多元结构、体系、文化能否适应,催化新的进步与发展,形成和发展现代观念。这是一个艰难又漫长的渐进过程,使社会和社会中各群体、个体、组织的价值观均表现出一种"过渡型"。处在这一阶段上的"青工"的价值观不断发生演变。了解和揭示"青工"的一把钥匙,就是研究"青工"的价值观。

"青工"价值观的特点有:

① 价值判断的独立性与自觉性。"青工"的年龄一般在19岁以上,他们的价值判断的独立性与自觉性日益强化,对事物的真、善、美、假、丑、恶有自己的独立见解。他们对事物的理解和观察根据自己的标准进行比较、选择和评价,权威判断开始动摇,自我判断开始突显。这一特点促使"青工"自觉、主动地认识事物,但也容易使他们产生自我中心的价值取向。

② 价值观内容的丰富性和复杂性。"青工"在实践中,通过工作经历和感受形成了多种价值观,他们的需求越强烈,实践越丰富、深刻,他们的价值观内容就越丰富多彩。"青工"的经历、需求,实践的深度、广度、正确性各不相同,所以他们对自然、社会、工作和人生的价值态度是不同的,这样,"青工"的价值观既丰富多彩,又复杂多样,表现出鲜明的层次性和个体差异性。

③ 价值取向的新异性和变动性。价值取向指人们在进行价值评价和选择时的倾向性与目的性。人总是根据自己的需要来确定价值取向。一名"青工"想在事业上有大的作为,他可能放弃效益好的小组,而到效益差的小组去工作。在那儿,以自己的才智和技能,带动同伴们创造成绩,改变落后的面貌。这位"青工"把事业放在价值取向的首位。这与他的人生观、世界观相联系。此外,"青工"的价值取向还受到求新猎奇、标新立异的心理影响,喜欢跟随新潮、趋赶时髦,富有开放意识和创新精神。敢于冒险、大胆抉择、敢于走前人没有走过的路。

3. 不安现状

"青工"的价值取向容易受环境的影响而出现左右摇摆,大起大落。这种变动与分化,表明他们不安于现状,想改变现状,包括自己的工作环境、生活环境、工作单位、工资收入等,总的倾向是要向上攀登,要攀高枝,提高自己的社会地位和经济地位。各级组织可利用"青工"的这一种积极心态,加以引导与利用,使他们实现自己的目标,又使他们为组织目标的实现贡献了力量——双赢。这种例子是很多的。

4. 有一定技能

"青工"一般经过了3~4年的专业知识和技能的学习,加上在实践中跟师傅学习与同伴的切磋,都有一定的生产技能,有的"青工"甚至从师学习1~2年后,达到了3~4级工的水平,有的达到了5级工的水平,更有少数成长为技师,这样,创业便有了比较扎实的功底,容易成功。

上海宝钢工人孔利明原初中文化,是汽车电器修理工,自学成才,自学大专电气专业,通过考试获得专科文凭,现读本科。他是一个职业发明家,他每天睡6小时,一次带儿子去看《地雷战》电影,侵略者用探雷器找地雷,他心头一动:造一个能找短路点的"探雷器"来探测汽车电器短路不是很好吗?他转身就回家,半天才想起儿子还在电影院……他终于制成了"汽车短路检测器",提高工效几十倍,并获得中国第六届专利新技术博览会金奖。他领导的科技创新小组从2000年成立以来,获得专利96项,技术创新76项,市一级奖励47项,创造效益5021万元。他持续不断地努力攀登、充电,成为闻名全国的工人发明家。

二、"青工"创业策划

1. 立足岗位,练一手乃至几手绝活

"青工"创业建议立足本岗位,即立足本专业,如果是车工,把车工的技术学精、学通,这是创业的一大要诀,创业容易成功,也容易见效,出成果。有一些"青工"朋友在策划时,不是立足岗位,而是这山望着那山高,什么都想学,什么车工、钳工、钣金工、电焊工……但是没有一样学得精,更没有练就一手绝活。这样,创业就缺少技术资本,难以见效。学技术,要掌握方向。学海无涯,看不到彼岸,没有一个明确的方向,不对一门技术有矢志不渝的追求,技术的种类再多,也只是学了个皮毛,于创业、于事业又有何用?所以,在创业策划时,为了不浪费精力、财力和时间,应立足本专业,学一手乃至几手的绝活、绝技,超越众人,创业才容易见效,出成果,了却自己的心愿。

2. 不断攻克新的、难的技术,达到新的水平

创业,顾名思义,就是创造新的事业。要想创新,就要对旧的技术、程序加以研究,攻克新的、难的技术,提高技术水平,创造新的成绩,上一步乃至几步新的台阶。这样,创业才能有动力,有高度,迅速出成果、效益。满足创业者的心态和价值观需要。不攻克新的难的技术,创新便无抓手,表现不出新水平。

"嫦娥一号"的幕后功臣

"做起镜头来,我可以连续12小时呆在车间里,感觉就像1小时那么短。""做一个普通镜头,从设计画图纸到加工装配出样品,8小时我就能搞完!"说起自己的绝活,沈良一脸自豪。

正是凭着这精湛手艺,他解决了探月卫星"嫦娥一号"上激光高度计的加工装校难题,还为"神光"系列高功率激光实验装置、为兄弟科研机构和企业解决了许多仪器调试难题。尽管"隐身"在科研团队里,但沈良很快乐,因为他的绝活在科研成果中闪烁着独特的光彩。

听沈良说那些意义重大、让人有点"肃然起敬"的光机电高端设备,感觉不一样:在他眼中,这些设备是出给他的一道道技术考题——怎样磨镜子?怎么安装?怎么校正?……再难的题,也休想考倒他。

在沈良记忆中,失败的考试只有一次——高考。"文革"结束,恢复高考的第二年,正逢他高中毕业,虽然平时成绩不错,他却落了榜,就这样进了中科院上海光机所的技校。尽管心里失落,但从小喜欢拆拆装装的他,很快对车间里的设备产生了浓厚兴趣。车、铣、刨、磨、装配、调试,沈良学每个工种都上手很快。

沈良还能设计图纸。"我设计的东西,用料省,加工方便,还美观、实用。"他略带神秘地说,市场上现在常见的一种光学设备——扩束镜,最早的版本就是他设计的。当时,他改进了传统设计,使镜头的样子更简单,加工更简单,用起来也更加方便精准。新设计一出,立刻赢得了不少市场份额。

很快,这位技术能手被带到了"国家级"的难题面前。"神光Ⅰ"在研制过程中,高精度伺服反射镜架达不到2角秒(24小时内偏移不可超过0.00056度)的精度要求,误差高达10角秒!沈良诊断后,将目标锁定在一个变速箱上。他拆开变速箱,将里面的齿轮拆下,用自己做的特殊工具将

它重新研磨、装配,消除了齿轮间隙——精度达标了!

个子不高的沈良看起来总是自信满满,但在他心里永远挂着一个警钟:"仔细,再仔细!"

进入光机所装校车间的第三年,技术出色的他已颇得老师傅们的喜爱,未免就有些"艺高人胆大"。一次,师傅让他独立负责安装光电倍增管,前几个做下来都顺利,接着的一个却卡了壳,这时他稍一用力,一支当时价值400多元的管子损坏了。沈良反省道,自己毛躁了。因为一些管子的长度有1~2毫米的误差,看似不起眼却可能因此装不上设备——"我应该先筛选一下管子!"这件事,他一直记在心里。

凭着"仔细,再仔细!"沈良能做旁人难以做到的高技术活儿,还能从旁人想不到的角度,找出高超的技术方案。一次,"神光"装置中有一块悬挂在空中的镜子不够稳定,设计师怎么也想不出加固的办法,又去请沈良。沈良到现场仔细查看,终于在一个隐蔽角落找到了一个回固支点。"这个点,不去现场看不到;没有足够的技术经验,也看不出来。"

从技校毕业至今,沈良的工龄已有29年。从学徒到师傅,从师傅到技术能手,现在又担任了光机所控股的上海恒益光学精密机械有限公司副总经理、党支部书记。不过他说,自己最感幸福与满足的时光,是在车间里琢磨怎么加工出一个更好的镜头。他的妻子戏言,沈良恨不得把床也搬去车间。

他说,十几年前曾去美国打过一年工,挣了3万多美元,是当时在上海的收入的十几倍,可他回来了。"因为这里有更多挑战,每年每月都有新的项目、新的设计在挑战我。"

3. 为班组、为工厂作贡献

中国的青年工人,在改革开放春风的熏陶下,志存高远。他们进行创业,是为了实现个人的奋斗目标和价值观,同时,也是为班组,为工厂贡献才华,使班组、工厂的目标得以实现,使社会主义的市场更繁荣。小玉姑娘的努力奋斗,实现了自己的夙愿,成为巾帼英雄,创造出一片新天地,同时,也为组织培养了人才——白如玉车工学校培育出一批批车工领域的英才,不仅招收本厂的车工,还招收外厂和外地的车工来学习,这样不仅使班组出名也使自己出名,更在较大的范围内培养了人才,从而为组织、为社会创造了不菲的业绩——人才效益和经济效益,作出了杰出的贡献。

4. 继续学习,提高学历层次

"青工"们的学历层次是不高的,为适应经济建设的发展,为适应自己的发展需要,原有的学历远远不能适应,需要"充电"。小玉姑娘进厂后,一面刻苦学习车工的绝活,一方面复习高中课程,考取了在职大专机床专业。通过学习使技能和车工理论迅速提高。三年后,她不仅成为"三八红旗手",也取得了大专毕业证书。但她并不满足,继续马不停蹄地考上了本科。所以,她有资力和能力办起了车工学校。希望"青工"们认识到肩负的重担,利用青春的大好时光,继续充电,提高文化层次,为实现更高更远的目标奋斗。这因为目标需要有理论的支持与铺垫。

三、"青工"创业注意的问题

1. 克服眼高手低

"青工"由于年龄关系、经验关系加上某些知识上的欠缺,阅历不够丰富,容易产生眼光高、目标标准高、价值定位高,但自己的实际水平和实际工作能力低。把创业想象得很美,把具体项目的标准定得很高,认为实现设想很容易,其实他的设想已远远超过了他的水平和能力,即使是跳一跳,也很难摘下这串葡萄。创业中,如果陷入这种误区,不仅对创业不利,带来损失,而且对自己的健康成长是极为不利的:挫伤创业的自尊心、自信心,妨碍进一步的发展,有可能造成人生的重大挫折。

2. 立足现实、尊重现实

"青工"在创业中,从自己的能力、实力、水平出发,不从想当然出发,立足现实、尊重现实进行创业,才容易成功。这个能力是谋划能力、创新能力、研究和开发新技术和新产品的能力、动手能力等;这个实力是经济实力,创业要有一定的经济实力,没有经济实力要想创业成功是很困难的;这个水平是科学技术水平,进行创业要有一定的科技含量,才能取得比较好的回报。没有一定的科技水平是很难腾飞的,很难取得好的回报的。

"青工"在创业中,建议从当前的实际出发,逐步攀登,不要想一步登上泰山。比如,车工或钳工创业要克服一举想制造出宇宙飞船的想法。目标虽高,理想虽美,但实现不了,因为没有立足现实。从现实出发,尊重现实,创业可能会顺利一些。像沈良那样,在"嫦娥一号"上有他的绝活。

3. 成才和发展

"青工"的岗位一般是在比较具体的操作层面上,经历不丰富、学历不高,水平比较低,除了少数"青工"一边工作,一边学习,进步和提高快一点外,相当多的"青工",是凭在岗位上逐步积累起来的经验成才和发展的。这样的成才和发展速度是不太快的。为此,我们在设计自己的创业项目的时候,围绕着自己的岗位进行,这样的成才和发展才比较可靠,比较稳妥,创业目标能比较快地实现。尔后,再推出下一个项目,这样,逐次推进,就有可能登上这个领域的高峰,实现自己的抱负。

"青工"的创业关系到"青工"的积极性和创造性,关系到激发"青工"的活力,建设小康社会的重大问题,我们要热情关注、鼓励、引导和支持。有一座工厂,在厂区墙上写着这四句话:"人无全才,人人有才,发展特长,人人成才。"愿"青工"朋友发展自己的特长,成为不同岗位的人才,为企业的发展作出自己的贡献。

蔡祖泉是只读了三年小学的工人,却在20世纪60年代创建了中国第一个电光源实验室,研究电光源。创造研发了中国电光源历史上多个第一,填补了空白,成长为高真空、电光源专家。这证明,不论什么时代,只要努力,普通工人可以成为创造某个历史奇迹的专家、能人。后来,他成为复旦大学副校长。

第五节 跳槽策划

自20世纪80年代以来,我国拉开了改革开放这一雄壮伟大的历史帷幕,展现了社会主义发展史上一幕幕罕见的壮丽景色。人力资源的配置从过去的计划配置转到市场配置,把人力资源盘活了,爆发出空前的活力和能量。人们不再"从一而终"了。人们经常地、谨慎地从一个单位转向另一个单位,从A城向B城,从C国向D国流动,从差的向好的岗位、单位、地区流动。据统计:安徽阜阳外出的民工占全国民工的10%,为华东最大的劳务工输出地。某大年初二,阜阳站一天要发送旅客5.1万人,同比增长20%,铁道部长亲自坐镇指挥,协调第一个客流高峰。上海市除了1 900万常住人口外,还有630多万流动人口。由于东南沿海和西北地区存在贫富落差,人才顺着这个落差流向了东南沿海,流向比较富庶的地区。于是一个新的名词应运而生:跳槽。

先介绍与跳槽关系密切的职业生涯,对职业生涯不满意才跳槽。何谓职业生涯?它有两种组成:①从事一职业时的知识、观念、经验、能力、心理素质、内心感受等组合及发展变化过程；②从事一职业的时间、地点、单位、内容、职务、职称、薪金、待遇等的组合及变化过程。跳槽，你更看重哪一点。通常情况下，下列因素起作用：工资报酬、人际关系、上班地点及其远近、工作兴趣、劳累程度、工作环境及发展前景等。

何谓跳槽？原指牲口离开原来的食槽，到别的槽头去吃食。现引申为人离开原来工作的岗位，到一个自认为好的岗位上去工作。

一、跳槽的必然性

1. 市场经济的要求

什么是市场经济？市场经济是通过市场供求关系和价格变动自发地调节社会生产和流通，以实现生产要素按比例分配给各生产部门的国民经济运行方式。

市场经济本质特征是竞争经济，是实力、产品质量、价格、科技含量、市场占有率、人力资源等方面的竞争。通过竞争来实现生产要素的优化配置。劳动力是生产要素中最重要的要素之一。跳槽便是通过竞争来实现劳动力资源的优化配置的重要方式之一。"人往高处走，水往低处流。"这是一句俗语，优化配置是推动社会进步的措施之一。人们之所以进行劳动，是为了争取稀缺资源——货币的优化配置。这是一般情况下人们进行劳动的主要目标之一。不同的劳动者目标层次不同。

（1）**市场经济要求优化配置市场资源**

劳动力是最重要的资源之一，这个资源配置不好，会影响市场经济的发展，拖建设事业的后腿。有一个学校，新进来了一位女博士，她原是甘肃省一个偏远县小镇的中学教师，是清华大学空气动力专业的博士，分配到甘肃后，无法施展她所学的专业，从青年变成了壮年。最近，她跳槽到沿海某所大学的空气动力专业作教师，承担了重大课题的研究，不到半年，便攻克下来了，取得了丰厚的回报——买了3室2厅128平方米的住房。也为国家航空解决了一个重大课题。由于贡献突出，被破格晋升为教授。

（2）**实现人生价值**

市场经济条件下，人的价值是多元的。有的经商谋求丰厚的利润；有的从政，在仕途上求发展；有的从教，培育祖国的未来；有的从文，想写出有价值的文章。通过跳槽，可以比较好地实现人生的价值。有一个朋友，原在中学工作，后到工厂，感到不适应，于是跳槽到一所高校工作，适合自己的兴趣。虽然年事已高,还在执教鞭,笔耕不辍。他有很多的关系,如能经商可获得丰厚的回报,有不少友人劝他下海经商,一年的正月初五,友人来此拜年又说下海之事。此时,窗外鹅毛大雪满环宇,他即兴写了这几句话送给友人:"独立窗前不自哀,尚思为国上讲台;更深凭栏观风雪,千古文章胸中来。"他甘于贫困,甘于寂寞,想写一点有质量的东西来,实现自己的人生价值。商业利润是难以打动他的。

(3) 推动经济的发展

这几年,东南沿海地区为什么经济发展比较快?人才的频频跳槽形成了人才的高地,带来先进的技术、科学、文化、管理,促进了经济的发展。深圳原先只不过是一个小镇,能在短短的十几年内,一跃为中国的明星城市,靠的还是人才集聚效应。上海的浦东新区也在短短的20多年内从广袤的农村一跃为"东方明珠",靠的还是人才的汇聚。

2. 劳动者的价值观念的变化

市场经济催生了劳动者的价值观念的变化,人们对岗位不再"从一而终",而是"择良木而栖"。各自根据价值观进行工作岗位调整——"跳槽",这是社会观念的一个巨大的进步。

3. 激活人才市场,发挥人才优势

计划经济下,人才市场无市可言,是一潭死水,分配定终生。有一人想从东北调进江南某市工作,花了十来年也未办成,尽管发挥不了她的专业特长,却也只好窝在那儿,直到退休,使青春与才华在漫长的岁月中消耗。

市场经济必然导致的资源优化配置,从而盘活与激活人才市场,东西南北的人才涌进了人才市场,各自寻觅自己最佳的"槽",实现自己的愿望。各个单位,各个岗位也寻觅到了最佳的人才,形成了人才优势,优化了劳动力的结构,促进了当地经济的持续稳定的增长。典型例子便是各地开发区的人才集聚效应带来了经济的发展。

4. 竞争的发展

人才的频频跳槽,给管理者带了压力和动力,如不加强管理,不提高单位效益,不关心人才的成长和发展,不开展竞争,是留不住人才的。一个成高大专院校的书记兼常务副院长虽然标榜学校:以事业留人,以感情留人,以政策留人。但他的这些话是宣传用的,不是真正要实行的。最后,这所学校在竞争中失败,而他也就把这个烂摊子扔下了,到另一个单位里做宣传部长。而另一所学校,他们千方百计地寻觅高素质的人才,帮助他们解

决各种困难,创造各种条件,为人才的发展提供服务。同样原是成人高校,后来转制为普通高职院校,又过了几年,升格为本科高校,在竞争中胜出。而第一所学校则在竞争中被淘汰出局。

5. 寻求职业新发展

不少组织把现有的人力资源系统——绩效评估、年度晋升、薪金等管理工具,当作职业生涯管理。但是光靠这点努力还不够,应从全盘战略的角度来审视。

第一份工作很难成为一辈子的工作,要继续对市场了解,为以后的发展准备目标。几十年的职业生涯不能一下子冲到终点,要分阶段来完成。

组织上为成员提供外派机会,被认为是职业生涯发展有效方式。

寻求职业发展成为吸引和留住人才的主要推动因素之一,人才市场的流动性大大增强,为了晋升和职业发展的目的,越来越频繁地跳槽。通过跳槽来寻求新的发展机会。

二、跳槽者类型

1. 科技工作者

科技工作者跳槽有多种原因:在原单位不能学以致用,或人际关系不佳,或长期得不到重用,被晾在一边,或得不到尊重,或经济效益差,研究设备落后,长期不更新,有力使不出。他们大多数想换一个地方,是想多出成果,报效祖国,争得比较好的回报,或者是为子女的升学、就业、夫妻团聚而跳槽。

2. 教育工作者

沿海城市或经济发达地区的教育系统每年要从全国各地招聘一批教师。处于相对落后地区的优秀教师便跳槽到经济发达地区。有一研究生毕业后,在上海找到了一份比较好的工作,一个假日在淮海路上与高中的英文老师相遇,才知道他从不发达的县城跳到了上海的一所重点中学任教,各方面都有了明显的提高。这就像田忌赛马那样,同是一个人,移动一个位置,参照坐标变了,优势就突现出来了。

教师的跳槽,有这样几种情况:①从相对落后地区跳到比较发达、效益较好的地区。②从乡村跳到城市。③从离家远跳到家附近。④从人际关系紧张的单位跳到一个新环境,改善人际关系。⑤从不能实现目标的单位跳到能实现目标的单位。

作为教育行政主管单位和校长不希望优秀的人才流到外边去,纪律的作用收效甚微,只有努力用经济、政策、情感等形成凝聚力和向心力,不断提高学校的知名度和美誉度,才能使之减少,形成良性循环。

3. "领子"阶层

改革开放以来,人们对从事不同工作,而导致收入不同的人,用一个形象的名字指代,这就是所谓的"领子"阶层,经过媒体的推波助澜,更是广为人知。

(1) 金领阶层

公司高层管理人员,高科技人员,他们的收入多达几十万、上百万甚至上千万不等,多为年轻人。是一群富有创造力,熟悉先进技术科学的人才,他们的跳槽往往给公司带来很大的震动和损失。

(2) 白领阶层

从事技术、管理、医务及公司的文秘工作的脑力劳动者,因工作时穿着整齐、衣领洁白而得名。他们的跳槽,常常影响公司的运转,甚至带来一定的损失。

(3) 蓝领阶层

从事生产、维修和服务工作的智力或体力劳动者,具有较高的知识层次、较强的创新能力,掌握熟练技能,能动脑又能动手的复合型技能人才。一般穿蓝色工作服。航天英雄杨利伟少将也是蓝领阶层。蓝领阶层的跳槽,常常造成某一技术工作遭遇暂时的困难。

(4) 灰领阶层

从事第二产业中的数字制造业和第三产业中的创意产业的智力劳动者,主要是广告创意、网络管理、会展策划、服装设计、电子工程师、软件开发工程师等职业技能要求较高,又不从事专门管理工作的岗位,他们因多着灰色工作服而得名。灰领的出现,标志着从学历社会向资格社会的转型。灰领的跳槽,常常使所属部门的工作在短期内遭到重大损失甚至瘫痪。

(5) 粉领阶层

无稳定全职工作,但有合法不固定收入来源的人群。泛指能在家办公的"自雇者"。他们不必踩着点上班,卧室、阳台都能成为办公场所,通过电脑、手机与外界联系、处理工作。随着人群结构加速分化,青年群体中冒出一群崇尚自由与兴趣的自由职业者。由网店经营者、自由撰稿人、咨询顾问、专业炒股者、艺术创造者和美容师等组成。

4. "海龟"派

原来的"海龟"(海归)派炙手可热,由于一些人把招牌做塌,成了"海带"(海待),他们是为了寻找更高的待遇而跳槽的那些人士。

三、怎样策划跳槽

跳槽是一项很谨慎的事,因为关系到个人、家庭及两个组织的利益,不可不谨慎,来不得半点马虎,所以要进行周密的策划,保证跳槽的成功。

1. 跳槽的时间选择

每年的九、十月在职场上有"金九银十"之说,这段时间正是跳槽者大显身手的好机会,也是各单位吸收新成员的黄金时段。但是春节长假是跳槽的高峰。年终奖拿了,度过了黄金假期。中华英才网在一年春节前,针对全国15个行业白领的调查,有37.65%的受调查者说:已成功完成跳槽,春节后去新单位上班。

2. 先分析自身的情况

想要跳槽,大多因为自己工作单位效益差,或对自然与社会环境不满意,或人际关系紧张,或发展空间太小甚至没有,或与自身的专业不符合等,分析利弊之后,再决定跳与不跳。要对跳槽后的岗位能否胜任,能否与自己所想的合拍,进行细致的分析。

3. 搜集信息

准备跳槽了,要全面搜集多个单位的信息:领导人、员工、组织的历史、效益、前景、地理位置、公交状况,整理成文,加以分析、对比,确定重点之后,再进一步了解,如果到该单位,哪一个岗位最适合我,发展空间如何?

4. 潜心准备

信息处理后,确定目标单位,就要潜心准备实施。分为两步,第一步,继续对目标深入了解,是否值得去?第二步,针对去了之后的部门与岗位进行准备,通过直接的、间接的关系了解部门情况,根据了解到的情况进行判断。

5. 落实后,再与原单位打招呼

决心定了,与招聘单位联系,送资料,确定面试日期,如果面试通过,招聘单位同意接收,签合同之后,再与原单位打招呼,不要超前,以免出现尴尬的情况。

6. 不要频繁跳槽

跳槽是为了寻找比较好的有发展空间的单位或岗位,以实现自己的抱负。如果"这山望着那山高",不断地跳槽,不满足已踞"山峦"的高度,频繁地变换工作,跳槽劲头十足,企求趁自己还有"年轻"这个令人艳羡的资本时,不断去追求人生新的"制高点",以领略更为舒心惬意的"风光",这是陷入跳槽的误区。要尽快撤出误区,以免造成更大的损失。

一些猎头公司把年轻人频繁跳槽比作对个人前程的一种自杀行为。他们向来把频繁跳槽的人排除在人才库之外。在25～38岁之间的人群中,频繁跳槽的人和其他人相比,工资之比为1∶1.5到2之间。除非是被新单位挖过去的,不可能一到新单位就获得高薪。人家对你的能力要有一个了解的过程,但有的人耐不住。根据调查,在新岗位至少坚持1～2年,再考虑跳槽,来验证你是否真的不适合现在的工作,而不要频频跳槽。

研究中发现,受教育水平越高的年轻人,越有跳槽的资本,对职业的选择和期望值越高,在职业问题上更易心猿意马,不安于现状。某年3月在北京的人才招聘会上,一家美国公司的摊位上方赫然拉出一条横幅:"某某大学毕业生一概免谈"。该公司说:过去曾招聘过这家名牌大学的学生,但没有一个成功的范例,他们有一种莫名其妙的优越感,总是眼高手低或过度自负、高傲,难以踏实工作并长期在企业中坚持下来,一不如意就要走人,让企业很伤神。

作为职场中人,要克服浮躁的心态,保持内心的平和与清醒,不频繁跳槽。调查表明:七成职场人看重职业寿命。

7. 跳槽成本

不论是刚工作的新职工,还是有着丰富经验的高级人才,都要思考一下:跳槽成本!跳槽是否一定比不"挪窝"者收入更高。越频繁转换单位是否越容易摘取成功的果实?

跳槽成本分为显性和隐性。显性成本是可预见的成本;隐性成本是不易发现的成本费用。另外,经验成本的损失还要经受待业期间无收入的心理压力和竞争的压力。因此,跳之前,多问问自己:"有无必要跳?"综合测算一下,"跳"的成本。听听各方意见,三思而行,不意气用事。

郑某原为一国有保险公司的市场部经理,有丰富的品牌推广与管理经验,关系融洽。一国际金融集团通过猎头公司找他,去任市场总监。15万/年,高出现在5万,年终合格分红5万,承诺给予一定期权。上任后,即到法国总部培训三个月。郑某工作半年之后,感到企业文化与自身价值观不符,岗位不配人,福利也不完善。考虑再三,决定回原公司,但经理已有人,任副经理。工资与原先一样。他的显性成本:原公司奖金损失 2 万,年内福利损失 1.5 元,培训费损失 0.8 万;新的公司工作未满二年,支违约金 7.5 万,共 118 000 元。隐性成本:租房、工作装、人际交往费、加班等 2 万元。

郑的跳槽表面风光,工资高出 50%,但是付出的显性和隐性成本达 13.8 万,心理成本未计。

四、跳槽应注意的事项

1. 不伤感情

不管怎么说,你突然之间跳槽了,对方毫无准备必然手忙脚乱。使对方感到十分被动,给对方的工作、内部稳定带来了伤害。试想,我们共同生活在这片蓝天下,低头不见抬头见,何必这么做呢?有一个 MBA 毕业的研究生,在一家银行分理部工作。毕业后,组织上委以重任——分理部经理。但是他嫌这家国有银行的机制不灵活,于是悄悄地与另一家银行联系去任市分行的中层干部。于是把各种交接工作写清,把门的钥匙和抽屉钥匙用信封装上,还写了一封辞职信,下周一便到新银行上班了。而先前的那家银行给搅得手忙脚乱,人们都骂他没良心。

跳槽是法律赋予您的选择,无可厚非。但总该友好地让对方做好接换工作的准备。搞突然袭击,容易伤感情。

2. 不带走机密

每个单位都有机密,有的是商业机密,有的是技术机密。时常见之报端的是跳槽者带走机密,伤害了对方,给对方造成了损失,而被告上法庭。我们认为,跳槽者突然走了,已给对方造成了伤害,如果把机密带走,会造成更大的伤害,这不仅是不道德的行为,也是违法的行为,应该避免。

3. 紧守原专业

跳槽,主张坚守原来的专业,有利于专长的发挥,有利于获得高的报酬,也就是变单位不变专业。因为"专长"是谋生的本领。必须在自己专长的范围内精益求精才能战胜竞争对手,获得高的薪水,越有专长,有超高技艺的人,获得高薪的机会越大。

4. 符合市场机制要求

市场机制要求公平、公正、自由竞争，不靠权力与人际关系。靠关系跳槽被看作是无能的表现，这一点已被越来越多的人所接受。

5. 防范法律风险

在跳槽中掌握《劳动法》和所在地的有关《劳动合同条例》等法律法规的知识，在法律允许的前提下跳槽，可以最大限度地规避法律风险，保护自己的利益不受损失。

6. 准确定位

准确定位是跳槽成功的基础。青年人在自己的职业生涯中没有明确的规划，无可行的方案，多数是新的单位提供的待遇优于现供职的单位就跳槽。除了新单位的薪金待遇要符合自己的市场价值外，还要符合自己的职业兴趣及职业竞争能力，并能提升职业竞争能力。年轻人应对自己未来几年的发展前景订个计划，采取行动来达到。当在这个行业潜心工作几年，积累了一定的专业技术，提升了职业含金量后，金钱就不是问题了，所以应准确定位。

7. 跳高不跳远

跳槽不要像青蛙那样，起跳是高的，却越跳越远。而要像撑杆跳高运动员那样，找准支点后，跳向高处发展，这是晋升之道。

跳槽无疑是改革开放的大背景下，盘活人才资源的一种良好的方法。不论对国家、对地区、对组织，还是对个人都是激活人才市场，盘活人力资源的一个好办法，这已被实践所证明。我们要积极、稳重地运用，发挥它的效益，为发展市场经济、实现人才的价值观服务。

第十章 现代青年打工者公关创业策划

自20世纪80年代起,在中国出现了一个充满活力的名词:打工者。是指年轻的男性或女性离开父母或居住地去外地求职谋生的青年人。打工者是一个弱势群体,他们的创业很艰辛,需要精心的策划。未展开之前,先向朋友们介绍一位打工者的创业的事迹,我们或许能从中获得一点启迪。

"伤心"的价值——1 000万元

2008年春节刚过,一辆宝马开进洛带古镇——位于成都东郊,以客家文化闻名天下。车主是重庆一著名房产公司的老总,要见古镇卖凉粉的杨明,出价1 000万元,买断杨明的"伤心凉粉"的中国南方的代理权,被婉拒。

这个曾经穷困潦倒、到处漂泊的年轻人,在天文数字的财富面前,无动于衷,为什么?

2003年的春节刚过,飘着淅淅沥沥的小雨,古镇上行人稀少,杨明的心情凄楚难受,他苦心经营33年的茶楼因火毁于一旦。带着妻子,怀揣1万元,从内江辗转来到古镇,做小生意谋生。一个月后,开了一家小饭店。生意清淡,入不敷出,别家却是生意兴旺,他心急如火燎。他改行做凉粉,每碗1元,别人卖得很火,他却无人捧场,开业一周,只卖100碗不到!

卖不出去的凉粉只好倒掉。杨的妻子一边倒一边哭。如遇上阴雨天,游人稀少,生意更差。杨明站在屋檐下,望着冰冷的雨丝,伤心之感涌上心头,脸上已分不清哪是雨水,哪是泪水?

他想:"民以食为天,食以特为鲜。"他突然明白:古镇上卖的都是同质凉粉——黄凉粉,别人为何要买他的?一种产品必须有自己的风味和文化特色。与妻子商量后又借了一万元去重庆、云南、贵州和江浙沪等地学习做凉粉的技术。

经过不断的摸索、试验和改进,制作了两项独特产品——红油和咸酱,工艺和味道独特,再以红的辣椒压阵。虽然海椒辣得人跳脚,花椒麻得人冒烟,但越吃越有味。

凉粉制作出来后,起个什么名字?此时,他想到把凉粉和客家文化联系起来。

客家人是源于中原的汉族一支系,迁徙漂泊、离乡背井的客家人因思念故乡,常常伤心落泪。自己的麻辣凉粉能叫人额头出汗,泪水直流,是一幅"伤心"的画面。这种味觉上辛辣的刺激,会让人联想到生活艰辛,思乡之情、美好而惆怅的情绪油然而生。灵感突然而至——伤心凉粉——含有客家文化的独特韵味,也包含对美好生活的追求!

他选择了2003年的"五一"黄金周第一天开业,客流如潮。

开始,因名称怪异、新鲜吸引了客流。客人对热辣无比的凉粉十分"追捧"。10平米的店内座无虚席,很多客人一边流泪一边吃,脸上却是灿烂的阳光。七天,赚了好几万。

伤心凉粉是用红薯粉和豌豆粉,用牛推石磨磨出来的。它香味浓郁、柔嫩滑爽。一碗伤心凉粉放13种佐料才上桌。冷热两种凉粉的佐料不同。很快成了古镇的招牌小吃,声名远播,尤其受到城里男女青年的喜爱。

二年后,店面扩大到40平米,装修时尚雅致,细节上体现出客家文化,客家装扮的姑娘将凉粉送到你面前,有一种远离都市的田园诗般的感受。

杨明又开发出多种口味的小吃。如冰甜的开心冰粉、麻辣爽口的妈妈凉面、甜甜的阿婆凉糕,脆嫩化渣的阿公锅盔……消费量激增。

2006年初,他成功注册了"伤心"品牌,有了一个核心的团队,建立了国内第一凉粉配送中心,决定对外扩张。一个月内开了3家直营店。到2007年5月,已在兰州、上海、北京、重庆、长春等地开了24家加盟店。

他选择有事业心的人合作,把单纯贪钱的人拒之门外,他说:"一家做败了,砸了信誉,其他99家会受到影响!"

杨明钦佩星巴克。他仿效它的经营模式,2008年3月,暂停加盟,开直营店,保证品牌。"伤心凉粉"成了川渝家喻户晓的知名品牌。对于杨明来说:一切刚刚起步。

第一节　青年打工者创业策划概述

青年打工者是改革开放的产物,他们的出现,带动了人才流、货币流、信息流,使穷乡僻壤和经济发达地区及沿海城市沟通联系起来,促进了出发地的经济、文化、观念的变更和发展,使到达地获得丰沛的劳动力和新鲜的活力。所以,打工者的出现使出发地和到达地互利、双赢。对打工者本人而言,谋得了生存的转机,锻炼了才干和能力,为进一步发展构筑了一个比较广阔的平台。不少打工者通过打工这个平台,创造了一片崭新的天地,改变了自己和家庭的命运和地位,有的还帮助了家乡改变面貌。

一、青年打工者产生的背景

1. 经济背景

1979年7月,中共中央、国务院批准在广东的深圳、珠海、汕头三市和福建的厦门试办出口特区,次年5月,改为经济特区,随后又增加了沿海14个城市。这改革开放的春风一下吹遍了神州大地,像变法术一样,使上千万的优质劳动力从穷山恶水、荒僻的田野涌向沿海各地,涌向经济比较发达的地区。这些地区缺乏劳动力,打工者来此可以获得比出发地高出几倍的工资收入。沿海经济的发展,各条战线的基本建设的展开,急需劳动力。这样,消化了成百上千万的劳动力,推动了出发地和到达地的经济发展。

2. 政治背景

1976年10月6日中央采取果断措施,一举粉碎"四人帮"。接着在政治、思想、理论等领域里肃清"两个凡是",在各个领域拨乱反正,摆脱了极"左"思想的束缚,为改革开放的大业提供了良好的政治环境。全国各族人民一心一意搞建设,不再以阶级斗争为中心。在这样良好的政治背景下,上千万打工者奔向沿海地区,涌向经济发达的地区打工,形成了生动活泼的政治局面。

3. 文化背景

率先涌向沿海城市和经济发达地区的打工者,是出发地人群中文化水平比较高的一群人。粉碎"四人帮"后,文化教育事业有了相当程度的发展,特别是沿海地区和其他经济比较发达的地区,文化比较发达,观念比较新,思想比较开放,对外来打工者持欢迎的态度。此外,打工者由于有一定的文化,能较快地接受新事物,他们的观念转变也能比较快,能够比较顺利地融入当地的社会,参与发展。不少打工者在打工的过程中,经受了比较发达地区文化的熏陶,几年下来,他们中有不少人通过学习,陆续获得了大专与本科的文凭,把积累起来的文化、经验和经济实力带回原籍,推动了当地经济文化的发展。

二、青年打工者创业策划的重要性

1. 有助于取得好的回报

打工者从家乡来到陌生的环境，人生地不熟，两眼一抹黑。如果不进行良好的策划，那就是瞎猫逮耗子，完全是碰运气，这样成功的概率低。如果事先进行谋划，根据谋划的方案，一步一步地实施，成功的概率就高。像本章介绍的杨明事迹，如果不经策划，要取得如此惊人的业绩是很困难的。

2. 有助于向有序化发展

事先进行策划，预先知道定向地区的劳动力需求的数量、工种的情况，能做到有计划地向需要的城市输送，到达了目标地，能比较快地找到适合的工作，不至于发生超量劳动力同时涌进目标地，造成各种社会问题，并对打工者造成不良心理负担。

3. 有助于打工者的健康成长

事先谋划，然后按谋划的步骤一步一步地实施，打工者在目的地顺利地解决了吃、住、行之后，又解决了工作，而且报酬也符合当初的心理价位，于是便身心愉快地投入到打工中去。这有利于他们的健康成长，不论是心理方面，还是身体方面，或者是事业方面，都是这样。安徽巢湖的小周来上海打工，几年之后，不仅创办了一个小有规模的金陵王烧鹅公司，开了十多家分公司，年营业额达1000多万元，利润达100多万元，而且，该公司的不少年轻人，文化程度从初中升到了高中，后来达到了大专和本科的文化水平，文化水平的提高又推动了事业的发展，进入了良性循环。

三、青年打工者的特点

1. 初期的特点

（1）盲目性

初期的打工者，往往是第一次出远门打工，盲目性很大，只要听说某某地方可以打工、挣钱，也不核实这个消息是否可靠，于是七八个年轻人呼啦一下子来某地，抓了瞎，走在马路上，走进工地里，没有一个熟人，没有人要请他们打工。像1989年的春节刚过，上海浦东陆家咀地区遍地都是打工者在转，他们希望能找到一份工作，但是很难。

(2) 集群性

初期的打工者单个人往往不敢远行,胆小,怕出事,于是成群地来到外地打工,以便有个照应什么的。集群性也是一定程度上的乡土性,一个打工者群中,基本是同乡(同村、同镇、同县),相互比较熟悉。

(3) 约束性差

由于干惯了田头农活,纪律性不强,对城市企业的规章制度的约束感到不舒服、不自由,往往有一点不称心就不愿干,便再去找另一家。

(4) 吃苦性差

在家里干活,累了就休息,而在城里打工,由于是在流水线上作业,如果累了就休息,整个流水线就得停下来,现代化大生产是不允许的。他们碰到这类工作,很多人因为怕苦怕累而不愿干下去。

2. 中期的特点

(1) 目的性强

经过初期的"摔打",他们逐渐地成熟起来,接受了现代城市文明的熏陶,观念逐渐转变。打工的目的清楚,具体目标明确,不像初期那样找不着方向。

(2) 地缘感还在起作用

先到的打工者干了一年半载,情况熟了,打电话或写封信给在原籍的亲朋好友,介绍这边的情况,吸引他们来打工创业。往往在春节返乡时一个人,而回城时是带回一大群。

(3) 网络正在形成

打工者到外地打工,形成了具有特色的沟通网络,有什么业务,自己干不了,一个电话,远在几十里之外的同乡立马赶到,立刻能够解决。有一个装潢个体户,为一公司装潢,眼看工期快到了,还有很多作业没有完成,连打几个电话,招来了几个能工巧匠,只花了两三天,就漂漂亮亮地完成了装修,得到公司的夸赞,随后又给他们介绍了另一笔装潢业务。

(4) 逐步融入城市社区

由于长达几年甚至十几年的在一个社区居住、打工,使他们逐步融入社区,参与社区的活动。如志愿者、捐赠、无偿献血、文艺活动,他们逐渐成为社区的一员。

3. 近期的特点

由于打工者对所在城市的建设和社会稳定有重大的影响,城市各级政府加强了对打工者的管理与引导,出现了不同于以往的特点。

(1) 组织化程度提高

由于各地区的打工者数量多,涉及的区域广,对该地区的经济活动产生重大的影响,各地的政府成立专门机构,为打工者提供服务。由出发地与到达地的机构互相联系,根据需要进行派遣,避免了人力的浪费,减少盲目的流动。

(2) 素质提高

各出发地的政府根据目的地的劳动力市场行情,组织针对性的培训,学以致用,提高了打工者的职业技能和文化素养,为打工者获得更多更大的回报创造了条件。此外,不少年轻的打工者,积极参加各类学历层次的学习,既提高了学历层次,又提高了文化修养和自身素质。

(3) 市民化程度日益提高

初期的打工者多数是单独一人外出打工,到中期,是夫妻一起打工,而现在一家三口生活、学习、打工都在打工所在地,他们的子女读书也享受市民待遇。这个措施提高了打工者的社会地位和政治待遇。不少省市规定,打工者同本市市民一样享有评选劳动模范、三八红旗手、新长征突击手、十大杰出青年的权利,当选各级人民代表和政协委员的权利,参与所在城市的大政方针的制定与管理的权利。全国有2.4亿农民工。重庆有600万农民工,重庆永川县的农民工康厚明出门打工,是为了盖房娶媳妇。2005年,他荣获全国劳模的称号,2008年2月和朱雪芹、胡小燕三人首次当选为全国人大代表的农民工。诚如温家宝说:"这3名就代表着历史上的一个重大飞跃,代表着社会走向更加公正。"打工者更好地融入社区,是这一系列措施的功劳,是精神文明建设的一大进步。在打工者集中的单位,还成立了党支部,发展党员,开展政治工作,取得了明显的成绩。上海公兴搬场公司民工党支部成立早,成绩突出,就是一个自我管理的优秀样本。

(4) 有序化提高

经过多年经验的积累,各级政府对打工者发布用工信息:人数、工种、待遇,使打工者心知肚明。各地有序地输出和接受打工者,避免了混乱和信息阻塞,提高了效率和效益。

内蒙古突泉县就业局根据上海、大连、连云港、舟山、苏州等地的用工情况,举办焊工培训班,据订单培训,到2010年6月,短短的二年内,培训了2000名焊工,输送到各大造船厂。有的技术好的青工,在1~2年内,已经到 4 000 多元/月。

4. 地理分布的特点

（1）出发地

出发地多为不发达地区，如山区、农村。也有少量的经济比较发达的地区前往比较不发达地区打工创业的。

（2）到达地

到达地多为沿海城市和经济发达的地区。比如 2010 年底上海市常住人口 2220 万，流动人口有 900 多万，占全市人口的 2/5。在有的社区，外来务工人员竟然超过了本地居民。有相当数量的打工者从经济发达地区到西北、西南等地去打工，他们说，经济不发达地区也有许多机遇。像上海、杭州、南京等城市的青年去经济欠发达地区经商、打工，获利颇丰，没有几年就开了一定规模的工厂、商店，使当地人羡慕不已。

四、新生代打工者的特征

新生代打工者指 20 世纪 80 年代后出生、成长，如今开始外出务工的农村劳动力。他们成为打工者的主体。目前占农民工总数的 60%，约一亿人。

① 新生代打工者处在劳动力"有限过剩"、工资应适时提高的年代，有相对大的选择空间。

② 他们倾向于"发展型、消费型和家庭型"的务工方式，受教育程度和职业期望值更高，思想开放，思维活跃。市民化、城市化倾向明显，渴望融入城市并转换身份的意愿更强。消费观念更为开放，有较高的生活期望与更强的权利意识，对自身权益的爱护更加注重，更看重社会保险。

③ 他们希望在企业经营、社区发展、国家政策等公共事务中发"声音"，参与管理，取得话语权，分享企业、社区乃至城市改革发展成果。

④ 靓装出行，有序流动。新生代打工者着装变得靓丽多姿，行包也越来越小，许多人拿着手机，听着 MP3、MP4，还有人带上笔记本电脑。他们在目标地有固定的落脚点，吃住工作都没问题，有的形成了团队。

⑤ 带着新技术、新观念回家创业。在市场中锻炼成长的新一代打工者，带回家的不仅是钞票，更多、更重要的是把技术、经验、市场观念和现代文明、理念带回了家乡，劳务经济拉动了家乡经济的发展，也催生了农村劳务经济的崛起。很多人在家乡创业。地方政府因势利导，实施"引凤还巢"

工程,引导他们有序返乡创业。像阜阳市在2009年建起19个农民创业园,吸引创业人员1.8万人。

⑥ 第一代进城挣票子,回家盖房子、娶娘子。新生代"学本事、长见识,改变人生命运,实现个人价值,提升社会地位"成为他们的新观念、新追求。他们谋饭碗、谋生存,并且谋事业、谋发展。不仅被选择,也主动自我选择,不仅羡慕城市物质生活的富足,也渴望知识文化世界的丰富;不安于现状和命运,力图通过个人奋斗,打通社会阶层,流动上升路径。

五、青年打工者创业策划的特点

1. 目的性强

打工者的策划目的性很强,到一个地区,是为了找一份工作,挣钱养家糊口。地区明确,目标明朗,目的清楚。

2. 计划性强

策划的计划性强,与哪些人同行,住什么地方,干什么活,每月的工资是多少,在策划中都表达很清楚,而且有第一方案、第二方案。力保成功和大的收益,从不马虎,他们知道,策划中的马虎会使自己吃苦头。

3. 互利性、互助性强

在外出务工策划中,往往是集体行动,一损俱损,一荣俱荣。他们强调有饭同吃,有衣同穿。互利性是共同遵守的,不会把同伴扔在一边不管。当同伴有难,其他打工者是会来帮助的。所以,在一个社区、一个单位打工的,往往是同乡、同学,或以血缘关系为纽带组成的群体,这增强了互利性、互助性。有一个浙江常山农村来沪打工的青年,查出了患膀胱癌。他上有父母,下有一个5岁的小女儿,妻子也在上海台资企业打工。开刀的费用很大,在同一社区的打工者纷纷伸出援助之手,大家凑了2万元,顺利地解决了医疗费用。此情也感动了同住一病房的上海老教师,他也拿出500元,给予支持。

4. 安全性有保障

进行打工创业策划,可增加安全性。如不进行事先的策划,对于目的地的治安状况、打工单位的安全状况一无所知,这对打工者是不利的,对创业资金投入的安全性是缺乏保障的。相反,通过策划,可以把这种不安因素降到最低,使打工或创业的预期目的顺利实现。

有一四川合江县的一青年,在上海打工积累了一笔资金,想去浙江某地创业。他请了熟悉的东方公关事务所为之策划,这家事务所免费提供了服务,对该项目的科技含量、市场前景进行了调查,对目标地的政情、社情进行了解,提出建议:换! 因为该地区风气有些问题。开始他不信,便去实地考察,发现不少创业者的资金投下去,连浪花也没起就沉到钱塘江里了。于是又立刻另选某地,并经论证,该地适宜投资。在三年内便收回成本,获得了良好的回报。该青年深有感触地说:"项目经策划和不经策划,大不一样。"

5. 有序性好

限于多种因素,青年打工者,特别是初期到中期的打工者,他们的知识是比较欠缺的,加上不愿学习,自身提高慢。想去哪儿就去哪儿,一是本身无序,二是群体也无序。经过策划,可改变这种不良状态,通过与各有关方面沟通、联系,使无序性下降,有序性提高。到后期,打工者不但是有序性强了,而且在不少地区形成了团队。

第二节 青年打工者的公关策划

打工者为了提高打工的效益,需要策划,减少盲目性,增加自觉性和计划性,为此要谋划在先,行动在后,有助于成功。怎样进行打工策划呢?

一、收集信息

1. 经济信息

打工,是比较贫困地区的人向比较富裕的地区流动,但也有人,从比较富裕地区或比较发达的城市向比较落后的、比较贫困的地区流动。不论是向什么地区流动、打工,只要哪儿有商机,就向哪儿跑。这就要收集目标地区的经济信息。初期的打工者,是从媒体上知道中央办五个经济特区,建设事业方兴未艾,需要大批劳动力,于是就到那儿打工。富裕地区的打工者,他们独辟蹊径,认为越穷的地方,越有商机。于是携带资金,去贫穷地方创业。不少温州人去云南、贵州的老、少、边、穷地区创业,以先进的理念和科学的方法在此创办事业,获得了成功,取得了丰厚的回报。有一家超市总裁,通过考察,决定在某市新辟的一个小区办一大型超市。该小区是工薪阶层为主,大款大腕很少,常住人口为 30 万人。在该市来说,这个小区是相对贫穷的小区。但总裁认为,30 万人口,基数大,在他们国家,就相当于一个市的人口。设想一下，30万人口中的一半来买你的商品，利润是多么丰厚。尽管超市薄利，但是至少10万人常来光顾，其利润就不少了。这家超市用8个月便建成开张，不仅本社区的市民来，其他社区的人还开车来购物。这家超市几乎天天在"过节"，取得了可观的利润。

2. 人力资源需求信息

打工者要收集目标地的人力资源需求信息，才能有针对性。像深圳，1980年改为经济特区，百废待兴。土建工程大量上马，急需土建劳动力。那些青年打工者中文化不高、技术不高、身体棒的小伙子，便三五成群地涌向深圳、沿海开发区，参与建筑。而那些高学历的精英们也收集到深圳要创办高科技机构的信息，于是便来联系，参与高科技开发。

收集人力资源需求信息，可使打工者的打工成本下降，成功概率提高，有利于取得良好的报酬，有利于打工的成功。

3. 收集信息的渠道

（1）从政府的网站上收集信息

目前，不少政府都设置了网站，政府在网上发布用工信息。打工者便可通过多级政府网站收集、了解用工的信息，然后决定行动。

（2）媒介

从电视、广播、报纸、杂志等媒体收集。特别是专业媒体的信息，如人才市场报，人才杂志等更具针对性，可经常关注这些媒介。

（3）"三缘"

从"三缘"，即血缘、地缘、学缘中收集信息，由于"三缘"是有一定的情感联系的，他们提供的信息一般地都比较准确、可靠。

4. 收集信息的原则

（1）时效

信息具有很强的时效性，再好的信息，过了时间就没有用，一钱也不值。

（2）真实

信息要真实，不能有水分，或失真。在信息传播上有可能差之毫厘，失之千里。信息的来源要可靠，加工要科学，不掺杂个人的主观成分，一是一，二是二。只有这样，在完全真实信息的基础上，打工或创业才能有一个良好的开始。

(3) 迅速

收集信息要迅速,加工处理要迅速,付诸实施要迅速,不能拖延,拖延会延误甚至丧失创业的时机。

二、制订计划

1. 制订打工或创业计划的原则

(1) 能级相当

自我分析:技术等级、资金额度,可以干哪一级的技术工种,或可以注册何种规模的公司?比如刚出来打工,就做小工,一边做工,一边学技术。一年下来通过考试,取得了二级工证书。在二级工的岗位上又干了几年,达到了四级工的水平,经考试领到了证书。这样一级一级地爬上去,根据技术的等级制订计划,比较稳当。自己的能量(智慧、技术、水平、资金额度)尽量和工作岗位及项目持平。

(2) 可行

制订的计划,不仅要能级相当,还要可行。计划在实践中,必须可操作,而不是中看不中用的摆设。

(3) 合理的报酬

毫无疑问,制订的计划是要取得合理的报酬。表现为货币收入,如工资、利润等。有些单位对打工者克扣、压低工资,违反政府规定,盘剥打工者。在制订计划时,要对此有所准备,做必要的争取,以维护正当的合法权益。2011年3月某市举行农民工工作会议,确定每年10%的工资增长幅度。

(4) 对健康无害

打工者对打工的环境要有所了解,要知道环保和健康方面的知识,对于打工环境不良的地方,一般不宜进入,如要进入,需要有保护设备及其他措施。福建某地一小水泥厂,对于从四川达县来打工的青年农民,不给任何保护措施,使他们在粉尘中工作,每人每天只给3元的营养津贴。后果是可想而知的,10人中5人得了严重的矽肺,完全丧失劳动能力,回到家乡只两年就走了三人,抛下父母、妻子和儿女。另外几人也轻度丧失劳动能力。像这样的打工环境完全不应该进入。制订计划时应有所考虑和警惕。

2. 制订计划的方法

(1) 自己订

根据收集到的信息和自身的能级状况,自己制订计划。

(2) 请别人当参谋

有时自己感觉到把握不大,可以请亲朋好友或有打工经验的人做参谋,这样制订的计划更具可行性,不会是空对空,也不会出大的偏差。

三、实施计划

打工计划制订好了,下一步就要进入实施阶段。

1. 联系好住宿和引荐人

假如你要到某电器公司去打工,先通过电话、书信与那边的人力资源部联系,以使工作岗位、食宿都没问,并确定与引荐人的联系方法,何时到达,以便顺利接上关系,抵达企业。

2. 了解工作和环境是否与商定的一致

到工作单位后,先要了解所在的单位环境,特别是具体岗位环境与具体岗位和商定的是否基本相符,如有变化,进行沟通与协调,达到和商定的一致。

3. 报酬是否一致

上岗之前,向人力资源部门问清工资待遇。出来打工,这个问题是关键与要害,其他事情都好,而这个问题弄不好,一切都成泡影。

4. 订合同

打工者上岗前,要根据合同法签订合同,以法律形式来保护自己的合法权益不受侵犯,要注意条款的叙述内容。自己吃不准,请朋友或律师看看,以确保合同的公正、公平、有效。

5. 工伤事故的预防和处理

上岗之后,要提高自我保护意识,不马虎,不轻信,出了工伤,受害的最终是自己和家人,安全来不得半点麻痹。有一空调修理工,一次为一家客户的二楼装空调,自认为楼层低,没问题,没系安全带。结果坠楼,造成腰椎骨折,半身瘫痪。此事经法院审理,修理单位无责任,派出单位无责任,该打工者在安全责任书上签了字:登高作业必须系好安全带,否则不准登高。若不系安全带登高出了事故,概由本人负一切责任。最后经法院做工作,修理单位和派出单位出于人道主义,每家出了5万元,共10万元送回老家。一个活蹦乱跳的青年,将在床上、轮椅上度过一生,多么不幸。

6. 防落入"自动离职"的陷阱

有些单位,解雇员工,仅口头通知,而打工者缺乏自我保护意识,在未取得证据和书面文件的情况,就办理移交手续,不上班,事后想要通过法律途径讨回公道,单位竟说他:"主动离职",不来上班的。拿不出书面证据,陷入被动。白白失去了自己的权利。员工应加强自我保护意识。碰到这类事,多长个心眼。如口头解约,应继续上班,利用电话录音或同事证明,必要时向有关机关举报进行备案。对口头解约,要慎重,不能让走就走,掌握证据,免入不良境地。

有些单位采取下列方法,让你走人:①声称未解约,自己不来上班。②恶人先告状,说你连续旷工。③欺骗你,说先回去,解约书马上寄到。④不给退工证明,也不安排工作,不做考勤,使你进退两难。⑤不让进厂门,硬逼你违纪旷工。⑥用人单位强行没收考勤卡、工作证,强行辞退。打工者若遇到这样的情况,应机智地运用法律武器,保护自己的权益。

7. "打工妹"的自我保护问题

年轻的"打工妹"独自一人在外地打工,这对她们来讲是一种机遇,也是一种挑战,既有利益,也有风险。我们的社会总体上来讲是好的。但是国家之大,人口之多,良莠不齐,阴暗面总是有的,好人虽然是占绝对多数,但坏人、品质不好的人也是有的。如果遇上了一个坏人,则会上当,吃大亏的。要增强自我保护意识,不受伤害。常有媒体报道打工妹受到伤害的事。怎样自我保护,不受伤害呢?我们建议从以下几点做起:不要单独外出打工,尽量结伴一道去以便相互关照和保护;不去治安情况混乱的地方打工;修饰不要太艳丽,不引人注意;留心调动您的第六感官,善于察觉哪个家伙对您有非分之念,发现苗头,及早防范。要机智灵活,善于消解和避免来自周围的性骚扰。既不轻易捅破窗纸,闹翻,也不逆来顺受任其发展下去。既让对方知道你的厉害,又给人家一个台阶下。如,他向你提出过分的邀请,你说:请您夫人也来陪陪好吗?或者说,让我朋友也参加吧。这样,你在他心中是一个既大方、坦荡,又机警、智慧、不容侵犯的女性形象,他还敢再起动你的心思吗?

在南京的一家夜总会的吧台,有一位从大山里走出来的小冯,她长得如出水芙蓉般的俏丽,肌如凝脂,脸如鹅蛋,十指如笋,身材修长,气质、修养皆为上品。高中毕业,在此一边打工,一边自修完中文专科,现在正修法律本科文凭。不少人向她献殷勤:邀请她进餐、旅游、欣赏《天鹅湖》……都被她巧妙而得体地谢绝了。一次,本店的老主顾、某房地产开发商的熊总,在情人节这天的晚上,来到吧台边,双手捧着一只精致的首饰盒,放在吧台上,轻轻地说:"冯小姐,祝您情人节快乐!这是……"小冯一惊,马上明白礼品背后的涵义。拒绝吧,当着这么多的客人,熊总面子上过不去,而且,他也不会再来了,夜总会失去一位大客户。收下吧!以后的事情就不好处理了。她灵机一动,立刻放下手头的活,打开盖子,见一只硕大的红宝石白金项链,价值不菲。她用小指挑起,红宝石和白金项链在灯光的照射下闪闪发光。这饰品十分华贵!她扫了周围客人一眼,说:"熊总,您真有眼光,为夫人买了这么珍贵的项链,贵夫人一定高兴的。不过,我也很感谢您,让我欣赏到这么名贵的挂件!"说完,按原样放好,合上盖子,轻轻推到熊总面前。熊总先是一愣,随后接过来,又笑了笑,轻轻地说:"冯小姐,您真聪明!"小冯破译了它的涵义,巧妙地化解了。此后,很少有人来骚扰她了。她顺利地修完法律本科,取得文凭。通过考试,取得律师资格。在一家著名律师事务所担任经济律师。为几个大案、要案出庭辩护,名声大振,成为当地一位著名的律师。

此外,不要去色情边缘场所打工;夜间不要一人外出;对不熟悉的人,尤其是异性不轻易相信和与之交友,稳重别轻佻;钱及时存入银行,设定密码,并保管好存折。存折和身份证分开存放;受到伤害,设法保留证据,向法律求助,不可吞下这颗苦药,放走犯罪分子;挡住诱惑。

四、计划的评估

1. 评估的时段

第一个评估时段是按计划到达打工地点,进入岗位的时间段。检查与合同签订的内容是否一致,如有不一致的地方,是什么原因造成的,有无沟通、协调的可能?如果基本一致,则这个计划是可行的。如果相差太远,就要重新考虑,这是第一个时段。第二个时段是打工半年了,再评估一次,从安全、环境、待遇来比较,是前进了还是后退了?若是后退了,找原因,通过沟通协调,改变这种状态。第三时段是在此打工一年了,做一个总的评估:好、中、不好三种状态,然后,决定来年是否继续在此打工,预先做好各种准备。

2. 评估的内容

收入:是否与约定的相符,如变少了,是什么原因,是自己原因还是单位原因?如是单位原因,要沟通协调,不使自己蒙受损失。

安全:包括生产安全和社会安全。生产安全的问题是个人原因还是单位原因？若是个人原因,应总结教训,改进工作方法。如果是单位原因,提请单位研究改进。如果单位不听,依一定程序,向有关方面反映。不能解决的,要跳槽,不能拿健康与生命开玩笑。如社会治安混乱,要重新考虑：该地短期内治安状态有无好转？如无好转迹象,应转移打工地点,生命是至高无上的。生命无保障,一切都是空的。

心理：在这儿打工,心理环境是否良好,个人身心是否愉快？

尊重：这儿的领导是否尊重民工的人格,同事之间是否相互尊重？

发展：在此打工,有没有发展的空间,如工资、技术、事业、职位、职称等。

3. 评估的作用

通过评估实施的情况,看出计划制订中存在的优点和问题,及时发扬优点,纠正问题,争取把新的计划制订得完美一些。对评估中发现的问题,要采取措施加以改进,减少损失,获得更好的效益。每隔一定的时间,做一小结,有利于打工者的发展和进步,不断提高打工的层次和水平。

第三节 青年打工者的发展

青年打工者在外打工,在解决了温饱之后,还是要想有所发展的,在政治、文化、学术、经济上有一个大的发展,满足心理需要。所以,对青年打工者的发展要做进一步探索。

一、青年打工者的心态研究

1. 自卑心理

不少打工者来自不发达地区,文化低,加上穷,在外地打工时,与人交往无形中就产生了一种自卑心理。自己瞧不起自己,感到命中注定的穷。这种心态妨碍自己的发展,危害很大,调动不起自身的积极性,把朝气磨掉了,要克服。

2. 孤独心理

打工者,特别是刚出门打工的时候,在外乡,亲人不在身边,熟悉、知己的人又少,能够交流的人不多,常常产生一种莫名的孤独感,发出："金窝银窝,不如自家的草窝"的感叹,认为外边再好,不如自家的草棚来得温馨、有感情。常常向隅而泣,萌发回家的念头。有这种心理的人,要尽快融入新的群体,善于与伙伴交流,克服孤独心理,才能有助于自身的发展。若不克服,有可能因情绪无处释放,而走上极端。如2010年深圳富士康的跳楼事件。

3. 不爱学习的心理

打工者文化层次低,成长、生活在文化氛围不高的家乡,没有养成良好的学习习惯。到外边打工后,生活、劳动一紧张,多数人把学习放在脑后,不爱学习,认为学习没有什么用,不如喝酒、搓麻将、打扑克、侃大山来得有劲。这样,让岁月白白流逝。

4. 缺乏恒心的心理

不少打工者想干一番事业,苦干几年,进行资本的原始积累,来创业。但是在同伴中消极心态的影响下,也产生了这样太苦了的想法,坚持不下去了。不论是学习理论还是学技术,出现半途而废的情况相当多。这就导致在打工者中创业成功者少,成大器者更少的现象。打工的朋友们须知,要想成功,要想改变当前的处境,惟有坚持下去,学理论,学技术,别无他途。我们通观不少打工的成功者,他们克服自卑的心理,像越王勾践那样,卧薪尝胆,时刻不忘贫穷,文化低,地位低,要记住它,才不敢有稍微懈怠。他们把别人玩耍的时间花在了学习上,用水滴石穿的毅力,日久天长的积累,孜孜不倦的奋斗,披荆斩棘的勇气,才登上了事业的高峰,获得成功,舍此,别无捷径。

5. 发展心理

打工者的发展心理十分普遍而执着,他们离乡背井到千里之外打工,图的就是寻求发展。初级阶段的发展就是摆脱贫困,求得温饱。然后是进行资本的原始积累("关系"、资金、技术),待条件基本成熟,进行创业,追求更高层次的发展。有一个温州的打工者,在上海苦干了10年,经过资本的原始积累,开办了一家公司,发展很快,成为所在区的纳税大户,当地的十强民营企业之一。这时,他渴求向政界发展,几经努力成为市政协委员,这是一个打工者比较普遍的发展心理。

6. 在家创业心理

在家门口找到合适的工作,领到与沿海地区相差不大的报酬,享受"社保",照顾老人、孩子,享尽天伦之乐,何乐而不为?随着中西部经济发展,就业机会增多,很多人不再坚持"想要富,就走沿海打工路。"选择在家创业。

二、青年打工者发展策划的特点

1. 发展的阶段性

每个人的发展都有阶段性,打工者也不例外。第一步是解决温饱问题。第二步是学习理论和技术,指导实践。第三步是进行资本的原始积累。到一定量时,便策划自主办公司或合伙办企业。第四步是掌握了一定的理论和技术后,提高产品科技含量和附加值,增加利润,扩大生产规模,寻找新的增长点。第五步,进入社会公益事业,参与社会慈善活动。第六步要求进入政界,参与社会管理。

2. 发展的艰苦性

许多人,只看打工者奋斗成功之后的辉煌成就,而对他艰苦创业的一面往往忽略了。

王宝强的经历

一、坚信自己与众不同

16岁时,为了生存,王宝强利用做群众演员的空当,找了一份清洁工的工作。工友们都觉得他是个怪物。因为每隔一段时间,就要洗照片,一洗就是几十甚至上百张。一个每天只挣25元的工人,花大笔钱去洗照片,这不是疯了吗?那些照片,是送给大大小小的导演看的。

在工友们的眼中,他大概属于那种有妄想症的人。

好心的人会劝他:"算了吧,安安心心地找个活儿吧。""我……我还是想演电影。"劝他的人都快气死了,"你凭什么演电影啊?凭你长得好看?"

他有什么比别人强的地方吗?连他自己都没看出来。个子矮,长相一般,皮肤不好。除了会耍套把式,简直一无是处。

现在流行一个词,叫"内心强大"。他们对王宝强的每一次否定,对他起的作用比他们看出来的要大得多。

每一次被否定后,王宝强的内心都有两种力量在撕扯,一种是:"他们说得对。"另一种是:"要相信你自己,你会和他们不同。"16岁的年纪内心永远燃烧着一种坚定的火焰。所以,每一次无论两种力量如何撕扯,第二天,阳光再次射进小屋的时候,他还是要按自己的初衷去行事。

憨厚的王宝强创造了娱乐圈的奇迹。自从儿时第一次看《少林寺》立下演员梦以来,他用十几年时间,终于从片场蹲候的群众演员,成为红遍中国的影视明星。近日,王宝强自传新书《向前进》由作家出版社出版。在上海大众书局的签售活动中,王宝强在短短1小时内签出400本新书,成绩胜过不少在同一场地举行过签售活动的著名作家。

生活中的王宝强真的是许三多式的傻小子吗?作为一个外形、经验、后台几乎为零的北漂,王宝强是如何成名的?从未读过书的他,怎样写出16万字自传?出单曲、做代言、传绯闻,王宝强会不会在商业化明星之路上越走越远?带着这些疑问,记者走近王宝强。

采访的过程中,王宝强的粉丝围在两米开外,大声叫着他的名字,闪光灯频频闪烁。他穿着白衬衫、牛仔裤,一副毫不在意的样子。说话的间隙,时不时地露出许三多式的招牌笑容,一口白牙,眼角都是笑纹。

虽然王宝强喜欢别人叫他许三多,但他绝不像许三多那么一根筋。问到绯闻,他会说,我在书里都写了,看书去吧;问到会不会继续写书,他说,要看你们媒体帮我宣传得怎么样。也许这些话出自别的明星之口,会显得圆滑,但是由王宝强说来,却是羞涩而真诚,让人无法拒绝。这大概是他最打动人的地方。

二、假如30岁还没有出头,就回家种地

24年前,王宝强出生于河北省的小村庄。6岁那年,他被李连杰的《少林寺》深深吸引,做一个功夫明星的志愿在幼小的心灵里悄悄萌芽。到了读书的年纪,家里没钱供他念书,他便跑到河南嵩山少林寺做俗家弟子,曾经和师弟打架差点掉下山去,翻着跟头以为自己在拍电影……

14岁,王宝强成了一名北漂,整天蹲点在北影门口,只求有机会当演员。后来,逐渐接了一些活,在各个剧组当武行、做群众演员,时常弄得浑身是伤。

那是一段艰难的日子。"我在那儿租房子,几个人合租一个小平房,才100块钱。每天都特别累,回来看着天花板,脑袋里面就想:接着该怎么办,回去能怎么样?家里都知道,去少林寺,去北京拍电影,但从来没看到过,我不知道我怎么面对我的父母。"

所幸,命运似乎很眷顾这个看上去普普通通的孩子。16岁时,王宝强被导演李扬挑中,主演独立电影《盲井》。他倍加珍惜这个机会,即使拍摄的煤矿砸死了两个人,女主演也吓跑了,但是他坚持下来了。拍完后,他拿到了人生的第一笔"巨款"1500元,那是2001年。这部电影让他一夜之间从武行变成金马奖最佳新人。之后,他用一碗刀削面给自己庆祝。

2004年,王宝强参演冯小刚贺岁剧《天下无贼》,很多人记住了傻根这个角色。

真正让王宝强成为明星的是《士兵突击》,他成功塑造了许三多,其自然的表演赢得了广大观众的喜爱。人们不再叫他傻根,而是叫他许三多。

当王宝强再次出现在冯小刚的贺岁片《集结号》中,谁提携谁的人气,已经很难讲清楚,而这离《天下无贼》仅仅过去3年。

这样一个外形普通、非科班出身、毫无后台的小伙子,突然成了炙手可热的明星,很容易让人想到"一夜成名"这个词。

"这个世界上从没有一夜成名。"王宝强断然否认,"一夜成名是指速度快,我是一夜成名吗?不是。我从8岁进入少林寺开始磨炼,又北漂了那么多年,可能一部戏让大家知道了,感觉一夜成名,其实没有那么简单。当我孤独一人北漂的时候,同龄孩子还在爹妈身边享福。假如我成天躺在家里,能成名吗?机会从来都只青睐有准备的人。"

问他,有没有想过,假如没有《盲井》,现在会是怎样一种生活状态。"没有想过,因为已经有了《盲井》,我已经出来了!"真的没有想过?王宝强陷入回忆,这是他在整个采访过程中,最漫长的一次思索。他说:"这北漂的几年里,每天都度日如年。那时候,我想过,假如30岁还没有出头,就回家种地。"

事实是,这世上少了一个农民王宝强,多了一个演员王宝强。

三、书不完全是自己写的

王宝强的新书《向前进》有16万字,在流畅的文字之下,蕴涵着诸多人生思索。这让人很难相信,一个几乎从没上过学的人,能够写出这样的书。

王宝强坦言,这部书并不全是自己的亲笔,"正文开头的2万字是自己写的,在电脑上写,边打边想,越写越兴奋,写着写着还会笑出来。夹在中间的20多篇日记也是我自己写的,其余部分是由我口述,请两位朋友执笔写成的,但最后是由我整理的。"

他强调,"书是我自己想写的。我一开始是想写电影剧本,后来改写日记,再后来又变成自传,最终目的是要写一本对别人有帮助的书。另外,我也想把自己这二十几年做一个总结,让自己好好反省一下这些年都做了什么。以后无论什么时候,都可以怀念一下自己青春时代的奋斗史。"

他把这本自传定义为励志书。"我觉得自己的故事是值得写的。通过自己从看不到希望到看到希望的经历,来鼓励年轻人,帮他们找到自信。

出这本书,我觉得自己又做了件有意义的事情。"

有没有想过念书、深造?"不是进学校才算学习,我所碰到的每一个导演都是我的老师,我觉得实践中学习才是最快的、最有灵性的。也许到了一定时候,我会走进校门,但目前不会。"

四、我是一个演员,不是明星

王宝强成名后,迅速经历娱乐圈的洗礼。他有了自己的粉丝、出了单曲、拍了MV、上了春晚、代言了汽车,与此同时,也传出了和播音系女生的绯闻……当红明星该承受的鲜花与板砖,他都一一尝遍。

"每个人要得到什么总要先有一定的付出。每次看到负面新闻和绯闻,我都会想到刘德华,他对人处事的方式是我的榜样。我管不了别人怎么说我,但我能管住自己怎么做。"

有人担心对明星的商业化操作会侵蚀王宝强身上的淳朴,他则反复强调自己的身份:"明星是别人叫的,我是一个演员,最重要的是作品。我知道观众是因为我拍出的作品才支持我的,而不是因为我跟他们面对面说话、面对面做活动,所以一旦开始拍戏,我就任何活动都不参加,专心把戏拍好。"

他说,成名前后,生活没有太大的差别。"我在生活中不是很显眼,没什么人注意我,等他反应过来问我是谁,我们已经擦肩而过。"

最大的改变是父母的生活,"经济压力没有了,他们为有我这样一个儿子感到高兴。我给他们盖了大房子,一有我的节目,他们就会坐在电视机前一起看。虽然我不常回家,但是他们都知道我最近在干什么。"王宝强笑得一脸淳朴。

王宝强的经历证实了这样一句话:动物有天敌才有生机,人有压力才能自强,才有动力,才有智慧,才有希望。

3. 发展的曲折性

打工者的发展和其他人一样,发展的路是曲折的,不会是一帆风顺的,王宝强的经历就证明了这一点。

4. 发展的层次性

打工者的情况不同,打工过程中努力程度不同,天分不同,机遇不同,基础不同,造就了打工者发展的层次性。有的生活情况有改善,开了一个修理铺;有的开了一家杂货店,有的开了三开间几百平方米的饭店;有的有十几家子公司,资产达十几个亿;有的连儿女的学费也拿不出,为一家的人温饱发愁；有的成为专家等。这都表现了丰富的层次性。还有文化的、社会地位的层次性，层次差别也很大。这取决于打工者的公关意识、市场意识、竞争意识和创新意识的强弱及坚持性。像中铁一局电务公司高级技师窦铁成，从一个初中文化的农民工，经过30年的努力，成长为掌握现代电力施工技术的专家型工人，被誉为"金牌工人""工人教授"。2009年8月被中央请到北戴河休假。

陈星的故事

一、自觉充电成骨干

10多年前，陈星背着一卷铺盖从农村来沪谋生，高中毕业的他在爱建造纸机械公司当了一名工人。由于没有经过技术学校的专业训练，初来乍到时他连一张简单的图纸都看不懂。但他喜欢钻研，碰到不懂的就请教师傅和身边同事，没学过专业知识，他就向技术科甚至总经理借阅专业杂志，自己利用业余时间研究、琢磨。勤能补拙，短短半年多时间，陈星已基本熟悉了造纸机械的划线、钻孔、组装等各道工序。一年之后，他已对整台机器了如指掌，成为厂里的技术骨干，并被陆续派往山东、湖北、安徽等地进行机器调试。

二、两出国门送技术

2005年，公司接下了奥地利一家大型造纸企业的订单，产品出笼后需派专业人员前往波兰分厂调试，派谁呢？公司领导想到了技术过硬且认真负责的外来小伙陈星。"陈星要出国了！"消息传到江苏淮安后，家乡沸腾了——乡亲们无论如何不相信这个憨厚的农村小伙竟会走出国门。过去的两年中，陈星两次作为公司的工人专家技师前往波兰，为公司出口的两台机械设备进行安装调试，在他的努力下，仅仅3个月就完成了一般需半年左右时间才能达到的设计要求，得到了客户的高度赞扬。

三、成长在育才平台

目前，陈星已成为公司钳床工种上最出色的一名技术工人，并连续几年获得上级部门先进工作者的称号。在今年的工会换届选举中，他还被推选为工会职工代表。

5. 发展的选择性

生活水平逐年提高，打工者的生活成本也逐年增加，物价上涨，不断提高薪金的趋势是不可逆转的。打工者的选择余地大，要挑选体面、轻松的工作,对工资要求高,对不给高工资的单位他们持观望、等待的态度,等待更好机会的心态成为新生代打工者的特点。他们会用双手双脚来表达他们的选择权。

三、青年打工者发展计划的制订

1. 分析自身的综合能力和条件

打工者要求发展,提高自身的社会层次,这是正常的现象,不求发展的打工者,特别是青年打工者几乎是不存在的。最初的发展是只求日子过得好一点,钱赚得多一点。为了更好地发展,要制订发展计划,分析自身的能力和条件。这些能力有:吃苦耐劳、抗挫折的能力,市场分析的能力,善于交往、沟通的能力等。条件大体是:资金、技术、关系等。这些能力和条件大体上具备了,便可创业。

2. 确定自己的近期目标和远期目标

根据自己的能力和条件,确定创业的近期目标和远期目标。一般是先办一个小企业,滚动发展,一边积累经验,一边积累资金,然后,分阶段上新的台阶。上到一定规模后,便要停下来,向提高和扩大内涵的方向发展,即增强产品的科技含量和附加值,以提高产品质量,扩大市场份额。

从农民工到高级工

高中文化,竟然写出填补电气化铁路施工培训空白的教科书!

在20多年的外出务工岁月中,刻苦自学,先后研发和革新铁路接触网施工工艺40多项,成为有名的技术创新能手。

他,就是来自陕西岐山县的农民工、中国中铁电气化局集团第一工程公司接触网高级工——巨晓林。

一、自学——数十万字笔记浓缩成接触网施工的"操作宝典"

对于电气化局集团2万多职工、5万多农民工来说,他是无人不知,无人不晓的。近两年,每一位新来的接触网专业员工都会收到公司内部出版、巨晓林编写的《接触网施工经验和方法》一书,书中详尽介绍了几十种接触网施工创新办法。电气化铁路专家认为,这本书填补了我国铁路接触网施工技能培训没有施工经验及方法类教材的空白。

他1962年出生在陕西省岐山县杜城村。25岁那年,电气化局集团在岐山县招工,他被录取了。靠着刻苦自学,20多年来,巨晓林成长为工地上赫赫有名的技术能手,也写下了70多本、超过22万字的笔记。最终浓缩成了10万多字的书稿。

二、自强——实现由实干型工人到知识型工人的飞跃

"别看本子小,记事可不少;别看字迹乱,思维可不乱;为了企业新,时刻在创新。"记事本扉页上的一段话,道出了他的心声。

巨晓林的创新之路,源于这样一个故事:

1989年的一个夏日,在山西北同蒲铁路线工地,工龄还不到两年的巨晓林和工友们进行放附加线作业。

所谓"放附加线",就是在铁路沿线电杆的外侧,架设一道具有保护等作用的电线。按照老方法,每当放线车经过电杆下方时,一至两名工人需先爬上电杆,挂上滑轮,套上绳子,再把绳子拴住电线拉上去。上面的工人再用肩膀,扛住电线,用力把电线挂在滑轮上。

一天放线的时候,突然下起大雨。先爬上电杆的巨晓林,急中生智,赶忙把滑轮拿下来扣住电线,然后把滑轮固定在电线杆上。

能不能把滑轮放到地上先和电线扣合,再拉上去固定住?返回宿舍,他就把这个方法说给工友。大家按照这个方法一试,果然又快又省劲。

据工程预算人员的测算,他20多年来创新的40多个施工方法创新给公司带来的直接效益就超过600万元。

如今,汇集近几年巨晓林革新工法的第二部书稿已经送给专家评审,不久就会印发到工友们的手中。

三、自尊——中国农民工让德国接触网专家竖起了大拇指

有一年,在吉林四平火车站施工,按传统工艺,他所在的班组20多个人忙了半个小时,在作业车的配合下,才在六股铁路线上空安装一组软横跨,因为停电时间段有限,照此速度,他们在工期内完不成任务!

工友们犯难了,他也开始冥思苦想。经过反复钻研,他对原工艺进行了大胆革新,在地面上设计出一个"Y"形竖杆,在部线上配挂一个"S"钢筋勾,两个装置相互配合,一举替代了作业车工作。采用这项工艺后,一小时就安装了4组,工效提高了两倍。

这个简便的工法当即在全线推广。当专家组中的德国督导委马教授知道这个工艺是个只有高中文化的农民工发明时,执意来到工地见巨晓林,竖起了大拇指:"中国工人了不得!"

四、自立——用努力创造希望,终能插上腾飞的翅膀

在外施工的23个年头,巨晓林回家总计不到30次。父亲去世,儿女出生,他都没在身边。他不吸烟,不喝酒,省出钱来补贴家用。前些年他攒了钱,家里买了些砖想盖大瓦房,但由于他很少回去,这堆砖一放就是几年!

2008年,他终于实现了多年的夙愿,加入了中国共产党。2010年5月15日,巨晓林又和他的工友转战到正在紧张施工的京沪高铁工地上……

"有线电气化改造、时速200公里铁路大提速,到这条京沪高铁,我就把所有电气化铁路技术等级的活儿都干全了!"巨晓林自豪地笑了。

3. 制订发展计划

依据资金、技术、市场和"关系",制订一个详实、具体、可行的创业计划。从能做的事做起,逐步发展,不盲目扩张和延伸,稳扎稳打,一步一个脚印,逐步实现计划。

有些年轻的打工者,不从自己的实力出发,海阔天空地订一个创业计划,这样的计划不仅很难实现,还会因遭受严重挫折,影响身心健康,带来重大的损失和伤害。

四、青年打工者发展计划的实施

1. 循序渐进,努力奋斗

根据创业发展计划,一步一步推进,不盲目追求"多元发展"。不急于全面铺开,一是经验需要积累,摊子铺得太大,照顾不过来。二是资金和人力的局限性,先把一个小摊子经营好,积累资金,再慢慢扩大规模。规模小,遇到困难好想办法对付。规模大了,困难也大,对付也难。

2. 定期回顾,不断总结

一个创业项目在实施中定期总结,遇到问题及时研究解决,不要等问题成堆,再去解决。这样,解决的难度增加,造成的损失也大。

计划制订得再完美,也总是有疏漏之处。俗话说:智者千虑,必有一失。打工者并非圣贤,限于自己的阅历、学识,对计划考虑不当的地方总是存在的。计划在实施后,这些不足与问题就会暴露出来,通过定期的回顾、总结,发现了,可以改进,推动事业前进。

3. 碰到困难,设法克服

计划进入实施,会碰到各种各样的困难。人为的困难,有人给你设置了一个障碍,怎么办? 有时可以正面去攻,有时不易正面去攻,或绕过去,或借助"关系"的力量攻下来。还会遇上资金的困难,需要调"头寸"。有时是技术上的难关,本人、本单位能解决最好,若解决不了,可借"外脑"来帮助解决。请亲朋好友来"会诊",找出病因,加以解决。

4. 计划不当,适时调整

制订的计划,在实施中,如果是少量的不当,通过微调来解决,如果大部分与实际情况不符,就要推倒重来,重新制订计划,使它符合实际情况,付诸实施,达到预期目标。

一块豆腐的传奇

"1998年,我攒下点钱后想做个生意,上海就是我的市场。"沈建华忆起创办"清美"的经历,"你想想,当时上海有1400万人口,如果每100个人里有1个人买我的豆腐,那不就是一笔大生意?"让他很受鼓舞的是,一系列开业手续只花了两个月。在上海做生意久了,觉得这里各方面就是规范,只要你自己努力就有机会。

从杨浦区国和路一个100多平方米的小作坊出发,无论风吹雨打、酷暑寒冬,沈建华每天都和5位亲戚朋友一起,各自骑一辆三轮车,把半夜刚刚做好的豆腐送到市区的菜场。勤快:"清美"的豆腐连春节里也不断货;诚信:"清美"的豆腐货真价实——这是沈建华简单的生意经。他踏上了一条结果完全超乎最初想象的创业之路。

在上海,标准化菜场的出现改变了沈建华的人生。

"那时候'清美'的牌子在一些菜场里已经有名气,但我们一半的生意是做批发。上海推进标准化菜场建设的举措让我们嗅到了大商机。"沈建华说,"清美"的成长发展靠的不是政府补贴和扶持,但上海营造规范的市场环境,让他多年来打造品牌的想法有了实施的机会。

他果断砍掉批发业务,进入菜场直营。100家、200家、300家……"清美"豆腐走进了上海1200家菜场,成了与"爱森"猪肉、"雨润"熟食等等同样知名的"菜篮子"品牌。

一年后,"清美"直营业务补上了砍掉批发业务留下的窟窿;两年后,超市卖场纷纷给"清美"专柜开绿灯;而今,"清美"的产量已经翻了10倍。这几年,沈建华的三轮车换成了东风小卡,又换成了东风大卡。

"清美"是幸运的,它赶上了中国人均GDP快速增长、居民消费升级的好时机。品牌就是价值,这个道理如今已深入人心。"以前自己磨豆腐的夫妻店,一年起早贪黑只能赚1万元。"沈建华对记者透露,"经营'清美'的直营连锁,最多可以赚到10倍的利润。"

站在"清美"厂区里一个沙盘前,沈建华指着一片区域说:"第四分厂建成后,'清美'的员工总数将突破1万人,这个新厂主要做深加工产品,包括豆制品饮料、休闲豆制品等等。我今年的目标是实现销售收入10亿元。"

窗外,是一排排等候着的卡车。每天晚上,"清美"物流的司机们拉着新鲜下线的各种豆制品,驶向遍布上海的菜场、超市,驶向苏州、杭州、南京……

沈建华走出了一条成功之路。打工者们在创业中,要遵照一定的创业程序,运用一定的创业技巧,巧借各种"关系"的力量,审时度势,进行创业,创业一定会成功的。已知的和未知的打工者创业成功的事例,便是一个又一个生动的证明。愿打工朋友们,努力奋斗,一定会创造出一个属于自己的事业。我们期盼您这一天早一点到来,为社会作出自己的贡献。

5. 勤奋学习,做一名有理论支撑的打工者

青年打工者要一边打工,一边结合专业学习理论,提高专业水准,提高打工的技能,更好地施展抱负。

病房的洗头妹——姜一芝

一名洗头妹能一年赚十万元,那是相当不容易的事。可是,在上海打工的女孩姜一芝就真真切切一年挣了十万,她到底做了一名怎样的洗头妹呢?

一、初入职场,迷茫中寻找方向

姜一芝,湖北省鄂州市梁子湖区人,1987年出生,父母是普通农民,家庭经济条件差,下面有一个小她三岁的弟弟。2005年8月,高中毕业后,经同村人介绍,她与同村两个女孩一起来到上海市郊松江区的一家服装厂打工。

10月的一个周末,姜一芝和同村女孩姜秋枚去上海外滩玩,回去的途中,她被一中介公司招聘广告牌吸引住了,头脑灵活的姜一芝想应聘到市区饭店去当服务员,她认为当服务员可以接触到许多上海人,有机会改变命运。

三天后,姜一芝接到中介的电话,说她被一家饭店录取了。她乐坏了,到厂里去把工钱结算后,就直奔那家饭店。这是一家只有三层楼的私人小饭店,老板看她长得清秀,就安排她在一楼餐厅当迎宾小姐。一天,一个客人问她:"你想不想到我发廊去做?我们那里工资高,还可以学门手艺。"姜一芝一听是发廊,头摇得像拨浪鼓似的,客人当即说:"你放心,我们那里是做正经洗头生意的。"随即给她一张名片。

想到能学门手艺,姜一芝有些心动,权衡几天后,按照名片上的地址,找到那家发廊。在发廊里做了几天,姜一芝就后悔了。发廊里有十几个洗头妹,除了她和另外两个穿着朴素的外,其他的都穿着暴露、浓妆艳抹,这些洗头妹很少给客人洗头,实在忙不过来,老板娘才喊着叫她们动手洗头,这样的环境,让姜一芝渐渐生畏,打算离开这里。

2006年3月20日晚上,姜一芝逃离了这个是非之地。

二、勤奋学艺,做病房洗头工

第二天一早,姜一芝就急切地寻找工作,当天下午,姜一芝被上海一家美容美发公司的连锁店聘用,虽是让她做学徒三个月,没有工资只有生活费,但她还是非常满意。之后,姜一芝吃住在店里,大小杂事她都抢着做。跟师傅学习洗头的时候,用眼用手用心,模仿师傅的每一个手法,她还买回一些洗头按摩的专业书籍,从理论上提高自己,不仅如此,她还认真钻研了医学按摩,把头、颈、肩、背、腰、手等身体的一些穴位都牢记在心。因此,姜一芝提高得非常快,她服务过的顾客,都记住了她的名字。学徒期还没有满,一些顾客就点名要她服务。三个月很快过去,姜一芝也在店里十几个洗头妹中脱颖而出,很受店长的赏识。

2008年11月,姜一芝不仅学会了洗头按摩的各种技艺,还自费到美容美发学校学习,获得了专业美容美发技师文凭。过硬的本领,优质的服务,让她赢得了大批固定的顾客。一天,姜一芝接到老顾客邓如丽的电话,她在医院等待生孩子,有十来天没有洗头,想请她去医院帮忙洗洗。姜一芝心里虽然想去医院帮邓如丽,但店长禁止在外面接私活,加上医院没有洗头的条件,姜一芝只得婉言拒绝,但经不住邓如丽的一再恳求,就决定晚上9点下班后,偷偷去帮邓如丽洗头按摩。

下班后,她悄悄带上店里吹风机和引流用的塑料布以及其他工具,来到邓如丽住院的这家医院。洗完头,她用吹风机把头发吹干,然后让邓如丽躺回床上,帮她按摩头、肩、腰和四肢等部位,最后,再用吹风机帮她头发定型。做完洗头按摩全过程后,邓如丽容光焕发,完全没有了邋遢相,邓如丽老公在一旁也高兴,掏出200元硬是塞给姜一芝。

同病房的两位待产的孕妇在旁边看着,心里痒痒的,看见姜一芝准备走,就让她帮忙也洗洗头舒服舒服。直到11点,姜一芝才把第三位孕妇的头洗完,这两位孕妇很满意,分别给了她50元钱。

三、辞职单干,专做病房洗头按摩师

第二天上午,姜一芝又接到邓如丽的电话,让她再去一趟医院,帮几个病友洗头。晚上下班后,姜一芝急忙背上白天早已经准备好了的背包,匆匆赶到医院,三个孕妇在病房里已经准备好了一切,她赶忙挽起袖子,手脚麻利地忙碌起来。洗完第三个孕妇的头,又是晚上11点,姜一芝虽然感到十分疲惫,但口袋里装着三孕妇给的200元钱,她心里还是乐滋滋的,临走的时候,她把自己的手机号码给了这几位孕妇。

之后一连三天,姜一芝每天都会接到这家医院病人的电话,请她到医院帮助洗头。一次,她给一位双腿骨折的男病人洗头按摩时,男病人看了看还在等她洗头的另外两个病人,风趣地对她说:"我看,你干脆到医院来洗头按摩好了,保证比你在美容厅打工赚得多。"一句话点拨开了姜一芝。这天晚上,她盘算了一夜,如果辞职到医院专门给病人洗头按摩,平均一天在医院洗10个,一个月就是9000元!这笔账算得姜一芝激动不已。

2008年12月5日这天,姜一芝悄悄在邓如丽待产的这家医院附近租好房子后,正式辞职,离开了。随后,她到超市里去买在医院洗头按摩的必备用具和一张轻便的叠床,并给已经生完小孩还在医院疗养的邓如丽电话,告诉她自己的重大决定,希望得到她的帮助。邓如丽一听,非常高兴:"好呀,这样的话,今后你还可以到我们家来帮我洗头按摩呢。你先把折叠床拿到我住的病房来,我帮你联系病人洗头。"姜一芝急忙买了一些营养礼品,带着折叠床来到医院。

因为有前几次洗头的经历,一些病人知道她,加上好心的邓如丽积极帮忙推荐介绍,当时就有四个病人要请她洗头按摩,姜一芝马上背着大背包提着折叠床,来到洗头病人的房间,热情地洗了起来。就这样,在之后的一个星期里,姜一芝每天在医院能洗二十多位,每天进账600多元。

为了让更多的病人知道了解自己,她专门印制了名片和一些宣传资料,给自己定位为"病房专业洗头按摩师"。但是,问题很快出现了:医院保安把她赶了出来,因为医院禁止她营业性质的洗头按摩,认为她扰乱了医院正常的医护秩序。

在出租屋里一筹莫展地待了两天后,姜一芝决心在哪里跌倒就要在哪

里爬起来。她找到医院护理部，拿出自己的洗头按摩师的文凭，讲明自己给病人洗头按摩能给病人带来的好处，并保证绝对不影响医院医护秩序，恳求护理部能出面支持她。护理部主任非常理解她，并帮她说服了医院领导。之后，姜一芝在给病人洗头按摩的空余时间里，积极与各科室的护士医生处理好关系，遇到什么护士忙不过来的杂事，她也主动帮忙。因此，她在这家医院站稳了脚，一些护士还免费帮助她向病人推荐。一个月下来，姜一芝盘了盘自己的账，除去成本费用，整整赚了9860元，她简直喜疯了。

吃水不忘挖井人，她来到护理部，给护理部的几名干部痛痛快快地免费洗一次头，并表示今后每天要抽时间为一名护士免费洗一次头，同时，她还主动提出向医院每月缴纳300元水电费。护理部主任告诉她，病人对她的专业洗头按摩服务反响很好，要求她抽空看看医学护理方面的书，提高对不同疾病患者专业洗头按摩的质量。姜一芝高兴地点头，顿时觉得，自己的天地越来越广阔。但是，心大的姜一芝不满足只给这一家医院的病人服务，她总觉得自己还有富裕的精力和时间。因此，两个月里，她用同样的方法，联系到另外两家大医院。从此，姜一芝每天穿梭在三家医院的病房之间，每天总要忙到晚上11时许。

2010年1月22日是农历腊月初八，也是她母亲45岁生日，她决定提前回家过年。这天，她给父母和弟弟买好了礼物，飞回到鄂州家里。当得知她一年净赚十万元，大家都不敢相信。她打算，春节后带几个村里的女孩到上海去和自己一起干，她想把"专业病房洗头按摩"的事业做得更大。

第十一章 再就业公关策划

在由计划经济体制向市场经济体制转变的过程中,我国的就业制度和就业机制发生了重大变化,国家改变了计划经济体制下统包统配的制度,逐步过渡为市场就业。实行国家促进就业、市场调节就业和劳动者自主择业的市场就业新机制。在新制度下,下岗、失业、再就业就属于正常的现象。如何实现再就业,是摆在失业者面前的迫切需要解决的问题。本章告诉朋友们,面临下岗、失业并不可怕,进行再就业公关策划,再就业,同样可实现事业和人生的又一次飞跃。

第一节 再就业的背景

下岗是我国劳动力长期供大于求造成的一种社会现象。我国人口多,劳动力总量大、增长快,远远超过社会需求,就业岗位相对不足,加上总体素质不高,生产率低下,企业走出困境的办法之一,是剥离富余人员,让他们下岗。企业富余人员暂时找不到就业机会而成为下岗职工或失业人员。下岗、失业现象是就业制度在经济转轨过程中的必然反映。在统包统配的就业制度下,国企承担了过多的安置就业任务,造成冗员充斥、人浮于事、效率低下。面对激烈的市场竞争,企业要求得生存和发展,就必须把富余人员分离出去。长期以来,盲目投资,重复建设,使得产业结构趋同,许多产品的生产能力大大超过社会需求,目前,全国商品库存达3万亿元。优胜劣汰的市场法则,使相当一批企业陷入停产、半停产状态,再加上过去新建项目大多资本金不足,依靠银行贷款,负债经营,投产后企业难以还本付息,陷入困境,职工不得不下岗甚至失业。尽管经过多年的改革,国企经营机制转换取得了重大进展,但从总体上讲,国企经营机制还不够灵活,许多深层次的矛盾还没有得到根本解决,还普遍存在企业负担过重的突出问题,与外商企业、乡镇企业还没有处在同一条起跑线上,难以轻装走向市场参与公平竞争,难以适应市场经济发展的要求。下岗、失业现象的产生还有企业自身方面的原因。有些国企管理不善或经营者原因,把企业搞垮了,造成停工停产,甚至破产,职工不得不下岗待业或失业。从长远看,随着市场经济体制的完善,科学技术的进步,资本有机构成的逐步提高,企业必然要不断进行产品、技术和组织结构调整,劳动力的相应调整与流动也会经常发生。这是经济发展的趋势,职工流动、失业和就业岗位转变将逐渐成为社会的正常现象。

2008年美国次贷危机诱发的国际金融海啸迅速波及全球,也影响我国,使很多企业生产萎缩或倒闭破产,产生了大量的下岗、失业工人。

既然有了下岗、失业人员,那就存在着再就业的问题。再就业对搞活人才市场,激活人力资源,挖掘人的潜能、合理配置人才无疑是有着巨大的意义。失业、再就业有来自国内和国际的经济背景。

一、国内市场经济的发展

下岗再就业问题,曾一度成为人们最关心的话题。古人云:"一人向隅,举座不欢。"随着经济结构的调整和国企改革的深入,失业、再就业已成为我国经济发展中的一个突出问题,引起全社会的关注,市场经济的发展应从以下几方面去认识和理解。

1. 国退民进

2003年10月十六届三中全会以来,国有经济的战略调整和国企的产权制度改革明显加快,也加快了"国退民进"的步伐,发展民营企业是市场经济发展的必然结果。在国企改革过程中,减员增效是一个重要举措,因此会有大量的富余人员要分流,失业、下岗自然出现。

2. 经济发展趋势

民营经济的特点表现在:其形式以民营为主;社会投资以民间资本为主;社区事业以民办为主;政府管理以营造和维护良好的经济环境为主。这是一种与市场经济相一致的经济形式,有着旺盛的生命力。例如浙江是以民营企业为主的省,是个人多、地少、资源少、国家投入少的省份,经过30多年的改革开放,这个"一多三少"的小省,利用民营企业的灵活机制,迅速发展成为"经济大省",他们在制度创新上走在了全国的前面,人均创造的财富名列前茅,他们有许多产品是全国第一,有的甚至世界第一。浙江省在全社会固定资产投资、外贸出口、地方财政收入增长等方面,高于全国十几个百分点。显示了浙江民营经济旺盛的生机和活力。

经济形式从国有经济转为以民营经济的过程中,意味着人员也要从国有向民营的转移,国企中的富余人员转移到民营企业,这是社会主义市场经济发展的必然趋势。

3. 破"三铁":铁工资、铁交椅、铁饭碗

随着经济改革的深入,市场经济的完善和发展,"三铁"已基本被打破,"狼"真的来了。失业、下岗已不再是一种潜在的可能性,社会上流传着"今天不努力工作,明天努力找工作"的口号。

4. 搞活人才市场

市场经济为人才的流动提供了可能,社会给了个人选择工作的权利的同时,也给组织合理使用人才创造了条件,使得人力资源的配置优化。人才市场、猎头公司应运而生。人才的流动也带动了信息和资金的流动,活跃了市场,可谓是功德无量。

5. 打破僵化的人才体制

在计划经济时代,人才的培养和使用是由计划支配的,个人在社会这架复杂的大机器中,是做螺丝还是做螺帽,或是做齿轮,是由不得自己的。一旦命运使其成为某一种"部件",便很难改变,不论你是否喜欢,也不论你是否适合干这一职业。这种僵化的人才体制,虽然给人带来了相对稳定的就业机会,但也扼杀了许多人从事自己喜欢、擅长的职业的愿望。现在这种僵化的体制已被打破。竞争上岗成为各级各类组织使用人才的一条重要途径。

6. 尊重人才的价值,有利于人才的成长和发展

随着改革开放的深入和市场经济体制的建立,国家为青年人展示聪明才智、实现个人价值提供了空前有利的条件。人们就业的需求,特别是青年人,多数是在于寻求个人的发展空间。这种自我价值的实现,极大地调动了他们的积极性,自我作为支配者,自主地选择人生的道路,设立自己的理想目标,并通过实践,实现自己的理想和价值。这种尊重人才价值,使其充分展示才能的体制,有利于人才的成长和发展。

二、国际经济一体化的趋势

1. 国际经济一体化对国内就业市场的影响

经济一体化是指跨越国境的经济联系和交易不断增多,各国经济之间的相互影响不断加强的趋势。在经济一体化的进程中,我们的企业将面临更为激烈的国际竞争。

企业要想在国际竞争中取得一席之地,一是要加强产品的创新能力;二是要加强管理,降低成本。而所有这一切,主要的因素在于人才。所以在经济一体化的趋势中,企业的竞争其实就是人才的竞争。企业对不适应其竞争需要的人员应予辞退,吸收符合条件的人员,增强竞争活力。企业的人才状况能否适应国际市场环境,一要有国际化的管理理念,二要有一流的技术和创新能力。

现在我国的就业市场的实际情况是:高层的管理人员和科学技术人员严重缺乏,而低层次的体力劳动者很多,就业的竞争压力也很大。

2. 2008年金融海啸后的劳动力市场走势

我国经过两年多的努力,拉动国内市场消费,已经走出金融海啸的阴影,迎来了新一轮经济发展,对劳动力的需求也大幅增长。特别是进出口业务,呈现出前所未有的良好的发展态势。

三、失业、下岗的意义

失业是指公民到了法定的年龄,按照宪法规定享有劳动的权力,又具有一定的劳动技能,需要就业,但未能获得职业的现象。它作为劳动者与劳动资料、劳动对象的重新组合,是一种正常的社会现象。英、美、法等国,每个人都有失业、再就业的经历,如果一时找不到工作,就依靠失业救济金维持基本生活,不会感到任何不光彩或心理不能承受。而在我国,计划经济长期实行的"低工资,高就业"的充分就业政策,使得早就存在的失业现象长期用"待业""富余人员"等概念代替。直到改革开放以后,我国的经济体制由计划经济向市场经济转轨,失业概念才正式被接受,失业问题开始成为社会关注的话题。

对组织和个人来讲,失业并非好事,没有人会愿意长期失业。但是从客观现实来看,失业也并非坏事。失业既有其消极的一面,也有其积极的一面。表现在:

1. 负面作用

(1)对组织

组织如果不断地有失业或下岗人员,那就意味着组织的生产和经营不正常,失业、下岗人数的多少总是和组织经营状况联系在一起的。由于员工的频繁流动,会给在职的员工产生一种压力,产生不稳定情绪,从而影响正常运转。所以尽量将组织的失业、下岗人员的数量控制在一定的范围之内,否则其副作用将危及企业的正常生产和经营。

(2) 对个人

对个人而言,失业会损害个人的生存条件,降低生活的质量,影响身心健康。一、没有了固定的工作和收入,无生活来源,甚至全家的生活也成问题;二、本人无颜面对父母、配偶、子女、朋友;三、再就业难。下岗、失业者原掌握的技术单一,又比较落后,找工作难度大。加重了来自社会和家庭的各方压力,有些老工业基地,不少夫妻双双失业在家,生活陷入困境,导致不少家庭解体,引起一连串的家庭矛盾和社会问题。

2. 正面作用

(1) 对组织

现阶段经济工作和就业工作的施政纲领,是鼓励兼并、规范破产、下岗分流、减员增效和再就业工程,形成优胜劣汰的机制。虽然部分职工的下岗,会给他们带来暂时的困难,但从宏观上说,有利于经济的发展。对于长期亏损或扭亏无望的企业,不再像以前那样,采取"输血""强心"的"保守疗法",而是按照市场规律,进行"外科手术"。由此导致劳动力的流动,是增强企业活力、盘活人力资源和提高经济效益的重要举措。现在普遍认识到,国企困难的一个重要原因,就是冗员过多,人浮于事,效率低下,只有切实把冗员减下去,成本降下来,效益提上去,国企才有生存和发展的希望。

(2) 对个人

中国古代道家老子说过:"祸兮,福之所倚;福兮,祸之所伏。"就是说世界上没有绝对的好事,也没有绝对的坏事。失业、下岗无疑是人生之"祸",但是只要能够认真总结失业的原因和教训,完全可以把暂时的失业,变成一种获得新的生存与发展的机遇。为什么说是一次机遇?从历史上看,每一次社会大变动都给人带来一次的大的发展机遇。在变动初期,社会起伏、震荡大、流动性大,旧秩序在变动中,新秩序还没完全建立,此时如果能比较灵活,动作快,抓住机会,往往取得成功。2008年的金融海啸引发的失业现象是社会大变动,其中必然隐藏着大机遇。这是一。其二,社会大变动初期,困难多、风险大,机遇也多。20世纪80年代初期,是个体户的黄金时期,那些主动下岗的人,把自己放到了市场,尽管不为人理解,名声不佳,但抓住了机遇,掘得了第一桶金。现在金融海啸已是强弩之末,许多企业、个人抓住了机遇,不但走出危机,而且重振雄风,创造了新的辉煌业绩。

失业、下岗对个人的正面作用表现在：第一，可以使年轻人克服惰性，激发奋勇进取的精神，淘汰相形见绌的员工，形成压力，使在编人员更有效地工作，为组织也为个人创造良好的业绩。第二，让青年人在工作中始终有一种危机感，有面临失业的可能，从而树立竞争意识，学习新的知识和技能，全面提高自身的素质来增强竞争力。

有人讲了也许不恰当的故事，说在几百万年前，一座大森林由于雷击起火。有些猴子被迫逃出火海，变成了人。来不及逃出的葬身火海。而至今仍生活在没有火灾的森林里的猴子，现在还是猴子。从这个并不完全科学的故事中，可以表明，下岗、失业的这场"火"，从社会进步和个人发展来看，虽然有阵痛，但也有机遇，要把握和运用，不完全是坏事。

总之，失业和下岗对社会、对企业、对个人都有其积极的一面。对社会而言，失业、下岗有利于劳动力资源的合理配置，有利于劳动力素质的提高。对企业而言，有利于劳动生产率的提高。对个人而言，迫使自己学习新知识、新技能，提高心理承受能力，有利于适应形势的变化。

第二节 失业者再就业的准备

下岗、失业者要转变计划经济下形成的旧观念，树立起与发展市场经济相适应的新观念。要树立自主就业观念，认识到劳动力流动是市场配置资源的内在需要，下岗、失业和再就业是一种正常现象，关键是下岗后要及时调整心态，在困难面前不灰心丧气，不怨天尤人，不等不靠，自强自立，积极主动地寻找就业机会。树立正确的择业观念，认识到工作没有贵贱之分，不论从事什么职业都是光荣的。要看到择业的天地很宽，无论在国企、集体企业、乡镇企业，还是在三资企业、个体和私营企业，都可以找到发挥才能的岗位。要树立竞争观念，认识到激烈的市场竞争对劳动者素质提出了更高的要求，就业靠竞争，上岗凭本领，多一门技能，就多一种选择，多一条出路。要积极参加适合自己发展需要的各种培训，不断提高自身的文化素质和职业技能，适应竞争上岗的新要求，总之是要做好再就业的准备。

一、心理准备

1. 下岗再就业是一种正常的社会现象

随着改革的深化，技术的进步和经济结构的调整，人员流动和职工下岗是难以避免的。企业之间的兼并、亏损严重的企业破产是市场经济条件下优胜劣汰的正常现象，也是资源配置优化的必然要求。因此，由于体制改革，失业、下岗是必然的。再就业也是正常的社会现象。

大量的事实表明，许多失业职工不能很好地实现再就业，除了自身的素质不适应市场竞争要求外，还有一个重要原因是就业观制约了自己。主要有：

一是"从一而终"。有相当一部分下岗职工本已知道企业经营困难，濒临破产倒闭，宁愿领生活费，吃救济金，也不去另谋生路，死抱"生死都是企业的主人，国企职工的身份不能丢"。由于封建的"从一而终"的观念作怪，致使许多下岗失业职工错失了重新就业的良机。某一针织内衣厂破产倒闭，政府有关部门经多方做工作，把部分职工分流到一个效益较好的集体企业，但许多人宁愿在家吃救济也不愿去。

二是等级观念。不知从什么时候开始，人们对单位排了一个座次，对职业也分了一个等级，由于等级观念的作怪，影响了许多失业职工的再就业。上海某一私营企业招聘50名员工，市劳动部门到下岗失业较多的几个企业做工作，许多人认为到私营企业就业不光彩，放不下国企的架子，结果报名者寥寥无几。

三是"铁饭碗"观念。长期以来，由于受传统的计划经济体制下的"平均主义""大锅饭"的影响，许多人把国企称为"铁饭碗"，把集体企业称为"瓷饭碗"，把私营或个体业称为"泥饭碗"。这些端惯了"铁饭碗"的职工下岗失业后，宁愿捧着"铁饭碗"喝水，也不愿去端"瓷饭碗"或"泥饭碗"吃肉。有人说，堂堂国企职工，去做打工者，站马路，端盘送水，富了也"掉价"。因此，许多就业岗位从眼前匆匆而过，他们就是不愿抓。

四是封闭的区域就业观念。"在家千般好，出门万事难""金窝银窝不如自己的草窝"，这是封闭式的区域就业观念的典型心态。一位公关专家获悉上海造船业急需大量气焊工和辅助工，他利用去黔西南布依族苗族自治州讲学之际，与当地有关部门联系。有关部门十分高兴，准备进行培训，输送出去。学生每月可得2000元以上的收入。一年后，技术好的，可得3000～4000元。但家长认为太远，不愿送孩子去，宁愿在家待业。

因此，要改变待岗、失业的局面，就要改变旧观念，树立新观念，做好再就业的心理准备。

2. 人生有多种挫折

挫折是个人在实现目标的过程中,遇到自以为无法克服的障碍或干扰,致使他的需要或动机不能得到满足而产生的消极反应。既是一种外部障碍,也是个人对外部障碍的反应。挫折对人的心理成长有益,能增强个体情绪的反应力量,增强个体容忍力,能提高个体的认识水平。人生在世没有不遇挫折的,要想成为一个事业成功者,一个强者,在生活和事业上的挫折就更多。谁能经得起挫折,谁就能在挫折中奋起,谁能在挫折中变得更聪明,就能成为强者。挫折,对人的消极影响是:影响实现目标的积极性;降低创造思维活动的水平;有损身心健康;减弱自我控制能力。挫折,对于弱者是一块压在身上的重石,对于强者则是一次新的机遇。强者总是借危难以激励自己。

人们常常用"居安思危"来勉励自己,可是在现实社会中,就业市场竞争十分激烈,应该"居危思进"才对,不进则退。因为从组织和个人来讲,都不存在"安"这个概念,比尔·盖茨的那句"微软离破产永远只有18个月"的名言不是杞人忧天,而是企业家经过多种挫折磨难以后得出的至理名言。所以在人的一生中,应该将挫折、磨难看成是走向新的目标的起点,而一时的"安"仅仅是暂时的避风港而已。

3. 挫折也是一种资本、一种财富

当然,从主观上讲,谁都不愿意失业、下岗。但是身处变革的大时代,每个人随时随地都有可能遇到各种各样重大的人生变革,不管是主动选择,还是出于无可奈何的消极喟叹,你都将无法回避面对的现实。面对失业下岗,需要再就业。可是在失业来临时,有的人惊惶失措,束手无策;有的人则沉着应对,奋力拼搏,于是出现两种决然不同的结果。对一部分人来说,是人生的减法,即把仅有的一份工作丢掉了;而对另一部分人来说,却是乘法,即失去一份工作,得到的是更多的发展机会。在得失之间,就要看你是否能居安思危,有所准备;是否能时时留心,目标明确;是否有不怕失败,一次次投入的勇气;是否有不安于现状,不断寻求自我价值的非凡气度。因此,我们应该把下岗、失业当成是人生的又一次机遇。俗话说:挫折是一种资本,是一种财富,这是人们的经验之谈。如古之文王拘而演《周易》;仲尼厄而作《春秋》;屈原放逐赋《离骚》;左丘明失明写《左传》;孙膑膑脚修《兵法》;司马迁受辱著《史记》……邓小平三起三落,复出之后,为党为国家的发展作出了历史性的贡献。总之,面对挫折,总结经验,等待时机。

二、技术准备

失业或下岗后，如果一时找不到工作，最明智的选择是利用一切机会，去参加新技术、新技能的培训。现代社会不管是经济上、科学上，还是技术上的发展都很快，这种现象既给那些因循守旧、不思进取的青年人带来失业的压力，同时也会为他们更新知识、掌握新技术和新技能提供机遇和条件。

在选择培训时，要注意：一是根据近期劳动力市场需求状况来选择学习职业技能知识。一般宜选择那些适用性强的职业技能，也可以选择那些冷门但社会急需的职业技能。二是要根据自己的特长和爱好去进行充实和提高。"兴趣是最好的老师"，这是人们常说的一句话，选择一个自己感兴趣的技能进行培训和学习，并以此作为自己以后的工作方向，不失为一个好办法。在培训中，还要注意：

1. 以一技为主，多学几手

职业技能可分为两类：一是操作技能，它是由一系列外部动作构成、经过反复训练形成和巩固起来的一种合乎规则的操作活动方式，我们常说的技术指的就是这一类技能。如机床专业的车、钳、刨等技术；烹饪专业的炒、蒸、炸等技术；服装专业的量、剪、裁、缝等技术。另一类是智力技能，它是借助内部语言在头脑中进行认知活动的方式，抽象思维是其主要特征，如心算、阅读、推理等，形成了这类技能，对于解决工作中的难题，进行技术上的创新及培养创新能力有作用。根据美、英等国的经验，失业人员的学习和培训，紧紧围绕自己原来的技术，这样技术越来越精，被招聘后的薪金也高。这一点可供我们参考。

劳动部曾对下岗职工的抽样调查显示：近70%的下岗工人为非技术工人。辽宁有一大型国企，有500名高级技工到了退休年龄，但仍然被企业留了下来。所以学习一技之长，掌握一门技术对就业十分重要。青年人由于时间充沛、精力旺盛，在掌握一门技术的基础上，只要条件许可，应该多学几手，掌握多种技术，为就业创造多种机会。小柳从职校餐饮服务专业毕业后，利用在宾馆工作的机会，向厨师们学习烹饪技术，之后又去考了烹饪等级证书。后来由于宾馆经营管理不善破产了，但小柳由于他有宾馆服务的经验，又有烹饪等级证书，在宾馆倒闭之时，他便轻而易举地在另一家较大规模的饭店里找到了适合自己的工作，并且由于他既懂得服务，又懂得烹饪,不久便提升为餐饮部主管。

目前,各级各类的再就业服务机构为广大的下岗待业者提供了许多职业技能培训机会。有许多地方政府出资为下岗、失业人员进行技术培训。通过再就业培训,更新知识和技能,多学几手,拓宽就业渠道。而等待、彷徨只会使你失去再就业的许多机会。

2. 掌握一手甚至几手绝活、绝技

有一位医院院长的一段话应该引起我们的深思:"如果一位外科医生在治病救人方面的成功率比别的医生高10%,我们难道会不愿意掏大大多于10%的钱让技术更娴熟的医生做这种手术吗?"由此可知,对青年人而言,掌握一门技术是何等重要了!

某公司有一位青工技师小张,他只有小学文化程度,却成为一个拥有十多万员工的大型企业的工人革新能手。他的成功主要得益于他掌握了大量的专业技术知识,使得他产生一次次的革新灵感和一个个奇妙的思路。

青年人掌握一手甚至几手绝活、绝技,那他就不怕失业,凭他准备好的绝活、绝技便可以轻而易举地找到一个好工作,而无此准备的人,则很难找到工作。

三、关系准备

社会上曾流行这样一句顺口溜:"年龄是个宝,文凭不可少,关系最重要。"前两句说明干部制度的改革正朝着年轻化、知识化的方向发展,说明了一个人事业的成功,首先要有完成该事业的真才实学和良好的个性品质,但是当具备了这一切的时候,又会发现仅此还是不够的,还需要"关系"的支持,需要伯乐们的发现和推荐,即"关系最重要",如果没有"关系"的发现和推荐,即使是国色天香的牡丹,长在荒山僻野,也无人赏识。

在再就业的途中,也存在着同样的道理。在各种各样的招聘活动中,"关系"的推荐作用是不小的。

1. 多结交朋友

失业下岗后,千万不能把自己封闭起来,缩小社交圈,要多交朋友。朋友,相互之间比较了解,比较知心,互相信任,关系比较密切,多个朋友多条路。朋友是一种财富,而且是一种难得的财富。

我们中华民族历来有重感情,讲友谊的传统,为朋友两肋插刀的也为数不少。当然我们不需要朋友两肋插刀,但是我们很多的事情都是靠了朋友的帮忙才获得成功的。"一个篱笆三个桩,一个好汉三个帮"讲的就是事业的成功需要"关系"的扶持。朋友的帮助,其作用和力量有时候会超过家人。真正的朋友,帮忙往往是不遗余力的。

正因为如此,我们说争取众多的朋友,是你完成事业的一种力量。朋友越多,力量越大;朋友的素质越高,动力就越大;朋友的地位越高,其能量就越大。

2. 多帮助朋友

每个人都不是法力无边的如来佛祖,都需要他人的帮助。为此我们要做一个有心人,注意关心、观察他人有什么困难,或能给予什么帮助。在现实生活中,往往有这种情况,你给了对方一点帮助,是送给对方一片绿荫,事后你可能早已把此事淡忘了。但受助者却常挂心头。因此我们要做一个有心人,常常去助人,不要求回报。广结善缘,必有好报。

3. 多联络朋友

朋友有一定的沟通信息量,朋友是通过交往和沟通交流后建立的一种友好的感情关系,所以朋友之间要多联系,以保持良好关系。因此要了解朋友的职业、职务、爱好、专长,并要记住朋友们的住址、电话等有关情况,在平时忙碌时,也应该常常打个电话问候一声,在周末或是节假日,应该创造机会聚一聚,以沟通信息,交流感情,增进友谊。

不仅仅朋友是这样,一般的人通过不断的联系和沟通交流,也可以成为朋友。小张自从学校毕业后一时找不到工作,后来在一位朋友的引荐下,去平安保险公司当了一名业务员,由于他是新手,公司特安排了一名有经验的业务能手帮他。一次他同师傅一起去拜访一个客户,老客户不在,接待他们的是客户的同事小赵,他们便和小赵聊起了保险公司的有关事情。当小赵似乎对该保险业务有些兴趣的时候,他们便提出再找一个适合的时间详细介绍公司的保险业务,以找到一个最适合她的险种。小赵说回家再和丈夫商量,也告知了她家的地址和电话。可是小赵回家和丈夫一商量,丈夫并不同意买保险。这时小张的电话打到小赵家,当小赵说明她暂时不想买保险时,小张不知该说什么,便把电话挂了。后来他师傅教育他,先不要想着做业务,首先要把她当成朋友一样。以后他们便不再提保险之事,但常常联系,后来发展到上门走动。小赵及她丈夫想不到的是,在春节期间,年初一第一个向他们拜年的是小张,后来在他的真情感动下,开始详细地了解有关保险的种种益处……当然,以后的事不用再详说了。

四、信息准备

信息是指职业信息,是用人单位和人才中介组织发出的招聘人才的信息、信号等,是传播的具体内容,具有价值形态,并通过一定载体反映出来,是可以利用的,是与职业有关的各种知识和消息的总称。包括职业的划分,各类职业的性质、特点及其对应聘者的素质要求,各类职业的发展趋势,对劳动者需求情况等。

职业信息,尤其是职业的需求信息,对就业者择业有重要意义。第一,待业人员只有掌握了一定量的职业信息,职业选择才有可能,否则只能是消极等待。第二,待业人员对职业信息,尤其是岗位需求信息掌握越多,越有利于就业的成功。第三,对职业信息了解得越多、越全面、越深刻,越有利于根据个人特点正确地选择职业。第四,只有不断地获取最新的职业信息,才能根据社会职业发展的需要,主动进行自身素质的提高,增强职业再选择的能力。第五,不断获取新的职业信息,有利于劳动者根据自身的条件,选择到更合适的职业,以充分发挥积极性。另外,职业信息也是各种职业指导机构对劳动者进行就业指导的重要依据。

1. 注意劳动力市场需求

及时地向劳动力市场了解职业需求情况,这是择业的前提和基础。在信息瞬息万变的今天,及时、准确地了解和掌握劳动力市场需求显得尤为重要。如中华英才网(www.chinahr.com)对全国十二个城市及二十几个行业每月发布职位数的监测和研究,对人才市场中各行业和职业对人才的需求进行分析和预测,由专业的人才顾问进行点评,为求职者提供帮助。

建议经常登陆各大网站,了解人才市场需求情况。

失业者可以根据以上信息有针对性地选择几个符合或接近的工种进行培训。

2. 收集信息的渠道

(1) 通过网上查寻

由于互联网的广泛应用,在网上搜索劳动力市场需求状况已成主要的信息来源。在网上查寻信息,既快又方便,还会及时更新,提供的总是最新的市场信息。

(2) 通过当地的职业指导和职介机构获取信息

现在任何一个省市区县都会有相应的人才或劳动力中介机构,即人才市场或劳动力市场,每年还有定期或不定期的人才交流会或劳动力市场交流会等。

(3) 通过大众传媒获取信息

如通过广播、电视、报纸、杂志,特别是有关就业指导方面的专业报刊获得信息。许多报刊都有招聘广告和用人单位情况的介绍,多加留意。特别是一些销量大的报纸,由于被浏览的范围广,信息披露较详尽,就业信息也较多。

(4) 通过家人、朋友、老师等获取信息

家人、朋友、老师都会关心身边失业或下岗的人,及时和家人、朋友联系,可以获得信息。而且这方面的就业信息可靠性较强,容易找到就业岗位。

除此之外,还可以向一些主管部门了解该行业的人才需求情况,还可以通过发求职信、电话询问、登门拜访、刊登求职广告等方式进行自荐,寻求就业信息。

3. 分析、研究信息

一是自我分析。再就业以前,对自己要有一个清楚的认识和了解,先是对自己的需要、兴趣、能力、气质和性格的分析,然后是对自己能力、性格、教育和培训经历的认识,对自己工作经历、家庭背景和其他因素进行评估。

二是对招聘单位的分析。该单位能够提供什么样的岗位,是否适合我,薪水多少,对实现我的价值有无帮助,如是生产型的企业,它的产品处于产品生命周期的哪一个阶段,产品的销路及盈利情况如何?对该单位的历史、品牌、名人、现任领导的工作风格、企业文化氛围、凝聚力、效益等进行分析。

某名牌大学的企业管理本科生,大学毕业后加入到日本电器公司中国公司作为市场部培训生。2000年初,完成培训,任品牌副经理。在论及她的成功经历时,她说:"对于我来说,大学毕业后的第一份工作不仅是一份工作,而是我未来职业的开端。所以,在找工作的过程中,除了公司所提供的工作岗位外,我尤为注意该公司及工作岗位是否能帮助我提升,为未来的职业发展建立良好的基础。最终我进入了该电器公司的中国公司。我做这个决定的主要原因有二:第一是公司的管理培训计划为我提供了一个系统职业培训的机会;第二是我能够在一个极富竞争性、充满挑战性的环境中不断丰富和磨炼我的职业技能和管理能力。"

三是社区环境的分析。我们在选择职业的时候,不可避免地受到所处的社区环境的影响,它不仅影响到我们的职业,还会影响到我们生活的方方面面。如对自然环境、环境保护、交通、文化、治安、地方文化等多种内容进行分析,看是否有助于身心发展,将安全等多种因素综合分析与平衡,看是否合适。

社会环境的分析研究要与自我分析、企业环境分析结合在一起,注意要紧紧抓住与我们职业选择与职业发展最相关的信息来分析,抓住主要矛盾,解决主要矛盾,次要矛盾暂放一边,避免择业的完美性,这样有助于择业的成功。

四是分析、研究国家政策、法规。如自 2007 年 4 月 1 日起,三项促进就业、鼓励创业的新政策在上海实施。就扶持自谋职业和自主创业、青年职业见习、郊区农村富余劳力就业做出新的规定,加大对就业困难群体的扶持力度。

第三节 再就业策划

下岗、失业是无奈,谁也不希望被动下岗、失业,如果遇到了就要正视。下岗、失业既带来痛苦与不安,也带来机遇与希望。关键看你如何策划。运用下岗、失业之前准备的几手进行再就业策划,实现再就业。

一、正确认识自己

在进行再就业策划时,首先要分析自己,正确认识自己,根据自己的兴趣、爱好与特长,考虑自己的性格、气质与能力等特征是否适合该职业。在分析自己的各种方法中,SWOT 分析法是最著名的一种分析方法。SWOT 是四个英语单词 strength、weakness、opportunity 和 threat 的缩写,分别表示优势、劣势、机会和威胁。一般来说,优势和劣势从属于个人本身,而机会和威胁则更可能来自于外部环境(包括组织环境和社会环境)。

优势:即自己出色的方面,尤其是与竞争对手相比,具有优势的方面。如语言表达能力强,身体素质和技术技能好等。

劣势：即自己与竞争对手相比处于落后地位的方面。如不善于交际，活动能力比竞争对手差，技术技能不适应岗位、工种的要求等。

机会：有利于职业选择和职业发展的一些机会。如企业有部分老干部退居二线，企业产品市场扩大需要一名市场部经理，一家企业需招聘锅炉工、钳工、钣金工、车工、清洁工、保安等，这就是机会。

威胁：存在潜在危险的方面。如所在企业走向衰落，不喜欢自己这种性格的人来担任直接上司，同一招聘单位的工种竞争对手如云等。如山东某县新建一工厂，仅招聘员工400人，应聘者多达5 000多人，在这种形势下，对一般水平的人来说，威胁是很大的。

通过SWOT分析，一幅清晰的职业生涯机会图就呈现在面前。想要知道有什么样的职业机会吗？你不妨填下表：

表11-1　SWOT分析方法

优势：	劣势：
机会：	威胁：

运用SWOT分析方法来正确认识自己，然后确定自己的职业生涯目标，选出最优的职业发展机会。

二、解决主要矛盾

1. 下岗原因分析

同为下岗，但原因有多种多样。有的下岗是由于企业改制造成的，有的是由于产业结构调整所引起的，也有的是由于技术现代化水平的提高而引起的,也有的是由于年龄大而引起的等。认真分析自己下岗的真正原因,包括客观原因和主观原因,国家宏观原因和企业微观原因,从这些原因中查找自身的原因。客观原因无法改变,自身原因可以改变,再根据目前社会的就业形势,策划再就业对策。

2. 下岗后的家中形势

"一人向隅,举座不欢",家中若有人下岗,意味着一家人的总收入水平的下降,也导致生活水平的下降,因此全家人都会为之烦恼和操心。而对本人来讲,压力更大,失业在家,不仅有来自家庭的压力,还有来自社会的压力。要分清由于自己下岗、失业,家中的主要矛盾是什么。如自己是家中收入的主要来源,一旦失业在家,犹如塌了顶梁柱,得立马先找工作,解决无米之炊之虑,然后再慢慢寻找适合自己的兴趣、特长的工种。

3. 下岗的主要矛盾

根据以上的分析,先理清下岗后的主要矛盾是什么,再寻找解决矛盾的方法。该改行的就改行,该学技术的就去培训充电,想自谋职业或自己创业就寻找项目、搞调查、做筹备等。

三、怎样进行再就业策划

1. 筛选就业信息

现代社会是一个信息社会,谁拥有的信息量越多、越准确、越快捷,谁就越有可能在竞争中取胜。就业也是这样。从目前我国就业信息的传播情况来看,劳动者在就业前,就已有若干就业信息,但具体到哪一个就业信息是值得认真对待呢?这里就有一个信息的筛选问题。

筛选信息掌握三原则,就可以筛选到最有把握、最有价值的就业信息。

一是比较原则。当你拥有多个就业信息的时候,就要对它们加以比较。主要是比较这些信息中的职业条件,看哪一个职业条件与自己的能力、素质较接近;还有就是比较这些就业信息中的待遇、薪水等。所以,择业者在面对几个就业信息时,应该通过比较,权衡出哪个职业是自己最有把握争取到的。

二是迅速原则。在进行信息筛选时,要考虑取得某个职业岗位时间的长短。如有两个职业,你在取得甲岗位方面可能有九分把握,而在取得乙岗位上你也许只有七成把握,但甲的取得要花一年的时间,而乙的取得只需花三个月的时间。在这种情况下,建议选择乙作为主要目标。因为谁都知道"夜长梦多",更何况就业信息千变万化,择业竞争非同儿戏。多个岗位可供选择,应迅速决定,不要犹豫不决,因为"僧多粥少",你迟了一个小时可能已有人捷足先登了。

三是便捷原则。如甲、乙两个职业分别在两个城市或两个社区,你应该选择离你住处较近的或交通较为方便的作为优先考虑的目标。

2. 广泛发动"关系"

再就业时,一定要冲破阻力,开放自我,纵横发动各方关系,寻找再就业的信息。就通常情况来看,下岗人员由于有过至少一次就业实践,都会有一定的社交圈。不过,多数职工的社交圈,往往限于横向联系,即多在同行之间或邻近单位之间展开,而缺乏纵向的社交关系。纵向社交关系,指在同类职业所在的行业上层和下层展开的交往关系。横向的良好关系可以使你有一个良好的人缘,而纵向的良好关系会帮助你事业上的进步。

"海阔凭鱼跃,天高任鸟飞"。生活的法则是解放思想,敢于拼搏,纵横展开各路关系,就能拥有较大的生存空间。在一个小天地里,你可能无法作为,难以施展才华,甚至会被埋没。而能利用各种关系,再就业便不是一件很难的事了。

3. 力争寻找能级相当的岗位

能级是作为掌握和运用知识技能的条件并决定活动效率的一种个性心理特征。能力的强弱直接影响到工作效率。能力分为一般能力和特殊能力。一般能力是指智力,包括注意力、观察力、记忆力、思维能力和想象力等。特殊能力是指从事某项专业活动的能力,也可称为一个人的特长,如计算能力、音乐能力、动作协调能力、语言表达能力、空间判断能力等。对任何一种职业或工种而言,必须要求劳动者具备相应的能力。因此,不管是用人单位还是应聘人员,都应该考虑到自己能力与职业或工种吻合,做到能级相当。

不同的人有不同的能力,职业也因工作性质、内容和环境的不同,对人的能力提出不同的要求。因而应注意能力类型与职业类型的吻合。如从思维能力来看,具体动作思维能力强的人则比较适合从事机械修理等方面的工作。如果不考虑人的能力类型,而让其从事与之不同甚至相斥的职业,效果不会好。

职业除对一般能力有要求外,还有对特殊能力的要求。在选择职业时,必须把一般与特殊能力结合起来考虑。在加拿大《职业分类词典》中,将职业能力分为11个方面,包括智力和10个基本的特殊能力,现将其中的

8个方面做一介绍,供就业者择业时参考。

表11-2 相应职业对特殊能力的要求

能力类型	概念与特点	相应职业
语言表达能力	指对词的理解和使用能力,对词、句子、段落、篇章的理解能力,以及善于清楚而正确地表达自己的观点和向别人介绍信息的能力,它包括语言文字的理解能力和口头表达能力	教师、营业员、服务员、护士
算术能力	指迅速而准确的运算能力	会计、出纳、统计、建筑师、工业药剂师等
空间判断能力	指能看懂几何图形、识别物体在空间运动中的联系、解决几何问题的能力	与图纸、工程、建筑等打交道的工作,牙科医生、内外科医生等职业,裁缝、电工、木工、无线电修理工、机床工等
形态知觉能力	指对物体或图像的有关细节的知觉能力,如对于图形的阴暗、线的宽度和长度作出视觉的区别和比较,能看出其细微的差异	生物学家、建筑师、测量员、制图员、农业技术员、动植物技术员、医生、兽医、药剂师、画家、无线电修理工等
事务能力	指对文字或表格式材料细节的知觉能力,发现错字或正确地校对数字的能力等	设计、经济、记账、出纳、办公室、打字等工作
动作协调能力	指迅速准确和协调地作出精确的动作和运动反应能力	驾驶员、飞行员、牙科医生、外科医生、雕刻家、运动员、舞蹈家等
手指灵巧度	指手指迅速而准确和谐地操作小物体的能力	纺织工、打字员、裁缝、外科医生、五官医生、护士、雕刻家、画家等
手腕灵活度	指手灵巧而迅速地活动的能力	体育运动员、舞蹈家、画家、兽医等

4. 边就业边策划,不在一棵树上吊死

在寻找就业岗位时,常常是很难一步到位,一下子就找到一份满意的工作。此时不妨一边先工作,一边等待、创造、争取机会,一有机会就抓住,争取一个合适的工作,展示才华和能力。

某房地产公司从人才市场上物色了三位候选人,但经联系,有两位候选人表示对"临时"不感兴趣。结果王小姐在没有竞争对手的情况下,得到了这份"临时"工作。两个月后,当那两位对"临时"不屑一顾的候选人还在为求职四处奔波时,王小姐却因工作出色已与用人单位签订了长期聘用合同。

要知道,被赏识才会被重用!

第四节 再就业策划中的几种现象

从某种层面来说,再就业策划是一项比较严谨的工作,要求在策划时,要瞻前顾后,权衡多方面的关系及其利害得失,顺利就业,扬起生活的风帆。为此,我们在策划中,不能理想化或想当然,要注意避免以下几种现象的发生。

一、步入再就业的误区

前不久,曾有一家新闻单位的记者对某市下岗职工的再就业情况进行了一次采访。在采访中奇怪地看到,该市的再就业市场上出现了一种怪圈:35岁以下的男士、40岁以下的女士谋职最难,40岁以上的男士谋职较容易,40岁以上的女士若想谋职也较容易。按理说,40岁以下的男女精力充沛,思维活跃,其谋职应是很容易的,但却为何竟不如40岁以上的?为剖析其中之原因,记者找到了几位谋职者:

镜头一:25岁,男士,机械工人,下岗不久。正在翻阅某企业招聘启事。"先生,我看这里有好多职业都还可以的,商场保安、售货员、保险公司营销员、饭店服务生,其待遇也还行,您不想去试试?"该男子摇摇头。"为什么?""我不想干这些脏、累、辛苦、挣钱又少的活。""那您希望干什么呢?""找一个清闲、挣钱可以、有一定地位的工作。""您有什么技术吗?""我是一个机械工人,其他技术不熟悉。"

镜头二:33岁,女士,曾是某企业干部,下岗不久。人才中心服务员:

"女士,某超市招服务员,月薪1800元,早8:30至晚上9:00上班,干一天休息一天,可以吗?""太累了,有没有其他清闲一点的?"

镜头三:24岁,女士,大专毕业。人才中心服务员:"不是介绍你去开发区从事文秘工作了吗?""离家太远了,每天起早贪黑,太累太紧张,有没有离家近又清闲些的工作?"

镜头四:25岁,男士,外地打工者。人才市场某招聘单位:"我单位需要送货工,月薪2800元,另加奖金,外地人包吃住,可以吗?""可以!"

到人才市场快要下班时,前三位还没有找到满意的工作。为什么前三位谋职不如第四位容易呢?原因在于一个外地打工者,对工作不挑剔,有一定收入,能解决吃住问题,有盈余就可以了。先立住脚,再慢慢图发展。由此看来,现在不是社会提供的就业机会少,而是失业者没有一个正常的心态面对就业,步入了再就业误区。

再就业误区主要有以下几个方面:

(1) 报酬误区

许多失业朋友在求职时,往往会过于强调报酬,一切向"钱"看,少了不屑一顾。对于这种只重眼前利益,不注重长远利益,急功近利的人,往往会失去很多就业的机会。如那些有良好发展前景的新兴企业、民营企业,在这样的企业里将会有很好的事业发展前景。企业发展了,工薪会水涨船高的。况且刚认识,对方不了解你,难给高薪。

(2) 怕苦误区

不少失业朋友,长期不能再就业,是陷入了怕苦误区所致,他们几乎都怕脏、累、苦,难以找到理想的工作,这种想法在青年人中尤为突出。某城市的一家综合性大商场中,营业员大多是20~35岁的青年女性,每月底薪1000元,再加上业务提成、各种补贴,每月可领到2000~2500元的收入,在一个中小型的城市,这样的收入水平足可以维持一家三四口人的生活费用。但是该商场的营业员流动率每月达10%,原因就是因为工作时间长,工作辛苦。这些青年人不在乎工作岗位,说走就走。

(3) 路远误区

不少的青年人在选择职业的时候,太看重单位与家的距离。在择业时考虑家与单位的远近是必要的,但是随着城乡交通状况和交通工具的改善,家与单位的距离不能成为择业的主要条件。有一年轻的大学生,家住市中心,而招聘单位在郊区,距离达50公里,就是说每天往返一百公里的路程,许多人不愿意去。但他考察后,决定去工作。理由是:有地铁可达路程的一半,另一半单位有班车接送,总共也只不过50分钟而已,况且单位效益很好。随着城市的改造,大批居民迁往郊区,新建住宅小区附近就业岗位少。更重要的还是能使自身的能力、才智得到充分的发挥。

总之,许多的青年待业者并非没有工作可找,只是过多地挑挑拣拣,陷入了就业误区,使得自己仍然在就业大门外徘徊。许多国企下岗职工的这种不良心态尤为明显,怕丢面子,怕被人瞧不起,怕脏怕累,挑肥拣瘦,宁愿在家呆着,也不主动适应环境变化,改变不了不切实际的择业要求。这种心态在许多刚毕业的青年学生中也表现得较明显:自恃有文凭,有本事,希望找个手脚不用动,脑筋不用转,轻轻松松赚大钱的工作,最终往往是高不成低不就,只能待业在家。

二、再就业和程序问题

1. 了解劳动法

《劳动法》是为了保护劳动者的合法权益,调整劳动关系,建立和维护适应市场经济的劳动制度,促进经济发展和社会进步而制定的法律。在中国境内的企业、个体经济组织以及国家机关、事业单位、社会团体和与其建立劳动合同关系的劳动者,都依照劳动法执行。劳动法明确了劳动者和用人单位的权利和义务。如劳动者享有平等就业和选择职业的权利、取得劳动报酬的权利、休息和休假的权利、获得劳动安全卫生保护的权利、接受职业技能培训的权利、享有社会保险和福利的权利、提请劳动争议处理的权利以及法律规定的其他劳动权利。劳动者应当完成劳动任务,提高职业技能,执行劳动安全卫生规则,遵守劳动纪律和职业道德。在就业过程中,必须在劳动法的框架范围内进行。

2. 认识劳动合同

劳动合同是人们为了自身的生存和发展,需要在生产劳动过程中,与劳动单位结成一定的、相对稳定的协作关系。劳动合同是我国的《劳动法》规定并全面推行的一种劳动制度。劳动合同体现着合同双方的利益关系,也体现着缔结者的平等关系;既体现着职业道德,又体现着法律的尊严。

在劳动合同期内,企业不得随意解除劳动合同;劳动者也不得随意辞职。对于违反劳动合同的现象,双方均有权依法采取必要的手段予以制止。如经济的、法律的和行政的手段或依靠仲裁和公证来制止、纠正、追究违约者的责任。在履行合同的过程中,任何一方不得擅自变更或解除其中的内容。如果擅自变更或解除合同,要处以赔偿。对于故意违反合同条款,给对方造成重大经济损失的人,除应赔偿损失外,凡是达到法定年龄而又精神正常的,还要追究法律责任。

由此可见,合同的约束力,实际上就是法律约束力。

因此,劳动者在与用人单位签订劳动合同前,必须学习和了解有关法律知识,从而在保证自己不违约的情况下,运用合同的约束力,来保护自己的合法权利。

3. 签订劳动合同协议

当与单位进行协商的过程中,千万不要凭一些口头协议就去上班。一定要依法签订劳动合同,明确劳动者和单位各自的责、权、利,双方互相制约,互相监督,以保证就业过程的正常进行。

在签订劳动合同前,要认真审查内容,内容的表达要清晰、规范,要体现公平、公正、平等。对违背法律、政策法规的有关内容要提出修改意见,对自己的一些要求未得到满足的也可以根据具体情况进行协商,劳动合同签订后,要报经劳动争议仲裁机构等公证。

三、策划再就业中关系的协调

1. 协商

策划再就业的过程中,若应聘者对招聘者对劳动合同中的一些条款或规则的表述有冲突,双方可以在友好的气氛中进行协商,根据协商后的条约在合同中加以修改或补充,达成一致。协商是劳动关系处理中最为常见的方式。

2. 仲裁

在工作过程中出现争议、纠纷是不可避免的,为防止矛盾激化,维护双方的合法权益,我国建立了劳动争议仲裁制度。各级政府设立劳动争议仲裁委员会,专门负责处理本地区的劳动争议,劳动行政机关的劳动争议处理机构为仲裁委的日常办事机构。在企业内部设立劳动争议调解委员会,由职工代表、行政代表、工会代表三方兼职组成,在职工代表大会领导下工作,办事机构设在企业工会内。一般省市受理劳动争议的范围主要有两类:一类是因履行劳动合同发生的争议,一类是因开除、辞退违纪职工发生的争议。劳动者与用人单位发生争议后,可以自行协商解决,协商不成的,因履行劳动合同发生争议,当事人可以向企业劳动争议调解委员会申请调解,也可直接向当地劳动争议仲裁委员会申诉。因开除、辞退违纪职工发生的争议,当事人应直接向当地仲裁委申请仲裁,当事人一方或双方不服仲裁,可在规定时间内向法院起诉,否则仲裁第一次生效。

3. 法律程序

在就业过程中,任何一方有违约,经协商不成,又不服仲裁的情况下,应用法律来维护自己的权益。以《合同法》和《劳动法》为依据,向当地法院提起诉讼,接受法律的判决。

第五节　勇于同命运抗争

"人不怕有困难!人活着就是解决困难的,越有困难就越能锻炼自己。把困难解决了、排除了,人本身也就前进了。"这并不是哪一个名人的名言,而是一位下岗职工的肺腑之言。如果偶尔错过了星星,就老是去责怪自己,那你很可能还会失去太阳,因为机会是自己创造的。暂时失去工作并不可怕,可怕的是从此没有了信心,没有与命运抗争的勇气。失业不能失志!

2007年1月5日晚,方便面之"父"日清食品创始人安滕百富因心肌梗塞去世,96岁。从1953年第一份方便面上市,现在全世界每年消费900亿份。1957年,他任董事长的信用社破产,他的其他产业全用来抵债,只剩下住宅。一切从零开始。当时,日本经济处于腾飞最初阶段,生活节奏加快。他决定研制快速冲泡面。1958年8月20日第一份"鸡肉拉面"上市,1971年9月,世界首份"杯面"上市,2005年7月,方便面与日本宇航员搭乘"发现"号飞船,成为太空站的宇航食品。1958年底成立日清株式会社。他创造的辉煌,是同命运抗争的硕果。

一、下岗是人生新的起点

1. 人生新的起点

人生在世几十年的光阴,谁能预料到一生要遭遇几多挫折与打击,谁也不能保证自己一生一帆风顺。在征服挫折的过程中,有两种结果:一种是面对逆境被挫折击倒;另一种是愈挫愈勇,在挫折中前进。前一种情况的结果使人萎靡不振,从而引发失眠、性功能衰退、神经错乱、心理抑郁、免疫功能下降,诱发诸多疾病;而后一种将挫折当成人生的新起点,面对挫折,虽有一时的痛苦,但最终能面对现实,克服困难,迎难而上,使自己迈上新的人生旅程。下岗是人生过程中的一个挫折,但面对下岗,应该把它当成人生的一个新起点,一切从头开始,展开人生新的一页,相信自己。雨果说:"痛苦能够孕育灵魂和精神的力量,灾难是傲骨的乳娘,祸患则是豪杰的乳汁。"古诗曰:"山穷水尽疑无路,柳暗花明又一村",只要认真对待下岗,那么距"柳暗花明"肯定是为时不远的。

2. 树挪死,人挪活

俗话说:"树挪死,人挪活"。面对下岗,青年人要表现潇洒,"此处不留爷,自有留爷处"。不少现实的例子表明,在一个新的行业,新的岗位上,会有一种崭新的感受,这种全新的工作感受会带来全新的工作激情,从而促使你在工作中更为投入,更有工作的主动性和积极性,当然成功的可能性也就更大。上海一家汽车运输公司的组织科副科长,时年30来岁。得悉浦东开放的历史性机遇来了,他放弃乌纱帽,到金桥加工区充当一般工作人员。这一步走得和历史的步伐一致。10年过去了,在领导的支持下,他先后通过统考攻读了硕士、博士,获得了硕士、博士学位,肩上的担子也越来越重。先后任加工区党办主任、总经济师、市领导秘书、世界第三大化工区的总裁助理、总经济师。手中掌握着上百亿资金的流动和增值、保值。他说:"如不迈出这一步,早就失业在家了。"他的社会地位和活动能量与当年任公司组织科副科长相比,有着天壤之别。

3. 迎接挑战,再创辉煌

富有挑战精神,勇敢地接受挑战是青年的基本特征,一个自强不息的青年人,总会借危难以激励自己,挑战自我,创造辉煌。

香港首饰界经营制造巨商陈圣泽的成功例子说明了这一点。号称珠宝才子的陈圣泽初到香港不到20岁,没有文化,也没有经验,只好借住亲戚处,边打工边上夜校学习。几年的俭朴生活节余了些资金,他选择了首饰制造开始了创业道路。不久由于经营不善关闭,遂又打工又创业,再次失败。于是又进入首饰行业打工,从头学起。1968年只身来到人生地不熟但拥有先进制造技术与经营管理的美国,在纽约一家首饰制造厂见习。他如饥似渴地学习首饰的设计、铸模、生产、雕琢、镶嵌、打磨等每道工艺,下班后还不断总结经验。2年后学成回香港,虽踌躇满志但又困于资金和营销经验的缺乏,又只能在一家首饰店当雇佣4年。"他山之石,可以攻玉",

借鉴了别人的成功经验,他又开始了创业,这次创业让他迅速地成长起来,到1989年,他的珠宝首饰出口额达40多亿港元,成为名副其实的珠宝王。

二、再就业是新的机遇

1. 市场经济条件下挑战与机遇并存

在市场经济条件下,挑战与机遇并存,竞争与提高共在,也就是说没有挑战就没有成功的机遇,没有竞争也没有成功的可能。迎接挑战,参与竞争,是青年人的抉择,也是青年人的使命。随着就业制度的改革,打破了原有的就业框框,为个人和用人单位提供了更多的就业渠道、就业机会和选人机会。再就业会面临更多的风险和挑战,但同样会带来更多的机遇。

在计划经济下,"从一而终"提倡"干一行,爱一行",即便是不喜欢不适应那岗位,那也得"爱它一辈子"。所以那时的人们,既经历不到失业的痛苦,也很少品尝到成功的喜悦;既没有接受挑战的激情,也很难寻找到良好机遇。

在市场经济条件下,失业、下岗对社会、组织、企业都有益处,不值得悲观失望。失业、下岗可以再就业,再就业就有重新选择工作岗位的机会,也可以重新审视自己、正视自己,进一步了解自己,并在这基础上不屈不挠地沿着自己认定的目标努力,释放潜能,创造新的业绩,相信自己,成功已离你不远了。

小龚是云南省某县黄磷厂的一名下岗女工。她也曾陷入贫困、疾病和孤独中,如今她拥有了1 300万资产的企业,成为"全国农村青年科技致富带头人"和"全国十大绿化女状元"。只有初中文化的她回首自己的再就业之路,没有豪言壮语,可她的亲身经历和一句格言却启发了很多人。她的格言是"下岗也许是一次机遇,任何奇迹都可能发生。""1998年,黄磷厂严重亏损,我被正式列入下岗名单,对此我并不意外。本着为家乡做点事的想法,我带着几年的积蓄,回到家乡,承包了5 700亩荒山创办农业公司。现在回想起来,如果当初没有离开工厂,我现在可能一无所有;如果不是下岗,我可能只是一个小店的老板。下岗也是一种机遇,让你看到另一种选择,只要努力任何奇迹都有可能发生。"

2. 挑战适合的岗位建新功

再就业时,要清楚地认清自己的长处和特点,找一个适合自己能级的工作,可以干得得心应手。如一个计算机软件设计员,显然他在 IT 领域选择自己的位置,才是他的用武之地,而不能向那些与自己专业爱好风马牛不相及的领域去应聘,否则即使他再努力,也会因知识、能力的缺乏而碌碌无为。一般而言,一个下岗职工重新选择自己的岗位时,最好也是进入那些自己比较熟悉或与自己原有职业相邻的领域,可能会早些实现再就业。当然,也可以通过必要的培训,换一个领域再就业,那也是由于他的技能得到了更新,才有新的选择。

总之,再就业,找准位置,发挥长处,实现人生的价值,为社会贡献自己的能力。

3. 对困难与不幸的态度

某人寿保险公司曾做过一个尝试,在报考业务员的落选考生中,聘用了十位考分稍低但充满乐观自信的人。结果一年后,发现他们要比同行中那些考分虽高、但生活态度消沉的人,业绩平均高出 10%。由此可见,面对困难与不幸,乐观、自信,保持健康的心理最重要。下面是对困难与不幸者不同的态度分类表:

表 11-3　对困难与不幸的不同态度类型

类型	具体表现
积极型	意志升华:意志坚强,态度转化 增强信心:藐视困难,增强信心 模仿先进:学习先进人物的意志与品质 重订目标:延期、修订、转化目标 客观分析:客观分析主观与现实
折衷型	妥协折衷:采取折衷
消极型	合理借口:寻找合理借口,为自己开脱 压抑反向:强压抑郁,做不想做的事 幻想成功:胡思乱想,幻想不经过努力达到目的 推诿逃脱:责任推给别人,以求逃脱 退缩回归:知难而退,回到原地

从上表可以看出,对困难与不幸持不同的态度,将导致不同的结果。青年人应善于分析困难与不幸,有时还要主动经受一些磨难,增加一些挫折经历,积累经验与教训,使自己逐渐成熟起来。

三、再就业展示你非凡一面

1. 非凡的韧性

日本的松下公司创始人松下幸之助说过:"在荆棘的创业道路上,惟有信念和韧性才能开辟出康庄大道,并且能将不可能化为可能。"

有一位30多岁的女性,原来在企业是宣传科科长,由于下岗了,万念俱灰。经过同学的疏导,她清醒了许多,认真思考。突然脑海里显现了许许多多生龙活虎的各色人物,她按捺不住创作的欲望,闭门埋头写作。半年时间写出了50万字的长篇小说的雏形。到出版社征求意见,责任编辑说:"题材好,人物也丰满,但是粗糙了一点。"于是她又花了一年时间,经过3次的重大修改,终于使这本小说立了起来,出版了,获得很好的反响。如果她没有韧性,就不可能在30岁之后转换为作家——令人羡慕的职业。

一位公关专家说:"失败与不幸是一所培养伟人的学校,而希望却是人生的钟摆,它永远不会停止。""动物有天敌才有生机,人有压力才能自强,才有动力,才有智慧。"挫折与失败,往往是成功的铺垫石。失业是一种压力,人生不以一两次的失败论英雄,用非凡的韧性去奋斗。不轻言放弃,要有一种锲而不舍的精神。

2. 非凡的毅力

非凡的毅力——人格的钙质,它是人们生活中不可缺少的战胜困难的勇士。不要埋怨命运有多差,环境有多苦,把它看作磨练意志、培养毅力的机会,在逆境中奋起的人生更有意义。

小吸管里的大买卖

楼仲平是个靠生产饮用吸管起家的义乌人。生产一根吸管的利润仅有8毫钱,可他却靠着这8毫钱的利润,构筑起了人生成功的大厦。目前,他的公司是世界上最大的饮用吸管生产企业,有60条生产线,公司90%的吸管销往世界各地,日出口吸管8吨,一年的产量占了全球吸管需求量的1/4以上,每月利润达40万元。

起初,楼仲平租了两间平房,买了两台机器,和妻子没日没夜地做吸管,做得手指头根根发痛。刚赚了一点钱,金融危机爆发,塑料原材料大幅度涨价,许多吸管厂纷纷改行,可楼仲平坚信:"吸管是易耗品,需求量大。只要过了这个坎儿,一定有钱赚。"靠着这个信念,他硬是挺过来了,将吸管产业越做越大。当时,电子商务在中国还是新生事物的时候,他就把吸管放到网上卖了。靠着网络,他把吸管推销到了全世界,公司通过电子商务成交的业务占据了公司业务的一半以上。

靠一根小小的吸管,赢得了事业的辉煌,楼仲平成功的故事,给了我们深刻的启示:

不要轻视小事,小事也能成就大业。生活中,那些创大业者,干的并非都是惊天动地的大事,他们往往从小事做起,把一件又一件容易做成的小事,耐心地做好、做完美,然后用这一件件漂亮的小事,构筑起自己人生成功的大厦。

领先别人一步,超越别人的可能是一大截。

要善于接纳新鲜事物,勇于走在时代前沿,胜利的阳光,总是首先照在那些站在风口浪尖上的人。

动辄放弃的人,放弃的也是成功的机遇。在危难面前,在紧要关头,成功往往青睐那些坚持到最后一刻的人。试问如果楼仲平在金融风暴面前,也像他人一样放弃不干,他还能成就今天这番事业吗?

乌龟靠着它顽强的毅力终于战胜了兔子走到了终点,取得了第一,这个故事在我们孩提时代就烂熟于心,可生活中,又有谁一开始就愿意做那只乌龟呢?一个16岁的湘妹子外出打工谋生:扫垃圾、做小保姆、洗碗……她在工余坚持学习文化,10多年从未中断,在各地各级刊物上发表了200多万字的作品,现在成为某市的电视台节目主持人、作家协会会员,在近郊购买了花园别墅。没有毅力,她能有今天吗?

3. 非凡的智慧和才能

人生每遇困难和挫折,不能自认晦气和命运不佳,而应凭智慧和才能化解麻烦。对于失业者来说,了解自己的不足,是最大的聪明之处。许多失业者后来鹤立鸡群,就在于他们的明智。在困难的时候,若有涌泉般的智慧和勤劳的双手,不管在何处,幸运和成功会陪伴你。

一位普普通通的下岗女工在一年内凭着她的非凡的智慧和才能赤手空拳创下百万财产,被许多人认为是天方夜谭。创造这个神话的就是天津市某公司总经理、天津市某社区中心主任邹某,她的神奇的再就业故事曾被新华社报道。37岁的邹某曾在天津市墨水厂做包装工,下岗后,在餐厅打过工、卖过服装、干过导游,后来在一家大型饭店做大堂服务,从一般员工做到大堂经理。正当饭店蒸蒸日上的时候,一向笑容可掬的老板突然翻脸,把她辞退了。她带着3 000元钱和一身的疲惫回了家。之后看招工启事,跑人才市场,几次碰壁之后,1998年一个偶然的机会,经朋友介绍承包了一个花店。脑子冷静下来之后,她才意识到自己对花卉一窍不通。倔强的她为此花了整整一个星期在花卉市场干杂活,不求报酬,只求学习花卉知识。小花店开张了,花店的布置、进货、送货以及联系客户都由她一个人做。一个月下来,她的手被各种花刺和药液折磨得不成样子,但让她喜出望外的是,这间不足20平方米的小花店不仅没有赔钱反而还有赢利。恰逢此时,专门扶持下岗女工创业的"天津市妇女创业中心"成立。刚入住妇女创业中心的她就暗下决心,一旦有了能力,一定要全力帮姐妹们一把。这既是一种创业,也是一种回报。2001年初,准备大干一番的邹某用自己的积蓄和第一笔4 000元小额贷款作为启动资金创立了天津市振兴社区服务中心,她大胆地使用连锁和加盟形式,短短的两个月建起了60多个社区服务站,包括美容美发、婚介、花店等众多服务种类。2001年3月,她从报纸上得知自来水洗车已被许多城市禁止,中水洗车在全国尚处在发展阶段,何谓中水洗车? 她向一些知情人讨教后,敏感地意识到这是一个蕴藏着巨大商机的领域。在得到专家技术支持的保证下,邹某果断地筹集资金添置设备,开始进行试验。在试验过程中,她面临着十几万的资金缺口,但试验却是箭在弦上不得不发。她做出了一个惊人的决定——卖房! 她说:"当时的压力真是太大了! 试验失败了,技术人员灰心,家里人埋怨,我得给他们打气,可谁给我打气啊? 幸好当时妇女创业中心给了我很大的支持和鼓励,才使我走完了那段难熬的日子。"苦尽甘来,设备调试终于大功告成。她首先做的两件事就是为产品申请专利和企业上网。通过互联网,企业与一家美国公司建立了合作关系,并又引进了最先进的中水处理技术。从5月份建成投产以来,她的公司已在全国销售数百台中水洗车设备,在天津市内设立中水洗车点近百个。同时,她还积极在自己的企业安置了大量下岗职工就业。

四、胜利属于不屈不挠的人

1.《孟子·告子下》

孟子曰:"故天将降大任于斯人也,必先苦其心志,劳其筋骨,饿其体肤,空乏其身,行拂乱其所为,所以动心忍性,曾益其所不能。人恒过,然后能改;困于心,衡于虑,而后作;征于色,发于声,而后喻。入则无法家拂士,

出则无敌国外患者,国恒亡。然后知生于忧患而死于安乐也。"(《孟子·告子下》)

这段话的意思是,如果要想成功必然有一段艰难困苦的过程来磨炼意志。从另一角度上来讲,就是先要把自己锻炼成一个不屈不挠的人,才有可能取得事业的成功。其实任何一个成功人士,都不可能一帆风顺,都有一段"苦其心志,劳其筋骨"的过程,"不经历风雨,怎么见彩虹,没有人能随随便便成功"。

1998年6月,青年人小代初到北京的时候身上只剩下十几元钱。为了吃饭,他天天穿梭于劳务市场和各个职介找饭碗。几经周折,6月21日他找到了自己的第一份工作——保洁公司的业务员。按照规定,每月的工资是200元,这一点可怜的薪水对于一个"漂"在北京的人来说实在是微不足道。于是他向老板万分请求,希望每天能给一份伙食费,如果自己在一个月内跑不到业务,伙食费如数退还。在这样的许诺下,老板破例给了他一份300元的工资。从此,小代每天起早摸黑前往各个公司、办公楼、宾馆,嚼着他那三寸不烂之舌,不时遭到别人的白眼,但是这样的困难没有吓倒他,反而更激发了他那高昂的斗志。每天冒着高温、顶着烈日奔波于北京的街头,晚上就铺一张报纸随便找一个角落睡觉,一连几天靠着冷馒头就着自来水充饥。功夫不负有心人,20多天后他终于在文联宾馆接到了第一笔业务。虽然业务不大,但是给小代带来的鼓舞可不容小看,而且树立了他对保洁工作的信心。由于他不辞辛苦的奔波,随后带来了越来越多的客户,所做的业务也越来越大,此时给人打工的弊端也表露出来——老板常常用一种怀疑的眼光看待他,通过各种强制手段要求他干分外的工作。在这样的刺激下,他萌生了自己创业的念头。在几位同事的竭力支持下,他开始了自己的创业历史,豪友保洁公司就这样诞生了。

俗话说:"吃得苦中苦,方为人上人"就是这个道理,更不要说创业本身就是一个艰难困苦的过程了。

2. 个人成长与进步也如此

个人成长与进步同样也是如此,人在一生的成长过程中,多多少少会经历人生磨难。特别是一个成功者,创业不会像北京的东西长安街那样宽阔、平坦、笔直。他人所见到的是他最辉煌的时刻,而在其奋斗过程中的酸甜苦辣,往往是一般人无法体会的。

温州奥美力整合营销策划有限公司的马勇伟出身浙江缙云农村,1996

年从温州商校毕业后,迅速在广告业取得成功,事业进入平稳发展期。1998年后,在"做大蛋糕"念头的诱惑下,他在温州市中心区以高额租金两次办酒店,几十万元打了水漂,又继续办歌厅,结果还是一个亏。28岁的马勇伟从失败的沮丧中看到了自己的特长。几年来,他能赚些钱,靠的还是"广告策划"这个看家本领。"年纪还轻,稍安勿躁,对自己不熟悉的领域,不要随意进入",马勇伟不断地告诫自己。他将广告公司的资源重新组合,强化"整合营销、整体策划"的新概念,在温州、丽水、杭州,充分调动商业、媒体和广告等多种资源,成功策划了一次次富有特色的大型文化、旅游活动,公司名利双收。

在失败中吸取教训,在教训中不断成熟、成长,这是许多成功人士走过的足迹。

3. 不少再就业青年创造了非凡的业绩

再就业后创造非凡业绩的例子很多,常常可以从媒体的报道中看到。

1995年从湖南郴州农村来到武汉市创业的黄淳今年才28岁,1998年他创办了全国第一家正规化家政服务公司,树立了全新的服务理念——公司管理家政服务员,直接面对客户实行服务质量承诺。其事迹经一些中央媒体报道后,全国各地来参观学习者络绎不绝。

但就在事业蒸蒸日上的时候,年轻人的虚荣心开始"作怪"。黄淳在公司成立刚三个月就告别了创业起步时的普通门面,来到武汉市最繁华的江汉区南京路上,租了几乎整整一层的豪华写字楼,挂起了公司的金字招牌,却全然不顾那时公司的员工只有20多人,处于微利状态!

公司一年的收入还不够一个月的房租!黄淳从此背上了负债经营的沉重包袱。

黄淳在困境中猛醒。喜欢看书的他被美国人尤伯罗斯勤俭创业的精神所触动。堂堂的世界奥林匹克运动会的组委会都可以在一间旧仓库办公,我的小公司为什么要不切实际地讲究体面?黄淳重新回到了起步时的普通门面,在豪华写字楼只留下一间房接待客户,并将主要精力用于迅速扩大公司服务队伍,完善管理,终于使开支大为节省,一步步走出困境。

并非所有的失败都可以挽回,因为不同的人面对失败的抉择不同。你可以找出一千个失败的理由,但成功的理由只有一个:积极进取。三分天注定,七分靠打拼。空等万事俱备,只怕白了少年头。

第十二章 现代青年公关策划竞争

在生物界,植物与动物之间、动物和动物之间和植物与植物之间充满了竞争。君不见,农田里草长苗稀就是一种植物与植物之间的竞争。动物之间更是竞争剧烈,动物园猴山上,雄猴之间常常展开激烈的竞争以争夺"王位",胜者为王,败者滚开。人类社会自从诞生到现在同样充满了竞争。远古的一些部落为什么能延续至今。而有些部落则淹没在人类历史海洋的深处,无人知晓。为什么?因为他们在竞争中失败了。现在世界虽然高唱和平、正义、公正、公平,但是能做到的有多少?君不见,美国号称人权的卫士,但是,它可以发动对南斯拉夫的战争,可以发动对阿富汗、对伊拉克的战争,2011年3月又联合英、法等国开始对利比亚的轰炸……它为什么能这样?因为它在200来年的竞争中获得了巨大的成功和胜利。而中国从1840年到1949年这百年历史中,在竞争中败北,国土任人宰割,中华民族的子孙惨遭侵略者的杀戮。但从1949年以来,中国在国际竞争中不断取得成功,不再受凌辱。从个人来说,在竞争中失败的日子是不好过的,事业上不去,社会地位不高。为了自身的成长和发展,为了组织的强大,为了祖国的繁荣和昌盛,我们要参加竞争、策划竞争,争取竞争的成功。为此,本章对策划竞争作一简要的介绍。

第一节 公关策划竞争概述

竞争源于人们为谋求生存而对地域内有限资源的相互争夺。

竞争是社会前进的动力之一。在竞争中进行策划,可使竞争更有成效,更能实现竞争者的初衷。在竞争中通过自身调整,达到一定的平衡状态。

一、竞争的原因

我们的时代是充满竞争的时代,国与国,省与省,市与市,企业与企业,学校与学校,班级与班级,小组与小组,个人与个人之间无不憋足了劲,都要和对手一决高低。市场经济条件下,经常看到这样的情况:昨日充满辉煌,而今天已难觅其踪影。某市,有一座70多年的胶鞋厂,产品是驰名品牌,然而在充满激烈竞争的2000年,突然从市场上消失,而且连厂区也拍卖给了房地产商,这难道不是一幕悲剧?

1. 宏观原因

(1) 生存的需要

人类的先祖从诞生之日起,就开始了不自觉的竞争行为,先人们如不开展竞争,就难以比别人多猎得一头野兽,多捕得一尾鱼,就比其他的人群吃的少一点,难以生存下去。为了生存下去,部落之间展开了竞争。传说张氏的始祖叫挥,他是黄帝第五个儿子,他在人类的生存竞争中,发明了弓与箭,把人的手与臂延长了,以后,他又发明了网,提高了生产力,获得的食物比之其他部落多,人们的生存条件改善了。黄帝命他掌管弓与箭的生产,赐他姓张。由于张氏拥有先进生产工具,所获食物丰富多样,所以,张氏人口繁衍多,始成为"百家姓"中一赫赫大姓。根据2010年人口普查资料统计,张姓有8 750.2万人,为全国第三大姓。他的牌位供于山西太原晋祠公园内,供张氏后代去凭吊和拜祭。

历史上,有不少部落和民族,由于在生存的竞争中失败,人口逐渐减少,逐渐地衰弱直到退出历史舞台,不为人知。

前面所说的鞋厂,尽管是著名企业,但是几十年来的产品一直是老面孔,市场疲软。面对竞争,面对源源涌来的新产品没有引起丝毫的警觉,仍生产老产品,结果很快沉入水下,这样的悲剧不能不引起我们的叹息。这从一个侧面反证了,不参加竞争,企业就要倒退,就要从市场上消失,不能生存下去。

(2) 经济的原因

在历史上,任何民族任何国家的经济水平是竞争的根本之所在。在竞争中,经济发展了,人民生活水平提高了,综合国力就会增强。众所周知,中国古代汉朝的文景之治、唐朝贞观之治和明朝的仁宣之治,这三段历史时期是当时世界上经济、科学、文化、军事最发达、最强大的时期。

今天,我们知道,只要有商品生产,只要有市场,就必然有竞争,市场经济是产生竞争的经济根源,而不是什么社会制度的产物。不同的社会制度对竞争的认识,仅仅表现为是否自觉地参与竞争,并在竞争中获胜而不是相反。

(3) 军事的原因

在军事上展开竞争,是确保国家能否长治久安与和平地开展经济建设的一个重要保障。在军事上强于对方,就能确保国家的长治久安,否则将任人宰割,不论是在野蛮的古代还是在今天的文明时代,都是如此,我们不能掉以轻心。2010 年 8 月,美、日、韩在黄海举行军事演习,美国的华盛顿号航母战斗群开进黄海参与演习,这是对中国安全的极大挑衅和威胁。中国外交部发表强烈声明和警告,中国国防部长说:华盛顿号如进黄海,我们给予很好的"招待"。美国不得不宣布华盛顿号不参加,并于 10 月下旬宣布美日韩联合军事演习取消。

由于我们海军力量薄弱,尤其没有一艘航母,导致南海诸岛中不少岛屿被外国占领,丰富的石油资源被掠夺。还有琉球群岛在二战结束时,《开罗宣言》和《波茨坦公告》宣布归还中国,可今天仍为日本"托管"。

(4) 政治的原因

不论是在世界政治的格局中,还是在本国的政治生活中,均广泛地存在着竞争,最典型的莫过于美国政治生活中的每四年一次的总统竞选,各个经济利益集团与各个政治集团,都参加这场关系到切身利益的竞选,使出浑身的解数,确保本集团的代表人物当选。

2. 组织的原因

(1) 组织生存的需要

在社会生活中,存在着多种组织。组织为了生存,就得开展竞争,通过竞争,盘活组织内部资源,把相形见绌者淘汰出局,把优秀者吸收进来,使其获得生存的有生力量。如果不开展竞争,惟我独尊,只会自取灭亡。20 世纪 90 年代苏联的解体,给我们提供了在政治生活中不开展竞争的典型。苏联共产党有 30 万党员的时候,夺得了政权;在有 550 万党员的时候打败了希特勒;在有 2 000 万党员的时候失去政权。东欧 6 国,随同苏联的解体,也改变了国家的体制。苏东骤变有其历史必然性,是政治学和历史学研究的范畴。而美国建国以来的 200 多年,由于展开政党之间的竞争,那些台上人物受到约束,丑闻比较少,政局比较稳定,经得起风波,经济发展一直处于世界的前沿。常有报道,不少盈利性组织看不到竞争,最终被淘汰出局。据统计,上海的餐饮业每天关门1 000多家,每天又有1 000多家开业,循环往复。只有那些参与竞争,善于竞争的组织才能生存下来。

(2) 组织发展的需要

组织要发展,需要一个创业的参照物。一是因为没有参照物,不知道自己的状态如何,是健康的,还是亚健康,或者是带病的,需要参照健康状态才能得出。二是组织的前进与发展,要有一个标准。这个标准就是相似组织的水准。只有超过一个又一个同类组织的水平,才能永保组织生命之树常青,才能赶超先进水平。才能走出本地区,走出国门参与世界的角逐,分割一块世界市场,给组织的发展提供广阔的天地。

3. 个人的原因

(1) 市场的召唤

青年的成长、成才与发展是在市场经济这个大背景下进行的。市场是个伟大的学校,青年在这所学校里经受锻炼,增长才干,为国家、社会作出贡献。市场充满激烈的竞争,青年要在竞争中比才干、比智慧、比创意、比灵活多变,只有胜出,才能站立潮头,奋勇前进。败者,在市场中无法生存,更无地位。青年,只有敢于竞争,善于竞争,才能一展雄才大略,建奇功。

(2) 成长、成才和发展的驱动

青年成才和发展的愿望十分强烈,要想自己成长、成才和发展,必须有压力,这个压力就是同龄人迅猛前进的态势。凡是有上进心的青年,无不想比周围的同伴成长得快一点,才能突出一点,发展的速度快一点,这样才能对国家的贡献大一点。为此要与同伴展开竞争,或悄悄地竞争,或轰轰烈烈地竞争,造成一种竞争的态势,促使更多的青年投入到竞争中去,形成一马当先、万马奔腾的局面。为在竞争中胜出,必须动脑筋,勤钻研,善于学习,使事业迅速发展,建功立业。

你的才能,你的品德,你的容貌,自认为甲天下,无与伦比。但这不是你一个人说了算的,而是在与他人比较中看出来的。

一个人要前进得快一点,要知道外面世界的情况,把他人的长处作为自己前进的鞭策力量,把他人的成就作为自己追逐的目标,不达目的,决不罢休。许多青年展开了无声无息、不事张扬的竞争,比时间,比速度,比质量,一浪又一浪,终于到达了预定目标,抢占了制高点。正如俗话说的,山外有山,人外有人。学术上、事业上无不呈现峰峦叠嶂的气势,必须与别人竞争,超越对手,才能使自己不断登上新的巅峰,创造新的成就。为了创造新的成就,就得强迫自己不断学习、不断探索,而且要不怕失败,不畏艰辛,"衣带渐宽终不悔",才能达到目标。

有一个姑娘小倩,刚工作两年就下岗——单位破产了。她才24岁,心高气傲,想在事业上有一番作为。她作为一个外地生源留在省城工作,是幸运的。下岗虽是一种打击,但她很快地镇静下来,决定先解决吃饭问题。于是与有关单位联系,有关单位同意她在新建小区设摊卖早点。因为是一个人,只卖鸡蛋煎饼、牛奶、豆奶。门口还有一家四口人卖豆浆、烧饼、油条、稀饭等。她先观察了几天,以色、香、味和干净的工作服为竞争的入场券,而那四口人呢,白的工作服油迹斑斑,黑糊糊的,男人胡子拉碴。一比较,她的形象立刻靓了起来,生意也好起来,一个星期之后,她聘用了同厂下岗的小琴,共同来做,内容也增加了两种,两个月后,又加了馒头、包子等,随后,那四人的早点摊子由于生意不好,转移到别的地方去了。半年后,她租赁了两间房子,为中、小学生和老人提供午餐,深受社区居民的欢迎。下午,中、小学生放学后,又在她的店里做作业、复习功课,她对学生功课中的难题,不时给予指点,这样不少学生健康成长,成绩也提高很快。家长们纷纷向社区反映她的事迹,要求表彰。恰逢"三八"前夕,她被评为区"三八红旗标兵"。知名度和美誉度大幅度提高了,资金也雄厚了,于是她依靠社区的支持,组建了一家餐饮连锁公司,开了10多家分店并且延伸到相关服务行业,成为该区自主创业行业中的一匹黑马。被选为区人民代表,参与政府方针的制定和管理。她在竞争中胜出了,她的市场意识和管理能力在竞争中提高了,增强了,如果不下岗,她进步不一定会这么快。

竞争不仅仅表现在经济上,还表现在政治、军事、智慧、能力、资金、素质等多个方面,要想在市场经济中取得良好的成效,就要在多方面综合提高自己的竞争素质和竞争实力。上例,小倩姑娘竞争的综合素质和竞争能力是高的,首先是心理素质好,下岗后孤身一人在省城无依无靠,心理压力很大,她冷静地分析,分阶段实现自己的目标,一步一步地实施竞争战略,以质取胜,以产品的色、香、味取胜,以清洁卫生取胜。先求立足,再图发展。在图发展的规模上是滚动发展,不急于铺摊子,根据资金的丰敛程度来决定发展的规模和速度。在用人方面,她力求融入社区,管理及操作人员本土化,这样既便于管理,又增加亲情,为社区减轻了就业压力,加之她想办法帮助解决社区家长和组织很头疼的孩子的午餐和放学后的安全问题。总之,她想社区和社区居民之所想、所急,在竞争中融入社区,成为社区的一员。这样,在竞争中体现出了她的综合素质和能力,而被社区和社区公众看中、信任,取得了令人高兴的成绩。她的事业发展起来了,政治上参与了国家大事的方针、政策的讨论和制定。

从小倩的例子中,我们受到启发:竞争的成功,不是单一的资金或关系的竞争,而是素质和综合能力的竞争,缺了一种素质或能力会给竞争带来不利的影响。因此,我们想在市场竞争中获胜,应提高素质修养,提高综合能力,平衡地发展。

二、公关策划竞争的意义

竞争是互相争胜,争取第一的状态。在竞争中怎样保持一种积极的状态是不少人思考的问题。有人认为,保持平稳状态为佳。为什么?他们认为,双方四平八稳,和平相处,客客气气。另一种人认为,关系的双方展开竞争,可打破死水一潭的状态,激起阵阵波涛,甚至是惊涛拍岸,这样可促使双方奋起前进,力争上游,建功立业,推动组织前进。我们认为,后一种状态好。

1. 竞争是人类社会进步的动力

人类自诞生以来已有400多万年,自有文字记载的历史已有5 000年上下。在14～15世纪之前,社会进步不大,发展不快。但自资本义制度在地球上确立以来的400来年,地球上发生了巨大的变化,人类的文明有了迅速的发展和进步,生活质量有了革命性的变化。为什么三四百年会超过以往的几千年甚至上万年的历史进程?以往的竞争尽管存在,但不显著,不激烈,是一种相对平稳的状态。而资本主义制度建立以来的400多年,各种技术和科学的进步,通讯和交通工具的发展,促使竞争加剧,推动了人类社会的发展,超过了以往任何一个历史年代。中国改革开放以来的30多年,由于实行市场经济,竞争在多个领域全面展开,中国面貌的巨变,是人所共知的。在未开展竞争的历史阶段,社会进步缓慢,社会成员生活质量提高不大。现在,在竞争的驱动下,全国城乡朝气蓬勃,国民的生活质量有了很大的提高。对于个人来说,在竞争力缺乏的年代里,人们干多干少一个样,而在竞争的岁月中,你领先了,所得的报酬就多,生活质量就能相应提高。组织之间的竞争,加快了优胜劣汰的步伐,使大批劣质企业淘汰出局,使资源优化组合,提高了生产力。

2. 竞争是人才前进的动力

什么是竞争？竞争就是一场比赛，互相争胜。人才前进需要动力。这个动力源自竞争。在一个项目下，或同一个背景下，或相似的条件下，与他人、与高手相比出现落差而展开角逐。在角逐中，斗智、斗勇，争取胜利。才能，如果不在竞争中运动、拼搏，就会萎缩、枯死。只有展开竞争，激发潜能，发展智慧，才能像宝剑那样锋利无比，削铁如泥，破译各种难题，增长才干，为社会创造财富，实现组织目标和个人的价值。这样，我们就明白了"飞人"刘翔为什么要不断寻找"战机"，与世界著名选手展开角逐，激发智力和体力的潜能，创造新的世界纪录。如果不展开角逐，就很难创造新的成绩。

三、竞争的作用

1. 加速完善自己

每一个人都想完善自己，完善修养，完善气质，完善能力和体质，以便适应市场的需要。能进一步完善自己的人，一般地说有两类，一类是学问高深，有很高的自我修养的人。"吾日三省吾身"，做到每天三次反省自己的言和行，是否符合道德规范的要求，这类人是不多的。另一类是与人交往中，感到有不周全、不完美之处，若不加快完善自己，就有可能失去朋友，失去机遇，失去事业，失去发展，失去生存的条件。于是他猛醒了，奋起直追，使自己的人品、能力完善起来，与朋友一样，抓住机遇，振兴事业，谋求发展，开拓更大的发展空间。这后一类人是在一种压力驱使下的完善，这个压力就是竞争的压力，生存的压力，发展的压力。没有压力，就没有动力，就会乐以忘忧，过一种安闲的生活，意志就会渐渐磨去，很难跳出危机，谋求发展。

市场是一所伟大的学校，而竞争是这所学校的教员，学生在这所学校里，没有教员的训导，是难以成才的，难以全面发展的，更是难以完善自己的。在这所学校里，在竞争的驱动下，应调动一切相关因素，加快完善自己，力求胜出，成为一代天骄。上例小倩姑娘，如果不下岗，在单位里，可能成为一名出色的员工，但是，她的成功是单色调的。如今，她下岗了，被无情地推向市场，在这所大学校里，在竞争压力下，被迫不断完善自己的素质和提高能力，先求生存，再求发展，终于使自己的素质和能力得到了提高和发展，在市场中出人头地。我们相信，她还有很大的发展空间，不论是对她的事业还是对她的从政能力和前途都是如此。竞争会强迫她不断完善自己，争取新的成就，除非她退出市场，退出竞争。市场经济中，没有陶渊明的"桃花源"，有的只是惊涛拍岸，潮起潮落，不奋力游泳，全面完善，难以胜出，为大浪所吞没，沉没水底。

每一个有志青年，总要把自己置身于竞争之中，感受到竞争的压力，驱使自己进一步学习、奋斗，调动一切方法来激发潜能，创出一片新天地，成为市场经济的弄潮儿，这才是时代青年的本色。

2. 提高成才的速度和质量

每个年轻人都有成才的愿望，可是有的人成才了，有的人却成不了才；有的人成才很慢，有的人成才比较快。这是为什么？在各类学校里，尤其是在高校里，这类现象很普遍，有的在读书期间，就成果累累，为众人瞩目。有的在四五年的学习生活中，表现一直很平庸，没有什么亮点。通过观察和调研，发现那些成才者有一种紧迫感。他们知道，市场实质上是多种力的竞争，不抓紧时间储蓄能量，到时要你释放能量，完成一件工作，你放出的能量太小不能完成工作，只能被市场淘汰，不仅失去发展的机会，连生存都成问题。这种情况在高校真可谓比比皆是。

那些志存高远的青年，在竞争的压力下，十分重视珍惜时间，提高时间的利用率，花最少的时间，学到最多、最好的知识。他们重视技巧，合理分配利用时间段。认为时间是一笔十分珍贵的、不可逆转的自然资源。今天不努力，明天就可能被别人赶上去，自己就可能成为一个掉队者，被甩在后面。再要赶上去要投入数倍的成本，还不一定能赶上，因为你追，别人也在跑。所以，这些青年在学习中、在工作中，始终把弦拧得很紧，不敢粗心，不敢大意。这样，他们成才的速度自然就快多了，当然质量也就不会低。因为他时刻在检查自己和他人的差距。早一天超过他人，是胜者，就能取得丰厚的市场回报。

那些胸无大志的人，是做一天和尚撞一天钟，笃悠悠，慢吞吞，看不到周围的人在努力向前，别人一天完成的工作量他要两天、三天。这样，他没有竞争的压力，没有危机感，在学习中 60 分万岁，在工作中暮气沉沉，无法开拓新局面。只有把自己投入到竞争中去，才能有压力和动力，才能驱使自己不断地提高成才的速度和质量，适应国家建设对高素质人才的需求。

3. 开辟新市场，实现目标

竞争是市场经济的本质特征之一。竞争是市场活跃的重要动力之一。

市场离开了竞争,便没有了生机与活力。厂商通过竞争发现商品缺陷,加以改进,提高商品的竞争力。或研发新的商品和服务,开拓新的市场,扩大市场份额。因为你的商品和服务质量优,价格廉,顾客会购买你的商品,不去购买那些相形见绌的、落伍的商品。他们的市场萎缩,你的市场会扩大。市场份额的扩大,销售的商品就多,取得的回报也就丰厚,目标的实现也就容易。所以精明的厂商,善于利用竞争技巧,开辟新市场,为实现目标服务。

作为个人,也应善于运用竞争,提高素质和能力,为实现价值观提供服务。竞争迫使自己睁开眼睛,看看同行,他们占有哪些市场,市场份额有多大,你的差距在哪儿,从而奋起直追,实现自己的目标。

第二节 策划竞争的技巧

策划竞争同其他事情一样,需要运用相关技巧,才能使竞争进行得顺利一些,成功的概率大一些,所以要对策划竞争的技巧进行研究。

一、信息技巧

1. 信息简介

什么是信息?信息是由事物发出的情报、数据、信号等可供传播的具体内容,具有社会价值形态,通过一定的物质载体反映出来。

信息如果没有一定的物质载体。我们就不会知道它的存在,也不能发挥它的作用。有一个情报,很有价值,若在脑子里,不通过一定的物质载体,如语言、文字、图像或数字反映出来,想要用的人,是无法知道的,不能转化它的价值。

2. 信息的作用

在策划竞争中,要高度重视信息的作用。没有信息,公关的运作便是无的放矢。竞争若无信息,便无法开展策划。竞争要信息,策划要信息。没有信息,公关活动、组织目标、竞争、策划都无从谈起,都成了无源之水,无本之木。

公共关系是组织依靠信息的传播与沟通来协调与公众的关系,和谐一致地为实现双方或多方目标而奋斗。

策划是针对组织在运作过程中暴露出来的问题信息,有针对性地采取新的传播沟通方式。信息使双方或多方和谐一致地努力达成共识,继续为目标的实现共同努力。没有信息,策划就是纸上谈兵。

竞争若无对手的信息,竞争目标就不明,就无从制订竞争策略。

从上可知,策划竞争没有信息,无法策划,信息是策划之源。

3. 捕捉信息的技巧

信息对于公关活动来说犹如米,没有米,即使是巧妇,也难成炊啊!信息如此重要,怎样捕捉信息呢?①通过"关系"捕捉新鲜有用的信息。②通过媒介:广播、电视、报纸、杂志,来捕捉有用信息。③通过互联网捕捉有用的信息。④通过商品捕捉有用信息。⑤通过消费者捕捉有用信息。

4. 捕捉信息的途径

捕捉信息的途径有两条:①正常的途径去捕捉(公开的);②非正常的途径去捕捉(秘密的)。

5. 信息运用上的特点

① 散、杂、多、快。现代社会信息量太散、太杂、太多、变化太快。有用信息常常被淹没在散、杂、多的信息中,把有用信息筛选出来,很不容易,是要费一番功夫。

② 把有商业价值、有用信息筛选出来,为目标服务,使之转化为商业价值,获得利润回报。

③ 时效性强。信息的时效性很强。一条信息过了某一刻便成为废物,毫无价值可言。所以捕捉到信息,要及时研究处理,发挥信息的作用。

6. 怎样运用信息

① 运用信息制订竞争方案。

② 运用信息激发内外公众的情绪。

③ 运用信息挑起争端,使公众了解真相。

④ 运用信息激发公众的荣誉感。

⑤ 运用信息引起公众的危机感。

二、落差技巧

水为什么会发电?在于它的落差。在策划竞争中,善于利用落差这一技巧,可以产生巨大的能量,为目标服务。现仅举几个落差技巧,供朋友举一反三。

1. 知识落差

组织与组织，公众与公众之间的知识掌握的多少、高低、宽窄、深浅是不一样的。在竞争中指出这种落差的存在，对于激起成员的学习热情的作用是不小的。只有追上去，才能在竞争中获胜。

2. 成就落差

策划竞争，要超过对方，就要知道双方的业绩即成就方面的落差如何，自己落后了多少？通过策划，使群体振奋起来，赶上去，超过他，创造新的成就。

3. 利益落差

在工作和学习上，本组织所获得的利益与同类组织或个人有无差距，差距多大？是什么原因造成？制订措施去赶、去追、去超。

4. 市场落差

本组织的产品市场占有率是多少，与同类产品相比，他们的市场占有率是多少，为什么会有这样的差距，运用什么方法缩小差距，扩大市场占有率，超过对方？

5. 荣誉落差

本组织的产品、服务的公众认可程度如何，美誉度情况怎样，在评比或竞赛中，获得哪些荣誉，与同类的组织相比，有无差距，差距多大，是怎么造成的，采取什么措施消除差距，超过对手？

6. 诚信落差

不论是从政，还是经商，或做人，诚信是首要的。与同类组织相比，诚信欠佳，若差一点，差在哪儿，是什么原因导致的？采取什么措施，使诚信落实到组织的每一项活动中，落实到每个部门、每个人，使组织和成员成为诚实守信的模范，增强组织的竞争力。如果与竞争对手相比，诚信落差很大，这就标志着组织或个人遇到了诚信危机，这种危机是最凶险的一种。必须立即采取措施，重塑诚信。组织才能有生路，否则十分危险。

7. 健康落差

工作、学习或科研，三天两头跑医院，或精力不济，而别人精力充沛，体力强健。这表明，你的健康状况极糟，不能承担组织付与的任务。当发现这种状况，一要立即就医，二要逐步健身，哪怕再忙，一天也应健身30分钟，每周至少有两次较大强度的运动量。

8. 关系落差

在工作、学习、生活中,你遇到了困难,有无朋友来帮助你?是多是少?为什么会造成来帮助你的人寥寥无几?而另的组织和个人却八方来助。你该怎么努力,建立更多"关系",给你以支持和帮助。

三、危机技巧

策划竞争的危机技巧的运用,可以激起公众的危机意识,从而惊觉起来,惊醒起来,振奋起来,摆脱危机,创造新的成绩超过对方,使组织获得新的成就。

1. 能力危机

在市场竞争中,组织的领导人及员工的能力如何,与他人相比,开拓能力、创新能力、组织能力、协调能力、沟通能力、驾驭能力、抗风险能力、抗挫折能力和预见能力是强还是弱?要使领导人与员工及时知道,从而更加积极锻炼,提高能力,驾驭航船沿着正确的航线驶向彼岸。

2. 知识危机

组织的运作需要以领导人及员工丰富的知识作基础。组织竞争的失利,和领导人及员工的知识的优劣与多寡密切相关。陷入知识危机的组织,领导人和员工必须要下功夫学习相关专业知识,如聘请专家上课,尽快摆脱知识危机,减少损失。有一管理学院的领导人,是成高大专生,来领导一所高校,由于知识贫乏,加上其他原因,在竞争中败北。

3. 市场危机

本组织的产品或劳务一向占有相当大的市场份额,可是突然间,市场缩水,陷入了市场危机,造成重大损失。一、要迅速查明原因,寻找对策。二、即便是本厂的市场份额不错,也要找出它的潜在危机,寻找对策加以防范和规避。

4. 效益危机

本组织产品原来效益一直在同行业中很好,可是近一个时期以来生产成本突然增加,效益下降。从生产过程入手进行梳理,发现问题,采取措施,把成本压下来,使效益超过同行业的平均水平。有些大学生,上课不听讲,学习滑坡,变相使学习成本增加。这些学生应端正学习态度、认真读书、认真听课、提高学习效率,破除60分万岁的不良心态,力争优良成绩。

5. 时间危机

如是厂商,要经常分析产品生产的时间成本。若时间成本高了,也会增加商业成本,要分析在产品的生产过程中,哪一个阶段多占用了时间,是工人操作上的原因,还是原材料原因,一一列出,寻找对策,加以改进,把时间成本降下来,增强竞争力。

6. 信誉危机

由于对生产或服务监管不力,出了次品,流向市场,给厂商的信誉带来损失。或工作人员在不恰当的地点、不恰当的时间、不恰当的场合、对不恰当的公众,说了一些不恰当的话,或对一些矛盾的处理不当,使组织或个人的信誉下降。信誉是市场经济的一大要素,也是个人立身处事的一大要素,如果信誉产生重大问题,只能被市场这只无形的手洗牌出局,别无他路可走。因为市场经济本质上是信誉经济,不讲信誉的人,谁也不敢与之深交、知交,更不敢以事相托。预先策划组织或个人陷入信誉危机的预案,有助于未雨绸缪,振奋精神,加强信誉建设,以信誉立厂、立身、立业,增强竞争力。

7. 健康危机

时下,有不少年轻人,生活无规律,玩命地玩,玩命地工作,玩命地消费,健康透支过大,亮起了红灯。深陷健康危机,若不及时纠正,危害是十分巨大的。

8. 关系危机

有些人进行业务活动,宰"冲头",不讲长远,不讲友谊,过河立马拆桥,而且是宰朋友、熟人。结果陷入关系危机,逐渐变成孤家寡人。

四、走出误区

坦言,由于我们的知识、经验、阅历等多种原因,在策划竞争中,会有意无意地陷入误区,所以,对怎样走出策划竞争的误区也要作一些探讨。

1. 判断误区

在策划竞争中,有时组织对从哪一个角度,哪一个方面与对手展开竞争的判断失误也是常见的。比如明明产品外包装存在缺陷,可是策划人员却判断为质量上有问题,与对方展开竞争,岂不是南辕北辙。碰到这种情况,需要收集相关资料,重新研究或请外部专家诊断,走出误区,重新确定竞争的目标。

2. 决策误区

与对方策划竞争在很多情况下的失败是由于陷入了决策误区导致的。策划者决定在哪一个方向,哪一个方面进入竞争,这一点很重要。这一点弄错了,越竞争,差距越大。当我们发现陷入误区之后,要迅速分析原因,寻找走出误区的途径和方法,减少损失。

3. 目标误区

策划竞争的具体目标要准确定位,才能在竞争中获胜,否则等待的将是失败。在发现竞争的目标定位不准,要迅速策划走出的策略,然后慎重行动,不要引起重大的震动,转移到重新定位的目标上去,争取在竞争中胜出。有一厂商,起初把竞争的目标定位在全面超越对方的一种产品,然而实力和时间是不允许的,很长一段时间里,未见成效。后在一工程师的建议下,分阶段走,先在某一点上展开竞争,胜利了再逐步扩大,既节省了成本,又逐步提高了知名度和美誉度,等全面超过对方的时候,不知不觉中已扩大了市场份额。

4. 对象误区

策划竞争的对象要选择好,不能盲目攀高手、攀强手,那样的竞争可能是竞而无功,争而无益,导致企业追加成本,得不偿失。发现进入对象误区后,立刻分析,寻找突围的方向,重新选择对象。如在那个荒诞不经的时代,一些厂家选择了外国一家先进的汽车厂作为竞争的对象,硬是让工人用大锤砸出了一辆汽车,从精神上来讲是可嘉的,但毫无商业价值,成本高,缺少科学性和安全性。还有一家厂商为显示其决心,与某国的飞机厂竞争,在某一年的国庆节前夕硬是花100天造出了一架直升飞机,还要送到天安门去进行飞行表演。稍有点科学常识的人,都会觉得不可靠,缺乏科学依据。

在选择竞争策划的对象时要科学、冷静,不能仅凭热情和激情。如发现进入对象误区之后要果断转移、撤出。以免造成更大的危害与损失。

综上所述,公关策划竞争的技巧,很值得研究,选择技巧,进行策划,有助于策划竞争的成功。

第三节 策划竞争的谋略

策划竞争是一门艺术,一种谋略,谋略决定竞争的成败,谋略决定创业的成败。现在是优胜劣汰,智者生存,谋者生存的时代。作为组织,作为策划者与竞争者来讲,要想竞争取得成功,应该懂得策划竞争的谋略,进而运用谋略,帮助组织获得竞争的成功。

一、寻觅人才的谋略

1. 寻觅人才的意义

寻觅人才关系到事业的成败,组织的兴衰。俗话说:千军易得,一将难求。竞争,说到底是人才的竞争,只要觅得了杰出的人才,就可以从竞争中胜出,也可获得丰厚的回报。市场上各种猎头公司,它的职业就是为各级各类组织寻觅人才。当某一家企业觅得一个人才(管理、营销、策划和研发人才等),有了人才的组织就可振兴,就可抢占更大的市场份额,就可研发出更新、科技含量更高的产品,从而给组织带来滚滚财源,就能在市场上立于不败之地。

2. 寻觅人才的谋略

(1) 三顾谋略

在《三国演义》中,徐庶向刘备推荐了孔明,于是才演出了感人至深的一幕:三顾茅庐。刘备于雪中拱手侍立数个时辰,以等孔明午睡醒来,得到有经天纬地之才的孔明,终成伟业。三顾茅庐实则是以情动人、以情感人、以情诱人、以情取人、以诚招人,使人才为我所用、为我所有、为竞争用之的谋略。

十顾茅庐谋略

2000年,我(冯达旋)接受了美国德州大学达拉斯分校(UTD)的副校长职务,就在我开车去上任的路上,我从电台的节目中获悉艾伦·麦克迪尔米德获得诺奖的事。于是我便去拜访他,向他表示祝贺,当时,我们想在UTD建立一个纳米实验室,但是在此之前,该校在这一领域可以说是个空白,而艾伦是我所认识的第一个在科学界有很高地位的从事纳米研究的科学家,所以我去见他的时候,就想把他请到UTD来。但艾伦说:"对不起,我非常非常忙,最多只能去作两个报告。但我可以向你推荐我的一个好朋友——哈尼·威尔。"他说,哈尼·威尔的研究所当时正在讨论与通用电气(GE)合并的事,所以他和他的手下都有点"人心惶惶",正好是个机会把他们"拉"过来。我听了马上说你能不能帮我介绍,他答应了。

12月底的一天晚上,我试探着给在纽约的哈尼·威尔发了封电子邮件,问他有没有兴趣到达拉斯来工作。我想大概要2～3个月才会有回音,没想到5分钟后回复就来了。他说他正在写一个报告,而且非常愿意到达拉斯来,但问题是他太太觉得德州离纽约太远了,不想去。我坐了3小时的飞机赶到纽约,上门去请他和他太太。后来哈尼·威尔又表示,如果仅仅是请他一个人去UTD的话可能还不行,他需要带几名助手一起去,而且还要确定他那些助手的太太也愿意去德州。从1月到6月,我"飞"了10次纽约,一次次登门拜访,可以说是费了九牛二虎之力,才把这一整个团队的研究力量请到了我们学校。

请到他们之后,我还不死心,继续和艾伦讨论他可不可以来,并和我们另一个副校长一起到他家里去邀请他。艾伦说:"我不可能把全部时间给你们,最多拿出20%～30%的精力。"我说:"随便你给我们学校多少时间,只要你能够跟我们学校保持关系,帮我们带学生,在知识上对我们有所影响,我就给你发全薪。"最后艾伦终于接受了我们的邀请。这批世界顶级的科学家来了之后,马上把我们学校的纳米研究水平带上了一个高度。有了学术上高水平的领头人,更吸引了大批出色的年轻人进入我们学校,他们的声望不断吸引着纳米研究领域的人才投身UTD的纳米实验室。目前,我们的纳米实验室已扩大到60人,其中也有来自中国的优秀青年。《科学美国人》杂志每年都要评出50位最杰出的科学工作者,今年UTD就有3人入选,其中2位是来自中国的年轻人才。

(2) 发展谋略

当前,有不少人才在"武大郎开的烧饼店"里打工,不能伸展手脚,空怀一代奇才。在竞争中,如果以良好的发展谋略征召这类人才摆脱武大郎的羁绊,加盟到组织中来,为组织的发展贡献他的才智,也为他的智慧提供用武之地,岂不是两全其美,何乐而不为?有一所大学,对一位来自成人学院,又是半路出家的教师,不屑一顾。后来,另一所大学的人事处长、师资办主任慧眼识才,联名向校长推荐,招聘进来。他的才能便得到很好的发挥,第二年,占领了这个学科的前沿。原先那所大学的科研处请他来校作报告后,校长与其交谈,十分得体地想请他来本校工作。他莞尔一笑,讲了二年前的故事。使这位校长深感吃惊,深感遗憾。由于偏见和观念的滞后,丧失了一位优秀人才,而导致本校这一专业水平处于落后状态。后来,这位教授说:"我的目的是要寻找一个合适的学校发挥自己的专长,为国家作贡献,不想平平度此一生。"

(3) 利的谋略

在寻觅人才的过程中,若能启动利的谋略,可收到良好的效果。有不少人才,为单位作出了重大的贡献,把全身心都投进去了。但一家五口仍挤在斗室之中,不要说一个书房,就是放一张书桌也十分困难。这种情况可启动利的谋略争取他来为组织服务,从而使组织在竞争中名列前茅。

(4) 义的谋略

什么是义的谋略？就是正确合宜的道德情谊或举动。泛指道德规范或合乎道德规范的谋略行为。

组织在寻觅人才中,运用道德的力量、情感的力量、不出格的行为规范去吸引人才为组织效力,并且为他们的才能施展提供一个更高更广的平台,使他们感到,到组织中来比在原先的单位里更符合他们的价值观要求,更能施展他们的才华,使其功成名就,实现人生抱负。大凡能这样去做的,一般能招聘到高能量、高级别的人才,他们一旦加盟组织中来,是相当稳定的人才资源,可为组织作出重大的贡献。

(5) 放长线谋略

现在不少单位在招聘人才的时候,往往患了近视症,着眼于组织的近期利益,忽视组织的长远利益。在寻觅人才的过程中既要发现在近期能给组织带来效益的人,更要发现、搜罗能在今后一个相当长的时间里能给组织带来效益的人。并以此为契机,向人才表明：您如能加盟,将会在几年以后,给您的事业带来长足的发展和机遇。一般地讲,有潜在才能和真才实学的人,对自己是了解的,他乐于去有潜力的组织,为之效力,特别是进行基础研究的人才,更是比较清楚自己所从事的研究领域的前景或应用价值,他们往往珍惜声誉超过自己的生命。

(6) 服务谋略

服务谋略指跟着销售的产品,为一定的对象进行服务,来展示良好形象,扩大、提高竞争力,占领和扩大市场。

许多有见地的厂商,在进行产品开发,投入生产的同时,就进行了产品的售后服务的培训。产品销售到什么地方,销售服务中心就开办到什么地方,提供周到、及时、准确的服务。据报载,有一家厂商的大型电脑在意大利罗马的使用者那儿出了故障,当地的销售服务中心的工程师不能排除,凌晨向加拿大总部汇报。总部告知今天中午以前派专家前往会诊。总部连夜在美国和西欧调派 4 名专家,8 点飞抵罗马机场,8 点 40 分到达其公司,花了 1 小时检测出毛病,并进行了调试,更换了配件,使电脑正常运行,避免了意大利使用者某系统的通讯中断。如此快速而良好的服务,经媒体报道,该厂商的产品在南欧的市场又扩大了许多。有些厂商把产品销售出去,便以为万事大吉,不提供良好的售后服务,使市场缩水,缺乏竞争力。

在市场上,要策划好跟随产品的服务谋略,从机制、人力、物力、设备上做好周到的准备,一旦客户有服务需求,便能在最短的时间里提供良好的服务,增强市场的竞争力。

有一家电器集团,想在大西北开展业务。他们发现一位研发人才很有潜力。想请他改换门庭,为集团服务。但是这位马工程师有一种传统的知识分子的秉性,继续他的研究不为所动。可是,他的研究,需要配套服务,他的单位提供的服务常常跟不上,因而延误研究。这家集团闻讯,划出 100 万元,在当地注册了一家公司,配置了当地一名科技工作者小岳为经理,专门为他服务,保持经常的沟通,有时这位马工家中有人病了,他们也知道,马上派人去关照,整整三年直到马工的产品研发出来,经过专家评审,在将要进入生产推向市场的时候,以岳经理的名义设宴为他祝贺。这时,集团的李董事长出面了。小岳把李董介绍给马工,并把内情作了介绍。这使马工十分感动。当下决定,把专利转让给他们,把其中的一部分利润转给马工原服务的公司,然后投身到这家集团的麾下。这种服务谋略需要领导人的识才胆略,超前意识,惟以此才能寻觅到能人加盟组织的事业。

(7) 跟踪谋略

对一些有发展潜力的人才,组织要跟踪一个相当长的时期,才能看出成果,在跟踪的过程中还要以恰当的方式与其保持联系,增加了解,联络感情,不时以一定方式给予支持,等他成熟了,组织的条件也具备了,再与他沟通,可使其转而为组织服务。有一家工厂,他们对当地去国外留学的人,总是予以密切的关注,每学期考试结束后,发一封信表示慰问,对优秀者寄去一笔款子,表示奖励;适逢他(她)生日时,寄一帧贺卡表示祝贺,运用不同形式进行联络、跟踪。这批人毕业了,有不少人读研后又攻博,他们都记录在案;这些人在国外工作了几年,各方面都成熟了,出了成绩。于是工厂派出高层管理人员,赴国外洽谈,请他以成果、智力为股份加盟组织的事业。其中有不少人回国,与工厂合伙开发、参与管理,取得了新的突破。此谋略为不少地方政府和厂商所用,取得了显著的成效。

(8) 情感谋略

什么是情感？人们内心的对外界事物所抱的肯定或否定态度的体现，表现为愉快、憎恶、热爱、仇恨等。

南方一家企业，在上海聘请了一位工程师去工作，在上海办了调离手续，去报到之前，突然感到身体不适，一查，竟然是肝癌晚期。此时，上海的单位说："王工虽然关系已转出，鉴于上海的医疗条件，还是把关系转回来吧！"但是，南方的企业说："现在王工已是我们的人，我们将运用一切力量，医治和延长他的生命！"派人将其从上海接回，到广州一下飞机，立刻送往广东省最好的医院，请最好的专家为其救治。这位王工十分感动，在病床上指导该企业的几个国家重点项目的攻关。一年下来他的病况没有继续恶化，反而有所好转，创造了一个医学奇迹。几个重点项目，一个一个被攻下了，为工厂创造了 10 多亿元的效益。当他听到这个消息时，兴奋地笑了。第三年的"五一"节前夕，该省的一位副省长到医院探视，感谢他带病攻关，为该省的发展作出重大贡献，并向他颁发省劳模奖状和证书的时候，他幸福地闭上眼睛"走"了。这是一种情感的力量，驱使他发挥生命的潜能回报知遇之恩。

寻觅人才运用情感谋略所起的作用是十分有力、深沉而持久的，使人才自觉地投入组织的怀抱，为组织效力，不因为外界的变化所动摇，而表现出一种持久的坚定性。《孙子兵法》对此早就做了精彩的论述，在此不作赘述。

(9) 宽容谋略

作为一个组织或它的领导人，对人、对同事要宽容，可使组织获取更大的竞争力。据中科院院士杨福家介绍：美国普林斯顿大学的怀尔斯评上教授之后的 9 年中，课也不上，论文也不写，也不来学校，教务部门、系主任、教研组长都不知他在干什么。工资、奖金照发。9 年后，该教授的一本著作出版了，在世界数学界引起轰动，他攻下了数学界一个顶尖课题，获得"菲尔茨奖"（相当于诺贝尔奖）。怀尔斯在普林斯顿大学 9 年没出过论文和上课，但学校还是容纳他。正是因为这种宽容，使得他能潜心自己的研究，最终证明了"费马大定理"，并荣获数学界的"诺贝尔奖"——"菲尔茨奖"惟一的特别奖获得者。另一位杰出的经济学家纳什，他早年出成果后不久，就得了精神分裂症，一病就是 30 年。难能可贵的是，普林斯顿大学依然把他留在大学里，在学校和亲人的照料之下，在医生的精心帮助之下，清醒了，康复了,然后,发表了震撼经济学界的一本作品,获得经济学领域的重奖。校方多方照顾,使得他的天才并没有因为疾病而被埋没。他以其著名的博弈论荣获1994年诺贝尔经济学奖。普林斯顿的文化氛围值得我们深思,如果这所学校没有这份宽容心,我想他们是不会出成果的,甚至那位重病在身的教授早就命归西天了。宽容是种谋略,一种胸怀,它能吸引人、激励人为组织多作贡献。

二、展览谋略

什么是展览?展览就是把东西摆出来让人家看。策划竞争,就是要把组织所创造的业绩或问题展示出来,让公众看,知道组织的不同凡响和问题,这些谋略有:

1. 诱导谋略

诱导是劝诱、教导或引导公众向组织目标方向运动,组织运用一定手段展示组织的成果,引导公众参与组织为实现目标所进行的一系列工作。

在许多情况下,组织不便直接言明,而是运用实物或图片展览,请公众参观,引导公众朝着组织所暗示的方向去努力。像每年暑期大学招生前的一段日子,不少大学到多个中学办展览,展示本校的名师风采,学生英姿焕发的风貌,研究成果和杰出人才,吸引优秀中学生报考本校。这种竞争策略往往能收到很好的效果。

2. 石破天惊谋略

"石破天惊"原指李贺《李凭箜篌引》"女娲炼石补天处,石破天惊逗秋风。"箜篌的声音凌厉激越,忽而高亢,忽而低沉,出人意外,有不可名状的奇境。后人常指写文章、发议论的出奇惊人。

在市场竞争中,针对同类产品的通病,研发出的一款全新产品,低调入市创造出惊人的销售业绩,再调动媒体炒作,达到石破天惊的惊人效果。

3. 提示谋略

提示谋略指通过展览,把可以启发思考的有关因素提出来,帮助目标公众思考,进行决策行动的一种谋略。

有一家厂商,把自家的产品生产环节分解成许多相对独立的环节,再根据生产工艺的要求逐一对照,使科研人员和操作人员找到了产品质量上不去,成本居高不下的症结。然后逐一研究,制订出整改措施,很快就使生产成本下降了20%,产品质量大幅度上升,增强了市场竞争力。

4. 回忆谋略

回忆谋略是指发动回想往事的谋略。有一产品,在相当长的历史时期内,销量一直稳占东南亚、西亚之首,质量也是位于前列。但由于员工滋长了骄傲自满情绪,不注意细节,产品质量下降,市场萎缩,企业的效益大幅滑坡,员工纷纷表示不满。决策层一时束手无策,于是请教了一公关事务所的专家。他详细了解该厂的历史与现状,建议用回忆谋略,发动员工回忆在过去五十年内工厂的辉煌业绩和取得的原因。那时员工走在大街上,一身制服引来路人羡慕的目光或嫉妒的眼神。而今很少有人穿本厂的制服走出厂门,为什么?一石激起了员工的荣誉感、使命感,他们纷纷找原因、订措施,不出两周,产品质量全面超过了历史最高水平,市场也随之全面升温。当地媒体和东南亚、西亚地区的媒体也滚动报道该厂的产品在短期内的巨大变化,引起了公众的广泛关注。

5. 解困谋略

解困谋略是指消除陷于竞争中的困难和痛苦的谋略。组织在策划竞争谋略中,一方面是顺境中的竞争,这是人人愿意看到的、听到的;另一面是逆境中的竞争,遇到困难,碰到痛苦事,竞争不能顺利进行,目标不能实现。在竞争策划中,要设计好半道杀出的程咬金——困难和痛苦的对策,使组织立于不败之地,不能一厢情愿地只想顺境不想逆境和困难,不策划好解困谋略是不全面的策划,对竞争是不利的。策划者必须把在竞争中可能碰到的困难及其对策摆在领导层和员工面前,集思广益,完善对策,当困难出现时就可以从容对付,减少或不受损失。

6. 野狼谋略

策划竞争要引进野狼——竞争对手。如果没有竞争对手就没有动力和压力。企业长期在没有威胁对象的环境下生活,是非常危险的。就像加拿大雪原上的驯鹿,在没有竞争对手——野狼的环境下,优哉游哉地生活,个个体质退化,老弱病残骤增,进而种群退化。如不改变现状,驯鹿的种群可能消失。后来引进了适量的野狼,改变了现状。市场竞争情同此理,所以在进行策划时要以竞争对手为目标,要赶上、超过对手,才能呈现勃勃生机。

三、市场谋略

市场即经济的海洋,海面多险恶风浪,海底多礁石险滩,水中多鲨鱼,在海中游泳需多加小心,以防不测。要想闯荡市场,须多学谋略,才能避风险、躲恶浪、绕礁石、离险滩,驶向目的港。

1. 创品牌谋略

市场上同类型的商品,林林总总,消费者怎样从数以百计、千计乃至万计的商品中定格于你的商品?这主要是靠品牌。用不同的品牌把相同的商品区分开来。为此,厂商要创自己的品牌。那么,什么是品牌?品牌是用来识别一个或一群卖主的商品或劳务的名称、术语、符号或图案。

创品牌就是创造一种商品的牌子,好像我们每个人来到这个世界,都要起一个名字,才能与芸芸众生相区别。没有名字,那整个社会生活就会乱套,市场也是如此。这里说的是一般的起始阶段的商品牌子,是创名牌的前期阶段。

青年人在创业伊始,如何创立自己的牌子,通过什么途径来创品牌呢?比如生产馒头、包子的小倩姑娘:

① 根据生产工艺要求生产。严格限定在不同的季节、温度下,一定量的面粉加多少水、多少鲜酵母,发酵多长时间,上笼蒸多长时间。这样的馒头松、软、香、甜,成为附近社区一个中国快餐饮食业的品牌。

② 严守卫生条例。工作人员的工作服必须洁白,每天换洗,常洗发、沐浴、剪指甲,接触食品前必须洗手。所有用具每天清洗、消毒,店堂清洁无异味,无苍蝇、蟑螂。

③ 以销定产,决不多产。保证食品的新鲜、味美。少量剩余食品由职工买回。这样她的馒头等面食品牌子就响了,社区居民叫"倩馒头"。

2. 钉子谋略

市场上满是商品,市场似乎已被商家瓜分完了,但是这样的瓜分是相对的,而不是绝对的。所以市场上总存在缝隙,市场是不会被绝对瓜分完的。那么,就在缝隙中打进一根小钉子,慢慢地钻进去,扩大市场份额。这种钉子谋略要求操作者具有缜密的头脑,敏锐的目光,善于发现缝隙,使用适当的钉子,用恰当的力,把钉子扎进去、站稳了,把你的商品推向市场。这是新产品推向市场常用的一种谋略,而且成功的概率很高。20世纪80年初,在充满了胶鞋的商店里,一家名不见经传的工厂新设计和生产出来的几款新鞋硬是挤进了闹市的一家街面橱窗,由于陈列独具匠心,周五上午陈列,下班高峰时,吸引了众多眼球,当晚,进的100双鞋被争购一空。周六、周日两天,竟然销售了1 000双。震动了这条商业街,大家纷纷要求进货。这家鞋厂的产品成了抢手货。

3. 服务谋略

在市场上同类商品似满天繁星,个个都是五光十色,撩得人眼花。如果在开展服务上独树一帜,就能从中跳出来。因为用户知道,世上没有绝对完美无瑕的商品,但是售后服务好,可以弥补它的不足。有一位客户购买了一套太阳能热水器设备。厂商不仅派人上门安装、调试,还在一周内多次电话询问使用情况,这给客户造成一种放心的感觉。一年冬天奇冷,进水管冻得漏水,厂家接报后,一个小时内驱车30公里来维修,这使客户很高兴。以后,凡是到他家来串门的亲朋好友,他都推荐这个品牌。据统计,经他的推荐,有50来家去购买了这个品牌的热水器。他们认为既购买了实物,又购买了厂家的服务品牌。确实,服务品牌是厂家参与市场竞争的要素之一。不论是销售商还是生产商都不能忽略。

4. 示形谋略

这是把事物展示出来让人知道的谋略。在市场上,同类商品,同类人才固然很多。如果把它或他的特殊之处显示出来,让对方识别,以使产品或人才被购买或被录用。我曾听一位友人讲起她去某著名高校应聘的故事,她的第一学历是大专,尔后读的是夜大,显然她的文凭是不硬的,她巧妙地把近几年来在报纸、杂志等媒体上发表的作品目录和出版的专著摆在了人事处和师资办负责人的案头。他们只是浏览了一下目录,便一改神情,满面春风地说:"秦老师,欢迎您到我校任教,待遇从优。若不嫌弃,是否现在就可签个协议?"她也见好就收:"不要试教了?"师资办主任说:"像秦老师这样的水准,不要试教了。"于是,她从一个一般的高校进入了全国重点高校。如果她不懂在竞争中运用示形谋略,是不能如愿以偿地进入这所高校的,更不能施展自己的抱负。

如果是可使用的具体商品,则把该商品的不同之处展示出来,让公众知道、欣赏,进而购买它,使用它或欣赏它。

5. 心理谋略

在竞争中,为了获得成功,要运用心理谋略,帮助竞争成功。心理学研究表明,欲望得不到满足是激起人们竞争的最普遍的原因,因此要激发内部公众潜在的竞争动机。什么是竞争的需要呢?它是指人的生存意识表现在市场上最基本、最核心的动力因素,这种需要或显或隐地永不满足。策划者要使显的更强烈,隐的激发出来,共同参与市场竞争。

心理谋略表现形式很多,下面介绍几种常用的谋略:

(1) 启发谋略

当组织或个人对竞争的需要不迫切时,可采取一定的手段使其认识到如不参与竞争,将被市场淘汰出局。启发对方感受到这样的危险的存在,进而产生参与竞争的愿望而自觉行动。

(2) 激发谋略

组织或个人有了竞争的愿望,但是不强烈,动力不足,认为还过得去。这时可采取把组织或个人的现状与市场的现状展示出来,使他猛吃一惊,如同兜头浇上一桶凉水,使他猛醒,认识到若不积极猛追,将被淘汰出局。

(3) 张弛谋略

竞争的热情激发出来,投入市场竞争。策划者适时采取张弛谋略,就是在竞争过程中,有紧张,有松弛,让情绪、神经松弛一下,不要绷得太紧。一张一弛,乃用兵之道,也是竞争之道。松弛了,冷静下来,可以审视竞争的优点和不足,采取措施,使竞争日臻完善,成效日益显著,也可使疲惫的身心得以休整,以利再战。

(4) 调整谋略

市场竞争,有成功,有失误,有失败。不论是成功者还是失误者、失败者,都有一个心理调整过程,特别是失误者、失败者的心理调整更为重要。通过一定的措施,对他们进行心理治疗,使他们恢复信心,振作起来,找原因,想办法,重新投入竞争,争取成功。

(5) 发展谋略

在一个时期、一个阶段的竞争成功了,这是一个阶段、一个时期的成绩,竞争还远未结束,要把阶段性的成果延续到全过程,不能有小胜即安的心理,那对全局的事业是不利的。要继续参与竞争,扩大和拓展竞争的成果。

6. 隐强示弱谋略

在竞争中,把强处、优点隐蔽起来,把弱点、缺点显示出来,让竞争对手知道,从而给对手造成一种假象,使对手瞄准自己的弱点进行研究,展开竞争,把竞争的目标定位选错,对方尽管花了很多的物力和人力,最终还不能超过,或继续保持领先的地位。这是一种策略,麻痹对方,使对方形成错觉。在内部,则发动员工攻克弱点,使弱点变强,强处更强,这样产品越完善,竞争力越强,市场占有率越高。

在学习中、工作中,运用恰当的谋略,策划竞争,可使我们在竞争中取胜,从而使我们的竞争成本降低,使青年的成长、成才、发展快一点,适应时代对青年的要求,从而为国家作出较大的贡献。

第十三章　现代青年公关时间策划

最近，应邀去几所学校作了几场报告，听到不少同学反映：大学生，特别是一年级新生，进了大学，不再像在高中阶段被功课压得透不过气来，课程不多，轻松得很。于是出现了不少人去泡运动场、泡吧、夜不归宿的现象，且相当普遍。这是他们还不适应大学的学习生活，没有掌握大学的学习规律，也没主动地去探讨，加上其他原因造成的。他们中的多数人，在物质上可能不够富裕，但是在时间上却是个富裕户。他们大把大把地挥霍时间——自己的青春。不少老师，特别是从挥霍青春岁月中走过来的，觉醒了的大三、大四的同学们的心中更是焦急，他们刚进校门也是如此。这样，基本知识学得不扎实，到了高年级就比较吃力，希望笔者能向师弟、师妹们讲一讲关于时间策划的事，期望引起警觉。于是与一些同学进行了讨论，觉得不仅在公关活动中，而且在一切活动中都应进行时间的策划，减少时间成本，提高青春的使用价值，增加它的回报率，提高它的回报质量，使青春闪闪发光。要知道：时间是生命的成本，时间又是生命的载体。

屈复《偶然作》："百金买骏马，千金买美人；万金买高爵，何处买青春？""青春没有驿站，珍惜时光等于延长了青春。"又一位作者写道："青春是瑰丽多彩、灿烂夺目的，如海边的贝壳，我庆幸拥有青春。但青春又是短暂的，似海滩的细沙，不经意就会从你的指缝间溜走，每一个拥有青春的人，在骄傲的同时，更要懂得如何去把握它，在有限的时间内，尽可能多做些有意义的事情。"古诗云："光阴似箭催人老，日月如梭趱少年。"提倡志士惜年，贤人惜时，已消逝的时间不会再回来。"一寸光阴一寸金，寸金难买寸光阴。"

作为最后一位辞世的梁启超、王国维、蔡元培等学术大师的弟子，著名历史学家，原复旦大学副校长、历史系系主任蔡尚思（1905～2008年，享年104岁）教授，20余岁即跨入大学任教，一生有20多部学术专著，200余篇论文，90余岁仍坚持笔耕不辍，有不少著作是在耄耋之龄完成的。年轻时，他读到明代学人的话:"祈年莫如爱日,爱日可使一日为两日,百年为千载。"深受感染。他百般珍惜时光,把学术生命视为一切。

第一节 时间策划概述

时间,裹着千重雾。千百年来,人们对她顶礼膜拜,不断地追求她的眷恋与恩赐,但是她只对勤奋者赐予恩泽,对无作为者从不顾恋。秦皇、汉武追求她,派遣童男童女去访海上仙人,企求她的驻足。有的人苟活了几十年,犹如草木一场;有的人也活了几十年,却建造了一座座丰碑,光辉灿烂,为世人敬仰。为什么会有如此的差距?这个差距是因不同的人对她——时间所蕴含的宝藏的认识和开采的程度各异而形成的。苏东坡云:"无事此静坐,一日如两日;若活七十年,便是百四十。"在论述生命的数量与质量前提下,深入浅出地来一个加减乘除——勤奋读书,一天当作两天用,那么,活上70年,就等于拥有140岁!清代的李渔去拜访友人,此人有一毛病——嗜睡。到他家已近中午,仍高卧未醒。李渔把苏东坡的诗改动几个字:"吾在此静睡,起来常过午。便活七十年,只当三十五。"一天中有半天睡过去了,年龄就得用除法算——活上70年,只能算活了35岁。

一、时间是什么

霍金在《时间简史》里提出:"我们从何处来?我们是什么?我们往何处去?"

年轻人,不仅仅是年轻人都会面对这个问题,发出一连串的感慨:

什么是时间?

时间有无始点,有无终点?

时间有没有方向性?

"山中方七日,世上已千年"的神话传说,有无科学根据?

时间会不会变成财富?

人为什么会变老,人为什么不能永葆年轻?若能像《杨家将》中的佘老太君,每隔18年,脱一层皮,永呈年轻的丰韵,那该多好!追求长生不老,不仅是秦皇汉武所矢志追求的,也是百姓们所向往的。几千年来,这真是一个难解之谜。

神仙的上帝是没有的,而时间的上帝却是存在的。神仙的上帝对人是不一样的,而时间上帝对一切人,上至总统、总理、元帅、将军,下至平民、士兵都一视同仁。哲学家早就说过:人类最大的平等是生命流逝的平等,无论贫富,也不论贵贱,每年是 365 天,每人一天只给 24 小时,绝不多给一分一秒。时间的上帝是真实而有感情的,珍惜时间的人,时间也慷慨奉献。像劳动模范赵桂新,他八年干了 30 年的活,为国家作出了重大的贡献;像一个姑娘从纺织女工奋斗到硕士、研究所所长、工程院院士,而她当年的小姐妹早就下岗,在家领社会最低生活费了;像曹雪芹,在很困难的条件下,"蓬牖茅椽,结绳瓦灶","举家食粥酒常赊"的 10 年,三易其稿,终于写出不朽之作《红楼梦》。这是时间的上帝眷恋人,赐予人的一份厚礼、一份感情,使其永垂青史。而对随便糟蹋时间的人,上帝视之为草木与虫兽,毫不怜惜,把他无情地抛弃,不留下任何痕迹。在同一所大学同一个班,同一个教师授课,学生所获并不一样。有的是满载而归,有的是所获无几。诚如一位作家所言:"时间抓得紧是金子,抓不住就是流水。"

不管你信仰什么,崇拜什么,如:金钱、名位、美女、明星、皇室、圣贤、救世主……似乎是永恒的东西,但是在时间面前,都成了过眼烟云。根据牛津英语语料库(2000 年建立收词 10 亿以上)统计:当今人类常用的前 100 个名词中,"人"排第二,"年"排第三,"天"第五,"男人"第七,"女人"第十四,"战争"第四十九,"和平"未入围。排第一的是:时间!这是一个既惊人,又精彩的、伟大的发现:时间高于一切!

从以上举的例子中,可以看出,对时间上帝的不同态度,上帝对他的态度也不一样。任何人在它面前都是一样的。时间的上帝不论在理论上还是在实践上均做到了公平与公正,老少无欺、贵贱无欺、贫富无欺,百姓与官员无欺,丝毫不差。勤劳者能让时间留给他串串果实,懒惰者则让时间留给他一头白发。

什么是时间?

时间指运动着的物质存在的连续性和顺延性。时间是物质存在的一种形式,但不是一种简单的形式。谁也拿不出、也指不出那个叫做时间的东西。任何物质运动都是一个过程,经历着不同的阶段。时间表明一事物和另一事物在运动过程中依次出现的先后顺序,用以表明它们的间隔的长短,表明一事物存在和一种运动过程进行持续性的久暂。时间是一维的,是一个矢量,时间的流逝是依次相继,永远向前,一去不复返,不可逆的。

从古至今,不同的人曾因事、因时、因地、因景、因地位和环境的不同,从不同的角度对时间进行了描述。农民说,人误农时一天,天误人一年;工人说时间是财富;科学家说时间是成果;军人说时间是胜利;医生说时间是生命;商人说时间是利润;教师说时间是知识。还有人说时间是试金石,不论什么思想、观点、理论是真理还是谬误,都要经时间的检验;还有人说时间是明镜,能照出人的功绩和罪恶;还有人说时间是鉴别友谊的试剂……

时间有客观与主观之分。钟表滴答,不依人的意志为转移,为客观时间。人对时间的感觉因人因事而异,属于内心之主观时间。如果你和女友约会,感到时间飞驰;烈日下长途跋涉,感到度日如年。还有"一日不见如隔三秋。""对酒当歌,人生几何?譬如朝露,去日苦多,慨当以慷,忧思难忘。"(曹操《短歌行》)这是主观时间。

二、时间的特点

1. 永恒性和无限性

时间的永恒性和无限性,是由宇宙的永恒性和无边、无垠、无始、无终所决定的。人们能够发现一个具体事物的大小长短,却不能测知宇宙的边缘在何方。宇宙是由物质构成的,经典作家说:"世界上除了运动着的物质,什么也没有,而运动着的物质只有在空间和时间之内才能运动。"(《列宁选集》第二卷第1777页)任何物体的存在和发展都必然占有一定的空间,经历一定的时间,以一定的时间和空间为自己生命运动的存在形式。

2. 不可逆性

时间具有不可逆性。它是一个矢量,只有向前,不能倒退,就像射出去的箭,是无法退回的。有一种理论,使时间之矢流逝得慢一点。当人登上接近光速的火箭,时间飞逝变慢,于是会出现"山中方七日,世上已千年"的情景。比如前往离我们9光年的天狼星,从地球上看,往返的时间至少要18年。实际上,你早饭后,乘上光速火箭出发,中午可到天狼星,午饭后可赶回家晚餐。但是,你虽然在火箭上十几个小时,地球上已过了18年。当你进家门时,家人可能难以辨认了。你夫人从20来岁变成了40来岁了,而你在她看来仍是20来岁的青年。这是一种理论模式,在实践上是很难达到的。所以,想时间之矢停住,使青春常驻或是使时间之矢倒飞,乘上超光速火箭,从老年返回到青年,这都是人们一种美好的希望,却是做不到的。

3. 有限性

时间的有限性是指具体的人和事物表现为有始有终。按生物学原理,哺乳动物的寿命是其生长期的5~7倍。人的生长期是从最后一个牙齿长出的年龄为标准的,也就是20~25岁,因此人的自然寿命为100~175岁。多数学者认为自然平均寿命为120岁。2009年5月11日英国《每日邮报》:日前,萨汉·多索娃安详地合上了双眼,享年130岁,为最长寿老人。中国上海顾局仙老人在111岁时驾鹤西去,为沪最后一位清朝秀才。这就是作为一个人的生命是有限的,作为地球和太阳的生命也是有限的,不可能无限。

《左传》指出:上寿百二十,中寿百岁,下寿八十。

4. 瞬逝性

时间一刻不停地向前飞去,在任何一点上也不会稍稍停留下来,来审视一下,哪怕你是绝代佳人,它也决不会回头,转瞬即逝。所以,那些想青春常驻的年轻朋友们,赶快清醒过来吧!青春不会常驻,只有事业永存,抓住青春的黄金岁月,努力学习,建功立业。

庄子:"人生天地间,若白驹之过隙,忽然而已。"(《知北游》)

5. 不间断性和间断性

宇宙无始无终。时间这根箭,不知从何时何地射出,它一直向前飞去,从不间断,没有尽头。具体到个别事物的时间表现为有始有终,就像人的生命那样,表现出间断性。

6. 顺序性

事物的运动变化、发展有一定的秩序,前后相接,在过程上表现为顺序性。人从婴儿—幼儿—儿童—少年—青年—壮年—老年这样的顺序在变化,而不会倒过来。

7. 流逝性和不可存储性

时间的流逝是无法拦截阻止的。古今中外,没有一个人能发明一种开关把时间留住,也没有一个人能修建一个拦截时间的水库大坝,把时间像水一样储蓄起来,到用时再开闸放水。如果真能这样,该多好!大约400万年前人类出现以来到今天,还没有一个人能做到。诚如古希腊赫拉克利特说:人不能两次踏进同一条河流。(《著作残篇》)子在川上曰:"逝者如斯夫,不舍昼夜。"(《论语·子罕》)指时间的不可逆性和不可储性,无法分割,飞速向前。

三、时间的职能

时间是最珍贵的稀缺资源,一旦丢失,便无法找回,不像钞票用了,还可以赚回来,纵观时间在社会生活与个人生活中,有以下职能:

1. 自然职能

时间是自然界中一切动物、植物和人的发展的重要因素,一切人类活动都是在时间和空间里进行的,时间还是生产和劳动过程的要素。任何生产、劳动、学习都无法离开时间。时间又是个人成长的因素,是构成生命的材料,个人的生死存亡和成败得失也都取决于时间的因素。

2. 社会职能

时间是社会的进程,历史的进程,每一个时段都打上了社会的烙印。时间是社会发展的重要因素。沿海有些地方在某个时间段里,没有实行改革开放的政策,影响了社会政治、经济的发展。个人的时间、群体的时间、社会的时间,都在影响着个人、群体和社会的发展。每个人都通过所处的空间和时间为社会发展作贡献。

3. 商业职能

时间具有商业职能,特别是在市场经济条件下,时间的商业职能越来越显著,越来越重要。时间和商业利润是紧紧相连的。早一点得到信息,便可带来丰厚的商业回报。作为个人,早一点成才,便会多作贡献。抓住一个机遇,便会财源滚滚;丧失一个机遇,轻者造成重大损失,重者使企业石沉大海,不复存在。时间的商业职能,见之报端的并不鲜见。常言道:争时如争金。为了能捕捉世界市场瞬息万变的商业讯息和其他讯息,各国的商人无不倾注了巨额的资金和人力。有不少商业组织在世界各地设立上百个情报调查点,分地区、行业收集情报,汇编出版,并接受委托调查业务。根据厂商要求,开展针对性的市场调查,把世界各地的市场行情瞬间汇集到某一组织,供决策之用。

《福布斯》公布:比尔·盖茨每分钟入账 6 659 美元。这是他的时间商业价值。也有人每分钟入账几美分都不到。

中国曼殊和尚说:"悠悠天隅,恢恢地轮;彼美三人,时空与能。"时间=空间/能量。

四、时间策划的价值

时间是人类珍贵的稀缺资源,用一秒就会少一秒,不会再来的。人的一切活动都是在时间中进行的,我们对它要进行优化配置。如果哪一位科学家能发明出一种仪器,测出我们每一天、每一小时、每一分钟、每一秒对我们的价值。那该多好,可以使我们警觉起来。时间到底值多少钱?英国数学家兰·洛克发明了一个计算时间价值的方程式:$V = W[(100-t)/100]/C$。V代表时间的价值,W代表每小时的工资,t代表税率,C代表生命成本。为此,要进行时间策划,增强时间观念,一切有价值的东西都离不开时间,珍惜时间。在学习和工作中,制订计划时要确定时间的消耗额度;利用先进的方法和途径,使时间的消耗最少,达到的效率最大。节约时间,找出浪费时间的原因,控制自己的时间投入的量和方向。克服随意打发时间,系统地、有计划地分配时间,进行高效能富有创造性的学习和劳动,为社会作出最大的贡献。

五、什么是时间策划

时间策划就是事先在设计同样的时间消耗下,提高时间的利用率和增加有效性而进行的一系列谋划的工作。

通过事先的策划,别人3小时完成的工作,你在1小时内就能完成,而且工作质量也比他人高出80%。明显,你的工作思路、工作程序和工作方法都比他人先进,从而节省了时间,用于新的工作,就会创造出新的业绩。不少优秀学生对学习思路、程序和方法进行一系列策划,提高了学习效果,节约了时间成本,提前毕业。

大凡成才者,都对时间进行了精心的策划,不论是少年、青年,还是老年均如此。有一老学者退休后,更是精心使用每一寸光阴,从不虚度年华,年年有新成果出现,"发愤忘食,乐以忘忧,不知老之将至。"他的生活很充实。

对时间的策划程度,标识一个人、一个民族的文明程度及其发展程度。中华民族为世界上最勤奋自强的民族之一,同中国人对时间认知的智慧和对时间的策划的珍爱有直接关系。一个人能否有效地运用时间,与他对时间价值的认识与志向的高远大小有关,也与政治、经济、环境、家庭及对工作、休闲等的态度相关。策划是为了最大限度地利用时间,挖掘自己的潜能。我们不能决定自己能活多久,但是能决定充分地、有价值地活多长时间。只有科学地使用时间,有价值地生活,谋求创造性地发展自己的潜能,才能实现人生价值。

第二节 时间策划的方法

时间对每一个人,特别是想有所作为的青年来说,更是珍贵,更是稀缺,一分一秒都要精打细算,不能浪费,用以去谋求创造性的发展。这样,才能比较快地出成果、出成绩。为此要进行谋划。现把主要的用时策划方法介绍如下:

一、机不可失,时不再来

时间观念,简单地讲就是时机。机不可失,时不再来。在现实中,青年的时机很多,往往是迎面而来,就看你是不是做好了准备,善于抓住时机是取得事业成功必不可少的因素。抓不住时机,尽管是才华横溢的人,也难走上成功之路。因失去千载难逢的时机,而遗憾终生的人也很多。善于抓住时机,是成功者的奥秘之一。

1. 认识时机

青年在成长过程中,能否抓住时机,关系到他的事业成败。有人指出,在人才成长过程中,时机是给人才提供活动舞台和施展才能的平台。也有人提出:"才能+机会=成功"。生活中,处处有时机。只有认清机会,才能建立起现实的目标,提出可行的方案。人才是时代的产物,但是在同一时代,同样条件下,不同的人发挥的作用会有天壤之别,除了其他条件外,认清时代,抓住机会是关键。只有不失时机地认识和利用时代的条件才能有所成就。现在,中国正处在发展和建设市场经济的历史阶段,给成才者提供了难得的时机。许多青年抓住了这个良机,作出了巨大的贡献。认识不到这个时机,抓不住这个时机,将一事无成,殊为可惜。

2. 寻找时机

我们处于伟大变革的时代,是广大有为青年一展身手的时代,每个人面临的机会是很多的。比如,见到的每一位客人,经办的每一件事,建造的每一条路及路上的行人在你面前都展示了机会。这些机会给你带来了友人、教养、勇敢、良好的品德、智慧、商机和财富,你能否注意到这个机会?

你能否抓住这个机会,大展宏图?

我们观察到,如果一个人的时间观念强,公关意识浓,就会常常遇到马克思讲的"转变时机"。在你周围每时每刻都会涌现时机,问题是你能不能去寻找或发现机会,为改变自己的现状和命运努力。

我们要做一名渔夫,善于冒风险,敢于乘风破浪于江河湖海,撒网捕鱼。他面对难测的水中情况,在风险大又难保证捕到鱼儿的水面,他敢撒网。渔夫是最积极发掘和寻找机会、敢于冒风险的人,风险和时机与收获的大小是成正比的。风险小,众人一拥而上,捕到的是小鱼小虾。风险大,不少人望而却步,连想也不敢想,而少数人敢冒风险,撒网捕得的大鱼就多。风险与机遇是并存的,渔夫的行为是最好的脚注。

在改革开放之初,有一青年从银行贷 30 万元,从事房地产开发,他抓住这个历史赐予的良机,构建了 37 亿元的房地产帝国大厦,巍然屹立扬子江边。他敢冒风险,抢得商机,取得了巨大的回报。

3. 看准时机

看准时机是事业成功的要诀、真谛。在工作与生活中把握好时机是成功的关键。如果你能看准时机,在你的婚姻、工作、人际关系中,幸福和成功就会找上门来。看准时机,审时度势的要求是:首先,要有敏锐的观察力。时机虽然时时出现在我们周围,但往往是一闪即逝的。有的是在人们预料之外出现的,如果观察力迟钝,不能发现时机和看准时机,就不能抓住它。其次,要提高预见能力。审时度势,看准事情的发展趋势,紧紧抓住这个趋势,并行动起来,从中获得好处。缺乏预见性,因没看准时机招致失败的事情也是很多的。我们看到,不少年轻人甚至没有通过自觉的努力来设计自己未来的发展方向和预测未来实现的可能性,就贸然付之行动,这样的成功概率就低。再次,提高观察力。透过现象抓住本质,对似乎不关联的事物,迅速找出它们的共同点和内在联系。上述青年正是看准了在粉碎"四人帮"后,人民群众改善住房条件的迫切要求,又看准了政府大力扶持和推广的大趋势,果断决策带来了丰厚的回报。

莎士比亚说:"人间万事都有一个涨潮时刻,如果把握住潮头,就会领你走向好运。"看准时机,就是迈向成功的第一步。

4. 把握时机

人的一生中,一次偶然的机会,导致了伟大而深刻的发现,获得成功,使人因此成名。一个突如其来的机会,使人大展才华,干出了一番惊天动地的伟业,而名垂青史。有一次笔者在某校讲课,一同学递上一条子:比尔·盖茨的成功我们可不可以学?回答:比尔·盖茨的案例特殊,不具模仿和可操作性,只是网络科技初始阶段造成的英雄,具有偶然性。至于他的退学被后人津津乐道更是一个认识误区。实际情况是:微软团队的主力高管和高级工程师几乎是清一色的高材生。其实他最值得人们学习的是两点:1. 把握时机的能力;2. 不断进取的精神。

改革开放的大背景,是产生众多时机的大前提。没有改革开放,不可能有如此众多的机会供你选择。认识自己的才能,追求自己的价值观;迎接挑战,适应时代的要求,经过个人的努力,是可以把握时机的。机会来了没有抓住,等于没有机会。要把握机会,必须有渊博的知识。知识越多,才能越高,机会就越多。就像金子总会发光的,发光的东西总是容易被人发现。

5. 利用时机

如果在某一个时段上,一个机会来了,那就要立刻抓住,利用时机,以图大业。在改革开放之初,许多青年,利用难得的机遇,积极筹划,乘上时代的列车,在经济大潮中,推波助澜,终成弄潮儿,成为民营企业家的领头羊。也有一些青年,不善利用时机,如有一些"三校生",大学扩招,进入高校。但是,他们没有利用进大学的时机狠心学习,而是在虚度光阴。有一所学校,原是管理干部学院,它抓住教育大发展的时机,在短短的几年内就实现了从成高到普高、从高职到本科的转制,但是该校领导没有利用转制的时机加强教学和研究,加强基础工作,而是迫不及待地要办研究生院,进行跨越式发展。办过教育的人都知道,知识、经验有一个积淀的过程,一所学校在短短的几年内,竟然能有办研究生院的水平,好像是1958年的大跃进之重现,不能不让人吃惊。由于对管理抓得不力,投入的力度小,于是违规现象比比皆是:有的老师每周35节课,教师难以忍受;学生每天9节课,听得浑浑然,考试作弊成风。这样,良好的校风何从谈起,岂不误人子弟。这样的校长据说还是博士、教授、博导。试问,他会让自己的子女考这样的学校吗?这个学校的校长应利用转制的时机,加强教学的研究,学生的管理,校风、学风的建设。否则会出现偏差,后来果不出所料,一年的6月,因乱用电器引发火灾,四名学生丧生。显然是该校管理不善造成的。

二、顺境要谋,逆境亦谋

　　一个人处于顺境之中,他人看起来心想事成,一切顺顺当当。实际上,他是经过了精心的谋划。一环扣一环,环环相扣,使时间没有白白地流逝,成果迭出,此中艰辛只有当事人知道。爱迪生一生发明2 000多项,为人类的文明作出了无与伦比的贡献,那都是精心策划的结果。前中国科学院院长郭沫若是一个博学多才的伟大学者,在考古学、历史学、文学等诸多领域作出了杰出的贡献,他从年轻的时候,就确立了志向,并一步一步地努力去实现。他担任了中国科学院院长的重任之后,领导事务之繁重,可以想象,然而,他还是在很多领域继续作出了不同凡响的贡献。这是他对时间的使用进行了精心的谋划的结果。顺境中,若在运用时间上不进行谋划,成果不会持续地出现。所以,在顺境中,不"轻敌",不马虎,寻找、堵塞流失时间的漏洞,使时间发挥出更大的效益。

　　常言道,人顺心的事,不过十之一二,不顺心的事倒有十之八九。当我们处于逆境的时候,不能随心所欲地浪费时间,通过科学合理地运用时间,促使向顺境转化。不少学生,在高考中失误,延误一年,而利用这一年的时间,回顾失误的原因,制订措施,科学地利用时间,加强薄弱环节,一年下来,学业大进,考进重点大学本科。而有少数同学,高考落榜之后,自暴自弃,精神上萎靡不振,怨天尤人,虚度年华,一年下来,一无所获。

　　当人处于逆境,身心倍感疲惫。如不精心谋划,在短时期内必然难以走出低迷状态,必然给心灵造成更大的伤害。

　　不少人有这样的体会,当事业受挫时(考试不佳、出次品、仕途受挫、商海翻船、利润缩水、疾病缠身、飞来牢狱之灾),有人万念俱灰,不想活下去;有人被击垮,什么也不想干了,消极地打发日子。但也有人精心策划,在逆境中不仅生存下来,还想方设法学习科学文化知识。把逆境变为顺境,千方百计地利用时间,最大限度地利用时间,把加快学习节奏和争取转机联系起来。他们把监狱变成了"课堂",几年的铁窗生涯,磨炼了意志,系统地学习了某一领域的科学知识,出狱之后,大展宏图,造福于社会,为国立功。在那个特殊的年代里,不少人(老干部、知识分子)被"四人帮"及其爪牙以莫须有的罪名投入牢房。他们感到不可理解,痛苦万分,精神上万分抑郁,不能策划利用时间。到"四人帮"覆灭后,他们出狱了,然而,不少人都由于忧郁过度,患上了各种各样的病症,无法继续为国家、为人民工作,过早地

"走了"。而那些善于策划时间的人,健康地活下来,挑起建设"四化"的重担,为祖国作出了新的贡献。这告诉我们,只有在逆境中善于策划的人,才能比较好地走出逆境,显出英雄本色。英国作家约翰·克里西学写作,接到第743张退稿单时,他说:"不错,我正承受着人们不敢去承受的大量失败的考验,如果我就此罢休,所有的退稿单变得毫无意义,但我一旦获得成功,每一张退稿单的价值,全部重新计算。"逆境是成功者特殊的考场,也是懦弱者坠入深渊的起点。对成功后的约翰·克里西来说,那743张退稿单是他一步一步登上文坛的扶梯。他写了4 000万字,出版了564本书。可见最有成就的人是身处逆境而善于精心谋划时间的人。

三、驾驭理想,驶向辉煌

何谓理想?理想是对未来美好的设想,这种设想是有根据的,可以实现的。

要掌握自己的命运,必须确立理想,努力奋斗,一步一步走近理想,充分地利用时间为实现目标而奋斗。有的人创造了伟大的事业,这是他的时间使用价值高。陈毅元帅说:"志士嗟日短。"而没有远大而崇高理想的人总觉得时间太多、太长,有一女性说,她的时间多得没地方用,整天为打发日子发愁。我们经常看到,有那么一些人,泡各种各样的"吧",玩宠物,寄托无聊。有的女学生在上课的时候,竟然"对镜贴花黄",让青春年华白白流逝。真不知道她们来大学是为了什么?有的学生为建设祖国发奋学习,总觉得时间不够用,用创造性的学习把时间填满;有的大学生,在校读书期间,发表了几十万字的作品,歌颂伟大的时代,也鞭笞了社会的消极因素,催人奋进;有的大学生,在校学习中,设计了几个软件,被软件公司高价买去,在毕业前夕,多家软件公司前来接洽,高薪聘请他加盟。他们扯起理想的风帆,驶向目的港,创造辉煌。

时间对于有崇高理想的人,是不够用的。人们幻想把时间挽留住。李白说:"恨不得挂长绳于青天,系此西飞之白日!"龚自珍发出"若使鲁戈真在手,斜阳只乞照书城"的感叹。

对于有崇高理想并为之奋斗的人,时间是会凝固起来的,建筑师设计的巍峨的大厦,桥梁专家设计的大桥,作家写的书,这都是他们的时间的凝固。要有远大而崇高的理想,干出的一番事业是他们时间的驻留的标识。

要珍惜时间,要耐得住寂寞,要耐得住坐冷板凳,才能干出一番事业。

诚如一位专家所言,在市场经济条件下,栖身陋室,目不窥园,兀兀穷年,没有"板凳须坐十年冷"的精神是不行的。马克思"坐"了40年"冷板凳",写出了《资本论》。歌德"坐"了60年"冷板凳",终成《浮士德》。如果把生命——时间花在无意义的"外交"上,抛头露面上,对学业、事业是不利的。

　　驾起理想的风帆,精心运用分分秒秒,使人有意义地度过一生而无遗憾。数学家欧拉是在石板上演算天文学家赫舍尔发现的天王星轨道时离开人世的;化学家门捷列夫是在写作中告别太阳的;喜剧大师莫里哀是在剧场上,在观众热烈的掌声中愉快地走向天国的;狄更斯是写作一天后,刚用晚餐时闭上了智慧的双眼;大诗人歌德是在构思作品情节时告别他的读者;杰出的艺术家、国家一级演员,音、舞、剧、编、导、演无一不精的济南军区政治部文工团的王建辉在指挥大合唱的最后一瞬间,砰然倒地,和广大观众告别。纵观许多伟人,他们献身事业,为了人类的进步而奋斗。只有珍惜生命的每一分每一秒,才能驾驶理想之舟,驶向辉煌的彼岸。

四、培养习惯,善用规律

　　每个人都想延长自己的生命,必须从对待时间的态度做起,即要节约时间,提高单位时间内的工作效率。从一定意义上来说,主要是培养良好的习惯,排除来自本身的时间浪费因素。我们要想有所作为,必须"控制"时间,成为时间的主人;否则,一切都将成为泡影。我们要培养节约时间,善于运用时间的良好习惯。

　　培根说:"习惯真是一种顽强而巨大的力量。它可以主宰人生。因此,人自幼就应该通过完善的教育,去建立一种好习惯。"什么是习惯?习惯是长期养成的不易改变的动作、生活方式、社会风尚等,是长期积累和强化成的一种"动力定型"。习惯一经形成,就使动力自动化。使我们在一定的时间段内,会自动地从事某种工作,拒绝外部的干扰。习惯还是一种无形的力量,它比理智更恒久,良好的习惯可以陪伴人的一生。培根曾说:"人的行动多半取决于习惯。"我们看到有些年轻人,他诅咒、发誓、夸口、保证,可是还是难以改变一种不良习惯,不少人的生活为习惯所驱动。

　　改掉不良习惯,要战胜自己,从一点一滴的琐碎小事做起,养成珍惜时间的习惯。在社会生活中,时间是协调人们进行准确有效活动的尺度。我们要养成按时、守时、准时、惜时、尊时的良好习惯。毅力来源于崇高的理想,没有毅力,就没有奇迹。陈景润为给祖国增光而居住在6平方米的陋室,十多年如一日,凭着一双手一支笔,从20世纪60年代起对哥德巴赫猜想进行研究,经过10多年分分秒秒的努力,才取得了历史性的成果,1972年发表论文:《大偶数表为一个素数及一个不超过二个素数的乘积之和》,被国际数学界称之为"陈氏定理"。他演算了六麻袋稿纸,摘下了数学王冠上的明珠——哥德巴赫猜想。

老子说:"知人者智,自知者明;胜人者力,自胜者强!"战胜自己,比克服外界困难更难。只有战胜了自己,珍惜时间的习惯才能养成,浪费时间的坏习惯才能被克服。

良好的习惯能规范生活中的每一时刻的行动,像自动的时钟,精确地指向心中的目标,是成就事业的惯性飞轮。

是不是说,养成了良好的惜时习惯就能提高用时效率,降低用时成本?不一定!要提高用时效率,降低用时成本,还得尊重和遵守用时规律——我们人类用时的生理规律。人的生理活动有规律性,人的思维活动也有规律性。遵循这些规律才能提高用时效率,降低用时成本。

人体内有多种形式的节律,有"分钟"、"时钟"、"周钟"、"月钟"、"季钟"、"年钟"等。就"时钟"节律来说,一般人的智力在早晨8点最高,随后逐渐下降,黄昏最差。"日钟"节律,睡眠与觉醒的交替是基本的昼夜周期。人的生理活动白天高,晚上低。"周钟"节律揭示人每周工作5天,休息2天符合人的能力波动周期,也形成了智力周期。在我国,工人在周一劳动生产率低,周二、周三、周四高,周五又下降。在美国,周一和周五智力下降,容易出次品。人们买汽车,愿购买周二到周四生产的。"季钟"节律揭示出人体生理活力最旺的季节是夏天,最低是冬天,秋天是一年中人工作能力最强的季节。我们善于利用人体生物钟的规律性就能提高时间的利用效率和降低用时成本。为此,我们在驾驭时间,在设计工作、学习、生活的时间时,应根据人体生物钟节律进行调整。每个人的生物钟是不一样的,经过探索,找出你的黄金时段并用于做最重要的事情,使自己黄金时段被充分开发和利用,发挥潜在的优势,作出杰出贡献。"日钟"节律,提示我们不要轻易"开夜车"和常常"开夜车"。如这样,会破坏人体的生物钟。现在有一些白领人士不知何故,他们往往要在办公室工作到深夜才离开。须知压缩睡眠时间不是上策,上策是提高时间效率和科学地安排睡眠时间,争取把最好的睡眠时间放在最佳点。对于作家来说,为了一个情节的展开,可能要写一昼夜,甚至更长的时间才能放下笔。对科研人员来说,为了一个实验数据的取得,往往要在实验室呆上几天或是一周。我们要掌握必须"开夜车"的时段,适当地开,要做好多种保证工作(营养、药品),告一段落,马上休息,调整生物钟节律,消除疲劳,迅速恢复健康和体力,投入到新的工作中去,实现新的目标。

五、巧妙运用,使之增值

时间是比现有的资金、关系、人才、技术更为重要的成才与发展的资源,它是一种独特的资源。其他的资源如资金、关系、人才和技术均可以储存和交换的,惟独时间这个资源是既不能储存又不能交换的。为此,我们更要科学地运用时间资源,巧妙地运用,增加它的使用密度,提高它的使用效率,从而大幅度降低用时成本,使之增值,为目标的实现服务。怎样做到这一点呢?

在人的一生中,有许多事情要做,而时间又极其有限。为了顺利地实现目标,就要制订一个计划,在行动之前,拟定行动内容、目标、办法、步骤等,用现有的或可以争取到的资源(时间、资金、技术、关系、人才),努力实现目标。

订好用时计划包括:①确定目标。②进行调研。③寻求实现的途径与方法,从中择优。④分解计划。细分每年、每月、每周、每日、每小时的工作量,及实施的方法。⑤定期在年末、季末、月末、周末、日末,检查落实的情况、进度和问题。⑥及时总结和修正,确保目标的实现。经常对时间的使用情况进行检查和调整,这对时间使用效率的提高和用时成本的降低有意义。而且使用时间会更趋合理,能推进目标的实现,节省大量的时间。这是青年朋友成长、成才和发展的要诀之一。用时计划制订后,在实施中要继续完善、充实计划、巧妙运用,提高时间的利用系数,降低用时成本,使时间增殖。有的人,在一个时间段里,只能干一件事,多了不行。他的时间利用系数就不高。有的人在一个时间段内,可以干几件事,时间的利用系数很高,从而也降低了用时成本。有一家公司的副总小龙,她从广州本部出差去北京,还要分别与长沙、武汉、郑州、石家庄及济南的子公司负责人见面,交流情况,她分别与这几家公司的领导联系,逐个在列车到达该地时,子公司的经理上车,汇报工作,她作出指示,完毕,在下一站下车。就这样,她出一趟差,对五家子公司的情况进行了了解,并发出指示,协调了总公司与子公司的关系,又完成了向中央有关部委的工作汇报,使公司下一步的发展计划取得了中央的支持。她在这个时段内的时间利用系数是很高的，用时成本低。

有不少人认为，一个时间段内，只能从事一项工作。这是一种误解，其实，只要稍微动动脑子，便可发现一个时间段内，可以同时进行多项工作。如一个人乘公交车，只见他一手拉扶手，一手捧一外语单词本，他在背单词，车到站了，他已熟记了几十个单词。还有一老先生，他乘地铁倚在车厢边上，手捧《绝句300首》，品味其中的韵味和情景，他每次都这样。两个月下来，已把这300首绝句背下来了。如果用专门的时间去背，得花长时间而且效果不一定好。你还可以利用乘车锻炼身体。有一中年人，他一只手握拉杆，用力引体，尽管脚未离地，但他的手臂肌肉已经隆起来了，两手交替进行，这样，他一边乘车一边锻炼了身体，在同一个时间段内，不是"一箭双雕"了吗？他乘车只花了1元或2元，既到了目的地，又增强了体质。如不这样，他得追加时间成本，才能达到锻炼身体的目的。

第三节 策划时间

我们运用时间时，要预先谋划，才能有效地消费时间。不能盲目地或无序地消费时间。须知，时间不像韭菜，割了一茬又长出一茬。时间消费了一天就少一天，它是一种不可再生的资源。对此，要有清醒头脑和足够的认识。这样，我们在时间的长河中，才能留下足迹，才能为社会，为国家创造出更多的财富。本节将在这方面与朋友们讨论。

一、策划时间的注意事项

运用时间，要谋划。谋划是依据你的长期、中期或短期的目标进行的。

1. 目标

年轻人，志存高远。不制定目标或目标不明确，反复多变，不断游移，即便是志存高远，终日忙忙碌碌，一年忙到头，由于个人的精力、时间有限，目标难以实现，最终白白地浪费了大好时光。

社会上，有为数不少的人，没有远大目标，整天不知忙些什么，在白白浪费时间，怎么办？我们要用目标来控制时间的消费。目标向人们提供行动的方向，如果没有目标，人们就会像无头苍蝇，整天乱飞乱撞，结束自己的一生。青年是朝气蓬勃的，须树立远大目标，从而使自己的生活更有斑斓的色彩,使工作更有意义。而没有目标的人,则感到人生没有价值,没有前进的动力。统计数据表明,一些高层人士(企业的,政府的)经历多年奋斗取得成就之后退休了,不少人只能活二三年便"走"了。因为,他们退休后失去了继续奋斗的目标,产生一种生命贬值和失落感的消极情绪,往日门前车马不断,来访者要预约排队,而今日门可罗雀,心态不平衡。而从事创造性劳动的艺术家、作家变化很小,他们的寿命超过人的平均寿命。原因是他终生追求深奥的艺术境界和远大目标,生命不息,追求不止,奋斗不止,工作不止。

现代社会,诱人的东西太多,市场上五光十色看得人眼花缭乱。在这种背景下,目标的选定就显得意义重大。目标代表一个人的方向和未来,是一个人前进的路标和灯塔。如果目标选错,决策失误,投入的时间越多,浪费越大。从实际出发,确定一个经过努力能够实现的高一点的目标,有激励作用。

2. 计划

为实现目标,要制订计划,按计划使用时间,国家、社会已经为我们制订了一生的大概用时计划。小学6年,初中3年,高中3年,大学分别为3年、4年或5年,再加研究生3年,博士生3年。从16年到22年不等。接下来工作38年,然后退休。有的人在长辈的帮助下,制订了用时计划。有的人在11岁考进了大学,有的人13岁就考取了研究生,有的人19岁就做了大学教师。这些孩子按计划用时,取得了令人惊羡的成就。如果胡乱地用时,浪费时间,时间留给他的将只是满脸皱纹。人生的用时计划,总体上是国家、社会制订的,在具体执行上却是个人的事。

3. 全局

运用时间,根据目标,制订一个全局性的用时计划,也就是说重大的全局性的谋划。用时的战略是对目标的选择和期望实现的"蓝图"。正确制订战略用时计划,受到社会需求、环境影响、信息资源、关系资源、资金资源、技术资源等因素的影响。还受到个人的心理、生理、兴趣、修养、文化程度、阅历等影响。这是一个多层次、多因素、多目标的战略计划,为此,制订战略用时计划前,要全面、科学地收集、调查、了解各种相关信息,分析有关的历史、现状和未来。拟定几个目标,然后对目标分别进行论证,权衡利弊,好中选优。这样,从全局出发,而不被枝节蒙住双眼,就能制订出好的战略计划。

4. 优化

使用时间的合理、适度、成本低、效率高。优化的内容有：

① 整体优化。一个计划的使用时间，比如一年、一月、一周、一日时间的安排，要全盘考虑，周密计划，合理划分，科学地组织与协调时间的使用。对实现目标的总时段和分时段全面规划，统筹安排，对几种互不相同的途径、方法进行筛选，选出最好的一种。根据目标优化选出实现的途径和方法后，在时间顺序上进行预测优化，正确决策，以免贻误时机。时间预测：估计时间耗费的未来情况，分析时间消费方式的价值及成本来选择最优方案。事先依据价值和成本，对目标的作用大小定量支出时间。时间预测可以使我们看到明天的帷幕，从而展示出超越自己可能性界限的光环。

② 程序优化。要想程序优化，须注意明确工作目标。除了大目标，还应有每天的小目标，完成每天的小目标，才不会让时间从你手指缝中漏走。关于工作的轻重缓急，先看重、急，后看轻、缓，把时间调度好。

③ 价值优化。时间之神公正而无私，对所有的人一视同仁，从不厚此薄彼。我们看到，时间在同一个人的不同时段里，在不同人身上，不同的工作、学习、劳动过程中，其效果是不同的。用得好，事半而功倍；用得不好，事倍而功半。时间价值的优化是最大限度地发挥时间的作用。因为人的精力在不同的时间段内表现不一样。每人应摸索出自己在哪一个时段进行何种活动效果最好，就进行该项活动，以期达到最佳的效果。

5. 效率

人们的成就来之于时间，时间给每个人相同的机会。但最终有两种结果：效率高的人，奉献的回报是意想不到的丰收。效率低的人，尽管洒下很多汗水，收获甚少。

什么是效率？效率是单位时间内完成的实际工作量的大小。最佳效率是单位时间实际完成的有效工作量。

对国家而言，效率高，国家强盛，在国际上有发言权；对组织而言，效率高，经济效益好，竞争力强；对个人而言，效率高，为社会创造的财富多、贡献大，社会地位高，生活质量高。

向效率要时间。八小时内的事，应在八小时内完成，不要带到八小时外去做。否则会形成恶性循环。操劳过度，积劳成疾，浪费更多的时间。没有效率，就不能赢得时间，就不能赢得竞争的胜利。我们知道，难得的是时间，易失的是机会。行动要迅速，兵贵神速，速度是效率之本，速度也是成功之本。因此，我们要追求高效率，运用科学技术手段来提高效率。要抓"关键的少数"，放下"琐碎的多数"。在实现目标的过程中，集中力量和时间找出最重要的问题和机会，才能显示你的聪明才智，进而提高效率，提前实现你的远大目标。

6. 最佳

打开一部人才成长史，我们会惊奇地发现，很多科学家、作家，他们的成果往往集中在一生的某一个时段里。在这个时段里，他们的创造力、想象力、记忆力、调节力、生命力、体力和精力形成最佳组合。经验丰富，精力充沛，思维活跃，敢作敢为，易有重大发现和突破。在最佳年龄段——25～45岁时最能为国家、为人民作出杰出的贡献。青春期出现人生的体力高峰和精力高峰。要创造辉煌的成就，离不开青年时代的奋发努力。诗人陶渊明在《杂诗》中勉励青年："盛年不重来，一日难再晨；及时当勉励，岁月不待人。"利用青春岁月，多学知识，多长本领，不要错过大好时光。颜真卿在《劝学》中更明确提出读书的最佳时辰："三更灯火五更鸡，正是男儿读书时；黑发不知勤学早，白首方悔读书迟。"愿青年朋友遵循古人的教诲，勤奋学习，学有所成。当前有一些青年，不愿认真学习，混一张文凭、一张证书、一个工作。青年朋友们，青春是有限的，智慧是无穷的，知识是无边的，趁短短的青春去学习无穷的知识吧！否则即使是在最佳年龄段，也难以有所作为。须知青春是人生最宝贵的财富，是学习、干事业、出成果的最好时机。所以，青年朋友们，在青年期中，努力学习，打下扎实的基础。在最佳的年龄段内，积蓄丰富的能量，还要及时释放出去，才能创造出巨大的业绩。改革开放的大背景，为有志、有才青年的能量释放提供了难得的机遇。

我们还要抓住一天中的最佳时段去实现目标，这个时段人的精力、情绪、体力、智力处于最佳状态，办事精力充沛，动作敏捷，思想活跃，效率高，富于创造力。自己细心研究总结一下，在哪一个或两个时段内是工作能力的高峰。在这个高峰段内工作，可收到事半功倍的效果。

人不论做什么，都有一个精神状态问题。我们要保持最佳的精神状态，提高工作效率。即使是过了最佳年龄段还可能出现"第二青春期"，同样可以创造出好的成就。文学史和科学史上不乏其例。

7. 尊重

笔者从事教学生涯四十余载，渐渐学会了对时间的尊重。上课必须准时上课，下课不拖堂。迟到是不尊重学生的时间，拖堂，挤占了学生的休息时间或造成下一堂课的迟到。赴别人的约会,最好正点,即使抓不准,宁可晚一点点,也不可提早半小时去敲门。如果万一早到了,宁可在门外遛半个小时,等时间到了,再去敲门。这是对时间的尊重,也是一种礼貌和修养。

8. 有序

为了提高用时效率和降低用时成本,还必须建立有序用时机制。所谓有序,就是事物之间和事物内部诸要素之间有规则地排列、组合、运动和转化。用时有序是选择一个比较好的时间顺序,增加单位时间的功效,诚如培根说的:"选择时间就等于节省时间"。

有序的第一条是工作秩序条理化。工作无序,没有条理,必然浪费时间。工作有条理是容易的事,也是困难的事。你的写字台要整洁条理化而不是乱七八糟地堆放一大堆东西,把目前不需要的东西按重要性和顺序进行分类,使之井井有条,避免混乱,时间就不会因找资料而溜走。

有序的第二条是工作目的明确化。工作的有序性,体现在对时间的支配上。建议把工作内容写出来,使工作条理化,会使工作能力有很大的提高。明确自己的工作是什么,才会认识全貌,从全局处理工作,防止陷入杂乱的事务中。区分事情的轻重缓急,弄清重要目标,防止眉毛胡子一把抓,既浪费了时间,又办砸了事情。明确自己的职责与权限,避免扯皮和打架。要做到工作明确化,首先,列出工作清单。在纸上一笔一笔地写下你正在做的工作和想要做的工作,逐项排列起来。然后按重要性重新列表。第二,在每一项工作中,写上该怎么做及有效的方法。第三,明确每年、每月、每周、每日的工作及进度。按此执行,能保证按正常速度完成。有序工作方法多种多样,围绕提高效率,节约用时成本,优选工作方法,可达到目的。

二、成才的时间策划

1. 立志者,须策划

凡是想立志成才者,就要用时策划。这个"才"有两方面的含义:一是指才能、才华,二是有才能的人。诸葛亮教导其子:"夫志当存高远。"现代青年身逢盛世,肩负着实现中华民族伟大复兴的历史重任,更应志存高远。凡志存高远者,就有压力。"人无压力难成才"。志者,志向也,经过努力,要达到的目标。"经过努力"才有激励性,才有压力,把压力变成动力。纵观历代成才者,无不立大志。有一名高一学生,在20世纪60年代初,就撰文:《立大志,攀高峰》,此后的几十年,不论在何等艰难困苦的环境中,均以此来激励自己,奋斗不已,终于有所成就。如今,虽然年事已高,仍笔耕不辍。

立了志,须讲究学习方法,去创造新的大的业绩,伟大的动力来源于伟大的目标,才会有用之不尽的力量源泉。把为中华民族伟大复兴的目标和从事的工作、劳动和学习结合起来。充分利用时间,提高效率,降低成本,创造大的业绩。我们知道,这一点在许多名人身上得到了印证,动力大,成就也大。

2. 激励

充满军事辩证思想的唐朝著名学者李筌在《太白阴经》中提出"激励论",他写道:"以战励战,以赏励赏,以士励士。""励"即振奋鼓舞,使人奋发向上。巴纳德在《经理人员的职能》一书中提出了"消极论"的观点,指出在现代组织中,如果不存在任何激励,大多数成员必然站在消极的一边。这两论告诉我们,激励的重要性。通过激励,使人才永葆高昂的积极性。对成员要激励,对自己超前或按时完成工作,也要激励。一位作家说:"我写完一本书,送到出版社后,我奖励自己休息时间和特别报酬——去名胜风景区旅游一周。"

3. 时不我待

人的期望寿命或理论寿命是 125~175 岁。但迄今未见报道活到 175 岁的人。即使能活到 175 岁也无法与漫漫宇宙的寿命相比。以 80 岁为例,80 岁是 700 800 小时,约 25 亿秒,也不过 8.3 亿次呼吸,脉搏跳动 25 亿次。人们就在每一次跳动中延续着自己的生命。假如从 22 岁大学毕业到 60 岁退休,人的工作时间是 9 年,78 840 小时。而人的闲暇时间,根据调查统计,现代大中型城市的人用于家务、餐饮、上下班的时间每天约 4 小时。从另一个 8 小时中(工作 8 小时、睡眠 8 小时之外的 8 小时)减去家务、餐饮、上下班这 4 小时,这样一个人每天有 4 小时闲暇时间,一年 1 460 个小时,共 6.5 年。工作时间中的约 4 年节假日应加上来,6.5 年+4 年=10.5 年,何等惊人! 在 38 年中竟然有 10.5 年的闲暇时间!

事业的成功,学业的有成,不是一朝一夕的事,而是长期积累的结果。要想成才必须记住一句老话:为了事业,为了学业,做个有心人。"集腋成裘""聚沙成塔",长期坚持必有所获,必能成才,必能为社会作贡献,不能"三天打鱼,两天晒网。"

4. 反省

"金无足赤,人无完人。""人非圣贤,孰能无过。"我们生活在现实世界中,吃五谷杂粮,也会犯错误。特别是年轻人,在外部精彩世界的引诱下有时会放松对目标的追求,而浪费了大好时光。怎么办?

中国古代伟大的思想家、教育家孔子的门人曾子针对人们常常犯错误的情况,提出了:"吾日三省吾身,为人谋而不忠乎?与朋友交而不信乎?传不习乎?"意思是说,我每天都要多次检查自己:为人家做事有不尽心尽力的地方吗?与朋友交往,有失信用、不诚实的地方吗?老师传授我的学业是否复习了呢?现在,我们这样来理解。一个人每天多次反省自己的言论与行动,发现了缺点和错误立刻改正,不要拖到明天,不要等到问题成了堆,才去克服,才去改正,那样的话,成本太高,损失太大。

现代青年的目标和曾子时代的目标不一样,现代青年面临的是市场经济的大背景,信息多而变化迅速,竞争激烈,不及时发现缺点,不及时改正错误,就可能延误时机,丧失成长、成才和发展的时机。所以,要经常检讨自己,在哪些事情上、哪些问题上,浪费了时间?结果如何?造成了多大损失?找出原因,设计出有效对策,以便在下一次行动上,在下一个问题上不重犯类似的错误,争取把事情办得顺利一点,时间少花一点。通过多次的反省,我们就会变得聪明一点,少犯浪费时间的错误,争取顺利地实现目标。反省是防止时间"跑、冒、滴、漏"的开关,通过每次的反省,检查时间这个无法再生的稀缺资源在什么地方发生了"跑、冒、滴、漏",进而采取有效措施,关掉开关,以节省时间,提高时间的利用效率。

5. 组合

有不少人,认为做事专一效率高,成本低。有些工作适合专一,有些不一定,要视具体的工作种类。比如有一青年,从 18 岁起,早晨锻炼,梳头发、叩牙齿、压脚、拉韧带、搁脚几个内容在同一个时段里进行,他一边梳头发,同时叩牙齿,又一边下蹲压腿,然后也是梳头发、叩牙齿、把脚搁在高于头的栏杆上,梳头 500 余次,坚持 40 余年。如单独完成一项要 4～5 分钟,四项要 15 分钟。现在他在一个时段里进行,每天节约 10 分钟,一个月 300 分钟,一年 3 600 分钟,10 年 36 000 分钟,40 年 144 000 分钟,2 400 个小时,约 100 天。光这一项的组合使用就为他节约了 100 天的时间。这是一笔多可观的数字。所以我们面临一项任务,仔细想想能不能和其他工作同时做,或交叉进行,或把最重要、最难做的工作放在一天中效率最高的时段里去做。在这个时段里,大脑工作最积极,接收、处理、输出信息的效率最高。容易出现创造的冲动和灵感的闪现,把事务性工作放到脑的效率较低的时段,保证最佳的用脑时间去进行创造性的学习和劳动,达到事半功倍的效果。

据统计,人的一生中平均有一年的时间用于排队等车这类消耗,每天有30分钟被浪费在各种各样的排队中。在排队中,是否可以做一些其他有益的思考:构思、背书……

6. 买时

在学习、工作、生活中,常常感到时间不够用。有两种办法可增加你的学习、工作、生活的时间。即花钱买时间,花钱添置一些家用电器:如洗衣机,为你们节省洗涤时间。一个研究生,乘公交车从上海的东北角体育学院去西南角的交通大学讲课,要花一个半到两个小时,若发生塞车,那就没底了,损失太大。他先"打的"到轻轨站,乘轻轨到宜山路站下,再"打的"去交大,这样总共花费30元不到,却只要40多分钟。30元,买了一个小时多一点的时间,他能及时到校讲课,取得300多元的收入!

成才的时间策划的谋略很多,这儿介绍了几种,期望给大家一种启发,结合自己的工作、学习、生活寻找更多的节时方法,为你服务。

三、闲暇策划

什么是闲暇时间?闲暇时间是供人们自由支配的时间,是维持人的生存所必须的劳动和睡眠、家务、饮食等时间之外的时间。完全可供个人自由支配的时间。闲暇时间的多少是生活水平的反映,是社会财富的尺度,是文明生活的体现,也是一个人文化水平的标尺。如果能利用闲暇时间来加强个人的才能全面发展,可以为社会创造更多的财富。

据研究,人均GDP突破1 000美元,人的生活方式发生显著变化,积累了更多的财富,也可以支配更多的闲暇时间。闲暇,正深刻地改变人们的生活方式。一份报告说:闲暇时间保有量方面,中国已超过了英美。世界上大多数发达国家近20年来,最能发挥经济效率的年平均闲暇时间折算天数为154天。2000~2003年,美国和英国年平均闲暇时间为5 620小时和6 018小时,折算为156天和195天,而中国在2000年就已达到6 051.2小时,即195.3天。从统计中发现,国人中不少人是一种低质量的休闲生活方式。

时间是一种奇特的炉:一边炼出有用的钢材,一边排泄出无用的渣滓。在这么多的闲暇时间里,我们应该怎样度过呢?

1. 料理好家务

家,是避风港,是爱的巢穴,是人的出发点和归宿,要工作好,学习好,必须把家安排好。随着社会的进步,经济的发展,科技的进步,第三产业的发展,家务劳动社会化,家务劳动呈现出逐渐减少、减轻的趋势。处理好家务是增加闲暇时间的重要途径。

① 制订计划。有序进行,有利健康,有利工作、学习和休息。

② 渗透。在家务劳动中,渗透进可操作的工作与学习活动。

③ 调剂压力。累了,做些家务,让脑子休息,有利健康,也有利工作、学习,放松心情。

④ 集中与分散处理相结合,合理分工与分担。

⑤ 购物讲求机会成本。

2. 放松心情

工作、学习是很紧张,也是很累的,在告一阶段后,利用一段闲暇时间,到郊外去,到风景区去,徜徉在湖光山色之间,放松心情,这样做有利于恢复健康和良好精神状态。2004年7月一位作家完成了一本小说的写作,顿感身心疲惫。于是他便来到嵊泗列岛去度假一周,在海边或垂钓,或游泳,或漫步沙滩,或于月光下、松林中静听松涛与海涛的奏鸣曲,感受"独坐幽篁里,弹琴复长啸。深林人不知,明月来相照。"或听海鸟的鸣声,体会"人闲桂花荡,夜静春山空。月出惊山鸟,时鸣春涧中。"整个身心无纤尘。一周后,精神焕发,披着海风,带着咸味回到上海,又继续工作。

3. 工作与消遣交替

工作或学习与消遣使用不同的大脑功能区。我们工作或学习累了,就听听音乐,看一会电视,或去户外,或在阳台上,看看蓝天白云的飘逸和小鸟自由自在的飞翔,使工作和学习的大脑功能区休息,使消遣的大脑功能区工作。这样,各得其所,有利于时间使用效率的提高。

4. 放慢生活

每天除休息之外,还应该留出一些时间给自己。慢是一种态度、一种生活方式,更是一种能力,慢能创造出生活的高品质,需要慢慢体会,直到离不开。

想想每个人一直步履匆匆的话,生活中将不会出现《罗马假日》中经典的邂逅。在繁忙之外,提倡悠闲生活,享受生活,慢慢品味美味佳肴,反对用快餐填饱肚子。不只是吃,也应扩散到生活的其他领域。如慢慢品香茗,缓解压力,旅行,无压力的课后、工后活动。这风从西方吹到东方,从城市吹到农村,从男性吹到女性。这样,来寻求调整生活、生理和精神节奏的机会,避免患上"时间疲劳病"。"慢是对所有事物新的、平衡的权力。"(《慢的崇拜》凯若·哈娜著)

长期生活在时间紧张压力之下,最直接的后果是心情郁闷,易引发心脑疾病。专家指出:"增加了患心脏病的风险。"为此,我们要每天或隔一定日子,留一点时间给自己,更可以享受生命的感动与喜悦,更好地服务社会、创造价值。

5. 学习

一位教授对学生语重心长地说:人们的成功源于对闲暇时间的利用。如前所述,一个人的闲暇时间比工作时间多 1.5 年,13 140 小时。从 22 岁到 60 岁,工作时间是 9 年,78 840 小时,而闲暇时间是 10.5 年,91 980 小时。把 10.5 年的闲暇时间用来学习新知识、新技术,可以创出多少人间的奇迹,为中华民族的伟大复兴作出多么伟大的贡献!许多伟人、名人,他们充分地利用闲暇时间,进行学习,钻研问题,做实验,创造出辉煌的成就,为万世景仰。

且不说那些众所周知的伟人、名人对闲暇时间的利用。我们来看一看只有初中文化的木工小李。他利用闲暇时间攻读数学、英、法、日、德、俄五国文字,被一所大学破格录取为研究生,34 岁又被破格提为教授。我们要把双休日、节假日变为学习日、攻关日、训练日,如果能这样做,特别是这样做的青少年朋友多起来,那将是中华民族的一大福祉。

6. 重视零散时间

成就杰出的人和平庸的人的区别就在于——他们使用每天 24 小时的方式不同。

现在,不少人已经意识到了小钱变大钱的意义,可是他们对于小时间的意义依然认识不清。很多人在浪费时间——生命。他们等待最好的时机才去做事情。或许直到进太平间的那一刻,那个最好的时刻也没来,一事无成,"白了少年头,空悲切!"

以秒为单位来工作和享受生活的人,绝对比以月、年来规划生命的人更有成就。虽然说他们在总体上,时间是一样的。可是合理地运用每一分、每一秒,等于延长了生命,给了你更多的时间。想想,每天的零散时间你是怎么过的?在走神、在抱怨,还在努力?如果我们每天早起一小时,或晚睡一小时,周末少做或不做无意义的事情一小时,把这些曾经浪费的时间都节约出来,去学习、去观察,算一下,一年下来你获得了多少时间?延长了多长的生命?取得了多少研究成果?结果肯定是令你惊奇的。

统计表明,有效地运用闲暇时间使成功人士看起来有更多的时间,做更多的事情,收获更多的回报。《华尔街日报》曾指出:北美洲10%最富的人每周工作52小时;10%的最穷的人仅仅工作45小时。

闲暇时间是可贵的,闲暇时间里有黄金、有科学、有技术,愿广大朋友们去充分地运用闲暇时间充实大脑,为中华民族的伟大复兴,为组织目标和个人目标的实现服务吧!

第一版后记

《现代青年公共关系创业策划》最后一页校对完，缓缓掩上，不仅轻轻地舒了口气：历时17年，跨越两个世纪的工程完工了！感到一种难以掩饰的喜悦和不安。

丛书的构思、写作、出版先后得到了众多朋友、领导、前辈、同学、同事、同行的指导和帮助。没有他们，这套丛书的写作和出版会有不少困难。为此，借丛书最后一本出版之际，谨向下列各位表示深深的谢意。

韩正：原为共青团上海市委书记，现为上海市市长，如果没有他对作者的帮助，这套丛书的写作便无"由头"。

王仲伟：原为共青团上海市委副书记，现为上海市委常委、市委宣传部长，中共中央新闻办、国务院新闻办副主任。丛书的架构、写作班子的组成、写作大纲等都得到了他的指导。他为丛书写了《总序》，给丛书的写作指明了方向。

张舟萍教授：《方法》杂志主编，上海公共关系的主要开拓者之一，是上海市企业文化协会和企业公共关系研究会副会长，兼秘书长，在公共关系和行为科学的引进、消化、普及和企业文化的研究和倡导方面均颇有建树。舟萍先生在20世纪80年代早期举办了中国最早的公共关系培训班，学员达1000多人，在很宽广的地域上播下了公共关系的种子——人才，现分布在全国各地，不少人已成为公共关系的专家、学者而领风骚。我就是在这个时期，由丁长有教授引荐，参与其中工作，并参加了《企业公共关系基础教程》的编写。如果没有舟萍先生的扶掖、指点，我难以有今天的收获。舟萍先生家学源远流长、功底深厚（他系清光绪20年的状元、近代民族实业家、教育家张謇先生之孙），他对历史和古典文学造诣极深，在与人交谈、研究问题中，或在写作中，往往脱口而出，引经据典，似信手拈来，使立论更显严谨，使文章顿显灵气与生机。而后，我们据他提供的书名页码查对他所引的内容,丝毫无差,我们深感先生国学功力的深厚。他少年时代度过了:"晨炊少米寻春蕨,夜读无油乘佛灯"的日子。婚后不久,飞来17年的充军青海之灾。平反回沪后,担任多家杂志编辑,先后在多所中学、大学任教。他于1999年9月仙逝,他硕德才高、铁骨铮铮、安贫乐道、正直无私,诲人不倦,奖掖、扶持后生。他的离去,使文坛上少了一位善于、敢于向邪恶势力投掷匕首的战士,我少了一位德高望重、知识渊博的老师。他现有《双桥集》和《观微斋集》等文集存世。

翟向东先生:他早年参加革命,先后经历了抗日战争和解放战争的洗礼,担任过很多重要的领导工作。最后,在《人民日报》副总编任上离休,任中国公共关系协会副主席、学术委员会主任。翟老对中国公共关系事业的兴起和发展作出了卓越的贡献,为中国公共关系的先驱者之一。他常来信、来电对我进行勉励和帮助。在他住院前夕,还来电对《创业策划》的写作提出了要求。原想大纲出来后,赴京聆听翟老的指点,想不到竟是最后一次电话交谈,那一封信竟成了翟老的绝笔。他平易近人、提掖后人的品格,在学术上孜孜以求,探索中国公共关系之路的精神,如日月经天,江河贯地,为人们所仰望。

丛书的写作,先后得到了多位领导的关心、支持和勉励。刘振元、孟建柱、周慕尧三位副市长先后赐墨。市委老领导夏征农老先生和陈沂老先生先后题词。华东师范大学校长袁运开教授赐字。共青团中央常委、中央团校校长张修学写序。革命前辈,担任过许多重要工作的方少梅老先生和中国国际公共关系协会副会长、上海市公共关系协会会长、上海市政协第六、七、八届副主席毛经权先生欣然为《创业策划》作序。上海青年干部学院图书馆的同志提供了必要的参考资料,谨致谢意。在《案例》、《技巧》与《创业策划》的写作与编辑中得到了吴辰、施凯和钦浩等先生的关心和帮助。

作者队伍中,上海夕钢片厂党委书记、上海市优秀党务工作者朱金元同志不幸英年早逝,我们深为痛惜。此外,给予我们多方面帮助的上海闵行区委的吕长新同志也过早地离开了我们,深感惋惜。为此,我想提请事业有成的中青年朋友,要劳逸结合,张弛有度。经济上可适度透支,健康上不能长期透支、连续透支!

这套丛书能在近20年的时间里陆续出版,得到中国科学技术大学出版社的支持,借此机会谨致深深的谢意。

我知道,限于我们,特别是我的学术思想,文字功底的欠缺,对公共关系的研究还不深,领悟还不够,本套丛书还有不大成熟之处,特别是第一本更突出一些。

宋代的伟大词人辛弃疾写了一阕《鹧鸪天》,其中有这样的几句:"千载后,百篇存。更无一字不清真。"(《全宋词》第三册,第1 963页)是我们矢志以求的。限于我们目前的水平,还未能达到。过去的已经过去了,我们将从头越,努力学习,努力耕耘,争取"千载后,一篇存。更无一字不清真。"进入"清襟凝远,卷秋江万顷之波;妙笔纵横,挽昆仑一峰之秀"的境界。以此来感谢帮助、支持过我们的师长、领导、同学、友人,追忆逝去的老师、前辈、友人和作者。

最后,我们的写作班子,随着丛书的一本又一本的出版,很多作者随共和国的前进同步成长,不少人成长为党和政府的领导成员;成为党和政府的决策高参;在学苑耕耘,遨游书海,成为一代宗师,在三尺讲台传道、授业、解惑,培育栋梁之材;在商海,成为叱咤风云、傲视群雄的一代巨贾。他们遍布于大江南北、黄河上下,长城内外,正在为中华民族的崛起和伟大复兴贡献才智!这也许是我们感到欣慰之处。

书的写作大纲由主编提供初稿。经编委多次讨论后定稿。书稿写成后,由编委交叉统稿,最后,由主编和副主编审定。

本书借鉴了海内外许多专家、学者的研究成果,由于数量比较多,恕不一一列出,借此机会,向他们表示诚挚的谢意。

张斯忠
2006年元月

第二版后记

经过一年的努力,把第二版的《现代青年公共关系创业策划》奉献给读者。

第一版出版后,我们到各地讲学,与广大朋友切磋交流。朋友们提出了不少批评和建议,也带来了资料和期望。在《现代青年公共关系技巧》第二版出版后,我们立即多次研究《现代青年公共关系创业策划》第二版的框架和原则。先由张斯忠编写大纲,讨论定下后,分工合作,交叉统稿和修改。至今,已分不出是谁写的哪一章节,二版是我们共同心血的结晶。

二版继续得到了陈冬梅老师的支持和帮助。她帮助校对、文字的输入和部分章节的润色。对此,谨表谢意。

此外,作者队伍中道良德同志因病于2010年4月21日22点18分离开了我们。我们为上海痛失一位高级决策智囊团成员和友人而深感悲痛。

道良德是中共上海市委研究室党群处和调研处处长,为市委的重大决策进行前瞻性研究和提供咨询,深得嘉许。他博学多才,睿智又不失诙谐。他生病后,还承担市委书记俞正声同志的委托,主持策划《上海大丰农场发展规划》,并带队去实地调研、考察。遗憾的是没有得及完成俞书记的重托,就悄悄地走了。

本书作者之一张斯忠先生2010年春节由扬州回上海的途中,深夜,在江阴长江大桥北岸被堵车6个多小时,冰天雪地,又冷又累,引发全身关节和每一块肌肉酸痛,生活不能自理。多方寻医求药,不见效果。5月中旬,经友人推荐,去岳阳医院风湿免疫科胡建东主任处就诊,第二次就明确诊断:风湿多肌疼痛症。经过胡主任治疗迅速好转;他建议配合针灸治疗。于是慕名到杨浦区殷行社区卫生服务中心针灸科请杨惠国和蔡益佳两位大夫治疗,他们精心选穴进针,并配合提插捻转,针感强,疗效好,症状得到显著缓解,才能把这本书尽早献给朋友们。所以,借此机会,向三位大夫表示感谢!

  本书写作中参考许多专家、学者的研究成果,数量比较多,不一一列出,向他们表示深深的谢意。

笔者启

2011年3月28日

参 考 文 献

[1] 何明宝,陈樯.涉外公关概论[M].合肥:中国科学技术大学出版社,2000.
[2] 纪华强.公共关系的基本原理与实务[M].北京:高等教育出版社,2006.
[3] 菅强.中国突发事件报告[M].北京:中国时代经济出版社,2009.
[4] 教育部社会科学研究与思想政治工作司.自然辩证法概论[M].北京:高等教育出版社,2004.
[5] 李光伟.时间管理的艺术[M].甘肃:甘肃人民出版社,1987.
[6] 李全喜,张斯忠.现代青年公共关系技巧[M].合肥:中国科学技术大学出版社,2009.
[7] 毛经权.公共关系的最新发展趋势[M].上海:上海外语教育出版社,2007.
[8] 宓正明,张化本,刘琨.科学家的故事[M].北京:学苑出版社,1990.
[9] 邱伟光.现代公共关系学[M].上海:华东师范大学出版社,2002.
[10] 张秀枫.中国谋略家全书[M].北京:国际文化出版公司,1991.
[11] 周能友.现代成名学[M].呼和浩特:远方出版社,1998.
[12] [美]卡特里普等.公共关系教程[M].明安香,译.北京:华夏出版社,2001.